पदमावत का अनुशीलन

(पदमावत–सार)

(जायसी कृत पदमावत का अनुशीलन और संक्षेप)

पदमावत का अनुशीलन

(पदमावत–सार)

(जायसी कृत पदमावत का अनुशीलन और संक्षेप)

सम्पादक

इन्द्रचन्द्र नारंग

लोकभारती प्रकाशन

लोकभारती प्रकाशन
पहली मंजिल, दरबारी बिल्डिंग, महात्मा गाँधी मार्ग
इलाहाबाद-211 001
वेबसाइट : www.lokbhartiprakashan.com
ईमेल : info@lokbhartiprakashan.com
शाखाएँ : 1-बी, नेताजी सुभाष मार्ग, दरियागंज
नयी दिल्ली-110 002
अशोक राजपथ, साइंस कॉलेज के सामने
पटना-800 006
36-ए, शेक्सपियर सरणी
कोलकाता-700 017

मूल्य : ₹ 300

प्रथम संस्करण : 1957
द्वितीय संस्करण : 1964
पुनर्मुद्रण : 2014

जे.के. आर्ट प्रेस
इलाहाबाद द्वारा मुद्रित

PADMAVAT KA ANUSHILAN
Edited by Indra chandra Narang

ISBN : 978-81-8031-838-2

प्रस्तावना

(प्रथम संस्करण की)

मलिक मुहम्मद जायसी की पदमावत के पठन-पाठन की ओर हिन्दी और अ-हिन्दी-भाषियों की रुचि दिन दिन बढ़ रही है। गत २५-३० वर्षों में इसके कई संस्करण, भाष्य और व्याख्याएँ प्रकाशित हुईं। पदमावत ने हमारे इतिहास-वाङ्मय को अत्यधिक प्रभावित किया है। मैंने पदमावत का अध्ययन उसके ऐतिहासिक आधार को टटोलते हुए किया। मेरी पुस्तक 'पदमावत का ऐतिहासिक आधार' प्रकाशित होने पर कुछ मित्रों ने पदमावत का संक्षिप्त संस्करण प्रकाशित करने की सलाह दी, जिससे जिन पाठकों को पूरी पदमावत पढ़ने का अवकाश नहीं है, वे भी इस अमर काव्य का रसास्वादन कर सकें। प्रस्तुत संग्रह उसी प्रयास का फल है। पदमावत का यह संक्षिप्त संग्रह प्रस्तुत करने में प्रयत्न किया गया है कि—

क. पदमावत के कथानक का सूत्र अटूट बना रहे,

ख. काव्य की दृष्टि से उत्कृष्ट सभी अंशों का समावेश हो जाय,

ग. पदमावत के सभी पात्रों का चरित्र स्पष्ट हो जाय।

इस पुस्तक को लिखते समय जिन दुर्लभ ग्रंथों की मुझे आवश्यकता हुई वे सब मुझे श्रद्धेय पं० क्षेत्रेशचन्द्रजी चट्टोपाध्याय से मिलते रहे। सुहृद्वर पं० रामबहोरी शुक्ल ने मेरी पांडुलिपि को बड़े ध्यानपूर्वक पढ़ा, जहाँ-तहाँ सुझाव दिये और अनेक स्थलों पर पदमावत का अर्थ समझने में मुझे सहायता दी। इन दोनों सज्जनों का मैं चिर आभारी रहूँगा।

प्रयाग

१७ आश्विन २०१४ वि०

(२ अक्टूबर १९५७ ई०) इन्द्रचन्द्र नारंग

द्वितीय संस्करण

पदमावत-सार का पहला संस्करण १९५७ ई० के अंतिम चरण में निकला था। पहले पंजाब विश्वविद्यालय ने और फिर कुछ और विश्व-विद्यालयों ने इसे एम० ए० परीक्षा में पाठ्यग्रंथ नियत किया। जल्दी ही पहला संस्करण समाप्त हो गया। १९६० में दूसरा संस्करण छपना शुरू हुआ। इस बीच मेरा पदमावत का अनुशीलन जारी रहा। पदमावत के कथानक के कई सूत्र टटोलने के लिए मुझे संस्कृत के अनेक ग्रंथ पढ़ने पड़े। इस काम में लगभग चार वर्ष लग गये; १९६० में आरम्भ हुआ मुद्रण-कार्य १९६४ में जा कर पूरा हुआ। इन चार वर्षों के सतत परि-श्रम के बाद भी मैं दावा नहीं कर सकता कि मैंने पदमावत के कथानक के सभी वा अधिकांश सूत्र टटोल लिये हैं। जायसी का अध्ययन असीम था। उन्होंने न जाने कहाँ कहाँ से भाव ग्रहण किये थे।

मैंने बचपन में कुरुक्षेत्र गुरुकुल में शिक्षा पाई थी। पाणिनीय व्या-करण और संस्कृत साहित्य मेरे प्रिय विषय थे। पाँचवीं कक्षा में पं० भगीरथ शास्त्रीजी हमें व्याकरण पढ़ाते थे और पं० केशवदेवजी संस्कृत-साहित्य। दोनों गुरुओं का मुझ पर अपार स्नेह था। संस्कृत साहित्य का हमारा पाठ्यग्रंथ पंचतन्त्र था, परन्तु पं० केशवदासजी कक्षा के बाहर मुझे रघुवंश पढ़ाया करते थे—ठीक प्राचीन काल के गुरुओं की तरह। पुस्तकस्था विद्या पर उन्हें विश्वास न था। प्राचीन परिपाटी के अनुसार ही उन्होंने रघुवंश का पहला सर्ग छोड़ कर 'अथ प्रजानामधिप: प्रभाते' से प्रारम्भ किया। मैं भी विद्यार्थियों के प्राचीन आदर्श के अनुसार ही गुरु की सेवा कर उनसे विद्या-लाभ किया करता था। कुरुक्षेत्र गुरुकुल में तब कक्षा ५ तक ही पढ़ाई होती थी। कक्षा ६ में मैं काँगड़ी गुरुकुल चला गया। कक्षा ७ में मुझे गुरुकुल छोड़ना पड़ा, साथ ही छूट गया मेरा संस्कृत का अध्ययन। पीछे मैंने जादवपुर (कलकत्ता) के इंजीनिय-

रिंग कालेज में शिक्षा पाई। परन्तु बचपन में गुरु केशवदेवजी एवं भगीरथजी के प्रसाद से मेरी संस्कृत-अध्ययन की जो नींव पक्की हो गई थी, उसके फल-स्वरूप कोश और टीका की सहायता से मैं संस्कृत-काव्यों को समझ लेता हूँ। पं० केशवदेवजी का १९१९ ई० में पढ़ाया रघुवंश का दूसरा सर्ग मुझे आज भी कंठस्थ है। अपने परिमित संस्कृत-ज्ञान से मैंने जायसी के कथानक के कुछ सूत्र टटोले, परन्तु इस दिशा में अभी बहुत श्रम अपेक्षित है। नाथ-पंथ का साहित्य मैं बिलकुल ही नहीं पढ़ पाया; शिवपुराण मैंने पढ़ा अवश्य, पर गुढ़ा नहीं। पदमावत का अनुशीलन करने के लिए इन ग्रंथों का अध्ययन अनिवार्य है।

सदा की भाँति बन्धुवर पं० रामबहोरी शुक्लजी से मुझे पदमावत के अनुशीलन में सहायता मिलती रही। बहुत से ग्रन्थ भी अपने संग्रह से एवं सरस्वती-भवन पुस्तकालय से ले कर पढ़ने के लिए उन्होंने मुझे दिये, जिनमें कई इन चार वर्षों में मेरे पास बने रहे। मेरा ज्योतिष का ज्ञान बिलकुल शून्य था। नागमती के बारहमासे को समझने के लिए अपेक्षित ज्योतिष का प्रारम्भिक ज्ञान मुझे मित्रवर पं० दयानाथ झाजी से मिला। पं० दयानाथजी ने अपने ग्रंथ-संग्रह से संस्कृत के अनेक ग्रन्थ भी मुझे पढ़ने को दिये, जो आज भी मेरे ही पास बने हैं। इन दोनों सज्जनों का मैं सदा आभारी रहूँगा।

प्रयाग

भगतसिंह-बलिदान-दिवस, २०२१ वि० **इन्द्रचन्द्र नारंग**

(२३ मार्च १९६४ ई०)

तृतीय संस्करण

इस तीसरे संस्करण में मैंने पदमावत के कथानक के कुछ और सूत्र टटोले हैं और यात्रा-प्रसंग में आये ज्योतिष-सिद्धान्तों का मूल खोजा है। पृ० ३१६-१८ (पंचम संस्करण के पृ० ३३६-३७) पर डा० माताप्रसाद गुप्त और डा० वासुदेवशरण अग्रवाल द्वारा किये एक अर्धाली के अर्थ का विवेचन भी किया गया है। इसके लिए संस्कृत-ग्रंथ मुझे सुहृद्वर पं० रामबहोरी शुक्लजी द्वारा वाराणसी के सरस्वती-भवन पुस्तकालय से तथा पं० भूपेन्द्रपति त्रिपाठीजी के प्रसाद से प्रयाग की श्रीधर्मज्ञानोपदेश पाठ-शाला के पुस्तकालय से प्राप्त हुए। दोनों मित्रों एवं पुस्तकालयों का मैं ऋणी हूँ।

प्रयाग
वैशाखी २०२५ वि० — इन्द्रचन्द्र नारंग
(१३ अप्रैल १९६८ ई०)

चतुर्थ संस्करण

इस चौथे संस्करण को छपवाते समय मैं पारिवारिक उलझनों में फँसा रहा। गंभीर अध्ययन के लिए अपेक्षित शान्ति इस अवधि में मुझे न मिली। फिर भी पदमावत के कथानक के कुछ और सूत्र मैंने महा-भारत में खोजे हैं।

प्रयाग
द्वितीय नवरात्र २०३१ वि० — इन्द्रचन्द्र नारंग
(१७ अक्टूबर १९७४ ई०)

पंचम संस्करण

८१ वर्ष की वय में रोगग्रस्त होते हुए भी प्रकाशकों के अनुरोध पर मुझे पदमावत-सार को एक बार फिर से पढ़ना पढ़ा। सहदेव-पंडित सम्बन्धी महाभारत के श्लोक को बढ़ाया गया और महाभारत का वर्षा-वर्णन का वह श्लोक भी जोड़ा गया जिसका जायसी ने शब्दानुवाद किया है।

प्रयाग
भाद्रपद अमावस्या २०४५ वि०
(११ सितम्बर १९८८ ई०)

इन्द्रचन्द्र नारंग

बालापन के गुरु
श्रद्धेय
पं० केशवदासजी
और
पं० भगीरथजी
के
श्रीचरणों में

विषय-तालिका

पदमावत का अनुशीलन

पदमावत-सार

कवि-परिचय

हिन्दी के अमर प्रबन्ध काव्य पदमावत के रचयिता मलिक मुहम्मद जायसी का जीवन-वृत्त हमें बहुत अधिक ज्ञात नहीं है। जो कुछ थोड़ा बहुत ज्ञात है उसका आधार उनके ग्रन्थों के अन्त: साक्ष्य और किंवदन्तियाँ हैं।

उत्तर प्रदेश के रायबरेली ज़िले में (लखनऊ से १०७ किलोमीटर दक्खिन पूरब) जायस गाँव है। यह उत्तर रेलवे का स्टेशन है। इसी गाँव के सम्बन्ध से कवि के नाम के साथ जायसी लगा है। जायस उनका जन्म स्थान था या वे कहीं अन्यत्र से आ कर वहाँ बस गये थे इस विषय में विद्वान् एकमत नहीं है। 'आखिरी कलाम' में उन्होंने कहा है—

जायस नगर मोर अस्थानू, नगर क नावँ आदि उदयानू।

तहाँ दिवस दस पहुने आएउँ, भा बैराग बहुत सुख पाएउँ।

'तहाँ दिवस दस पहुने आएउँ' का अर्थ कुछ लोग यह करते हैं कि वे कहीं अन्यत्र से कुछ दिन के लिए जायस में आये और फिर वहीं बस गये। कुछ लोग 'दिवस दस पहुने आएउँ' का अर्थ जन्म ले कर इस जग में आना करते हैं और उन्हें जायस का निवासी मानते हैं। पदमावत में उन्होंने कहा है—

जायस नगर धरम अस्थानू, तहाँ आइ कवि कीन्ह बखानू।

इस अर्धाली के उत्तरार्ध का यह पाठांतर भी मिलता है—'तहवाँ यह कवि कीन्ह बखानू'। इसलिए इस अर्धाली से भी निश्चित कुछ पता नहीं लगता। जो लोग उन्हें अन्यत्र से आया मानते हैं वे यह नहीं बता सकते कि वे कहाँ से आये। यदि वे बाहर से आये तो भी किशोरावस्था तक ही आ गये और फिर उन्होंने जायस में ही अपना घर बना लिया और सदा के लिए वहीं बस गये। उनकी समूची कविता भी जायस में ही रची गई।

कवि के जन्म-काल के सम्बन्ध में भी विद्वान् एकमत नहीं हैं।

आखिरी कलाम में कहा है—

भा औतार मोर नौ सदी, तीस बरिस ऊपर कवि बदी।

नौ सदी का अर्थ कुछ लोग हिजरी ९०० (१४९४ ई०) करते हैं और कुछ लोग इसका अर्थ नौवीं सदी (८०१-९००) हिजरी में किसी समय लेते हैं। पदमावत के अंतिम छंद में वृद्धावस्था का जो वर्णन है उसे कुछ विद्वान् जायसी का स्वतः अनुभूत सा मानते हैं। जायसी का जन्म ९०० हि० में मानने पर वह छंद उनकी ४७ वर्ष की अवस्था में रचा मानना पड़ता है। उस अवस्था में वृद्धावस्था का वैसा अनुभव नहीं हो सकता। डा० मुंशीराम ने अपने पदमावत भाष्य में उस छन्द का अर्थ इस प्रकार किया है कि वह स्वतः अनुभूत सा नहीं है। यदि वह अर्थ ठीक माना जाय तो नौ सदी का अर्थ ९००हि० माना जा सकता है। इस अंतिम छंद के अतिरिक्त पदमावत के स्तुति खंड में निम्नलिखित दोहा आता है—

दीन्ह असीस मुहम्मद, करहु जुगहि जुग राज।
बादसाह तुम्ह जगत के, जग तुम्हार मुहताज॥

दिल्ली की गद्दी पर बैठने के समय शेरशाह की अवस्ता ५३-५४ वर्ष की हो चुकी थी। शेरशाह बादशाह को आशीर्वाद देने वाला कवि अवश्य वृद्ध रहा होगा। इसलिए पदमावत के अन्तिम छन्द में कवि का स्वतः अनुभूत वृद्धावस्था का वर्णन मानना ही ठीक है। पदमावत रचते समय जायसी वृद्ध हो चुके होंगे। उन्हें अपने जन्म-संवत् का स्वयं ठीक पता न होगा, इसलिए उन्होंने 'भा औतार मोर नौ सदी' कहा होगा।

प्रोफेसर सैयद हसन अस्करी को मनेर शरीफ से प्राप्त 'अखरावट' की हस्तलिखित प्रति की पुष्पिका में 'अखरावट' का रचना-काल ९११ हिजरी लिखा है।[1] श्री गोपाल राय ने 'तीस बरिस ऊपर कवि बदी' का अर्थ

१. श्री गोपाल राय, 'जायसी से सम्बद्ध तिथियों का पुनः परीक्षण', हिंदी अनुशीलन (भारतीय हिंदी परिषद्, प्रयाग) जुलाई-सितंबर १९५८ ई०, पृष्ठ ८।

किया कि जायसी ने तीस वर्ष की आयु में कविता करना आरंभ किया, और क्योंकि 'अखरावट' उनकी पहली रचना थी, इसलिए जायसी का जन्म-संवत् उन्होंने ८८१ हिजरी या १४७६ ई० माना है।[२] 'अखरावट' का रचना-काल ९११ हिजरी ठीक है। परन्तु 'तीस बरिस ऊपर कवि बदी' का अर्थ करने में श्री गोपाल राय से तनिक चूक हो गई है। जायसी को अपने जन्म-संवत् का ठीक पता न था, तब वे यह कैसे कह सकते थे कि तीन वर्ष की आयु में कविता करना आरंभ किया। इसीलिए उन्होंने 'तीस बरिस ऊपर' कहा, अर्थात् 'तीस वर्ष से अधिक आयु हो जाने पर।' यों अखरावट की रचना के समय जायसी की आयु तीस वर्ष से कुछ ऊपर हो चुकी थी। उनका जन्म ८८१ हिजरी (१४७६ ई०) से दो-चार वर्ष पहले हुआ। शेरशाह को आशीर्वाद देते समय वे ६६-६७ वर्ष के हो चुके होंगे।

जायसी एक नेत्र से विहीन थे—'एक नयन कवि मुहमद गुनी।' कुछ लोग उन्हें जन्म से ही काना मानते हैं और कुछ कहते हैं कि शीतला या अर्धांग रोग से उनकी बाईं आँख जाती रही तथा बायाँ कान भी निकम्मा हो गया। दूसरा पक्ष ठीक मालूम होता है। कवि ने स्वयं कहा है—

मुहमद बाईं दिसि तजा, एक स्रवन एक आँखि।
जब तें दाहिन होइ मिला, बोल पपीहा पाँखि॥

जायसी अरबी और फारसी के विद्वान् तो थे ही, संस्कृत के भी प्रकांड पंडित थे। पदमावत में हिन्दी-संस्कृत के बहुत से अलंकार प्रयुक्त हुए हैं। उस समय हिन्दी में अलंकार-ग्रन्थ लिखे न गये थे। जायसी ने संस्कृत के अलंकार-ग्रन्थ पढ़े होंगे। संस्कृत के अलंकार-शास्त्र का उन्होंने गहन अध्ययन किया था। पदमावत की भाषा ठेठ अवधी है। पर उसमें संस्कृत शब्दों का तत्सम और तद्भव रूप में प्रचुर प्रयोग

२. वही, पृष्ठ १०।

हुआ है, उससे अनुमान किया जा सकता है कि जायसी ने संस्कृत काव्य-ग्रंथों का भी विस्तृत अध्ययन किया थां। अकूट, उदन्त, लेत (आँसू), पाती (पतत्रि = पक्षी), खाट (तखता), मित्र (सूर्य), सुरुज (महारोग), नाम (अव्यय) आदि कुछ ऐसे शब्द हैं। नाथ पन्थ के हठयोग के सिद्धान्तों का भी जायसी ने अध्ययन-मनन किया होगा।

जायसी के रचे ग्रन्थों में आखिरी कलाम ९३६ हिजरी (१५२९ ई०) में बाबर बादशाह के प्रशासन में रचा गया। पदमावत की रचना कवि ने ९४७ हिजरी (१५४० ई०) में शेरशाह के प्रशासन में की। पदमावत में शेरशाह की जैसी प्रशंसा और जिस प्रकार जायसी के उसे आशीर्वाद देने का वर्णन है उससे ऐसा मालूम होता है कि जायसी उस महापुरुष के न्याय प्रजावत्सलता आदि गुणों पर मुग्ध थे और उन्होंने उसके दरबार में जा कर उसे आशीर्वाद दिया। लोग यह भी कहते हैं कि शेरशाह स्वयं उनके पास आया; शेरशाह जैसे गुणग्राही निरभिमानी प्रशासक से ऐसी ही आशा की जा सकती है।

जायसी सूफी थे। अपनी गुरु-परंपरा का उन्होंने अखरावट में इस प्रकार उल्लेख किया है—

पा पाएउँ गुरु मोहदी मीठा, मिला पंथ सो दरसन दीठा।
नावँ पियार सेख बुरहानू, नगर कालपी हुत गुरु थानू।
औ तिन्ह दरस गोसाइँ पावा, अलहदाद गुरु पंथ लखावा।
अलहदाद गुरु सिद्ध नवेला, सैयद मुहमद के वै चेला।
सैयद मुहमद दीन्हिं साँचा, दानियाल सिख दीन्ह सुबाचा।
जुग जुग अमर सो हजरत ख्वाजे, हजरत नबी रसूल नेवाजे।

शेख बुरहान और शेख मोहदी की गद्दी कालपी में थी। पं० रामचन्द्र शुक्ल ने उन्हें दिल्ली के तेरहवीं-चौदहवीं शताब्दी के प्रसिद्ध सूफी निजामुद्दीन औलिया की मानिकपुर-कालपी की शिष्य-परंपरा में माना है। पदमावत

में जायसी ने सैयद अशरफ जहाँगीर को भी अपना गुरु कहा है—

सैयद अशरफ पीर पियारा , जेहि मोंहि पंथ दीन्ह उजियारा ।

जायस में कवि ने सैयद अशरफ से दीक्षा ली होगी और कालपी में मोहदी (मुहीउद्दीन) से ।

जायसी के जीवन-काल में बहलोल लोदी (१४५१-१४८८), सिकन्दर लोदी (१४८८-१५१७), इब्राहीम लोदी (१५१७-१५२६), बाबर (१५२६-१५३०), हुमायूँ (१५३०-१५४०), शेरशाह (१५४०-१५४५) ये छह बादशाह दिल्ली की गद्दी पर बैठे थे । १४७६ ई० तक बहलोल लोदी हुसेनशाह शर्की से जौनपुर तक का इलाका छीन चुका था । इस प्रकार जायसी के जीवन काल में जायस नगर लगातार दिल्ली-सम्राट् के अधीन रहा ।

जायसी की कविता को प्रसिद्धि उनके जीवन-काल में ही हो गई थी । उनके चेले उनकी कविता गाते फिरते थे । कहते हैं उनका एक चेला नागमती का बारहमासा गा कर अमेठी (जि० सुलतानपुर में, जायस से ३० किलोमीटर पूरब) में भीख माँगा करता था । अमेठी का राजा उस बारहमासे को सुन कर मुग्ध हो गया और फकीर से बारहमासे के कवि का नाम-धाम पूछ कर उसने विनयपूर्वक जायसी को अमेठी में बुलवाया । तब से वे वहीं रहने लगे और वहीं उनकी मृत्यु हुई ।

पं० रामचन्द्र शुक्ल ने लिखा है—

"जायस में प्रसिद्ध है कि वे एक बार शेरशाह के दरबार में गये । शेरशाह उनके भद्दे चेहरे को देख कर हँस पड़ा । उन्होंने अत्यंत शांत भाव से पूछा—"मोहि का हँससि, कि कोहरहि !" अर्थात् तू मुझपर हँसा या या उस कुम्हार (गढ़ने वाले ईश्वर) पर ? इस पर शेरशाह ने लज्जित हो कर क्षमा माँगी । कुछ लोग कहते हैं कि वे शेरशाह के दरबार में नहीं गये थे, शेरशाह ही उनका नाम सुन कर उनके पास आया था ।"[1]

---

१. जायसी ग्रंथावली (२००८ वि०) भूमिका, पृ० ७

शायद इस प्रसिद्धि का कारण यह दोहा हो—

मुहमद कवि जो प्रेम का, ना तन रकत न माँसु।
जेइँ मुख देखा तेइँ हँसा, सुना तो आए आँसु॥

दिल्ली-दरबार में वे गये होंगे। परन्तु उनके चेहरे को देख कर हँसने वाला बादशाह शेरशाह न रहा होगा। शेरशाह उच्चशिक्षा-प्राप्त, सुसंस्कृत और गुणियों का आदर करने वाला था। स्वयं जायसी ने उसकी दिल खोल कर प्रशंसा की है और मुक्तकंठ से उसे आशीर्वाद दिया है। और शेरशाह के काल तक वे वृद्ध भी हो चुके थे। वृद्ध पर हँसने की गुस्ताखी तो कोई भी नहीं कर सकता। यदि उन पर दिल्ली का कोई बादशाह हँसा था तो वह दुरभिमानी इब्राहीम लोदी रहा होगा।

पं० रामचन्द्र शुक्ल की यह भूल कुछ इस प्रकार की है। महमूद गज-नवी ने सोमनाथ की चढ़ाई पर जाते हुए रास्ते में चौहानों की राजधानी जालोर को लूटा। अजमेर उस समय बसा भी न था। पीछे अजमेर बसा और वहाँ चौहानों की राजधानी बनी। इस तथ्य को न जानने के कारण १६वीं शताब्दी के इतिहास-लेखक फरिश्ता ने लिखा कि महमूद ने चौहानों की राजधानी अजमेर को लूटा। फरिश्ता के समय चौहानों की राजधानी के रूप में अजमेर की प्रसिद्धि थी, जालोर की नहीं। महमूद ने चौहानों की राजधानी को लूटा—यह बात सही है; पर वह राजधानी जालोर थी, अजमेर नहीं। नौवीं शताब्दी ई० अन्त के कवि राजशेखर ने काव्यमीमांसा (दशम अध्याय) में पाटलिपुत्र (मगध-राजधानी) में पाणिनि की परीक्षा की बात लिखी है। पाणिनि के समय पाटलिपुत्र की स्थापना न हुई थी, उस समय मगध की राजधानी राजगृह थी। परन्तु राजशेखर के समय मगध की राजधानी के रूप में पाटलिपुत्र की प्रसिद्धि हो चुकी थी। कालिदास ने अभिज्ञानशाकुन्तल के चौथे अंक में शकुन्तला को (दुष्यन्त की राजरानी) हस्तिनापुर भिजवाया है। शकुन्तला दुष्यन्त की राजधानी में अवश्य गई थी, पर हस्तिनापुर नहीं। हस्तिनापुर का संस्थापक हस्ती दुष्यन्य के पुत्र भरत के पौत्र सुहोत्र का पुत्र था। दुष्यन्त के समय हस्तिनापुर बसा न था,

परन्तु कालिदास के समय पौरवों की राजधानी के रूप में हस्तिनापुर प्रसिद्ध हो चुका था। इसी प्रकार यह बात सही हो सकती है कि जायसी का मुँह देख कर दिल्ली का बादशाह हँसा, पर वह बादशाह कौन था? पदमावत में कहे 'सेरसाहि दिल्ली सुलतानू' से शुक्लजी को शेरशाह का ही ख्याल रहा। जायसी के जीवनकाल में दिल्ली की गद्दी पर छह बादशाह बैठे थे, इस बात का ध्यान शुक्लजी को न आया।

पं० रामचन्द्र शुक्ल ने काजी नसरुद्दीन हुसैन जायसी के आधार पर जायसी का मृत्यु-काल ४ रजब ९४९ हिजरी (सन १५४२ ई०) लिखा है।

पदमावत का कथानक

सिंहल द्वीप में गंधर्वसेन राजा था। उसकी रानी चंपावती थी। उनके यहाँ पदमावती नाम की परम सुन्दरी कन्या जन्मी। सयानी होने पर पदमावती को अलग महल दिया गया। पदमावती के पास हीरामन नाम का तोता था। वह महापंडित था। हीरामन और पदमावती एक साथ रहते और वेद-शास्त्र पढ़ते थे। पदमावती के विवाह करने के लिए दूर दूर से वर आने लगे, पर गंधर्वसेन किसी को अपने बराबर न समझता और जवाब दे देता था। एक दिन पदमावती ने हीरामन से कहा—मेरी मदन-पीड़ा दिन दिन बढ़ती जा रही है, पर पिता मेरे विवाह की बात नहीं चला रहे हैं, माँ डर के मारे कह नहीं सकतीं, मेरे लिए देश देश के वर आ रहे हैं पर पिता को कोई पसन्द नहीं आता। तोते ने उत्तर दिया—विधि का लिखा मिटाया नहीं जा सकता। मुझे आज्ञा दो तो मैं तुम्हारे योग्य वर खोजूँ। उनकी बातचीत किसी दुर्जन ने सुन ली और राजा से कह दी। यह सुन कर राजा को गुस्सा आया और उसने तोते को मार डालने की आज्ञा दी, पर पदमावती ने किसी प्रकार बिनती करके हीरामन को बचा लिया। तोते ने पदमवती से कहा कि आज तो तुमने मुझे बचा लिया, पर राजा मुझे मारना चाहते हैं, कब तक बचा सकोगी? मुझे जाने दो तो मैं जंगल में चला जाऊँ। पर पदमावती ने उसे जाने न दिया। तोता उसके पास रह तो गया पर उसके मन में डर बना रहा।

एक दिन पदमावती अपनी सहेलियों के साथ मानसरोवर में नहाने गई। पीछे महल में बिल्ली आई। उसे देख कर हीरामन उड़ कर ढाक के जंगल में चला गया। वहाँ पक्षियों ने उसका बड़ा आदर किया। पदमावती लौट कर आई। तोते का पिंजरा खाली देख कर बहुत रोई। सखियों से खोजने को कहा। पर सखियों ने समझाया कि उसे कहाँ पाओगी। जब तक तोता पिंजरे में रहा, बंदी रहा। अब वह स्वतन्त्र हो गया है, अब लौट कर क्यों आवेगा ? तोते ने कुछ दिन तो जंगल में सुख से काटे; फिर एक बहेलिया आया और उसे पकड़ कर ले गया।

चित्तौड़गढ़ के राजा चित्रसेन का रतनसेन नामक पुत्र हुआ। उसका रूप और लक्षण देख कर ज्योतिषियों ने कहा कि वह बड़ा पराक्रमी होगा, पदमावती के लिए जोगी बन कर सिंहल जायगा और सिद्ध बन कर उसे चित्तौड़ लायेगा।

चित्तौड़गढ़ का एक व्यापारा व्यापार के लिए सिंहल द्वीप को चला। एक गरीब ब्राह्मण भी कुछ ऋण ले कर उसके साथ हो लिया। सिंहल द्वीप पहुँच कर व्यापारियों ने माल खरीदा, पर ब्राह्मण को कुछ न मिला। साथी माल खरीद कर कर चले गये और ब्राह्मण हाट में खड़ा पछताने लगा। इतने में बहेलिया हीरामन को बेचने हाट में पहुँचा। ब्राह्मण ने हीरामन से दो चार बातें पूछीं, उसे पंडित जान कर खरीद लिया और जल्दी जल्दी चल कर अपने साथियों से आ मिला। ये लोग चित्तौड़ पहुँचे तो वहाँ का राजा चित्रसेन मर चुका था। और उसका कुँवर रतनसेन गद्दी पर बैठा था। राजा रतनसेन के दरबार में खबर पहुँची कि सिंहल गये हुए व्यापारी लौट आये हैं; उनके पास सिंहल द्वीप का बहुत सा माल है; एक ब्राह्मण एक तोता लाया है जो बड़ा सुन्दर है; उसके मस्तक पर टीका और कंधे में जनेऊ है; वह वेदव्यास के ऐसा कवि और सहदेव के ऐसा पंडित है; वह जो सार्थक शब्द बोलता है उसे सुन कर सब सिर हिलाने लगते हैं; ऐसा अनमोल तोता राजमन्दिर में होना चाहिये। रतनसेन ने ब्राह्मण को बुलाया और हीरामन के गुण देख कर एक लाख रुपये में उसे खरीद लिया।

कुछ दिन बाद राजा रतनसेन शिकार को गया। उसकी पटरानी नागमती शृंगार करके हीरामन के पास आई और उससे पूछ बैठी—मुझ जैसी सुन्दरी कोई जग में है ? पदमावती का रूप स्मरण कर हीरामन हँसा और बोला—सुन्दरी तो वही है जिसे स्वामी चाहे। सिंहल की नारियों की बात क्या पूछती हो ? तुम तो उनके सामने अँधेरी रात सी हो। नागमती ने सोचा कहीं ऐसा न हो यह राजा के सामने कभी ऐसी बात कह दे और राजा सिंहल की पद्मिनी नारियों के लिए वियोगी हो कर चला जाय। उसने धाय को बुला कर कहा कि इस कुभाषी तोते को एकान्त में ले जा कर मार दो। धाय ने सोचा यह तोता राजा का प्यारा है, इसे मार देने पर राजा मुझे दंड देगा। यह सोच कर उसने तोते को छिपा दिया। राजा ने शिकार से लौट कर पूछा हीरामन कहाँ है तो रानी ने उत्तर दिया उसे बिल्ली ले गई। राजा ने उसके लिए बहुत विलाप किया। तब रानी उठ कर धाय के पास गई और उससे तोता ला कर उसने राजा को दिया। राजा के पूछने पर तोते ने सारी बात बताई और पदमावती के रूप का बखान किया। उसे सुन कर राजा मूर्च्छित हो गया। होश आने पर वह पदमावती को पाने के लिए जोगी हो कर घर से निकल पड़ा। हीरामन सिंहल द्वीप का रास्ता बताने को उसके साथ चला। नागमती और रतनसेन की माँ बहुत रोईं, पर उसने परवा न की। उसके साथ सोलह हजार कुँवर भी जोगी हो कर चले। लगभग एक महीना हीरामन के मार्ग-दर्शन में चल कर वे कलिंग में समुद्रतट पर पहुँचे। वहाँ के राजा से जहाज ले कर वे सिंहल द्वीप की ओर चल पड़े। सात समुद्रों को पार कर सिंहल द्वीप पहुँचे।

हीरामन के कहने से राजा साथी जोगियों के साथ महादेव के मंदिर में बैठ कर पदमावती का ध्यान करने लगा। तोते ने बताया था कि श्री पंचमी के दिन पदमावती महादेव के मंदिर में पूजा करने आवेगी तुम उसके दर्शन पा सकोगे। राजा उस दिन की प्रतीक्षा करने और 'पदमावती पदमावती' जपने लगा। राजा के उस योग का प्रभाव पदमावती पर

पड़ा। वह प्रेम-वश हो गई, विरह उसे सताने लगा। इतने में हीरामन आया। वह उसे गले से लगा कर बहुत रोई। हीरामन ने अपना सब हाल कहा। फिर उसने रतनसेन के रूप कुल आदि की प्रशंसा करके कहा कि मुझसे तुम्हारे रूप गुण की प्रशंसा सुन कर वह तुम्हारे प्रेम में जोगी हो कर तुम्हें पाने के लिए आया है और महादेव के मन्दिर में जप कर रहा है। पदमावती ने कहा कि वसन्त आने पर मैं पूजा के बहाने मन्दिर में जाऊँगी। हीरामन ने मन्दिर में जा कर राजा को इसकी सूचना दी।

वसंत-पंचमी के दिन पदमावती सखियों के साथ महादेव के मन्दिर में गई। पूजा कर के एक सखी की प्रेरणा से जोगियों को देखने गई। उसे देख कर रतनसेन बेसुध हो कर गिर पड़ा। उसे होश में लाने के लिए पदमावती ने चंदन का लेप किया, पर लेप ठंडा लगने से उसकी नींद और गहरी हो गई। तब पदमावती ने उसकी छाती पर चंदन से लिख दिया—जोगी, तुमने भीख पाने लायक जोग नहीं सीखा। जब फल-प्राप्ति की घड़ी आई तो तुम सो गये। तुम्हें फल-प्राप्ति कैसे होगी। अब तुम यदि चन्द्रमा के (मेरे) सच्चे (प्रेमी) सूर्य हो तो गढ़ में घुस कर सतमंजिले महल तक आओ। यह लिख कर वह सखियों के साथ अपने महल में चली गई।

होश आने पर राजा ने चंदन के उस लेख को पढ़ा। वह बहुत पछताया और जल मरने को तैयार हुआ। उसकी बिरहागिन से डर कर हनुमान महादेव के पास पहुँचे। महादेव कोढ़ी का वेश बना कर नन्दी पर चढ़ कर वहाँ आये। उनके साथ पार्वती और बन्दर के वेश में हनुमान भी थे। महादेव ने उससे जलने का कारण पूछा। इतने में पार्वती ने राजा की परीक्षा लेनी चाही और रतनसेन के दुपट्टे का छोर पकड़ कर बोली—तुम्हारे रूप गुण की प्रशंसा सुन कर इन्द्र ने मुझे तुम्हारे पास भेजा है। मुझ जैसी सुन्दरी और कौन है? पदमावती तो गई, तुम्हें अप्सरा मिल गई, अब जलना मरना तप जोग छोड़ कर मेरे साथ जन्म भर भोग करो। मैं स्वर्ग की अप्सरा हूँ। मुझे छोड़ कर तुम उसके लिए मरते हो तो तुम्हें

क्या लाभ होगा ? राजा ने कहा—मुझे न स्वर्ग चाहिये, न स्वर्ग की अप्सरा; मुझे तो केवल पदमावती चाहिये और कुछ नहीं। तब पार्वती ने हँस कर महादेव से कहा कि इसका प्रेम सच्चा है। यह सचमुच विरहाग्नि में जल रहा है। तुम महादेव देवों के पिता हो, तुम इस पर दया करो और इसकी आस पूरी करो; अन्यथा इसकी हत्या तुम्हें लगेगी। महादेव को पहचान कर राजा उनके पैरों पर गिर कर रोने लगा। उसके रोने से संसार डूबने लगा, तब महादेव को दया आई। उन्होंने कहा—तुम बहुत रो लिये अब मत रोओ। अब तुम सिद्ध हो गये। फिर उन्होंने उसे सिंहल गढ़ में घुस कर ऊपर चढ़ने का मार्ग बताया और सिद्धि-गुटिका दे कर अन्तर्धान हो गये।

सिद्धि-गुटिका पा कर राजा ने जोगियों के साथ सिंहलगढ़ को घेर लिया। दुर्गरक्षकों ने राजा गन्धर्वसेन के पास खबर पहुँचाई कि जोगियों ने गढ़ छेंक लिया है। राजा ने दो दूत भेजे। उन दूतों ने आ कर जोगियों से कहा कि तुम्हें जो भीख चाहिए माँग लो और दूसरी जगह जा कर जप तप करो। रतनसेन ने कहा—मैं भीख लेने ही तो आया हूँ, राजा देंगे तो मैं अवश्य लूँगा। राजकन्या पदमावती के लिए मैं भिखारी हो कर आया हूँ और खप्पर ले कर उसी की भीख माँगता हूँ। दूतों से यह बात सुन कर राजा बहुत क्रुद्ध हुआ। उसने सब जोगियों को मार कर भगा देने की आज्ञा दी। पर मंत्रियों ने कहा जोगियों से जूझना ठीक नहीं, गढ़ के नीचे बैठा रहने दो, हार कर अपने आप दूसरी जगह चले जायेंगे। राजा के दूत लौट कर न आये तो रतनसेन ने प्रेम-संदेश लिख कर हीरामन के हाथ पदमावती के पास भेजा। पदमावती ने भी उसका उत्तर लिख कर भेजा। पदमावती का संदेश पा कर राजा को बल मिला। गढ़ के ऊपर चढ़ने के लिए राजा महादेव के बताये कुंड में घुसा और उसने ऊपर चढ़ने के मार्ग को खोज कर उसका फाटक खोल लिया; पर इतने में दिन निकल आया और शोर मच गया कि चोर गढ़ में घुस आये हैं। राजा गंधर्वसेन ने मंत्रियों से पूछा तो उन्होंने कहा सब जोगियों को पकड़ कर सूली दे दो।

राजा की सेना जोगियों को पकड़ने चली। रतनसेन के साथी उससे लड़ना चाहते थे, पर उसने समझाया कि जोगी को गुस्सा नहीं करना चाहिए। सब जोगी शान्त हुए और पकड़े गये। पदमावती यह सुन कर बहुत दुखी हुई। उसका विलाप सुन सुन कर धाय हीरामन को बुला लाई। हीरामन ने उसे समझाया कि रतनसेन सिद्ध हो चुका है, वह अमर है।

जब जोगियों को बाँध कर सूली देने की जगह लाया गया तो वहाँ जनता की भीड़ लग गई। पहले रतनसेन को सूली के लिए लाया गया। उसका रूप देख कर सब पछताने लगे। कहने लगे यह जोगी नहीं है, कोई राजकुमार वियोगी हो गया है। पता लो कहीं राजा भोज तो जोगी बन कर नहीं आ गया। रतनसेन से पूछने पर उसने उत्तर दिया—मेरा परिचय क्या पूछते हो, मैं तो जोगी भिखारी हूँ। वह 'पदमावती पदमावती' जपता रहा। जब उसे सूली दी जाने लगी तो महादेव का आसन डोल गया। महादेव और पार्वती भाट और भाटिन का रूप धर कर हनुमान को साथ ले कर वहाँ आये। पार्वती ने महादेव से रतनसेन को बचाने को कहा। इतने में हीरामन भी वहाँ आया और रोने लगा। उसने पदमावती का संदेश सुनाया कि मैं प्राणों को निकल कर हाथ में लिये बैठी हूँ, मेरा मरना जीना तुम्हारे साथ है। संदेश सुन कर रतनसेन हँसा। भाट (महादेव) ने गंधर्वसेन को समझाया कि जोगी पानी है और तुम आग हो, आग और पानी का युद्ध नहीं होता। यह जोगी नहीं है, राजा है। यदि तुमने युद्ध ठाना तो महाभारत होगा। महादेव ने रणघंट बजाया है। सुन कर ब्रह्मा सहित सब देवता युद्ध करने को आ रहे हैं। उन्हीं के साथ नवों नाथ और चौरासी सिद्ध भी आ रहे हैं। यह जोगी चित्तौड़ का राजा रतनसेन है। तुम्हारा तोता हीरामन इसे बुला कर लाया है। यह पदमावती के लिए जोगी हुआ है। हीरामन को बुला कर उससे पूछ लो। जहाँ कन्या होती है वहाँ वर आते ही हैं। यदि विवाह कर दोगे तो पुण्य होगा। तुम इसे परख लो। रत्न छिपाये से नहीं छिपता। यदि यह परीक्षा में खरा उतरे तो इसे पदमावती व्याह दो। हीरामन का नाम सुन कर राजा

का क्रोध जाता रहा। हीरामन बुलाया गया। उसने भाट की बात का समर्थन किया। राजा को विश्वास हो गया। रतनसेन को बंधन खोल कर लाया गया। उसने कानों में मोम से जोगियों के कुंडल चिपकाये हुए थे। राजा के आदेश से उसने जोगी वेश छोड़ कर राजवेश धारण किया। परीक्षा के लिए उसे एक कटहा घोड़ा दिया गया। रतनसेन ने उस पर सवार हो कर फिरा दिया तो सब को उसके राजा होने का विश्वास हो गया। तब रतनसेन का पद्मावती से और उसके साथियों का अन्य पद्मिनी कुमारियों से विवाह हुआ और सुख से वहीं रहने लगे।

इधर चित्तौड़ में नागमती रतनसेन के वियोग में विलाप करती थी। राजा को गये एक वर्ष बीत गया। नागमती के विलाप से सब पशु-पक्षी विकल हो गये। अंत में आधी रात को एक पक्षी ने नागमती से उसके दुःख का कारण पूछा। नागमती का संदेश ले कर वह सिंहल द्वीप जा कर एक पेड़ पर रहने लगा। एक दिन रतनसेन शिकार खेलता हुआ उस पेड़ के नीचे पहुँचा तो पक्षी ने उससे नागमती का संदेश कहा। रतनसेन को चित्तौड़ की याद आई, उसका जी सिंहल से उचट गया, उसने गंधर्वसेन से विदा माँगी। गंधर्वसेन ने विदा करते समय अपार धन और द्रव्य दिया, जिसे पा कर रतनसेन को गर्व हुआ कि मैं यह धन ले कर घर पहुँचूँगा तो मेरे समान संसार में और कौन होगा। राजा समुद्र के किनारे पहुँचा तो समुद्र भिखारी रूप में आ खड़ा हुआ। समुद्र ने उसके धन के ४०वें भाग की भीख माँगी, पर राजा ने लोभवश कुछ न दिया। राजा समुद्र में आधा रास्ता भी नहीं आ पाया था कि तूफान उठा और राजा के जहाज रास्ता भूल कर लंका की ओर बह चले। वहाँ विभीषण का राक्षस मछली मार रहा था। राजा ने उसे जहाजों को ठीक रास्ते पर लगा देने को कहा और बहुत सा इनाम देने का वादा किया। राक्षस जहाजों को भँवर में ले गया। सब जहाज वहाँ चक्कर खाने लगे। हाथी घोड़े मनुष्य सब डूबने लगे। इतने में एक राजपक्षी आया और उस दुष्ट राक्षस को पंजे में दबा कर उड़ गया।

सब जहाज टूट गये। राजा रानी जहाज के तख्तों पर बैठ कर विभिन्न दिशाओं में बह गये।

पदमावती मूर्च्छित हो गई। बहते बहते वह जहाँ किनारे पर पहुँची वहाँ समुद्र की कन्या लक्ष्मी अपनी सहेलियों सहित खेल रही थी। लक्ष्मी ने देखा कि वह अभी मरी नहीं है। वह उसे अपने घर ले आई। उसके उपचार से पदमावती को होश आया। वह खाना पीना छोड़ कर रतनसेन के लिए विलाप करने लगी। लक्ष्मी ने उसे धीरज बँधाया और अपने पिता समुद्र से राजा को खोज लाने को कहा। राजा बहते बहते निर्जन टीले पर जा लगा और पदमावती के लिए विलाप करने लगा। अन्त में वह कटार से अपना गला कटाने को उद्यत हुआ। समुद्र ने तब माना कि उसका लोभ-जन्य पाप कट गया है और वह ब्राह्मण का रूप धर कर उसके सामने आ खड़ा हुआ। उसने उसे आत्महत्या करने से रोका और कहा आँख मूँद कर मेरी लाठी पकड़ लो, मैं तुम्हें पदमावती के पास पहुँचा दूँगा। जब राजा समुद्र के साथ उस घाट पर पहुँचा तो लक्ष्मी पदमावती का रूप धर कर रास्ते में आ बैठी। राजा उसे देख कर दौड़ा, पर पास आने पर जब उसने देखा कि यह पदमावती नहीं है तो मुँह फेर लिया। लक्ष्मी फिर उसके सामने आ कर रोने लगी कि मैं तुम्हारी रानी पदमावती हूँ, तुमने मुझे समुद्र में ला कर छोड़ दिया। राजा ने कहा तुमने पदमावती का रूप धरा है तुम पदमावती नहीं हो। तब लक्ष्मी राजा को पदमावती के पास ले गई। रतनसेन और पदमावती एक दूसरे से मिल कर बहुत प्रसन्न हुए। कुछ दिन वे दोनों वहाँ पाहुने रहे, फिर उन्होंने समुद्र से बिदा माँगी। लक्ष्मी ने पदमावती को गले लगा कर भेंटा और पान का बीड़ा दिया जिसमें उत्तम रत्न और हीरे भरे थे। समुद्र ने उन्हें अमृत, हंस, सोनहा पक्षी, शार्दूल (सिंह) और सोना बनाने का पारस पत्थर ये पाँच रत्न बिदाई में दिये। पथ-प्रदर्शक साथ दे कर उन्हें बिदा किया। पथ-प्रदर्शकों ने उन्हें निर्विघ्न समुद्र पार जगन्नाथपुरी पहुँचा दिया। सेना सजा कर राजा चित्तौड़ पहुँचा और नागमती पदमावती दोनों रानियों

के साथ सुख से रहने लगा। राजा के दो पुत्र हुए नागमती से नागसेन और पदमावती से कमलसेन।

राजा रतनसेन के दरबार में राघवचेतन नाम का पंडित था। उसे यक्षिणी सिद्ध थी। एक दिन राजा ने पूछा दूज कब है ? राघव ने कहा आज, और पंडितों ने कहा कल। इसपर विवाद हुआ। राघव ने कहा यदि मेरी बात असत्य हो तो मैं देश-निकाला पाऊँ और यक्षिणी के प्रभाव से उस दिन दूज दिखा दी। दूसरे दिन फिर चन्द्रमा की कला दूज की ही दिखाई दी। तब पंडितों ने राजा से कहा कि कल राघव ने यक्षिणी के प्रभाव से दूज दिखाई थी। यदि कल दूज होती तो आज चन्द्रमा की कला कुछ अधिक दिखाई देती। राघव का भेद खुल गया। राजा ने उसे देश-निकाले का दंड दिया। यह बात जब पदमावती ने सुनी तो उसने सोचा कि ऐसे गुणी पंडित को निकाल देना अच्छा नहीं है। वह देश पर कोई विपत्ति ला सकता है। उसने दान दे कर राघव को संतुष्ट करना चाहा और सूर्यग्रहण का दान देने को बुला भेजा। राघवचेतन दान लेने पदमावती के महल के नीचे आ कर खड़ा हुआ। तब रानी ने अपने हाथ का बहुमूल्य कंकण उतार कर झरोखे में से नीचे फेंका। रानी का रूप देख कर राघव सुध-बुध खो कर गिर पड़ा। रानी तो झरोखा बंद करके चली गई, उसकी सहेलियों ने उपचार करके राघव को उठाया। होश आने पर राघव उठ कर दिल्ली की ओर चला।

दिल्ली पहुँच कर राघव ने बादशाह अलाउद्दीन से भेंट की। उसे पदमावती का कंकण दिखा कर उसके रूप का बखान किया। बादशाह ने उसका अच्छा आदर-सत्कार किया और सरजा नामक दूत को पत्र दे कर चित्तौड़ भेजा। राजा ने पत्र पढ़ा तो उसमें लिखा था कि पदमावती को तुरन्त दिल्ली भेज दो। पत्र पढ़ कर राजा जल उठा। उसने दूत को लौटा दिया। बादशाह ने बड़ी भारी तैयारी के साथ चित्तौड़ पर चढ़ाई की। आठ वर्ष वह गढ़ को घेरे रहा, पर गढ़ सर न हुआ। उधर दिल्ली से खबर आई कि हरेव लोग दिल्ली पर चढ़ आये हैं। बादशाह ने सोचा कि

यदि यहाँ अटका रहता हूँ तो दिल्ली भी मुझसे छिन जायगी। उसने फिर सरजा दूत को भेजा। सरजा ने जा कर राजा से कहा कि तुम्हारा गढ़ अब एक दो दिन में टूटने ही वाला है, बादशाह का पदमावती के लिए आग्रह नहीं है, तुम अपने राज्य का भोग करो और चंदेरी भी ले लो, समुद्र से तुम्हें जो पाँच अमूल्य रत्न मिले हैं, वह दे कर अधीनता मान लो। राजा ने पाँचों नग भेंट करके बादशाह की सेवा करना स्वीकार कर लिया। बादशाह ने कहला भेजा मैं कल गढ़ देखने आऊँगा।

बादशाह के लिए राजसी भोजन का प्रबन्ध किया गया। सरजा और राघवचेतन के साथ बादशाह आया। गढ़ के फाटक पर रतनसेन ने उसका स्वागत किया। फिर उसने बादशाह को गढ़ दिखाय। गोरा बादल नामक सरदारों को बादशाह के व्यवहार में छल का अंदेशा हुआ, उन्होंने राजा को सचेत किया, पर राजा को उनकी बात न भाई। तब वे दोनों रूठ कर अपने घर चले गये। बादशाह की आव-भगत होती रही। बादशाह पदमावती के महलों की तरफ टहलने गया। वहाँ सुन्दरी स्त्रियों ने उसका स्वागत किया। बादशाह ने राघव से पूछा इनमें पदमावती कौन सी है तो राघव ने उत्तर दिया कि ये सब तो उसकी दासियाँ हैं। तब बादशाह वहीं बैठ कर राजा के साथ शतरंज खेलने लगा। वहाँ उसने एक दर्पण भी इस मतलब से रख दिया कि यदि पदमावती झरोखे में से झाँके तो वह दर्पण में दिखाई दे जायगी। इस बीच कुतूहलवश पदमावती झरोखे में आई तो दर्पण में उसकी परछाईं देख कर बादशाह बेसुध हो गया। राघव चेतन ने कहा बादशाह को सुपारी लग गई। बादशाह को ले जा कर उसकी सेज पर सुला दिया गया। सचेत होने पर राघव ने उससे पूछा तो उसने पदमावती के नख-शिख का वर्णन कर कहा कि मैंने ऐसी परछाईं दर्पण में देखी थी। राघव ने कहा कि तब तुमने सचमुच पदमावती की परछाईं देखी है। वही पदमावती है। उसे प्राप्त करने का कोई उपाय करो। बादशाह बिदा हुआ। राजा उसे पहुँचाने साथ चला। पहले फाटक पर बादशाह ने राजा को खिलअत पहनाई, सौ घोड़े और तेईस हाथी दिये। इस प्रकार

प्रत्येक फाटक पार होने पर बादशाह राजा को कुछ न कुछ देता गया। छठे फाटक पर मांडवगढ़ और सातवें पर चन्देरी दी। सातवाँ फाटक लाँघने पर वह राजा को कैद करके ले गया। दिल्ली ले जा कर राजा को हथकड़ी बेड़ी डाल दी गई और बहुत कष्ट दिये गये। राजा से कहा गया कि पदमावती दे कर छुटकारा पा सकते हो, पर वह न माना। तब उसे अंधकूप में डाल दिया गया।

इधर चित्तौड़ में हाहाकार मच गया। नागमती और पदमावती विलाप करने लगीं। कुंभलनेर का राव देवपाल राजा का शत्रु था और उससे बहुत जलता था। उसने अब पदमावती को भगा लाने की सोची। कुमुदिनी नाम की बूढ़ी दूती को उसने इस काम के लिए नियुक्त किया। पुरस्कार के लालच से कुमुदिनी ने इस कठिन काम का बीड़ा उठाया और चित्तौड़ पहुँची। पदमावती की बचपन की धाय कह कर उसने अपना परिचय दिया। पदमावती उससे गले मिल कर बहुत रोई। धीरे धीरे कुमुदिनी ने पदमावती को समझाना शुरू किया कि राजा रतनसेन तो गया, क्यों उसके लिए रो रो कर अपना यौवन गँवा रही हो। कुँभलनेर के राव देवपाल के पास चलो। तब पदमावती ने उसे कड़ा दंड दे कर निकलवा दिया।

पदमावती राजा को छुड़ाने के लिए दान पुण्य करने लगी जो कोई पथिक या योगी संन्यासी आता उसे वह अन्न वस्त्र से संतुष्ट कर पूछती कि क्या राजा रतनसेन का कुछ हाल जानते हो। यह खबर बादशाह तक पहुँची तो उसने युवती दूती को भेजा। वह जोगिन बन कर चित्तौड़ आई और राजमहल में पहुँची। पदमावती ने उसे बुला कर पूछा कहाँ से आ रही हो, और इस अल्पायु में तुम जोगिन क्यों हो गई हो? उसने कहा मेरा पति परदेश चला गया, मैं उसे खोजती फिरती हूँ। मैं प्रयाग, बनारस जगन्नाथ, द्वारका, केदारनाथ, अयोध्या, गोमुख, हरद्वार, नगरकोट, बालनाथ, मथुरा, सूर्यकुण्ड, बदरीनाथ आदि चौंसठ तीर्थ देख आई, कहीं मेरा पति न मिला। अंत में मैं दिल्ली गई। वहाँ मैंने सुलतान के बंदी-खाने में रतन-सेन को देखा। उसे बहुत यातनाएँ दी जा रही हैं। पदमावती उस जोगिन

के साथ दिल्ली जाने को तैयार हो गई, पर सखियों ने रोका और कहा कि गोरा-बादल के पास जा कर उनका सहारा लो।

तब रानी गोरा-बादल के घर गई। पदमावती का दुःख देख कर गोरा-बादल पसीज गये। उन्होंने राजा को छुड़ा लाने की प्रतिज्ञा की और कहा कि बरसात बीतते ही हम राजा को छुड़ा लाएँगे, तब तक धीरज धरो। गोरा और बादल ने सलाह की कि जिस प्रकार छल से बादशाह ने राजा को कैद किया है, उसी प्रकार युक्ति से हम उसे छुड़ाएँगे।

गोरा-बादल ने सोलह सौ पालकियाँ सजाईं। प्रत्येक में सशस्त्र सैनिक को बैठाया। सबसे कीमती पालकी में लोहार बैठा। पालकियों पर परदे पड़े हुए थे। गोरा-बादल इन सोलह सौ पालकियों के साथ तीन हजार सवार ले कर दिल्ली चले और प्रसिद्ध कर दिया कि पदमावती ओल हो कर राजा को छुड़ाने जा रही है, और उसके साथ उसकी सोलह सौ सखियाँ हैं। दिल्ली पहुँच कर गोरा आगे बढ़कर बन्दीगृह में पहुँचा और बन्दीगृह के अधिकारी को दस लाख रुपया भेंट दे कर उसके पाँव पड़ कर बोला कि बादशाह से जा कर कहो कि रानी पदमावती अपनी सखियाँ सहित आई है और विनती करती है कि चित्तौड़ के भंडार और गढ़ की कुंजी मेरे पास है, यदि एक घड़ी राजा से मिलने की आज्ञा पाऊँ तो राजा को कुंजी सौंप कर महल में आऊँ। तब बादशाह ने रखवारों को भेजा, पर दस लाख की घूस देख कर उन्होंने पालकियों को देखा तक नहीं। 'पदमावती' को एक घड़ी राजा से मिमने की आज्ञा मिल गई, उसकी पालकी राजा के पास पहुँचाई गई। उसमें से निकलकर लोहार ने राजा की बेड़ियाँ काट दीं। राजा शस्त्र ले कर घोड़े पर सवार हो गया। अन्य पालकियों में से भी सशस्त्र सैनिक निकल आये। गोरा-बादल ने तलवारें खींच लीं और राजा को ले कर चित्तौड़ की ओर चले। खबर पा कर बादशाह ने भारी फौज से पीछा किया। तब हजार सैनिकों को ले कर गोरा शाही सेना को रोकने के लिए डट गया और बाकी सैनिकों के साथ बादल राजा को चित्तौड़ ले गया। गोरा ने बहुत देर तक शाही

सेना को अटकाये रक्खा। अन्त में वह अपने हज़ार साथियों सहित खेत रहा, पर इस बीच बादल राजा को ले कर चित्तौड़ के पास में पहुँच चुका था।

चित्तौड़ पहुँच कर राजा ने पदमावती से देवपाल की करतूत सुनी तो उसे बहुत क्रोध आया। उसने कहा जब तक शाही सेना चित्तौड़ तक आयेगी मैं कुंभलनेर जा कर देवपाल को बाँध लाऊँगा। दिन निकलते ही वह सेना ले कर कुंभलनेर जा पहुँचा। देवपाल ने उसे द्वंद्व युद्ध के लिए ललकारा जो राजा ने मान लिया। देवपाल ने राजा को विष-बुझी साँग मारी जो नाभि तक जा कर नाभि को भेद कर पीठ की ओर जा निकली। देवपाल वार करके लौटा तो राजा ने प्रहार किया, जिससे देवपाल की गरदन कट गई, सिर धड़ से अलग हो गया। राजा ने वैरी का सिर काट कर बाँध लिया और चित्तौड़ को लौटा, पर रास्ते में चित्तौड़ गढ़ की रक्षा का भार बादल को सौंप कर मर गया और उसका शव चित्तौड़ लाया गया। राजा के शव के साथ नागमती और पदमावती दोनों रानियाँ सती हो गईं। इधर बादशाह अलाउद्दीन ने आ कर चित्तौड़ गढ़ छेंक लिया। भयंकर युद्ध हुआ. बादल गढ़ की रक्षा करते हुए फाटक पर मारा गया और चित्तौड़ पर अलाउद्दीन का अधिकार हो गया।

कथा के सूत्र

● ●

सिंहल की राजकुमारी और चित्तौड़ के राजा रतनसेन की रानी पदमावती 'पदमावत' की नायिका है और चित्तौड़ का राजा रतनसेन नायक। दिल्ली का बादशाह अलाउद्दीन और कुंभलनेर का राव देवपाल दोनों पदमावती को पाने का प्रयत्न करते हैं। अलाउद्दीन रतनसेन से युद्ध करता और उसे कैद कर लेता है। देवपाल के हाथों रतनसेन की मृत्यु होती है। तब पदमावत में प्रतिनायक कौन है? अलाउद्दीन या देवपाल? या दोनों? वास्तव में दोनों ही प्रतिनायक हैं। जैसा कि हम देखेंगे, जायसी ने बड़ी चतुराई से नायक रतनसेन और नायिका पदमावती ने दो दो ऐतिहासिक व्यक्तियों का समावेश किया है, इसलिए प्रतिनायक भी दो हैं।

इतिहास-प्रसिद्ध खिलजी सम्राट् अलाउद्दीन १२६५ ई० में अपने बूढ़े चाचा जलालुद्दीन को मार कर दिल्लो का सुलतान बना।

"१२६६ ई० में उसने अपने भाई उलूगखाँ और सेनापति नसरतखाँ को गुजरात पर चढ़ाई करने भेजा। मालवे से उसने मेवाड़ के रास्ते बढ़ना चाहा किन्तु राजा समरसिंह ने उन्हें मार भगाया। तब मेवाड़ के दक्खिन घूम कर वे आसावल (आशा-पल्ली) जा पहुँचे। यह वह स्थान है जहाँ अब अहमदाबाद बना है। वहाँ से उन्होंने अनहिलपाटन पर चढ़ाई कर उसे ले लिया। राजा कर्ण जिसे गुजरात में करण घेलो (पगला कर्ण) कहते हैं, भाग कर देवगिरि चला गया।"[1]

"मालवा और गुजरात के दिल्ली साम्राज्य में चले जाने से राजस्थान के राज्य तीन तरफ से घिर गये। अलाउद्दीन ने एक तरफ इन

---

१. जयचन्द्र विद्यालंकार---भारतीय इतिहास का उन्मीलन, छठा संस्करण, पृष्ठ ४१६।

राज्यों को जीतना तथा दूसरी तरफ ताप्ती के आगे दक्खिन की ओर बढ़ना अपना उद्देश बना लिया। राजस्थान में रणथम्भोर का चौहान राज्य उसका सबसे पहला पड़ोसी था। वहाँ के राजा हम्मीर ने इसी अवसर पर एक भागे हुए मंगोल सरदार को शरण दी, और अलाउद्दीन के माँगने पर उसे लौटाने से इनकार किया। अलाउद्दीन ने तब उसपर चढ़ाई की। एक बरस के बड़े युद्ध के बाद हम्मीर के मारे जाने पर गढ़ सुलतान के हाथ लगा। सेनापति नसरतखाँ भी इस युद्ध में काम आया (१३०१ ई०)। रणथम्भोर की जीत से दिल्ली सलतनत की सीमा मेवाड़ से जा लगी। समरसिंह के बेटे रत्नसिंह को मेवाड़ की गद्दी पर बैठे अभी कुछ महीने ही बीते थे कि अलाउद्दीन ने चित्तौड़ को घेर लिया (१३०२ ई०)। ६ महीने घिरे रहने के बाद रसद और पानी चुक गये तो गढ़ अलाउद्दीन के हाथ आया। रत्नसिंह मारा गया और उसकी रानी पद्मिनी ने बहुत सी स्त्रियों के साथ जौहर कर लिया। अलाउद्दीन ने चित्तौड़ का राज्य अपने बेटे खिजरखाँ को दे कर उसका नाम खिजराबाद रक्खा।"[१]

दिल्ली-सम्राट् अलाउद्दीन का समकालीन चित्तौड़ का राजा रत्नसिंह (राजा समरसिंह का पुत्र) था। वह पदमावत का पहला नायक है और उसकी रानी पद्मिनी पहली नायिका। रत्नसिंह ने अलाउद्दीन का सामना करते हुए वीरगति पाई और उसकी रानी पद्मिनी ने जौहर किया। परन्तु जायसी ने रतनसेन को अलाउद्दीन से नहीं मरवाया, न पदमावती को जौहर में सम्मिलित करवाया। जायसी का रतनसेन देवपाल से द्वन्द्व करता हुआ मारा गया और पदमावती उसके साथ सती हुई।

जायसी का समकालीन चित्तौड़ का राजा साँगा का पुत्र राणा रत्नसिंह था।

---

१. वही, पृष्ठ ४१६-१७

"कुँवर भोजराज[1] की मृत्यु के बाद रत्नसिंह युवराज हुआ, जिसके छोटे भाई उदयसिंह और विक्रमादित्य थे। उनको जागीर मिलने के सम्बन्ध में मुहणोत नेणसी ने लिखा है—'राणा सांगा का एक विवाह हाड़ा राव नर्बद की पुत्री करमेती (कर्मवती) से भी हुआ था, जिससे विक्रमादित्य और उदयसिंह उत्पन्न हुए। राणा का इस राणी पर विशेष प्रेम था। एक दिन करमेती ने राणा से निवेदन किया कि आप चिरंजीवी हों, आपका युवराज रत्नसिंह है और विक्रमादित्य तथा उदयसिंह बालक हैं, इसलिए आपके सामने ही इनकी जागीर नियत हो जाय तो अच्छा है। राणा ने पूछा तुम क्या चाहती हो? इसके उत्तर में उसने कहा कि रत्नसिंह की सम्मति ले कर रणथंभोर जैसी कोई जागीर इनको दे दी जाय और सूरजमल जैसे राजपूत को इनका संरक्षक बनाया जाय। राणा ने इसे स्वीकार कर दूसरे दिन रत्नसिंह से कहा कि विक्रमादित्य और उदयसिंह तुम्हारे छोटे भाई हैं, जिनको कोई ठिकाना देना चाहिए। महाशक्तिशाली सांगा से रत्नसिंह ने यही कहा कि आपकी जो इच्छा हो वही जागीर दीजिये। इसपर राणा ने उनको रणथंभोर का इलाका जागीर में देने की बात कही, तो रत्नसिंह ने कहा—'बहुत अच्छा'। फिर जब विक्रमादित्य और उदयसिंह को रणथंभोर का मुजरा करने की आज्ञा हुई, तो उन्होंने मुजरा किया। उस समय बूँदी का हाड़ा सूरजमल भी दरबार में हाजिर था। राणा ने कहा कि हम इन्हें रणथंभोर दे कर तुम्हारी संरक्षा में रखते हैं। सूरजमल ने निवेदन किया कि मुझे इस बात से क्या मतलब, मैं तो चित्तौड़ के स्वामी का सेवक हूँ। तब राणा ने कहा—'ये दोनों बालक तुम्हारे भानजे हैं, बूँदी से रणथंभोर निकट भी है और हमें तुम्हारे पर विश्वास है, इसीलिए इनका हाथ तुम्हें पकड़वाते हैं।' सूरजमल ने जवाब दिया कि आपकी आज्ञा शिरोधार्य है, परन्तु आपके पीछे रत्नसिंह मुझे मारने को तैयार

१. राणा सांगा का ज्येष्ठ पुत्र, मीराबाई का पति।

होंगे, इसलिए आपके कहने से मैं इसे स्वीकार नहीं कर सकता, यदि रत्नसिंह ऐसा कह दें, तो बात दूसरी है। राणा ने रत्नसिंह की ओर देखा, तो सूरजमल से कहा कि जैसा महाराणा फरमाते हैं वैसा करो, ये मेरे भाई हैं, और आप भी हमारे संबंधी हैं, मैं इसमें बुरा नहीं मानता। तब सूरजमल ने राणा की यह आज्ञा मान ली और साथ जा कर रणथंभोर में विक्रमादित्य और उदयसिंह का अधिकार करा दिया।'

"विक्रमादित्य और उदयसिंह को महाराणा सांगा ने यह बड़ी जागीर रत्नसिंह की आन्तरिक इच्छा के विरुद्ध और अपनी प्रीतपात्र महाराणी करमेती के विशेष आग्रह से दी, परन्तु अन्त में इसका परिणाम रत्नसिंह और सूरजमल दोनों के लिए घातक ही हुआ।"[1]

"महाराणा सांगा की मृत्यु के समाचार पहुँचने पर उसका कुँवर रत्नसिंह वि० सं० १५८४ माघ सुदी १५ (ई० सं० १५२८ ता० ५ फरवरी) के आसपास चित्तौड़ के राज्य का स्वामी हुआ।

"महाराजा सांगा के देहान्त के समय महाराणी हाड़ी कर्मवती अपने दोनों पुत्रों के साथ रणथंभोर में थी। अपने छोटे भाइयों के हाथ में रणथंभोर की पचास-साठ लाख की जागीर का होना रत्नसिंह को बहुत अखरता था, क्योंकि वह उसकी आन्तरिक इच्छा के विरुद्ध दी गई थी। कर्मवती और अपने दोनों भाइयों को चित्तौड़ बुलाने के लिए उसने पूरबिये पूरणमल को पत्र दे कर रणथंभोर भेजा और कर्मवती से कहलाया कि आप सबको यहाँ आ जाना चाहिए। उत्तर में उसने कहलाया कि स्वर्गीय महाराणा इन दोनों भाइयों को रणथंभोर की जागीर दे कर मेरे भाई सूरजमल को इनका संरक्षक बना गये हैं, इसलिए यह बात उसी के अधीन है। जब महाराणा का संदेश सूरजमल को सुनाया गया, तो उसने उस बात को टालने के लिए कहा कि मैं चित्तौड़ आऊँगा और इस

१. गौरीशंकर हीराचंद ओझा—राजपूताने का इतिहास, दूसरा खण्ड, पृष्ठ ६७२-७३।

विषय में महाराणा से स्वयं बातचीत कर लूँगा। महाराणा सांगा ने जो दो बहुमूल्य वस्तु—सोने की कमरपेटी और रत्नजटित मुकुट—सुलतान महमूद से ली थीं, वे विक्रमादित्य के पास होने से उनको भेजने के लिए भी रत्नसिंह ने कहलाया था; परन्तु उसने भेजने से इनकार कर दिया। पूरणमल ने यह सारा हाल चित्तौड़ जा कर महाराणा से कहा। यह उत्तर सुन कर महाराणा बहुत अप्रसन्न हुआ।"[1]

"इधर हाड़ी कर्मवती विक्रमादित्य को मेवाड़ का राजा बनाना चाहती थी, जिसके लिए उसने सूरजमल से बातचीत कर बाबर को अपना सहायक बनाने का प्रपंच रचा। फिर अशोक नामक सरदार द्वारा बादशाह से इस विषय में बातचीत होने लगी। बाबर अपनी दिनचर्या में लिखता है—'हि० सं० ६३५ ता० १४ मुहर्रम (वि० सं० १५८५ आश्विन सुदी १५ = ई० सं० १५२८ ता० २८ सितम्बर) को राणा सांगा के दूसरे पुत्र विक्रमादित्य के, जो अपनी माता पद्मावती [? कर्मवती] के साथ रणथंभोर में रहता था, कुछ आदमी मेरे पास आये। मेरे ग्वालियर को रवाना होने से पहले भी विक्रमादित्य के अत्यन्त विश्वास-पात्र राजपूत अशोक के आदमी मेरे पास ७० लाख की जागीर लेने की शर्त पर राणा के अधीनता स्वीकार करने के समाचार ले कर आये थे। उस समय यह बात तय हो गई थी कि उतनी आमद के परगने उसे दिये जायेंगे और उनको नियत दिन ग्वालियर आने को कहा गया। वे नियत समय से कुछ दिन पीछे वहाँ आये। यह अशोक विक्रमादित्य की माता का रिश्तेदार था; उसने विक्रमाजीत को मेरी सेवा के लिए राजी कर लिया था। सुलतान महमूद से लिया हुआ रत्नजटित मुकुट और सोने की कमरपेटी भी, जो विक्रमाजीत के पास थी, उसने मुझे देना स्वीकार किया और रणथंभौर दे कर मुझसे बयाना लेने की बातचीत की, परन्तु मैंने बयाने की बात को टाल कर शम्साबाद देने को कहा; फिर उनको

१. वही, पृष्ठ ७००-७०१।

खिलअत दी और ६ दिन के बाद बयाने में मिलने को कह कर विदा किया।' फिर आगे वह लिखता है—'हि० सं० ६३५ ता० ५ सफर (वि० सं० १५८५ कार्तिक सुदि ६ = ई० सं० १५२८ ता० १६ अक्टूबर) को देवा का पुत्र हामूसी (?) विक्रमाजीत के पहले राजपूतों के साथ इसलिए भेजा गया कि वह रणथंभोर सौंपने और विक्रमाजीत के सेवा स्वीकार करने की शर्तें हिन्दुओं की रीति के अनुसार तय करे। मैंने यह भी कहा कि यदि विक्रमादित्य अपनी शर्तों पर दृढ़ रहा, तो उसके पिता की जगह उसे चित्तौड़ की गद्दी पर बिठा दूँगा।'

"ये सब बातें हुईं, परन्तु सूरजमल रणथंभोर जैसा किला बाबर को दिलाना नहीं चाहता था, उसने तो केवल रत्नसिंह को डराने के लिये यह प्रपंच रचा था; इसी से रणथंभोर का किला बादशाह को सौंपा न गया, परन्तु इससे रत्नसिंह और सूरजमल में विरोध और भी बढ़ गया।"[1]

"हम ऊपर बतला चुके हैं कि महाराणा रत्नसिंह और बूँदी के हाड़ा सूरजमल के बीच अनबन बहुत बढ़ गई थी, इसलिए महाराणा ने उसको छल से मारने की ठान ली। इस विषय में मुहणोत नेणसी लिखता है—'राणा रत्नसिंह शिकार खेलता हुआ बूँदी के निकट पहुँचा और सूरजमल को भी बुलाया। वह जान गया था कि राजा मुझे मरवाने के लिए ही बुला रहा है और इस पसोपेश में रहा कि वहाँ जाऊँ या न जाऊँ। एक दिन उसने अपनी माता खेतू से, जो राठोड़ वंश की थी, पूछा कि राणा के दूत मुझे बुलाने को आये हैं, राणा मुझसे अप्रसन्न है और वह मुझे मारेगा, इसलिए तुम्हारी आज्ञा हो तो हाथ दिखाऊँ। इस पर माता ने उत्तर दिया—'बेटा ऐसा क्यों करें? हम तो सदा से दीवाण (राणा) के सेवक रहे हैं, हमने कोई अपराध तो किया नहीं, जो राणा तुम्हारा वध करे। शीघ्र उसके पास जाओ और उसकी अच्छी तरह सेवा करो।' माता की यह आज्ञा सुन कर वह वहाँ से चला और बूँदी तथा चित्तौड़

---

१. वही, पृष्ठ ७०१-७०२।

की सीमा पर के गोकर्ण-तीर्थ वाले गाँव में उससे आ मिला। राणा के मन में बुराई थी, तो भी उसने ऊपरी दिल से आदर किया और 'सूर-भाई' कह कर उसका सम्बोधन किया। एक दिन उसने सूरजमल से कहा कि हमने एक नया हाथी खरीदा है, जिसपर आज सवारी कर तुम्हें दिखावेंगे। राणा हाथी पर सवार हुआ और सूरजमल घोड़े पर सवार हो उसके आगे आगे चलने लगा। एक तंग स्थान पर राणा ने उसपर हाथी पेला, परन्तु घोड़े को एड़ लगा कर वह आगे निकल गया और उसपर क्रुद्ध हुआ। राणा ने मीठी मीठी बातें बना कर कहा कि इसमें हमारा कोई दोष नहीं है, हाथी अपने आप झपट पड़ा था।

"फिर एक दिन पीछे उसने कहा कि आज सुअरों की शिकार खेलेंगे। राव ने कहा, बहुत अच्छा। राणा ने अपनी पँवार वंश की राणी से कहा कि कल हम एकल सूअर को मारेंगे और तुम्हें भी तमाशा दिखावेंगे। दूसरे ही दिन राणी गोकर्णतीर्थ पर स्नान करने गई। थोड़ी देर पहले सूरजमल भी वहाँ स्नानार्थ गया हुआ था। राणी के पहुँचते ही वह वहाँ से निकल गया। राणी की दृष्टि उसपर पड़ी, तो उसने एक दासी से पूछा, यह कौन है ? उसने उत्तर दिया कि वह बूँदी का स्वामी हाड़ा सूरजमल है जिस पर दीवाण (राणा) अप्रसन्न हैं राणी तुरन्त ताड़ गई कि जिस सूअर को राणा मारना चाहते हैं, वह यही है। रात को उसने से फिर सूअर की बात छेड़ी और निवेदन किया कि उस एकल को मैंने भी देखा है; दीवाण उसे न छेड़ें, उसके छेड़ने में कुशल नहीं है।

"दूसरे ही दिन सबेरे सूरजमल को साथ ले राणा शिकार को गया। शिकार के मौके पर केवल राणा, पूरणमल पूरबिया, सूरजमल और उसका एक खवास (नौकर) थे। राणा ने पूरणमल को सूरजमल पर वार करने का इशारा किया, परन्तु उसकी हिम्मत न पड़ी; तब राणा ने सवार हो कर उसपर तलवार का वार किया, जिससे उसकी खोपड़ी का कुछ हिस्सा कट गया। इस पर पूरणमल ने भी एक वार किया, जो सूरजमल की जाँघ पर लगा; तब तो लपक कर सूरजमल ने

पूरणमल पर प्रहार किया, जिससे वह चिल्लाने लगा। उसे बचाने के लिए राणा वहाँ आया, और सूरजमल पर तलवार चलाई। इस समय सूरजमल ने घोड़े की लगाम पकड़ कर झुके हुए राणा की गर्दन के नीचे ऐसा कटार मारा कि वह उसे चीरता हुआ नाभि तक चला गया। राणा ने घोड़े पर से गिरते-गिरते पानी मांगा तो सूरजमल ने कहा कि काल ने तुझे खा लिया है, अब तू जल नहीं पी सकता। वहीं राणा राजा और सूरजमल, दोनों के प्राणपक्षी उड़ गये। पाटण में राणा का दाह संस्कार हुआ और राणी पँवार उसके साथ सती हुई।'

"यह घटना वि० सं० १५८८ (ई० सं० १५३१) में हुई।"[1]

मेवाड़ के राजा रत्नसिंह और बूँदी के राव सूरजमल का द्वन्द्व और मृत्यु जायसी के जीवनकाल की घटना है। इस मर्मवेधी घटना ने समकालिकों का ध्यान विशेष रूप से खींचा होगा। इसके लगभग दस वर्ष बाद—शेरशाह के प्रशासन में—जायसी ने पदमावत रची। पदमावत का दूसरा नायक यही राणा रत्नसिंह, दूसरी नायिका उसकी रानी पँवार और देवपाल सूरजमल है। समकालिन व्यक्तियों का नाम काव्य में देना वांछनीय नहीं समझा जाता, इसलिए जायसी ने सूरजमल को देवपाल बना दिया। कालिदास ने भी समुद्र-गुप्त और चन्द्रगुप्त की विजय-यात्राओं का वृत्तान्त रघु के दिग्विजय द्वारा कहा है।

द्वन्द्व के उपयुक्त वर्णन को रतनसेन-देवपाल-युद्ध खंड के इस वर्णन से मिलाइये—

कुंभलनेर अगम गड़ बाँका, बिषम पंथ चढ़ि जाइ न झाँका।
राजहि तहाँ गएउ लेइ कालू, होइ सामुहँ रोपा देवपालू।

दुवौ अनी सनमुख भईं, लोहा भएउ असूझ।
सतुरु जूझि तब नेवरैं, एक दुवौ महँ जूझ॥

---

१. वही, पृष्ठ ७०४-५

चढ़ि देवपाल राव रन गाजा, मोहि तोहि जूझ एकौझा राजा।
मेलेसि साँग आइ बिष भरी, मेटि न जाइ काल कै घरी।
आइ नाभि तर साँगा बईठी, नाभि बेधि निकसी सो पीठी।
चला मारि तब राजै मारा, टूट कंध धर भएउ निरारा।
सीस काटि के बैरी बाँधा, पावा दावँ बैर जस साधा।
जियत फिरा आइउँ बल हरा, माँझ बाट होइ लोहै धरा।
कारी घाव जाइ नहिं डोला, रही जीभ जम गही को बोला।
सुधि बुधि तौ सब बिसरी, भार परा मँझ बाट।
हस्ति घोर को काकर, घर आनी गइ खाट॥

कैसा ठीक रत्नसिंह-सूरजमल-द्वन्द्व का वर्णन है!

इस प्रकार जायसी ने अपने नायक रतनसेन में दो रत्नसिंहों और नायिका पदमावती में पहले रत्नसिंह की रानी पद्मिनी और दूसरे रत्नसिंह की रानी पँवार का समावेश किया है। यह निर्विवाद सत्य है कि अलाउद्दीन के समकालीन राजा रत्नसिंह की रानी पद्मिनी ने जौहर किया था। परन्तु जायसी की नायिका पदमावती जौहर में सम्मिलित नहीं होती, वह अपने पति के मरने पर उसके साथ सती होती है। दूसरे रत्नसिंह की रानी पँवार भी अपने पति के मरने पर सती हुई थी।

जायसी के अलाउद्दीन के युद्ध के वर्णन सब कल्पित हैं, यहाँ तक कि जायसी ने अलाउद्दीन द्वारा तोपों के प्रयोग और 'हब्सी रूमी और फिरंगी' (पुर्तगाली) तोपचियों का भी उल्लेख किया है। अलाउद्दीन के समय न तोपें थीं, न तोपें चलाने वाले 'हबसी रूमी और फिरंगी'। तोपें पहलेपहल सोलहवीं शताब्दी के आरम्भ में पुर्तगालियों और बाबर के साथ भारत में आईं।

परन्तु दूसरी तरफ इस रतनसेन-देवपाल-द्वन्द्व का वर्णन इतिहास से पूरा मेल खाता है, क्योंकि यह समकालिक घटना थी।

एक ही नाम के दो व्यक्तियों का काव्य के एक ही पात्र में समावेश जायसी से पहले भी होता रहा है। इसका उदाहरण मुद्राराक्षस

नाटक का प्रसिद्ध भरत-वाक्य है—

वाराहीमात्मयोनेस्तनुमतनुबलामास्थितस्यानुरूपां,
यस्य प्राग्दन्तकोटिम्प्रलयपरिगता शिश्रिये भूतधात्री ।
म्लेच्छैरुद्वेज्यमाना भुजयुगमधुना पीवरं राजमूर्तेः
स श्रीमद्बन्धुभृत्यश्चिरमवतु महीम्पार्थिवश्चन्द्रगुप्तः ।

इसका अर्थ इस प्रकार किया जाता है—

प्राक् (पूर्व काल में) प्रलयपरिगता (प्रलय में निमग्न) भूतधात्री (पृथिवी ने) अनुरूपां (योग्य) अतनुबलां (अत्यधिक बलशाली) वाराहीं तनुं (वाराह शरीर को) आस्थितस्य (धारण किए हुए) यस्य आत्मयोनेः (जिस विष्णु भगवान की) दन्तकोटि (दाँत की नोक का) और अधुना (अब) म्लेच्छैः उद्वेज्यमाना (म्लेच्छों से आक्रान्त होने पर) यस्य राजमूर्तेः (जिस राजमूर्तिधर की) पीवरं भुजयुगं (दृढ़ भुजाओं का) शिश्रिये (आश्रय लिया है) श्रीमद्बन्धुभृत्यः (लक्ष्मी-बन्धुओं और भृत्यों वाला) सः पार्थिवः चन्द्रगुप्तः (वह राजा चन्द्रगुप्त) चिरं (बहुत दिनों तक) महीम् अवतु (पृथ्वी की रक्षा करे) ।

इस समय रंगमंच पर चांडाल रूपधारी सिद्धार्थक और नाटक के तीनों प्रमुख पात्र चाणक्य राक्षस और राजा चन्द्रगुप्त मौर्य उपस्थित हैं । प्रकट में राक्षस ने रंगमंच पर उपस्थित राजा चन्द्रगुप्त मौर्य 'चिरं महीम् अवतु' यह प्रार्थना की है । परन्तु इस श्लोक में यह भी कहा गया है कि वह राजा चन्द्रगुप्त विष्णु का अवतार है, उसने पहले वाराह अवतार में अपनी दन्तकोटि से पृथ्वी का उद्धार किया था और अब अपनी बलशाली भुजाओं से विदेशियों से भारत भूमि का उद्धार किया है । गुप्त राजा चन्द्र ने अपने को परम वैष्णव और विष्णु का अवतार भले ही कहा हो, चन्द्रगुप्त मौर्य को किसी ने कभी विष्णु का अवतार नहीं कहा । साथ ही 'वारहीं तनुमास्थितस्य यस्य दन्तकोटिं शिश्रिये', यह वाक्य '**भिलसा के पास उदयगिरि में चन्द्र-गुप्त के बनवाये हुए गुहा-**

मन्दिरों के बाहर पृथिवी का उद्धार करते हुए बराह की जो विशाल मूर्ति बनी है'[१] उसकी ओर इंगित करता है। उसमें चन्द्र-गुप्त के धड़ पर वराह का सिर है और उसकी **'दन्तकोटि पर लटकती सी मूर्ति पृथ्वी या ध्रुवस्वामिनी**[२] है। उस बराह मूर्ति में **'ध्रुवस्वामिनी के उद्धारक चन्द्र-गुप्त के तेज और वीर्य की स्पष्ट झलक दिखाई देती है।'**[२]

'चिरमवतु महीं पार्थिवश्चन्द्रगुप्तः' इस वाक्य द्वारा महाकवि विशाख-दत्त ने चन्द्रगुप्त मौर्य के व्याज से अपने समकालिक और आश्रयदाता राजा चन्द्र-गुप्त विक्रमादित्य के लिए प्रार्थना की है। जायसी ने भी अलाउद्दीन के समकालिक रत्नसिंह (रतनसेन) की कथा में अपने समकालिक रत्नसिंह (रतनसेन) का समावेश बड़ी चतुराई से किया है।

यों पदमावत के मुख्य कथानक का आधार दो ऐतिहासिक घटनाएँ हैं—(१) अलाउद्दीन द्वारा १३०२ ई० में चित्तौड़ गढ़ घेरा जाना, चित्तौड़ पर अलाउद्दीन का अधिकार, गोरा-बादल का बलिदान और वहाँ की स्त्रियों का जौहर करना; (२) सन १५३१ ई० मेवाड़ के राणा रत्नसिंह और बूंदी के राव सूरजमल का द्वन्द्व और उसमें दोनों का मारा जाना और राणा रत्नसिंह की रानी पँवार का सती होना। यद्यपि पदमावत का कथानक खूब सुगठित है, तो भी उसमें इन दो कथानकों का मिश्रण स्पष्ट है।

इन दो कथानकों के अतिरिक्त जायसी ने अपने कथानक के लिए अपने निकट अतीत और समकालीन इतिहास की कुछ अन्य घटनाओं तथा अनुश्रुति और प्राचीन काव्यों के कथानकों का भी उपयोग किया है। इसके स्पष्टीकरण के लिए इतिहास के कुछ वृत्तान्त उद्धृत किये जाते हैं।

---

१. भारतीय इतिहास का उन्मीलन, छठा संस्करण, पृष्ठ २३४।

२. भारतीय इतिहास का उन्मीलन, छठा संस्करण, पृष्ठ २३४।

जिनप्रभ सूरि ने अपने तीर्थकल्प में श्रीसत्यपुरकल्प में उलूगखाँ की गुजरात-विजय का वर्णन करते हुए कहा है—

'···अह तेरहसयछप्पन्न विक्कमवरिसे [वि० सं० १३५६] अल्लावदीणसुरताणस्य कणिट्ठो भाया उलूखाननामधिज्जो ढिल्लीपुराओ मंतिमाहवपेरिओ गुज्जरधरं पट्टिओ। चित्रकूडाहिवई समरसीहेण दंडं दाउं मेवाडदेसो तथा रक्खिओ। तओ हम्मीर-जुवराओ वगडदेसं मुहडासयाइं नयराणि च भंजिअ आसावल्लीए पत्तो। कण्णदेवराओ अनट्ठो।'[1]

जायसी ने अपने पात्र राघवचेतन की कलपना गुजरात के मंत्री माधव के चरित से की है।

"अलाउद्दीन चित्तौड़ को मुश्किल से ले पाया था कि दिल्ली पर मंगोलों की नई चढ़ाई की खबर आई। तरगी नामक मंगोल सरदार ने बड़ी सेना के साथ जमना किनारे डेरा आ डाला और दिल्ली को घेर लिया था। अलाउद्दीन के आने पर वह हट गया।"[2]

जायसी ने अलाउद्दीन की चित्तौड़-चढ़ाई के अवसर पर दिल्ली पर

१.···विक्रम संवत् १३५६ (ई० सन् १२९९) में सुलतान अल्लावदीण (अल्लाउद्दीन खिलजी) का सबसे छोटा भाई उलूखान (उलूगखाँ) [कर्णदेव के] मंत्री माधव की प्रेरणा से, ढिल्ली (दिल्ली) नगर से गुजरात को चला। चित्रकूट (चित्रकूट—चित्तौड़) के स्वामी समरसिंह ने उसे दंड दे कर मेवाड़ देश की रक्षा कर ली। फिर हमीर (हमीर—सुलतान) का युवराज वग्गड़ देश (वागड़) और मोड़ासा आदि नगरों को नष्ट करता हुआ आसावल्ली में पहुँचा। राजा कर्णदेव (गुजरात का राजा करणघेला) भाग गया।

—उक्त अंश का ओझाकृत अनुवाद, राजपूताने का इतिहास, दूसरा खण्ड, पृष्ठ ४७६-७७।

२. भारतीय इतिहास का उन्मीलन, छठा संस्करण, पृ० ४१७।

हरेवों की चढ़ाई की जो बात लिखी है, उसमें स्पष्ट तरगी के मंगोलों की परछाईं है। जायसी का इस प्रसंग का वर्णन इतना सच्चा और दर्द-भरा है कि वे अपने अनुभव की या निकट अतीत की बात कहते प्रतीत होते हैं।

बाबर और विक्रमाजीत की शर्तों की परछाईं जायसी के बादशाह और राजा की सन्धि की शर्तों में देखी जा सकती है। सुलतान महमूद से लिया हुआ रत्नजटित मुकुट और कमरपेटी समुद्र से मिले पाँच रत्न हैं, शम्साबाद चंदेरी है, चित्तौड़ की गद्दी और अधीनता मानना दोनों में समान है।

वाल्मीकीय रामायण में रावण राम की पत्नी अनन्यसुन्दरी सीता के रूप का वर्णन अपनी बहन से सुन कर उसपर मुग्ध हो जाता है और उसे पाने के लिए घर से निकलता है। वह जानता है कि सम्मुख युद्ध में वह राम का मुकाबला नहीं कर सकता। सीता वीर्य-शुल्का थी[1]। राम ने दृष्टवीर्य[2] हो कर ही उसे पाया था। जो कार्य रावण बल से नहीं कर सकता उसके लिए छल का आश्रय लेता है। राम-लक्ष्मण को छल से कुटी से दूर करके अकेली सीता को बल से उठा ले जाता है।

राजा रावण से अपनी पत्नी वापिस लेने के लिए अपेक्षित सैन्य-बल वनवासी राम के पास नहीं है। वह राजा सुग्रीव से सहायता माँगता है। उससे सैन्यबल पा कर अपनी पत्नी का उद्धार करता है।

महाभारत में वन में अपनी कुटी में अकेली द्रौपदी को देख कर सिन्धुराज जयद्रथ उसके रूप पर मुग्ध हो जाता है, उसकी तुलना में अपनी स्त्रियों को 'यथा शाखामृगस्त्रियः' मानता है और उसे अपने साथ ले चलने के लिए मनाता है। द्रौपदी भी वीर्य-शुल्का थी और अर्जुन भी

---

१. वीर्यशुल्केति मे कन्या स्थापितेयमयोनिजा। वा० रा० १,६६,१५।
२. भगवन्दृष्टवीर्यो मे रामो दशरथात्मजः। वही १,६७,२१।

मत्स्यवेध द्वारा दृष्टवीर्य हो चुका था। मत्स्यवेध को अर्जुन के वीर्य का पर्याप्त प्रमाण न मान जब स्वयंवर में उपस्थित राजाओं ने मिल कर उससे द्रौपदी को छीनना चाहा तब पांडव उन समस्त राजाओं को पराजित कर अपनी श्रेष्ठता प्रमाणित कर चुके थे। जयद्रथ द्रौपदी के स्वयंवर में उपस्थित था।[1] वह कर्ण को अर्जुन से हार कर भागते और भीम द्वारा शल्य को पटके जाते देख चुका था। वह पांडवों के राजसूय यज्ञ में भी आया था।[2] दृष्टवीर्य और दिग्विजयी पांडवों से बलपूर्वक द्रौपदी को छीन लेने की शक्ति जयद्रथ में न थी इसलिए वह पांडवों के वापस आने के पहले ही बलपूर्वक द्रौपदी को ले भागता है। समाचार पा पांडव उसका पीछा करते हैं। वे स्वयं शक्तिशाली थे, उन्हें किसी की सहायता की अपेक्षा न थी। जयद्रथ को पकड़ कर उससे वे अपनी पत्नी छीन लेते हैं।

यों विवाहिता पर-स्त्री का हरण आदि काव्य और महाभारत में मिलता है। संभव है जायसी ने वहीं से कथा का यह सूत्र लिया हो। भेद इतना ही है कि रामायण और महाभारत में पर-स्त्री-हरण करने वाले उस स्त्री के पति को युद्ध में जीत कर उससे उसकी पत्नी छीन न सकते थे इसलिए वे उसकी अनुपस्थिति में उसकी पत्नी का हरण करते हैं। पदमावत में अलाउद्दीन राघवचेतन से पदमावती के रूप की चर्चा सुन कर उस पर मुग्ध होता है। वह दिल्ली का सम्राट् है। वह अपने आपको चित्तौड़ के राजा से शक्तिशाली मानता है। वह रतनसेन की अनुपस्थिति में पदमावती के हरण की आवश्यकता नहीं समझता, सीधा उसे आदेश देता है कि पदमावती को मेरे पास भेज दो। रतनसेन नहीं मानता तो वह उस पर आक्रमण कर बलपूर्वक उसे पाने का प्रयत्न करता है।

---

१. भागीरथो बृहत्क्षत्रः सैन्धवश्च जयद्रथः। महाभारत १, १८५, २१।
२. अश्वत्थामा कृपो द्रोणः सैन्धवश्च जयद्रथः। महाभारत २, ३४,८।

जायसी के कथानक के इस सूत्र का आधार अन्यत्र भी खोजा जा सकता है। गुजरात के राजा करण घेलो के मन्त्री माधव की प्रेरणा पर अलाउद्दीन की गुजरात-चढ़ाई का उल्लेख ऊपर (पृष्ठ ४७) हो चुका है। कवियों ने माधव के दिल्ली जाने के कारण की भी कल्पना की। तदनुसार माधव और केशव दो नागर ब्राह्मण भाई करण घेलो के मन्त्री थे। माधव की पत्नी रूपसुन्दरी अनुपम सुन्दरी और पद्मिनी[1] जाति की थी। राजा कर्ण उसके रूप पर मोहित हो गया। राजकार्यवश माधव राजधानी से बाहर गया था। राजा कर्ण ने रूपसुन्दरी को पकड़ लाने के लिए सेना भेजी। केशव ने मुकाबला किया और वीरगति पाई। उसकी पत्नी गुण-सुन्दरी सती हो गई। वापस आ कर माधव ने अपने घर को उजड़ा हुआ पाया। अलाउद्दीन इससे पहले कड़ा-मानिकपुर का हाकिम रहते हुए देवगिरि को लूट चुका था और अब वह दिल्ली का सुलतान भी बन चुका था। माधव उससे सहायता माँगने दिल्ली की ओर चला। गुजरात का उपजाऊ मैदान और व्यापार-समृद्ध बन्दरगाह अलाउद्दीन को आकृष्ट कर ही रहे थे, ऊपर से माधव आ पहुँचा। अलाउद्दीन ने एक पन्थ दो काज करने के लिए गुजरात पर आक्रमण किया (१२९९ ई०[2])। राजा कर्ण भाग कर देवगिरि के राजा रामदेव की शरण में चला गया। उसकी सब पत्नियाँ पकड़ी गईं। माधव को उसकी पत्नी रूपसुन्दरी वापस मिली और राजा कर्ण की पटरानी कमलादेवी ने अलाउद्दीन से विवाह कर लिया।

गुजरात-चढ़ाई में दो अछूत भी पकड़े गये। मुसलमान बनने पर ये मलिक काफूर और नासिरुद्दीन खुसरो कहलाये। काफूर धेड़ जात का था।

---

१. फोर्ब्स—रासमाला (रौलिन्सन द्वारा संपादित) पृ० २६६।

२. इतिहास-ग्रंथों में इस आक्रमण का वर्ष १२९७ ई० लिखा है, परन्तु जिनप्रभ सूरि के १३३२ ई० में रचे तीर्थकल्प में इसका वर्ष १२९९ ई० लिखा है। देखिए ऊपर पृ० ४७।

मुसलमान बनने पर उसकी महत्त्वाकांक्षा जाग उठी। वह बहुत सुन्दर भी था। उसके सौन्दर्य से अलाउद्दीन भी आकृष्ट हुआ। सेना-नेतृत्व की योग्यता उसमें स्वाभाविक ही थी। देवगिरि के राजा रामदेव ने कर भेजना बन्द कर दिया था। मलिक काफ़ूर के नेतृत्व में बड़ी सेना १३०६-६ ई०में अलाउद्दीन ने उधर भेजी। बागलान प्रदेश का साल्हेर-गढ़ (आजकलके नासिक जिले में) रामदेव ने कर्ण को रहने के लिए दिया था। काफ़ूर ने उसे जा घेरा। १२९६ में कर्ण जब गुजरात छोड़ कर भागा था तब कमलादेवी की ४ वर्ष की कन्या देवलदेवी को वह अपने साथ लेता गया था। वह अब १३-१४ वर्ष की सुन्दरी किशोरी हो गई थी। रामदेव ने कर्ण से उसे अपने पुत्र शंकर के लिए माँगा। रामदेव के आश्रित होते हुए भी कर्ण उसे अपने से नीचे कुल का मानता था, उसने शंकर से अपनी कन्या का विवाह करने से इनकार कर दिया[1]। कमलादेवी को अपनी कन्या का वियोग बहुत खलता था। उसने अलाउद्दीन से कहा कि मेरी बेटी देवलदेव को मँगवा दो। अलाउद्दीन ने काफ़ूर को आदेश भेजा। काफ़ूर ने कर्ण से देवलदेवी माँगी। रामदेव के पुत्र शंकर ने कर्ण को सहायता देने का प्रस्ताव किया। ऐसी परिस्थिति में कर्ण ने देवलदेवी शंकर को ब्याह देने का निश्चय किया। शंकर का भाई भीम देवलदेवी को देवगिरि ले जा रहा था कि उलूगखाँ के सैनिकों ने उससे उसे छीन लिया। देवलदेवी के सौन्दर्य से प्रभावित हो उलूगखाँ ने उसे अपनी बेटी कहा[2] और अलाउद्दीन की चहेती पत्नी कमलादेवी को प्रसन्न करने के लिए उसे दिल्ली ले गया। अलाउद्दीन का युवराज खिजरखाँ और देवलदेवी परस्पर आकृष्ट हुए, उलूगखाँ ने उनका विवाह कर दिया और हिन्दी कवि अमीर खुसरो ने उनके प्रेम

---

१. चिन्तामणि विनायक वैद्य, हिस्टरी ऑफ मैडिवल हिन्दू इंडिया (मध्यकालीन हिन्दू भारत का इतिहास) जिल्द ३, पृष्ठ ३८५।

२. बेली—हिस्टरी ऑफ गुजरात (गुजरात का इतिहास) पृ०३७-३८।

पर कविता लिखी। अलाउद्दीन के मरने पर १३१६ ई० में मलिक काफूर ने खिजरखाँ और उसके एक भाई की आँखें निकलवा लीं, पर तीसरा मुबारक बच निकला। काफूर को मार कर वह गद्दी पर बैठा। उसने अंधे खिजरखाँ को मार कर देवलदेवी उससे छीन ली और उसकी इच्छा के विरुद्ध जबरदस्ती उससे विवाह कर लिया (१३१८ ई०)[२]। खुसरो ने (जो काफूर के साथ पकड़ा गया था और उसी की तरह सेनापति बन गया था) मुबारकशाह को अपने हाथ की कठपुतली बना लिया। पीछे उसका काम तमाम कर खुसरो नासिरुद्दीन नाम से दिल्ली की गद्दी पर बैठा (१३२० ई०)। उसने भी देवलदेवी को जबरदस्ती अपने हरम में डाल लिया। "**सौन्दर्य का प्रायः यही परिणाम विधाता ने निश्चित कर दिया है।**"[१]

यह वृत्तान्त फरिश्ता बेली और हेमचन्द्र राय के आधार पर दिया गया है। किनकेड और पारसनील ने भी अपने ग्रन्थ 'ए हिस्ट्री ऑफ दी मराठा पीपुल' (मराठा जाति का इतिहास) में यह वृत्तान्त प्रायः ऐसे ही दिया है।

मुहणोत नैणसी उसे माधव की पत्नी न बता कर कन्या बताता है—

"**बीसल के पाट कर्ण गोहेला (घेला अथवा कमसमझ) बैठा जिसने नागतिये (नागर) ब्राह्मण (माधव) की बेटी को अपने घर में डाल ली। वह ब्राह्मण बादशाह अलाउद्दीन (खिलजी) के पास जाकर पुकारा और बादशाह सेना चढ़ा लाया।**"[३]

---

१. वही पृष्ठ ३७-३८; हेमचन्द्र राय—डिनैस्टिक हिस्टरी ऑफ नॉर्दर्न इंडिया (उत्तर भारत के राजवंशों का इतिहास) जिल्द २, पृष्ठ १०४४-४६; फरिश्ता, (ब्रिग्स कृत अनुवाद) पृष्ठ ३३७-३८।

२. हेमचन्द्र राय—वही; फरिश्ता—वही।

३. मुहणोत नैणसी की ख्यात, प्रथम भाग (काशी नागरी प्रचारिणी सभा) पृष्ठ २१३।

'सं० १३४० में माधव ब्राह्मण प्रधान हुआ, उसकी बाघेलों से बिगड़ गई, तब वह जा कर अलाउद्दीन बादशाह को लाया, एक एक मंजिल के लाख लाख टके देने किये।"[१]

कर्ण ने माधव की विवाहिता पद्मिनीजातीय पत्नी या कन्या का बलपूर्वक हरण किया, अलाउद्दीन ने उस पद्मिनी का उद्धार किया। यह दन्तकथा कब बनी ? यदि यह कथा जायसी के पहले प्रचलित थी तो इस कथा को जायसी ने अपने कथानक में यह रूप दिया कि अलाउद्दीन ने रत्नसेन की रानी पद्मिनी का अपहरण करने के लिए चित्तौड़ को घेर लिया। गढ़ को घेर कर पत्र द्वारा पद्मिनी की माँग करने में शायद काफूर द्वारा साल्हेरगढ़ को घेर कर देवलदेवी की माँग करने की छाया हो। 'आठ बरिस गढ़ छेंका रहा' कवि की अत्युक्ति भी हो सकती है और कर्ण घेली की साल्हेरगढ़-निवास की अवधि की छाया भी।

आइ साह अँबराब जो लाए, भरे झरे पै गढ़ नहिं पाए

में कालिदास का यह श्लोक स्पष्ट झाँक रहा है—

द्रुमेषु सख्या कृतजन्मसु स्वयं फलं तपःसाक्षिषु दृष्टमेष्वपि,
न च प्ररोहाभिमुखोऽपि दृश्यते मनोरथोऽस्याः शशिमौलिसंश्रयः।[२]

(पार्वती द्वारा स्वयं रोपे हुए उसके तप के साक्षी वृक्षों में फल आ गया, परन्तु इसके शिव-प्राप्ति-विषयक मनोरथ में तो अंकुर फूटता भी नहीं दिखाई देता।)

विवाह के बाद रतनसेन का गंधर्वसेन के घर रह जाना भी कुमार संभव के आधार पर लिखा हो सकता है। विवाह के बाद शिवजी एक मास हिमालय के घर रहे थे। यह प्रथा मिथिला में आज भी है। शायद

---

१. वही, पृष्ठ २१५।

२. कुमारसंभव ५,६०

कालिदास मैथिल रहे हों। परन्तु जायसी तो अवध के थे और अवध में यह प्रथा नहीं है।

कहि यह बात सखी सब धाईं, चंपावति पहँ जाइ सुनाईं।
आजु निरँग पदमावति बारी, जीवन जानहु पवन-अधारी।
तरकि तरकि गइ चंदन चोली, धरकि धरकि हिय उठै न बोली।
अही जो कली कँवल रसपूरी, चूर चूर होइ गई सो चूरी।
देखहु जाइ जैसि कुँभिलानी, सुनि सोहाग रानी बिहँसानी।

और

नीलकण्ठपरिभुक्तयौवनां तां विलोक्य जननी समाश्वसत्,
भर्तृवल्लभतया हि मानसीं मातुरस्यति शुचं वधूजनः।[1]

में भावसाम्य स्पष्ट है। और जैसे पार्वती की सखियाँ 'प्रभात समय' 'रात्रिवृत्त' पूछा करती थीं उसी प्रकार

हँसि हँसि पूछहिं सखी सरेखी, मानहु कुमुद चन्द्र-मुख देखी।
रानी तुम ऐसी सुकुमारा, फूल बास तन जीव तुम्हारा।
सत्य कहहु पदमावती, सखी परीं सब खोज।

इसी प्रकार

अबहिं सो अहै कँवल कै करी, न जनौं कौंर भौंर कहँ धरी।

तथा

न जाने भोक्तारं कमिह समुपस्थास्यति विधिः।[2]

में भी भावसाम्य है ही।

आधी भेंट पिरीतम पाती।

में

कान्तोदन्तः सुहृदुपनतः संगमात्किंचि दूनः।[3]

---

१. कुमारसंभव ८, १२

२. अभिज्ञानशाकुन्तल २, १०

३. उत्तरमेघ, ४२।

(मित्र द्वारा लाया हुआ पति का समाचार मिलन से कुछ ही कम होता है ।) की छाया स्पष्ट देखी जा सकती है ।

पदमावती की प्राप्ति के लिए रतनसेन का योग शिव की प्राप्ति के लिए पार्वती के तप की छाया भो हो सकता है । रतनसेन का योग वही है जो पार्वती का तप । अन्तर केवल आश्रय का है ।

आचार्य रामचन्द्र शुक्ल ने लिखा है—

"राजा रत्नसेन के सिंहल पहुँचते ही कवि ने पद्मावती की बेचैनी का वर्णन किया है । पद्मावती को अभी तक रत्नसेन के आने की कुछ भी खबर नहीं है । ···रत्नसेन का नाम तक सुनने के पहले वियोग की व्याकुलता कैसे हुई, इसका समाधान कवि के पास कुछ है तो रत्नसेन के योग का अलक्ष्य प्रभाव—

पदमावति तेहि जोग-सँजोगा, परी प्रेम-बस गहे बियोगा ।

साधनात्मक रहस्यवाद-योग जिस प्रकार अज्ञात ईश्वर के प्रति होता है उसी प्रकार सूफियों का प्रेम-योग भी अज्ञात के प्रति होता है; पर इस प्रकार के परोक्षवाद या योग के चमत्कार पर ध्यान जाने पर भी वर्णन के अनौचित्य की ओर बिना गए नहीं रह सकता । जब कोई व्यक्ति निर्दिष्ट ही नहीं तब कहाँ का प्रेम और कहाँ का वियोग ?"[1]

पदमावति तेहि जोग सँजोगा, परी प्रेम-बस गहे बियोगा ।

जायसी की मौलिक उद्‌भावना है ? जायसी ने तो पहले ही कह दिया है—

हौं सब कविन्ह केर पछिलगा, किछु कहि चला तबल देइ-डगा ।

(मैं सब कवियों के पीछे चलने वाला हूँ । तबले के साथ (ताल में) कदम बढ़ा कर कुछ कह चला हूँ, अर्थात् जो कुछ कह रहा हूँ काव्य-शास्त्र के नियमों में रहते हुए; बेताल हो कर नहीं ।)

इस उद्‌भावना में भी जायसी ने कालिदास का अनुगमन दिया है ।

---

१. जायसी-ग्रन्थावली (२००८), भूमिका पृ० ३३-३४ ।

पार्वती के तप से शिव प्रभावित हो गये थे। यही नहीं बटुरूपी शिव पार्वती से उसके तप का कारण पूछते हुए कहते हैं—

अहो स्थिरः कोऽपि तवेप्सितो युवा चिराय कर्णोत्पलशून्यतां गते,
उपेक्षते यः श्लथलम्बिनीर्जटाः कपोलदेशे कलमाग्रपिङ्गलाः।[1]

(यदि किसी युवा की प्राप्ति के लिए तुम तप कर रही हो और वह तुम्हारे इस कठिन तप से नहीं पसीजा है तो वह वज्रहृदय है।) अर्थात् जिसके उद्देश्य से तप किया जाय उस पर तप का प्रभाव पड़ता ही है। उसके तप का प्रभाव शिव पर पड़ा ही था। और अन्त में शिव ने कहा—अद्यप्रभृत्यवनतांगि तवास्मि दासः क्रीतस्तपोभिः[2] (तुम्हारे तप से खरीदा गया मैं आज से तुम्हारा दास हूँ। यों जायसी का यह वर्णन अनुचित नहीं है, जैसा कि पं० रामचन्द्र शुक्ल ने माना है; यह वर्णन कालिदास के आधार पर किया गया है।

वालमीकीय रामायण में राम-लक्ष्मण द्वारा शूर्पणखा के नाक-कान काटे जाने पर खर उसका बदला लेने के लिए राम पर आक्रमण करता है, परन्तु स्वयं ससैन्य मारा जाता है। जनस्थान-वध से किसी प्रकार बचा एकमात्र राक्षस अकंपन रावन को ससैन्य खर के वध और राम-लक्ष्मण के बल का परिचय दे कर कहता है कि तुम युद्ध में राम को नहीं मार सकते। राम की भार्या अनुपम सुन्दरी है, उसे हर लाओ। उसकी सलाह मान रावण मारीच के पास जा कर सीता-हरण में उसकी सहायता माँगता है परन्तु मारीच के समझाने पर लंका लौट जाता है। इतने में शूर्पणखा वहाँ पहुँचती है और अपने कुरूप किये जाने और जनस्थान-वध की कहानी सुना राम-लक्ष्मण और सीता के शौर्य और रूप का बखान कर रावण को सीता को हर लाने के लिए प्रेरित करती

१. कुमारसंभवम् पृ० ५,४७।
२. कुमारसंभवम्—५, ८६।

है । रावण दुबारा मारीच के पास जाता और उसकी सहायता से सीता को हर लाता है । जहाँ शत्रु को युद्ध में मारा न जा सके वहाँ उसकी भार्या को हर लेना आदि कवि ने वैर-साधन का उपाय बताया था ।

पदमावत में देवपाल रतनसेन का शत्रु है । युद्ध में वह रतनसेन को जीत नहीं सकता । वह वैर-साधन का वही आदि कवि का बताया ढंग अपनाता है; कहता है—

सत्रु साल तब नेवरै सोई, जौ घर आव सत्रु कै जोई ।

और उसके लिए विफल प्रयत्न करता है ।

सदयवत्स और सावलिंगा के प्रेमाख्यान में सदयवत्स

"सावलिंगा से मिलने के लिए देवी के मन्दिर में गया । उस दिन अधिक नशा पी जाने से वह सो गया । सावलिंगा अपने कथनानुसार उससे मिलने आई । पर उसे जगा न सकी । लौटते समय वह राजकुमार के हाथ में कुछ चिन्ह बना गई । फिर दुबारा लौट कर उसने उसी में एक दोहा भी लिख दिया ।

संभव है मूर्च्छित रतनसेन की छाती पर पदमावती का लेख लिखना जायसी को इसी से सूझा हो ।"[1]

पदमावत के बहुत से अप्रधान कथा-सूत्रों का मूल खोजने के लिए कुछ मध्यकालीन संस्कृत-ग्रन्थों के कथानक जान लेना सुविधाजनक रहेगा ।

बाणभट्ट के उपन्यास कादम्बरी का कथानक संक्षेप में यह है—

अनन्यसुन्दरी चांडालकन्या पिंजरे में तोते को ले कर विदिशा के राजा शूद्रक की सभा में पहुँचती है । तोते का परिचय उसका भृत्य इस वाक्य द्वारा देता है—

---

१. रामबहोरी शुक्ल और भागीरथ मिश्र—हिन्दी साहित्य का उद्भव और विकास (१६५६), पृष्ठ १५२ ।

देव विदितसकलशास्त्रार्थः, राजनीतिप्रयोगकुशलः, पुराणेतिहास-कथालापनिपुणः, वेदिता गीतश्रुतीनां, काव्यनाटकाख्यायिकाख्यानक प्रभृतीनामपरिमितानां सुभाषितानामध्येता स्वयं च कर्ता, परिहासालाप-पेशलः, वीणावेणुमुरजादीनामसमः श्रोता, नृत्यप्रयोगदर्शननिपुणः, चित्र-कर्मणि प्रवीणः, द्यूतव्यापारे प्रगल्भः, प्रणयकलहकुपितकामिनीप्रसादनो-पायचतुरः, गजतुरगपुरुषस्त्रीलक्षणाभिज्ञः, सकलभूतलरत्नभूतोऽयं वैशंपा-यनो नाम शुकः सर्वरत्नानामुदधिरिव देवो भाजनमितिकृत्वैनमादायास्म-त्स्वामिदुहिता देवपादमूलमायाता ।

तुरन्त वैशंयापन राजा की जयजयकार कर कहता है—

स्तनयुगमश्रुस्नातं समीपतरवर्तिहृदयशोकाग्नेः,
चरति विमुक्ताहारं व्रतमिव भवतो रिपुस्त्रीणाम ।

राजा वैशंयापन शुक से उसका परिचय पूछता है। शुक कहानी सुनाना आरम्भ करता है—विध्वाटवी में पंपा नाम का सरोवर है। उसके पश्चिम तट पर वहुत पुराना शालमली वृक्ष है। उस पर बहुत से तोते रहते थे। मेरा जन्म होते ही मेरी माँ मर गई। पिता ने बड़े यत्न से मुझे पाला। एक दिन प्रातःकाल एक व्याध ने वहाँ आ कर वृक्ष पर चढ़ कर बहुत से तोतों के पंख तोड़ मरोड़ उन्हें मार कर नींचे फेंक दिया। मेरे पिता ने मुझे अपने पंखों में छिपा लिया था। उसने मेरे पिता को मार कर नीचे गिरा दिया था, मुझे वह देख न पाया था। पिता के पंखों से लिपटा मैं भी नीचे आ गिरा और पत्तों में छिप गया। व्याध के चले जाने पर मैं पानी पीने को गिरता-पड़ता सरोवर की ओर चला। उस सरोवर के पास ही तपोवन में जाबालि नामक महातपस्वी मुनि रहते थे। उनका पुत्र हारीत साथियों सहित स्नानार्थ सरोवर की ओर जा रहा था, उसने मुझे उठा लिया। मुझे पानी पिला कर अपने साथ आश्रम में ले गया। वहाँ जाबालि ने मुझे देख कर पहचान लिया। बोले—यह अविनय का फल भोग रहा है। मुनिकुमारों ने पूछा—इसने क्या अविनय किया था हमें विस्तार से बताइये। जाबालि बोले—यह लंबा प्रसंग है, रात को

भोजनोपरान्त बताऊँगा। और तब यह भी अपने पूर्वजन्म के वृत्तान्त को मुझसे सुन कर सब कुछ स्मरण कर लेगा। रात को भोजनोपरान्त सभा जुटी। जांबालि ने कथा प्रारंभ की—उज्जयिनी में तारापीड नाम के राजा थे। सब विद्याओं के पंडित सर्वगुणसंपन्न शुकनास नामक ब्राह्मण उनके अमात्य थे। परमसुन्दरी विलासवती राजा की पट्टमहिषी थी। राजा और मन्त्री दोनों निःसन्तान थे। विलासवती ने सन्तान-प्राप्ति के लिए दान-पुण्य करना शुरू किया। एक रात राजा ने स्वप्न में सकलकलापूर्ण चन्द्र को विलासवती के मुख में प्रवेश करते देखा। उसी समय शुकनास को बुला कर स्वप्न बताया। शुकनास ने स्वप्न का फल बताया कि रानी गर्भ धारण करेंगी और बताया कि मैंने भी स्वप्न देखा है कि कोई ब्राह्मण मेरी पत्नी मनोरमा की गोद में पुंडरीक (श्वेत कमल) डाल रहा है। ठीक एक ही दिन विलासवती और मनोरमा ने पुत्र जने। राजा के पुत्र का नाम चन्द्रापीड और मन्त्री के पुत्र का नाम वैशंपायन रखा गया। पढ़ने योग्य होने पर उन दोनों के लिए सिप्रा के तट पर विद्यामन्दिर बनाया गया और सब विद्याओं के आचार्यों के पास उन दोनों को विद्याध्ययन के लिए भेज दिया गया। अल्प समय में ही चन्द्रापीड ने सब शास्त्र पढ़ लिये, सब विद्याएँ और सब कलाएँ सीख लीं। वैशंपायन सदा चन्द्रापीड के साथ ही रहता था, एक क्षण को भी उससे अलग न होता था। विद्याध्ययन के साथ ही चन्द्रापीड के शरीर में यौवनागम हुआ। यह जान कर राजा ने शुभ दिन देख बलाहक नामक सेनापति को पैदल और सवार सेना के साथ चन्द्रापीड को विद्यागृह से लिवा लाने को भेजा। उसने वहाँ जा कर चन्द्रापीड से कहा—कुमार, राजा ने कहा है, तुमने सब शास्त्र पढ़ लिये, सब कलाएँ सीख लीं, हमारे मनोरथ पूर्ण हो गये, अब तुम घर आ कर प्रजा-पालन करो। महाराज ने तुम्हारे लिए त्रिभुवन का एकमात्र रत्न वायु और गरुड के समान वेगवाला इन्द्रायुध नामक घोड़ा भेजा है। यह घोड़ा समुद्र के जल से निकला हुआ और अयोनिज है, यह त्रिभुवन का आश्चर्य और महाराज की सवारी के लिए

उपयुक्त है ऐसा कह कर पारसीकाधिपति ने महाराज के पास भेजा था। चन्द्रापीड इन्द्रायुध कर चढ़ कर घुड़सवारों के साथ अपने घर आया। उसे अलग प्रासाद दिया गया। विलासवती ने पत्रलेखा नाम की परम सुन्दरी कन्या को उसके पास भिजवा कर कहाया—यह कुलूतराज की कन्या है, कुलूतराजधानी को जीत कर तुम्हारे पिता इसे लाये थे, राज-कन्या होने के कारण मैंने इसे बड़े स्नेह से लड़की की तरह पाला है। इसे तुम्हारी तांबूलवाहिनी बना कर भेज रही हूँ। इसके साथ सेवकों का सा बरताव मत करना, लड़की की तरह इसका लालन करना और शिष्या समझना। राजा ने चन्द्रापीड का यौवराज्याभिषेक करने की तैयारी का आदेश दिया। मन्त्री शुकनास ने उसे राजा के कर्तव्यों का उपदेश दिया। कुछ दिन बाद चन्द्रापीड का यौवराज्याभिषेक हो जाने पर वह विशाल सेना ले कर इन्द्रायुध पर चढ़ कर दिग्विजय के लिए निकला। वैशंपायन तो सदा उसके साथ रहता ही था, पत्रलेखा भी साथ चली। तीन वर्ष में चारों दिशाओं में घूमते हुए उसने सर्वत्र विजय प्राप्त की। अन्त में उसने कैलास के समीप रहने वाले हेमकूट नाम के किरातों के पूर्व समुद्र के निकट के सुवर्णपुर नामक निवासस्थान को जीता और वहीं अपनी थकी सेना के विश्राम के लिए रुक गया।

वहीं रहते हुए एक बार चंद्रापीड इन्द्रायुध पर सवार हो कर शिकार के लिए निकला। वहाँ उसने पहाड़ की चोटी से उतरता किन्नरों का जोड़ा देखा और उसे पकड़ने के लिए उसका पीछा किया। किन्नरों का जोड़ा डर कर बहुत तेज भागा। उसका पीछा करता हुआ चन्द्रापीड पंद्रह योजन चला गया और कैलास के ऊँचे शिखर पर चढ़ गया। घोड़ा और सवार दोनों पसीने से तर हो गये। तब उस निष्फल प्रयत्न को छोड़ जलाशय को खोजते हुए कैलास के उत्तर में बड़ा भारी वृक्ष-समूह देखा। उस वृक्ष समूह में घुस कर बीचों-बीच उसने अच्छोद नाम का रमणीक सरोवर देखा। सरोवर के दक्षिण तट पर पहुँच घोड़े से उतर उसे एक पेड़ के नीचे बाँध कर अपनी कृपाण से कुछ घास काट कर घोड़े

के सामने डाल कर वह तालाब में उतरा। नहा कर थोड़ी देर सुस्ताने के लिए शिला पर लेट गया। इतने में उसने सरोवर के उत्तर तट से आता वीणातन्त्री की झंकार से मिला किसी मनुष्य के गाने का अति मधुर शब्द सुना और घोड़े पर सवार हो कर उसी दिशा की ओर चल पड़ा। वहाँ जा कर उसने शिवालय में परमसुन्दरी तपस्विनी व्रतनिरता कन्या को गाते हुए देखा। घोड़े को वृक्ष-शाखा में बाँध कर भगवान् त्रिलोचन को प्रमाण कर वह उस कन्या के पास जा कर गीत-समाप्ति की प्रतीक्षा में बैठ गया। गीत समाप्त होने पर कन्या ने हर को प्रणाम कर चन्द्रापीड से कहा—अतिथि का स्वागत है। महाभाग यहाँ कैसे आ पहुँचे ? आओ, अतिथि-सत्कार स्वीकार करो। चन्द्रापीड उसे प्रणाम कर बोला—भगवती की जैसी आज्ञा और उसके पीछे चल पड़ा। लगभग सौ कदम जा कर तमाल-वृक्षों के झुंड में छिपी तपस्विनी की गुहा के द्वार पर शिला पर वे बैठ गये। वहाँ दोनों के फलाहार कर चुकने पर चन्द्रापीड ने तपस्विनी बाला से उसका परिचय और कठोर तप का कारण पूछा। तापसी ने कहा—अप्सराओं के चौदह कुल हैं। उनमें दक्ष प्रजापति की दो कन्याओं से गन्धर्वों के दो कुल हुए। एक में दक्ष-कन्या मनु के सोलह पुत्रों में चित्ररथ सबसे प्रतापी राजा हुआ। यहाँ से कुछ दूर पर भारतवर्ष की उत्तरी सीमा से लगा हुआ किंपुरुषवर्ष है। उसमें उसकी हेमकूट नाम की राजधानी है। उसी चित्ररथ ने यह चैत्ररथ नामक मनोहर कानन, यह अच्छोद सर और यह शिवालय बनाया है। दक्ष की दूसरी कन्या अरिष्टा का पुत्र हंस दूसरे गंधर्वकुल का राजा है। उस गंधर्वकुल का भी हेमकूट पर्वत पर ही निवास है। चन्द्रकिरणों से संभूत अप्सराकुल में उत्पन्न गौरी नाम की परमसुन्दरी कन्या हंस की रानी हुई। उनका कोई पुत्र न हुआ, मैं महाश्वेता उनकी इकलौती बेटी हूँ।

एक बार मैं सखियों सहित अच्छोद सर पर आई। वहाँ तट पर घूमते हुए मैंने एक तापसकुमार के साथ स्नानार्थ आते अति मनोहर मुनिकुमार को देखा। उसे देख कर मैं अपने आप को खो बैठी। उन दोनों को प्रणाम

कर उसके साथी तापसकुमार से मैंने उसका परिचय पूछा। तापसकुमार ने कहा—परमसरूपवान दिव्यलोकवासी महामुनि श्वेतकेतु मन्दाकिनी में स्नान करने गये। वहाँ कमल वन में सहस्रदल पुंडरीक पर बैठी लक्ष्मी उन्हें देख कामविह्वल हो उसी पुंडरीक में फलवती हो गई। उस पुंडरीक से बालक का जन्म हुआ। उसे गोद में ले कर वह श्वेतकेतु के पास जा कर बोली—-स्वामी यह आपका पुत्र है, इसे ग्रहण कीजिए। श्वेतकेतु ने कुमार को ले कर उसके सब संस्कार किये और उसका नाम पुंडरीक रखा। यही वह कुमार है। पुंडरीक भी मुझे अपना हृदय दे बैठा। स्नान करके हम लोग घर आ गये। पुंडरीक मेरे लिए पागल हो गया। इधर उसके साथी कपिंजल से उसकी अवस्था सुन मैं रात को तरलिका के साथ अपने प्रासाद से निकल कर उससे मिलने चली। रास्ते में तालाब के पास देखा पुंडरीक मरा पड़ा था और कपिंजल विलाप कर रहा था। मैं भी विलाप करने लगी। मैंने तरलिका से चिता बनाने को कहा जिसमें जल मरूँ। इतने में महापुरुष के लक्षणों से युक्त महाप्रमाण पुरुष ने चन्द्रमंडल से उतर कर पुंडरीक के शरीर को उठा कर कहा—वत्से महाश्वेते, तुम प्राण मत त्यागो, तुम्हारा इसके साथ फिर समागम होगा। पिता की तरह मुझसे यह कह कर वह आकाश में चला गया। मैं कुछ भी समझ न सकी। मैंने कपिंजल से पूछा यह क्या है। अरे दुष्ट, मेरे मित्र को कहाँ लिये जा रहा है, कह कर गुस्से में दुपट्टे का फेंटा बाँध कर कपिंजल उसके पीछे पीछे आकाश में उड़ गया। मेरे देखते देखते दोनों तारामंडल में प्रविष्ट हो गये। मैंने सरोवर के किनारे तरलिका के साथ रात बिताई। सुबह उठ कर मैं इसी तालाब में स्नान करके, पुंडरीक के कमंडलु को ले कर उसी के वल्कल एवं अक्षमाला को धारण कर यहाँ शिवजी की शरण में आई। दूसरे दिन समाचार पाकर मेरे माता-पिता सब सम्बन्धियों को ले कर यहाँ आये। उन्होंने मुझे बहुत तरह से सान्त्वना दे कर और समझा-बुझा कर घर चलने को कहा। मैं किसी प्रकार राजी न हुई। कुछ दिन यहाँ रह कर वे लोग चले गये। तब से प्रतिदिन उसी के गुण

गाती और शिव का पूजन करती हुई मैं इस गुफा में रह रही हूँ। और वह फूट फूट कर रोने लगी। चन्द्रापीड ने उसे बहुत प्रकार से सान्त्वना दी। फिर पूछा—तरलिका कहाँ है? महाश्वेता बोली—महाभाग, जैसा मैंने कहा था—अमृतसंभव अत्सराओं के कुल में मदिरा नाम की मदिरेक्षणा कन्या हुई। गन्धर्वराज चित्ररथ ने उससे विवाह किया। उनकी कन्या गंधर्वकुल की रत्न कादम्बरी बचपन से मेरी अभिन्नहृदया सखी है। मेरा हाल सुन कर उसने प्रण किया—जब तक महाश्वेता का संकट दूर न होगा मैं विवाह न करूँगी। यदि मेरे पिता जबरदस्ती मेरा किसी से विवाह करना चाहेंगे तो मैं अनशन से, आग से, रस्सी से या विष से प्राण त्याग करूँगी। महादेवी मदिरा ने क्षीरोद कंचुकी द्वारा मुझे कादम्बरी को विवाह के लिए राजी करने को कहलाया। मैंने क्षीरोद के साथ तरलिका को कादम्बरी को समझाने को भेजा है कि सखी कादम्बरी मुझ दुखिया को और दुखी क्यों करती हो, मेरा जीवन चाहती हो तो माता-पिता के आदेश को मानो। उसके जाने के बाद ही आप आ गये।

उस रात चंद्रापीड वहीं सोया। प्रातः उठते ही उसने देखा तरलिका केयूरक नामी गंधर्व युवक के साथ लौट आई। महाश्वेता के पूछने पर तरलिका और केयूरक ने बताया—देवी कादंबरी पूछती हैं कि माता-पिता का आदेश क्या है। महाश्वेता ने केयूरक से कहा—तुम चलो, मैं स्वयं वहाँ आ कर उसे समझाऊँगी। केयूरक के चले जाने पर महाश्वेता ने चंद्रापीड से कहा—यदि आपको बहुत आवश्यक कार्य न हो तो मेरे साथ चलो, हम कल लौट आएँगे। चंद्रापीड महाश्वेता के साथ हेमकूट जा कर कादम्बरी के प्रासाद में गया। कादम्बरी ने दोनों का स्वागत किया। परिचयालाप में कादम्बरी और चंद्रापीड ने हृदयों का आदान-प्रदान कर लिया। इतने में गुस्से में भरी सारिका आ कर बोली—स्वामिनी कादंबरी झूठे सौभाग्य के अभिमानी इस दुर्विनीत दुष्ट शुक को मुझे परेशान करते हुए तुम क्यों नहीं रोकती हो? यदि मुझे इससे अपमानित होते देख कर भी तुम उपेक्षा करोगी तो तुम्हारे चरणों की शपथ मैं प्राण

त्याग कर दूंगी। कादम्बरी मुसकरा पड़ी। कुछ भी न समझते हुए महाश्वेता ने कादम्बरी की सखी मदलेखा से पूछा—यह क्या कहती है। वह बोली—यह स्वामिनी कादम्बरी की सखी कालिन्दी नाम की सारिका है। स्वामिनी ने अपने परिहास नामक शुक से इसका विवाह किया था। आज प्रातः इसने उसे स्वामिनी की परिचारिका तमालिका को अकेले में कुछ पढ़ाते देखा। तब से यह ईर्ष्या-क्रोध के वश उससे विमुख हो गई है, न उसके पास जाती है, न उससे बोलती है, न स्पर्श करती है, न उसकी ओर देखती है; हम सब के मनाने से भी प्रसन्न नहीं होती। यह सुनकर चंद्रापीड हँस कर बोला—हाँ यह बात राजकुल में सुनी जाती है, कर्ण परंपरा से सेवक लोग भी कहते हैं, बाहर भी लोग कहते हैं, सब ओर यही बात सुनी जाती है, हमने भी सुनी है कि देवी कादंबरी की तांबूलवाहिनी तमालिका को चाहते हुए मदन-परवश हुए परिहास नामी शुक को दिन बीतने का भी ज्ञान नहीं होता। तो यह बामाचार निजपत्नीत्यागी निर्लज्ज इसी के साथ रहे। परन्तु देवी कादंबरी का यह कैसा न्याय है कि इस चपला दुष्ट दासी को रोकती नहीं है। बेचारी कालिन्दी का ऐसे दुर्विनीत पक्षी से विवाह करना देवी की स्नेहहीनता का प्रमाण है। अब यह बेचारी क्या करे। सौत नारियों के कोप का, वैराग्य का, और अपमान का मुख्य कारण होती है। यह अति धीरा है जो इसने अभी तक दुखी हो विष नहीं खा लिया, आग की शरण नहीं ली या अनशन नहीं कर दिया। स्त्री का इससे बड़ा अपमान नहीं हो सकता। यदि ऐसा अपराध करने पर भी मनाने पर यह शुक से सन्धि कर लेती है, तो इसे धिक्कार है, तो कौन फिर इससे बोलेगा, इसकी ओर देखेगा, या इसका नाम भी लेगा। यह सुन कर कादम्बरी सहित सभी स्त्रियाँ हँस पड़ीं। परिहास उसके परिहास को सुन कर बोला—धूर्त राजपुत्र, यह बड़ी चतुर है। तुम या कोई और पुरुष इस चपला को ठग न सकोगे। यह इन वक्रोक्तियों को समझती है और परिहासोक्तियों को जानती है। इसे भी राजकुल-संपर्क-जनित बुद्धि है। ऐसे व्यंगबाणों से कुछ न होगा। कामीजनों की वक्रो-

क्तियों का इस पर प्रभाव न होगा। कोप और प्रसाद के काल, प्रमाण और विषय को यह मंजुभाषिणी खूब जानती है।

चंद्रापीड को कादंबरी के प्रासाद के पास के भवन में ठहराया गया। कादम्बरी सारा दिन और रात भर उधर ही एकटक देखती रही। दूसरे दिन मदलेखा ने शेष नामक हार चंद्रापीड को देते हुए कहा—यह हार समुद्र ने वरुण को घर आने पर भेंट किया था। वरुण ने गंधर्वराज को और गंधर्वराज ने कादंबरी को दिया। कादम्बरी अब यह प्रेमोपहार आप को देती है। दिन चढ़ने पर कादम्बरी चंद्रापोड से मिलने आई। अगले दिन महाश्वेता और कादम्बरी से बिदा ले कर चंद्रापीड अच्छोद सर को लौट आया। उसकी सेना इंद्रायुध के पदचिह्नों का अनुसरण करती वहाँ आ पहुँची थी। उसका सारा दिन वैशंपायन और पत्रलेखा को महाश्वेता कादंबरी मदलेखा तमालिका तरलिका और केयूरक की बातें बताते बीता। रात भी उसे नींद न आई। अगले दिन केयूरक आ पहुँचा। उसने महाश्वेता कादंबरी मदलेखा तमालिका—सब के संदेश सुनाये। कादम्बरी को भेजी भेटें दीं और शेष हार दे कर कहा कि आप इसे वहीं भूल आये थे। उससे कादम्बरी की अस्वस्थता सुन कर वह इंद्रायुध पर चढ़ कर पत्रलेखा को पीछे बैठा कर वैशंपायन को सेना सौंप कर केयूरक के साथ हेमकूट को चल पड़ा। वहाँ महाश्वेता और कादंबरी से मिल लौटने लगा तो कादंबरी ने पत्रलेखा को वहीं रोक लिया। चंद्रापीड अपनी छावनी में लौटा तो उसके पिता का पत्र-वाहक आया हुआ था। पिता ने उसे बुलाया था। उसने सेना को प्रस्थान करने का आदेशा दिया। सेनापति मेघनाद को आज्ञा दी—तुम यहीं प्रतीक्षा करो, केयूरक पत्रलेखा को ले कर आयगा। केयूरक द्वारा देवी कादंबरी को संदेश भेज देना कि मैं पिता की आज्ञा पा कर जा रहा हूँ और पत्रलेखा को साथ ले कर आना। वैशंपायन को स्कन्धावार का भार दे कर धीरे धीरे आने को कह कर स्वयं इंद्रायुध पर सवार हो कर क्षिप्रगति से उज्जयिनी की ओर चला। उज्जयिनी पहुँच कर पत्रलेखा की प्रतीक्षा करने लगा। कुछ दिन बाद मेघनाद पत्र-

लेखा को ले कर आ पहुँचा। पत्रलेखा ने उसे कादंबरी के विरह की कथा सुनाई। कादंबरी के विरह में चंद्रापीड के दिन किसी प्रकार बीतने लगे। एक दिन वह सिप्रा तट पर घूमने गया तो दूर से बहुत से सवारों को आता देख उनकी प्रतीक्षा करने लगा। पास आने पर केयूरक ने उसे प्रणाम किया। केयूरक से महाश्वेता के अपने आश्रम में चले जाने और कादंबरी की विरहवेदना सुन कर चंद्रापीड बड़ी चिंता में पड़ गया—कैसे वहाँ जाऊँ, वैशंपायन भी नहीं आया, किससे सलाह लूँ। अगले दिन अफवाह सुनी गई कि स्कंधावार दशपुर तक आ गया है। वैशंपायन जल्दी ही आ जायगा, यह सोच कर चंद्रापीड को तसल्ली हुई। फिर उसने मेघनाद को बुला कर आदेश दिया—जहाँ से तुम पत्रलेखा को लाये थे, केयूरक के साथ इसे ले कर वहीं जाओ। वैशंपायन के आते ही मैं तेज़ घोड़ों पर तुम्हारे पीछे आ पहुँचूंगा। केयूरक और पत्रलेखा को विरह-संदेश दे कर उसने कादंबरी के पास भेज दिया। केयूरक से कहा कि देवी कादंबरो को संदेश दे कर पत्र-लेखा के साथ महाश्वेता के आश्रम में मेरी प्रतीक्षा करना।

एक दिन चंद्रापोड के पिता के पास जा कर प्रणाम करने पर तारा-पीड ने शुकनास से कहा—चंद्रापीड अब विवाह-योग्य हो गया है, देवी विलासवती की सलाह से इसके उपयुक्त कोई राजकन्या खोजो। चंद्रापीड शुकनास द्वारा वैशंपायन को लिवा लाने की पिता की अनुमति ले कर सवार-सेना के साथ नगरी से निकल कर दशपुर के मार्ग पर चल पड़ा। स्कन्धावार में पहुँचने पर वैशंपायन न मिला। पूछने पर अधिकारियों ने बताया—देव, जिस दिन आप चले आये थे, उस दिन स्कन्धावार का प्रयाण न हो सका। दूसरे दिन प्रयाण-भेरी बज जाने पर वैशंपायन बोल—पुराणों में अच्छोद सर को बहुत पवित्र कहा है, इसमें स्नान कर और तट पर के शिवालय में भगवान् महेश्वर को प्रणाम कर के चलेंगे। इस पवित्र भूमि के फिर कब दर्शन हो सकेंगे। यह कह कर वह पैदल ही अच्छोद सर के तट पर चला गया। वहाँ उसने एक परम रमणीक लतामंडप देखा। उसे देख कर भाई पुत्र और मित्र सा प्रिय मान कर निर्निमेष दृष्टि से उसे

देखता हुआ मूर्च्छित सा होता हुआ, पृथ्वी पर बैठ कर कुछ स्मरण सा करता हुआ, आँखों से आँसुओं की धारा बहाता हुआ चुपचाप अधोमुख बैठ गया। उसे इस प्रकार बैठा देख हमें बड़ी चिन्ता हुई। हमने कहा—तुमने परम रमणीक स्थली देख ली। अब उठो, दिन चढ़ रहा है। उठो स्नान करो। स्कन्धावार प्रयाण के लिए तैयार है, तुम्हारी प्रतीक्षा कर रहा है। वह जड सा बैठा रहा। हमें कुछ उत्तर न दे सका। केवल साश्रु लोचनों से लतामंडप को देखता रहा। हमारे बहुत आग्रह करने पर बोला—मैं इस प्रदेश से न जाऊँगा। आप लोग स्कन्धावार को ले कर जायँ। चंद्रापीड के स्कन्धावार को ले कर आप लोगों को यहाँ एक क्षण भी न रुकना चाहिए। हम उसके अचानक वैराग्य के कारण को न जान सके। हमारे बहुत समझाने पर उसने कहा—क्या मैं नहीं समझता कि आप लोग मुझे चलने को प्रबोध दे रहे हैं। और फिर मैं चंद्रापीड के बिना एक क्षण भी नहीं रह सकता। परन्तु क्या करूँ मेरी दृष्टि कहीं और नहीं जाती, मेरे पैर चलना नहीं चाहते, मेरा शरीर यहीं कीलित हो गया है। स्वयं तो मैं यहाँ से जाने में असमर्थ हूँ, यदि आप लोग मुझे बलपूर्वक इस प्रदेश से ले चलेंगे तो मेरे प्राण न बचेंगे। आप लोग जाइए। मैं जब तक जीऊँगा चंद्रापीड के दर्शन-सुख की आशा में रहूँगा। हमारे बहुत पूछने पर उसने फिर कहा—मुझे कहते लज्जा लगती है; किन्तु चंद्रापीड की शपथ है, मैं नहीं जानता किस कारण से मैं यहाँ से जा नहीं पा रहा हूँ। आप लोग तो प्रत्यक्ष देख रहे हैं। आप लोग जाइए। फिर उठ कर उन्हीं वृक्षों लताओं और देवायतन में किसी खोई हुई चीज़ को खोजता हुआ सा घूमने लगा। बहुत देर तक घूम-घाम कर लंबी साँस ले कर उसी लता-मंडप के पास बैठ गया। हम भी उसके बोध प्राप्त करने की आशा में वहाँ खड़े रहे। दो प्रहर से अधिक बीत जाने पर हमने उसे स्थान-भोजन आदि करने को कहा तो बोला—मेरे ये प्राण मित्र चंद्रापीड को अपने जीवन से भी अधिक प्रिय हैं। ये मुझे छोड़ कर जाना चाहेंगे, तो भी मुझे इनकी रक्षा करनी पड़ेगी। मुझे चंद्रापीड के दर्शनों की ही चाह है, मृत्यु की नहीं।

इसलिए आप लोगों की प्रार्थना निष्फल है। यह कर उठ कर स्नान करके उसने कंद मूल फल आदि का भोजन किया। तब हमने भी स्नान-भोजन किया। इस प्रकार तीन दिन तक प्रतीक्षा कर जब उसे हिलते न देखा तो निराश हो कर उसके भोजन-वस्त्र के साधन वहाँ रख कर हम लोग चले आये। आपको दुबारा आने का कष्ट न हो इसलिए यह संवाद पहले नहीं भेजा। चंद्रापीड यह सब सुन कर स्तव्ध सा रह गया। परन्तु पिता और शुकनास को बताये बिना वैशंपायन को खोजने जायेगा तो उन्हें दुगुना दुःख होगा, यह सोच कर वह स्कन्धावार के साथ उज्जयिनी लौट आया और राजा और शुकनास से वैशंपायन को लिवा जाने की अनुमति प्राप्त कर सेना सहित चल पड़ा। अभी एक तिहाई रास्ता पार हुआ था, जब उसे मेघनाद आता हुआ मिला। उसने मेघनाद से पूछा—क्या तुम्हें वैशंपायन मिला। मेघनाद बोला—जब हमारे अच्छोद सर पहुँचने पर भी आप न आये तो केयूरक और पत्रलेखा ने आपको लिवा लाने को मुझे अच्छोद सर से ही लौटा दिया। मुझे वैशंपायन का कुछ पता नहीं। अच्छोद सर पहुँच चन्द्रापीड ने सवारों को खूब सावधान हो कर चारों ओर वैशंपायन को खोजने का आदेश दिया। परन्तु वैशंपायन कहीं दिखाई न दिया। शायद महाश्वेता को उसका कुछ पता हो, यह सोच कर वह महाश्वेता के आश्रम में गया। गुहा के द्वार पर उसने शिलातल पर नीचे मुख किये बैठी रोती महाश्वेता को देखा। क्रोध से उसका शरीर काँप रहा था। तरलिका उसे किसी प्रकार सँभाले हुए थी। कहीं कादम्बरी का कुछ अनिष्ट न हुआ हो, यह सोच कर वह काँपते पगों से ठोकरें खाता हुआ शिला के पास पहुँचा और तरलिका से पूछा यह सब क्या है। वह केवल महाश्वेता का मुख देखती रही। किसी प्रकार सँभाल कर महाश्वेता ने ही गद्गद कंठ से उत्तर दिया—महाभाग, केयूरक से तुम्हारे उज्जयिनी चले जाने की बात सुन कर सब के मना करते रहने पर भी मैं हेमकूट से यहाँ चली आई। यहाँ आ कर देखा—पुंडरीक की आकृति वाला कोई ब्राह्मण युवक खोई दृष्टि से किसी खोई हुई चीज को खोज

रहा है। मुझे देखते ही उसके चेहरे पर ऐसा भाव आ गया जैसे वह मुझे ही खोज रहा हो। मेरे पास आ कर उसने प्रेम-निवेदन दिया। मैंने उससे कहा—तुम कौन हो, कहाँ से आये हो, मुझे ऐसा क्यों कह रहे हो। यह कह कर मैं वहाँ से चली आई और तरलिका को पुकार कर कहा—यह युवा कौन है। देखने में तो ब्राह्मण सा लगता है, पर इसकी बातों से इसका अभिप्राय कुछ और ही लगता है। तो इससे कह दो—फिर यहाँ न आवे। यदि मना करने पर भी यह यहाँ आयगा तो अवश्य हमारा कुछ अनिष्ट होगा। मना करने पर भी हत्यारे मदन की दुर्निवार वृत्ति के कारण या अनर्थ की भवितव्यता के कारण उसने स्नेह का त्याग न किया। कुछ दिन बीतने पर एक बार पूर्णिमा की रात में आधी रात के समय तरलिका को सोती छोड़ कर मैं शिलातल पर लेटी हुई चंद्रमा को देख कर देव पुंडरीक को स्मरण कर रही थी। इतने में मैंने देखा वही युवा मुझे आलिंगन करने को बाँहें फैलाये दबे पाँव उन्मत्त सा चला आ रहा है। मेरे पास आते ही बोला—चन्द्रमुखि, कामदेव का सहायक यह चंद्रमा मुझे मारना चाहता है। इसलिए तुम्हारी शरण में आया हूँ। मुझ अशरण अनाथ आर्त की रक्षा करो। शरणागत की रक्षा तपस्वियों का भी धर्म है। यदि तुम आत्म-प्रदान से मेरी रक्षा न करोगी तो काम और चन्द्रमा मुझे मार डालेंगे। मैंने क्रोध से जलते हुए कहा—अरे पापी, मुझे ऐसा कहते तेरे सिर पर वज्र क्यों न गिर पड़ा, तेरी जीभ गल कर क्यों न गिर गई। तेरी वाणी मूक क्यों न हो गई। ऐसा कहते हुए तू आग में न जल गया, पानी में न डूब गया, रसातल को न चला गया। जिस दुष्ट विधाता ने तुझे अपने ही स्वार्थ की बात इस प्रकार शुक की तरह कहने की शिक्षा दी उसने तुझे उसी योनि में क्यों न डाल दिया। तुम्हारी बात से दुखी हो कर मैं तुम्हारे लिए ऐसी व्यवस्था करती हूँ जिससे अपने वचनों के अनुरूप जाति में उत्पन्न हो कर मुझ जैसियों की कामना न करोगे। यह कह कर चन्द्राभिमुखी हो कर मैंने कहा—हे भगवन् परमेश्वर सकलभवनचूड़ामणे भूमिपाल, यदि मैंने देव पुंडरीक के दर्शन के बाद से

मन में भी किसी दूसरे पुरुष की चिन्ता नहीं की तो मेरे सत्यवचन से यह मिथ्याकामी मेरी कही हुई योनि में गिर जाय। तुरन्त वह कटे वृक्ष की तरह अचेतन हो कर पृथ्वी पर गिर पड़ा। उसके मर जाने के बाद मुझे लोगों से पता लगा कि वह आपका मित्र ही था। यह कह कर वह लज्जा से मुँह नीचे करके रोने लगी। यह सुनते हीं चन्द्रापीड की आँखें खुली रह गईं। भगवति, आपके प्रयत्न करने पर भी इस जन्म में मुझे देवी कादम्बरी की सेवा का सुख नहीं मिला, अब अगले जन्म में वह भगवती द्वारा संपन्न हो, यह कहते कहते उसका हृदय फट गया।

तरलिका ने महाश्वेता को छोड़ कर चन्द्रापीड के शरीर को थाम कर कहा—स्वामिनी लज्जा से क्या बनेगा, देखो देव चन्द्रापीड की क्या अवस्था है, इनकी गरदन टूट सी गई है, सिर उठा नहीं रहे, हिलाने-डुलाने से चेतना नहीं होती, आँखें नहीं खुलतीं, हृदय की धड़कन नहीं होती; और वह विलाप करने लगी। महाश्वेता चन्द्रापीड के साथी विलाप करने लगे। इन्द्रायुध लगाम तुड़ाने का प्रयत्न करने लगा। इतने में पत्रलेखा से चन्द्रापीड के आने की बात सुन कर माता-पिता से महाश्वेता के दर्शन का बहाना कर, मदलेखा का हाथ पकड़े मदलेखा से आलाप करती हुई कादम्बरी चन्द्रापीड के दर्शन के लिए वहाँ आई। चन्द्रापीड को मरा देख विलाप करती हुई कादम्बरी पृथ्वी पर गिर पड़ी, मदलेखा ने किसी प्रकार उसे सँभाला। पत्रलेखा कादम्बरी से अपना हाथ छुड़ा कर मूर्च्छित हो कर पृथ्वी पर गिर पड़ी। देर बाद संज्ञा प्राप्त कर कादम्बरी चन्द्रापीड के मुख को देखती हुई वैसे ही पड़ी रही। फिर मदलेखा को कालिन्दी सारिका तथा परिहास शुक को छोड़ देने तथा अन्य बहुत से आदेश-सदेश दे कर महाश्वेता से बोली—प्रिय सखि, तुम्हें कुछ आशा है, जिससे शरीर धारण कर रही हो, मुझे वह आशा भी नहीं है। तो मुझे जन्मान्तर में मिलन की अनुमति दो। यह कह कर उसने चन्द्रापीड के सिर पर फूल अर्पण कर उसके चरणों को दोनों हाथों से उठा कर गोद में रख लिया। उसके स्पर्श से चन्द्रपीड के शरीर से समस्त प्रदेश

को प्रकाशित करती चन्द्रमा सी श्वेत ज्योति निकल कर आकाश में चली गई और अमृतमयी अशरीरिणी वाणी सुनाई पड़ी—वत्से महाश्वेते, फिर भी मुझी को तुम्हें समाश्वासित करना पड़ रहा है कि तुम्हारे पुंडरीक का शरीर मेरे तेज से शीतल और अविनाशी हो कर तुम्हारे समागम के लिए मेरे लोक में सुरक्षित है। और यह दूसरा मेरे तेज वाला स्वतः अविनाशी और विशेष कर कादम्बरी के कर-स्पर्श से शीतल हुआ और शापदोष से त्यागा हुआ चन्द्रापीड का शरीर इस बीच उसके आत्मा द्वारा दूसरे शरीर में प्रवेश कर जाने से योगियों के शरीर के समान तुम दोनों के विश्वास के लिए शापक्षय तक यहीं रहेगा। न इसका अग्नि में संस्कार किया जाय, न जल में फेंका जाय, न और किसी प्रकार नष्ट किया जाय। समागम-प्राप्ति तक यत्न से इसकी रक्षा की जाय। यह सुन कर पत्रलेखा को छोड़ कर और सब एकटक आकाश की ओर देखते रहे। उस ज्योति के शीतल स्पर्श से संज्ञा प्राप्त कर पत्रलेखा दौड़ कर साईस के हाथ से इन्द्रायुध को छीन कर बोली—हम लोगों का जो होना है सो हो, देव के इस प्रकार बिना वाहन अकेले चले जाने पर तुम्हारा एक क्षण भी यहाँ रहना ठीक नहीं। यह कह कर इन्द्रायुध के साथ वह अच्छेद सर में कूद पड़ी।

तुरन्त उस तालाब के जल से निकल कर एक तापस-कुमार ने महाश्वेता से पूछा—गंधर्वराजपुत्रि ,जन्मान्तर से आये इस जन को पहचान रही हो या नहीं ? महाश्वेता बोली—भगवन् कपिंजल, भला मैं तुमको न पहचानूंगी। तो बताओ देव पुंडरीक के शरीर को कौन उठा ले गया था, क्यों ले गया था, उनका समाचार क्या है, वे कहाँ हैं, तुम जल से कैसे निकले, इतने दिन तुमने अपना समाचार तक न दिया, और देव के बिना तुम अकेले कहाँ से आये हो ? कपिंजल ने उत्तर दिया—गंधर्वराज-पुत्रि, सुनो। तुम्हें विलाप करते अकेली छोड़ कर मित्र के स्नेह-वश उस पुरुष के पीछे ही मैं उड़ गया था। वह मुझे कुछ उत्तर दिये बिना आकाश में उड़ गया था, आकाश-रक्षक आश्चर्य से

उसे देखते और मार्ग देते जाते थे। चन्द्रलोक में पहुँच कर बड़े पलंग पर पुंडरीक के शरीर को लिटा कर वह बोला—कपिंजल, मैं चन्द्रमा हूँ। मैं अपने नियम से जगत् के कल्याण के लिए उदय हुआ था। तुम्हारे इस मित्र ने कामवश प्राण छोड़ते हुए मुझ निरपराध को शाप दिया—दुष्ट हत्यारे चन्द्रमा, जैसे तुम्हारी किरणों द्वारा संतापित हो कर प्रेमोदय होने पर प्रियासमागममुख को प्राप्त किये बिना मैं प्राणों से वियोजित किया जा रहा हूँ, उसी प्रकार तुम भी कर्मभूमिभूत इस भारतवर्ष में जन्म जन्म में प्रेमोदय होने पर प्रियासमागममुख को प्राप्त किये बिना तीव्रतर हृदय-वेदना की अनुभूति से प्राण छोड़ोगे। इस विवेकबुद्धिहीन ने अपने दोष से मुझे शाप दिया है, इसलिए क्रोध में आ कर मैंने इसे प्रतिशाप दिया कि तुम भी मेरे समान दुख-सुख को भोगोगे। परन्तु क्रोध शान्त होने और विवेक प्राप्त होने पर मुझे इसके महाश्वेता से संबंध का ज्ञान हुआ। मेरी किरणों से संभूत अप्सराकुल की कन्या गौरी की वह पुत्री है, और उसने इसे स्वयं पति वरा है। अब इसे अपने किये अपराध के कारण मेरे साथ मर्त्यलोक में दो बार अवश्य उत्पन्न होना होगा, अन्यथा जन्म जन्म की वीप्सा चरितार्थ न होगी। तो जब तक यह शाप-दोष से मुक्त नहीं होता तब तक इसके आत्माविहीन शरीर का विनाश न हो इसलिए मैं इसे उठा लाया हूँ और वत्सा महाश्वेता को आश्वासन दिया है। यहाँ मेरे तेज से शीतल किया हुआ यह शापक्षय तक रहेगा। अब तुम जा कर यह वृत्तान्त श्वेतकेतु से कह दो। मैं मित्र के बिना शोकान्ध हो कर आकाश-मार्ग में दौड़ता हुआ एक अत्यन्त क्रोधी विमानरक्षक को लाँघ गया। वह क्रोध से जलता हुआ बोला—मिथ्यातपोबलगर्वित दुरात्मा इस विस्तीर्ण गगन-मार्ग में तू मुझे घोड़े की तरह लाँघ गया। इसलिए तू घोड़ा हो कर मर्त्यलोक में जन्म ले। मैंने हाथ जोड़ कर रोते हुए निवेदन किया—भगवन् मित्रशोकान्ध मैंने आपको लाँघा है, कुछ अभिमान-वश नहीं। इसलिए आप प्रसन्न हों और इस शाप को लौटा लें। उसने कहा—जो

मैंने कहा है, वह अन्यथा नहीं हो सकता। तुम्हारे लिए मैं यह कर सकता हूँ कि कुछ काल तक तुम जिसकी सवारी में रहोगे, उसकी मृत्यु होने पर स्नान कर शाप-मुक्त हो जाओगे। मैंने फिर प्रार्थना की—मेरा वह प्रिय मित्र पुंडरीक शाप-दोष से चन्द्रमा के साथ मर्त्यलोक में उत्पन्न होगा। तो भगवान् दिव्य चक्षु से देख कर मुझ पर इतनी कृपा करें कि घोड़ा बन जाने पर भी मेरा उसी मित्र के साथ वियोग हुए बिना काल बीते। क्षण भर ध्यान कर उसने कहा—तुम्हारे स्नेह से मेरा हृदय आर्द्र हो गया है। मैंने देख लिया है। उज्जयिनी में तारापीड नामक राजा पुत्र के लिए तप कर रहे हैं। चन्द्रमा उनके पुत्र होंगे और तुम्हारा मित्र पुंडरीक उनके मंत्री शुकनास का पुत्र होगा। तुम उस राजपुत्र चन्द्रापीड के वाहन बनोगे। मैं तुरन्त नीचे समुद्र में गिर पड़ा और उसमें से घोड़ा बन कर निकला। घोड़े की योनि में भी मुझे ज्ञान बना रहा। इसीलिए मैं किन्नर-मिथुन के पीछे देव चन्द्रमा के अवतार चन्द्रापीड को यहाँ ले आया था। और पुरानी प्रीति के संस्कार-वश तुम्हें चाहने वाले जिस वैशंपायन को तुमने भस्म कर दिया है वह मेरे मित्र पुंडरीक का अवतार था। सुनते ही महाश्वेता विलाप करने लगी। कपिंजल ने उसे समझाया—गन्धर्व-राजपुत्रि, तुम्हारा इसमें क्या दोष जो तुम अपनी निन्दा करती हो। शाप-दोष के कारण तुम दोनों को जो दुःख प्राप्त हुआ है, वह मैंने तुम्हें बता ही दिया। चन्द्रमा की वाणी भी तुमने सुनी ही है। इसलिए अपना और पुंडरीक का अकल्याण करने वाला यह शोक छोड़ दो। सम्यक् प्रकार से किये तप से कुछ भी असाध्य नहीं है। तुम शीघ्र ही अपने तप के प्रभाव से पुंडरीक को प्राप्त करोगी। इस प्रकार कपिंजल के समझाने से महाश्वेता का शोकावेग शान्त होने पर दुखिया कादम्बरी ने कपिंजल से पूछा—भगवन् कपिंजल पत्रलेखा ने तुम्हारे साथ इस तालाब के जल में प्रवेश किया था, उसका समाचार बताने की कृपा कीजिए। वह बोला—राजपुत्रि, जल में पतन के बाद उसका कुछ भी वृत्तान्त मैं नहीं जानता। अब चन्द्रमा के अवतार

चन्द्रापीड और पुंडरीक के अवतार वैशंपायन का जन्म कहाँ हुआ है तथा इस पत्रलेखा का संवाद जानने के लिए तीनों लोकों को प्रत्यक्ष देखने वाले तात श्वेतकेतु के चरणों में जाता हूँ—कह कर वह आकाश में उड़ गया।

कादम्बरी भी महाश्वेता की तरह व्रत-नियम-पूर्वक रहने और चन्द्रापीड के शरीर को देखरेख करने लगी। चन्द्रापीड के न लौटने पर राजा तारापीड ने संदेशहर भेजे। कादम्बरी ने उन्हें चन्द्रापीड का शरीर दिखा कर और समस्त वृत्तान्त बता कर राजा के पास लौटा दिया, और त्वरितक नामक चन्द्रापोड के सेवक को, जो उसके साथ आया था तथा जिससे सब घटनाएँ प्रत्यक्ष देखी थीं, उनके साथ भेजा। त्वरितक से सब वृत्तान्त सुनकर राजा तारापीड रानी विलासवती मंत्री शुकनास और उसकी पत्नी मनोरमा चन्द्रापीड को देखने के लिए महाश्वेता के आश्रम की ओर चले। वहाँ पहुँच कर चन्द्रापीड के अविनाशी शरीर को देख कर राजा-रानी ने बहुत विलाप किया। शोकावेग कम होने पर राजा ने कहा—जिसके हाथ के स्पर्श से आर्द्र हो कर चन्द्रापीड का यह शरीर अविनाशी हुआ है वही मेरी पुत्रवधू इसकी देखरेख करे। हम केवल उसके दर्शन कर के संतुष्ट होंगे। फिर उसने राज-कर्मचारियों को बुला कर कहा—मैं पहले ही कृतनिश्चय था कि वधू-समेत चन्द्रापीड के मुख को देख कर किसी आश्रम में जा कर अन्तिम जीवन व्यतीत करूँगा। सो उसका समय अब आ गया है। ऐसा कह कर तारापीड, विलासवती, शुकनास और मनोरमा सपरिवार वहीं रह कर महाश्वेता की देखरेख में तपस्वी जीवन् बिताने लगे। प्रतिदिन प्रातः वे चन्द्रापीड के शरीर के दर्शन कर लेते।

इतनी कथा कह कर भगवान् जाबालि बोले—लंबी कथा कहते हुए मैं मूल बात को दूर ही छोड़ आया। वह जो कामी अपने अविनय के कारण देवलोक से भ्रष्ट हो कर मर्त्य लोक में शुकनास का पुत्र वैशंपायन हुआ था, वही फिर अपने किये अविनय से कोपित पिता के आक्रोश और महाश्वेता के सत्यवचन से इस शुक जाति में आ गिरा है। भगवान्

जाबालि के ऐसा कहते ही सो कर उठे हुए के समान मुझे पूर्व जन्मों में सीखी सब विद्याएँ जिह्वाग्र हो गईं, सब कलाओं में मैं कुशल हो गया, और मनुष्य की सी स्पष्टाक्षर वाणी प्राप्त हो गई, सब विज्ञानों और वस्तुओं का मुझे स्मरण हो आया। बहुत क्या कहूँ, सिवाय मनुष्य शरीर के वैशम्पायन का और सब कुछ—चन्द्रापीड पर वही स्नेह, वही काम-परवशता, वही महाश्वेता में अनुराग—प्राप्त हो गया। मुझे अपने पिछले जन्म के सब वृत्तान्त, माता पिता का, तात तारापीड का, अंबा विलासवती का, मित्र चन्द्रापीड का, प्रथम जन्म के मित्र कपिंजल का और महाश्वेता का—समस्त वृत्तान्त स्मरण हो आया। तब मैंने लज्जित हो कर भगवान जाबालि से निवेदन किया—भगवान् आपके प्रसाद से मुझे ज्ञान प्राप्त हो गया, मुझे पुराने बन्धुओं की स्मृति आ गई। मूढा-वस्था में जैसे उनकी स्मृति नहीं थी, वैसे ही विरहपीड़ा भी नहीं थी। अब ज्ञान होने पर उन्हें याद कर मेरा हृदय फटा जाता है। विशेष कर चन्द्रापीड को याद कर, जिसका हृदय मेरी मृत्यु को सुनते ही फट गया। भगवान् उसका भी जन्म-वृत्तान्त बताने की कृपा करें, जिससे मेरा यह पक्षियोनि का निवास भी उसके साथ रह कर पीडाकर न हो। जाबालि मुझे देख कर सस्नेहकोप बोले—दुष्ट इस दशा में पहुँच कर भी उसी तरह चंचलचित्त हो रहा है। अभी तो तेरे पंख भी नहीं जमे। चलने योग्य तो हो जा, तब मुझसे पूछना। हारीत ने पूछा—तात, मुझे बड़ा आश्चर्य है कि मुनिजाति का हो कर यह ऐसा कामपरवश क्यों हुआ और देवलोक में उत्पन्न हो कर यह ऐसा स्वल्पायु क्यों हुआ। जाबालि बोले—कारण स्पष्ट है। यह केवल स्त्री-वीर्य से उत्पन्न हुआ था जो काम-राग-मोह-भय-मय और अल्पबल होता है। इसीलिए यह ऐसा कामपरवश हुआ और मदनवेग के ज्वार को न सह सकने के कारण इसकी मृत्यु हुई। अब भी यह वैसा ही अल्पायु है। शापावसन काल के बाद इसे अक्षय आयु प्राप्त होगी। रात्रि प्रायः शेष हो रही थी। गोष्ठी भंग कर सब उठ गये। मुझे अपनी कुटिया में बैठा कर हारीत नित्य-

कर्म के लिए चला गया और मैं जन्मजन्मान्तर की बातें सोचने लगा। कुछ देर बाद लौट कर हारीत ने कहा—भैया वैशंपायन, तुम्हारे पिता भगवान् श्वेतकेतु के यहाँ से कपिंजल तुम्हें खोजता हुआ आया है। कपिंजल मुझे गोद में ले कर बहुत देर तक रोता रहा। फिर मैंने उससे पिता का हाल पूछा तो बोला—तात ने कहा है यह मेरा ही दोष है। उसकी उत्पत्ति के समय मैंने जानते हुए भी उसकी दीर्घायु का उपाय न किया। अब वह कर्म प्रायः सिद्ध ही है। इस कर्म की सिद्धि तक तुम वहीं रहो। मैंने तात से तुम्हारे पास आने की अनुमति माँगी तो उन्होंने कहा—वह शुकजाति में जा पड़ा है, अभी न वह तुम्हें जानता है, न तुम उसे जान पाओगे, अभी रुको। और आज उन्होंने मुझे बुला कर कहा—वत्स कपिंजल, तुम्हारा मित्र महामुनि जाबालि के आश्रम में पहुँच गया है और उसे जन्मान्तर का स्मरण भी हो आया है। अब तुम उससे मिलने जाओ। मेरी ओर से उसे कहना—जब तक यह कर्म संपन्न नहीं होला तब तक तुम जाबालि के चरणों में रहो। और तुम्हारे दुःख से दुखी तुम्हारी माता लक्ष्मी इस कर्म में तुम्हारी परिचारिका होगी। भोजनोपरान्त कपिंजल बोला—तात ने मुझे तुम्हें यह कहने के लिए भेजा था कि इस कर्म की समाप्ति तक तुम जाबालि के चरणों को छोड़ कर कहीं न जाना। मैं भी वहीं उसी कर्म में व्यग्र हूँ। इसलिए मैं वहीं जाता हूँ। मुझे बार बार जाबालि के आश्रम में रहने के लिए कह कर वह आकाश में उड़ अदर्शन हो गया।

हारीत के यत्नपूर्वक पालन-पोषण से कुछ ही दिनों में मेरे पंख जम गये, और मैं उड़ने योग्य हो गया। मैंने सोचा—मैं उड़ने लायक हो गया, चंद्रापीड की उत्पत्ति का मुझे ज्ञान नहीं हुआ। परन्तु उसके पूर्व जन्म का शरीर कहाँ है इसका तो मुझे ज्ञान है, महाश्वेता भी वहीं है। तो फिर ज्ञान पा कर भी मैं उसके दर्शन के बिना दुखी क्यों रहूँ। तो चलूँ वहीं चल कर रहूँ। यह सोच कर एक दिन मैं उत्तर दिशा की ओर चल पड़ा। परन्तु थोड़ा अभ्यास होने के कारण थकावट से मेरे अंग

टूटने लगे। प्यास से चोंच सूख गई। एक तालाब के किनारे वृक्ष पर बैठ गया। कुछ देर विश्राम कर के पानी पी कर बीज फल खा कर अपराह्न समय फिर कुछ दूर जा कर थक कर वृक्ष-मूल में जा बैठा और सो गया। जागने पर मैंने अपने आप को जाल में बँधा हुआ पाया। सामने काले कलूटे महाभयंकर पुरुष को खड़े देखा। मैंने उससे कहा—भद्र तुम कौन हो, तुमने मुझे क्यों बाँधा है ? यदि मांस के लोभ से, तो मुझे मार क्यों नहीं डाला ? केवल कौतुक के लिए ? वह तो हो गया, अब मुझे छोड़ दो। मुझे अपने प्रिय जनों से मिलने दूर जाना है। वह बोला—महात्मन मैं क्रूरकर्मा चांडाल हूँ, परन्तु मैंने तुम्हें मांस के लोभ से या कुतूहल से नहीं पकड़ा। मैं व्याध-बस्ती के अधिपति का नौकर हूँ। पास ही उनका पड़ाव है। उनकी युवती कन्या से किसी दुरात्मा ने कह दिया कि जाबालि के आश्रम में महागुणी और आश्चर्यकारी शुक रहता है। सुनते ही उसे कौतुक हुआ और उसने मेरे जैसे बहुतों को तुम्हें पकड़ने का आदेश दिया। बड़े भाग्य से मैं तुम्हें पकड़ पाया हूँ। अब तुम्हें उसके पास ले चलूंगा। वही तुम्हें छोड़ सकती है। यह सुनते ही मुझ पर वज्रप्रहार सा हुआ। कहाँ तीनों लोकों के वन्दनीय श्वेतकेतु के अपने हाथों द्वारा परिपालन और दिव्य-लोक का निवास और कहाँ अस्पृश्य म्लेच्छों की व्याध-बस्ती ! मेरी बार बार की प्रार्थना का उस पर कुछ प्रभाव न हुआ। मुझे बाँध कर वह चांडालकन्या के पास ले चला। वह मुझे ले कर बहुत प्रसन्न हुई, बोली—क्यों बच्चू, पकड़े गये, अब कहाँ जाओगे ? तुम्हारा यह स्वेच्छा-विहार समाप्त कर दूँगी। मैंने सोचा यदि इससे मोक्ष की प्रार्थना करूँगा तो यह मेरा दोष ही हो जायगा। इसको मेरी बंध-पीड़ा से क्या, मैं इसका न पुत्र हूँ, न भाई, न मित्र। मैं मौन हो गया। बहुत बुलाये जाने पर भी मैं न बोला। उस दिन मैंने खाया-पीया भी नहीं। दूसरे दिन खाने का समय बीत जाने पर भी जब मैंने न खाया तो वह बहुत प्रकार के कच्चे पक्के फल और शीतल जल ला कर बड़े प्रेम से बोली—पशु-पक्षियों को

भूख-प्यास लगने पर प्राप्त भोजन का त्याग संभव नहीं है। यदि तुम पूर्व जाति को स्मरण कर भोज्या-भोज्य का विचार कर हमारे आहार को त्यागते हो तो इस पक्षि-जाति में वर्तमान तुम्हारे लिए अभक्ष्य क्या है, जो खाते नहीं हो ? जो उत्कृष्ट जाति को प्राप्त कर स्वयं इस पक्षि-योनि में गिर पड़ा वह ऐसा क्या विचार करता है ? पहले विवेक से क्यों नहीं रहा ? फिर भी यदि भक्ष्याभक्ष्य का विचार है तो मैं ऐसा कुछ नहीं लाई, जिससे चांडाल-भोजन की शंका हो। फल तो उनके लाये भी खा लिये जाते हैं। और चांडाल के बरतन से पृथ्वी पर गिरा पानी भी पवित्र ही होता है, ऐसा लोग कहते हैं। तो क्यों भूख प्यास से जान देते हो ? ऐसे मुनिजनोचित फल क्यों नहीं खाते हो और पानी क्यों नहीं पीते हो ? उसकी विवेकपूर्ण बात सुन कर मैंने खाना-पीना शुरू कर दिया, पर मौन न छोड़ा।

समय बीतता गया। मैं तरुण हो गया। एक दिन प्रातःकाल मैंने अपने आपको इस सोने के पिंजरे में पाया। चांडाल-कन्या को तो देव ने देखा ही है। उस व्याध-बस्ती को सुरपुर के समान देख कर कुतूहल से पूछना चाहता था कि यह क्या है, परन्तु मैंने मौन न छोड़ा। यह मुझे यहाँ ले आई। यह कौन है, इसने अपने आपको चांडाल क्यों प्रसिद्ध किया, क्यों इसने मुझे पकड़ा, पकड़ कर यहाँ क्यों लाई, इन सब बातों का मेरा कुतूहल भी शान्त नहीं हुआ।

राजा ने प्रतिहारी के द्वारा चांडाल-कन्या को बुलाया। वह अपने तेज से राजा का तिरस्कार करती हुई आ कर धृष्टतापूर्वक बोली—भुवन-भूषण, रोहिणीपते, तारारमण, कादम्बरी-लोचनानन्द चन्द्र, तुमने इस दुर्मति का और अपना पूर्वजन्म का वृत्तान्त सुन लिया। इस जन्म में भी जैसे यह पिता के निषेध करने पर भी सामान्य हो कर पिता की आज्ञा का उल्लंघन कर वधू के पास चल पड़ा था, यह इसने स्वयं स्वीकारा है। मैं इस दुरात्मा की जननी श्री हूँ। इसको उस प्रकार जाते हुए दिव्य दृष्टि से देख कर इसके पिता ने मुझसे कहा—अविनय में प्रवृत्त लोग

पश्चात्ताप के बिना निर्वर्तित नहीं होते। कहीं तुम्हारा यह बेटा इस पक्षि-योनि से भी नीचे न जा गिरे। इसलिए जब तक यह कर्म समाप्त नहीं होता तब तक इसे मर्त्यलोक में ही बाँध कर रखो। तब इसको जो पश्चात्ताप होगा, वही इसका प्रतिविधेय है। तो इसकी मर्यादा के लिए मैंने यह किया। अब यह कर्म समाप्त है। शापावसान का समय हो गया है। शापावसान पर तुम दोनों को एक साथ सुख-प्राप्ति हो, इस लिए मैं इसे तुम्हारे पास लाई हूँ। यहाँ भी मैंने जो चांडाल जाति स्वीकार की वह दूसरों से संपर्क बचाने के लिए। तो अब तुम दोनों जन्म-जरा-व्याधि-मरण-बहुल शरीरों को छोड़ कर प्रियजनसमागम सुख को प्राप्त करो। यह कह कर वह आकाश में उड़ गई।

उसकी बात सुन कर राजा शूद्रक को जन्मानन्तर की स्मृति हो आई। वह बोला— मित्र वैशंपायनाख्य पुंडरीक, भाग्य से हम दोनों का शाप एक साथ समाप्त हुआ। उसके यह कहते ही कामावेग से कादम्बरी को स्मरण करते हुए राजा शूद्रक के और महाश्वेता को स्मरण करते हुए वैशंपायन के सब अंग शिथिल पड़ गये। कामवाणों से भयभीत हो कर उनके प्राण-वायु शरीर से निकल भागे। उनके देह काष्ठीभूत हो गये और मदनानल से जल गये।

उसी समय महाश्वेता के आश्रम में वसन्त का आगमन हुआ। उससे व्याकुल हो कर कादम्बरी सायं समय स्नान करके कामदेव की पूजा करके सुगन्धित शीतल जल से चन्द्रापीड को स्नान करा कर उसके गले से लिपट गई। कादम्बरी के आलिंगन से चन्द्रापीड के कंठ में जीवन लौट आया। सोये से उठे के समान उसने कंठलग्न कादम्बरी को भुजाओं में जकड़ कर कहा—अब डर छोड़ दो। तुम्हारे आलिंगन से मैं पुनर्जीवित हो गया हूँ। तुम अमृत-संभव अप्सराओं के कुल में उत्पन्न हुई हो। क्या तुम्हें मेरा वह वचन याद नहीं है कि मेरा यह तेजोमय शरीर स्वयमेव अविनाशी है, विशेषकर कादम्बरी के करस्पर्श से शीतल हुआ। इतने दिन तुम्हारे हाथों का स्पर्श पा कर भी जो मैं जीवित नहीं हुआ, वह केवल शाप के कारण।

आज दूसरी बार तुम्हारे लिए अनुभूत दुःसह मदन-ज्वर के दाह की वेदना के परम दुःख से मेरा शाप नष्ट हो गया। तुम्हें विरह का दुःख देने वाला वह शूद्रक नाम वाला शरीर मैंने छोड़ दिया। इस शरीर में तुम्हारी रुचि हुई थी इस कारण इसे स्वीकार किया है और इसकी रक्षा की है। अब यह लोक और चन्द्रलोक दोनों तुम्हारे चरण-तलाश्रित हैं। और तुम्हारी प्रिय सखी महाश्वेता का प्रियतम भी मेरे साथ ही शापमुक्त हो गया है। उसके इतना कहते ही पुंडरीक कपिंजल के साथ चन्द्रलोक से उतरता दिखाई दिया। कादम्बरी दौड़ कर महाश्वेता को बधाई देने गई। पुंडरीक दौड़ कर चन्द्रापीड के पास आया। चन्द्रापीड ने उसे गले लगा कर कहा—पूर्वजन्म के संबंध से तुम मेरे जामाता हो, परन्तु अनन्तर जन्म के मित्र-स्नेह का भाव ही अब तुम मेरे साथ रखना। मदलेखा से समाचार पा कर तारापीड विलासवती शुकनास और मनोरमा तुरन्त वहाँ पहुँच गये। रात मिलन-सुख में बीती। अगले दिन प्रातः ही केयूरक से संवाद पा कर चित्ररथ मदिरा हंस और गौरी हेमकूट से आये।

विवाहोपरान्त कादम्बरी ने चन्द्रापीड से पूछा—हम सब मर कर पुनर्जीवित हो गये और परस्पर मिल गये। केवल तपस्विनी पत्रलेखा हम लोगों में दिखाई नहीं देती। चन्द्रापीड बोला--वह यहाँ क्यों होगी। वह मेरी पत्नी रोहिणी थी। मेरा शाप सुन कर मेरे दुःख से दुःखी हो कर मैं अकेला मर्त्यलोक के दुःख कैसे भोगूँगा यह सोच कर मेरी सेवा करने के लिए मुझसे पहले ही उसने मर्त्यलोक में जन्म ग्रहण कर लिया था। मेरे दूसरा जन्म लेते समय वह फिर मर्त्यलोक में आना चाहती थी, परन्तु मैंने उसे जबरदस्ती रोक कर अपने लोक में भेज दिया था। अब तुम चन्द्रलोक में उससे मिलोगी।

श्री हर्षदेव-विरचित **रत्नावली** नाटिका का कथानक इस प्रकार है—

उदात्तवंशप्रभव सिंहलेश्वर विक्रमबाहु की बहन अवन्तिपति प्रद्योत को ब्याही थी और प्रद्योत की बेटी वासवदत्ता वत्सराज उदयन को। सिंहलेश्वर की कन्या रत्नावली अनुपम सुन्दरी है। ज्योतिषी भविष्यवाणी करते हैं,

जो रत्नावली का पाणिग्रहण करेगा वह सार्वभौम राजा होगा। यह समाचार पा कर उदयन का अमात्य यौगन्धरायण सिंहलेश्वर से उदय के लिए रत्नावली को माँगता है, परन्तु सिंहलेश्वर यह कह कर कि ऐसा करने से मेरी भानजी वासवदत्ता को सपत्नी का दुःख होगा, इनकार कर देता है। परन्तु यौगन्धरायण उदयन को सार्वभौम राजा बनाने को दृढ़-प्रतिज्ञ है। वह प्रचार कर देता है कि लावाणक में आग लग जाने से वासवदत्ता जल कर मर गई और फिर सिंहलेश्वर से रत्नावली को माँगने के लिए कंचुकी बाभ्रव्य को भेजता है। अब एक तो सिंहलेश्वर की आपत्ति का कारण न रह गया था, दूसरे यह सोच कर कि वत्सराज से हमारा सम्बन्ध लोप न हो जाय सिंहलेश्वर अपने अमात्य वसुभूति और कंचुकी बाभ्रव्य के साथ रत्नावली को जहाज में बैठा कर भेज देता है। प्रस्थान के समय रत्नावली को बहुत कीमती रत्नमाला पहना देता है। समुद्र में जहाज टूट जाता है। रत्नावली सबसे बिछुड़ कर एक पाटे को पकड़ कर समुद्र पार करती है और कौशाम्बी के किसी व्यापारी के साथ कौशांबी आ पहुँचती है। व्यापारी उसे अमात्य यौगन्धरायण के पास पहुँचा देता है। रत्नावली अपना परिचय नहीं देती। व्यापारी भी नहीं जानता वह कौन है। चतुर अमात्य उसके रूप और कीमती रत्नमाला से उसे पहचान लेता है। सोचता है—यदि यह राजा के अन्तःपुर में रहे तो कभी न कभी इनकी चार आँखें होंगी ही। वह वासवदत्ता से कहता है कि यह समुद्र में यान भंग हो जाने से अनाथ हो गई है, इसे अपनी सेवा में रख लो। सागर से यह पाई गई है, इसलिए इसका नाम सागरिका है। वासवदत्ता अमात्य के कहने से उसे अपनी सेवा में रख तो लेती है, परन्तु उसे यह डर बना रहता है कि राजा ऐसी अनुपम सुन्दरी को देख लेगा तो इससे विवाह करना चाहेगा। वह सदा प्रयत्नशील रहती है कि राजा सागरिका को देख न पाये।

वसन्तोत्सव आता है। रानी मकरन्दोद्यान में रक्ताशोक वृक्ष के नीचे संस्थापित मदन की पूजा करने जाती है। पूजा के समय वह राजा को भी बुला भेजती है। अचानक वह देखती है कि अन्य परिचारिकाओं के

साथ सागरिका भी आ गई है। वह राजा के आने के ही पहले ही किसी बहाने सागरिका को वहाँ से हटा देना चाहती है। उससे कहती है—साग-रिके, तुम सारिका को छोड़ कर यहाँ मदनोत्सव में क्यों आ गई ? तुम पूजोपकरण कांचनमाला को सौंप दो और वहीं जा कर सारिका को देखो। जो आज्ञा कह कर सागरिका वहाँ से चल देती है। परन्तु कुछ कदम जा कर सोचती है, सारिका को तो मैं सुसंगता को सौंप आई थी, वह वहाँ सुरक्षित है, इधर मुझे यहाँ की मदन-पूजा देखने का कौतूहल है; जैसी मेरे पिता के यहाँ मदन-पूजा होनी है वैसी ही वहाँ भी होती है या किसी और प्रकार से होती है। तो मैं छिप कर पूजा देखूँगी। जब तक पूजा का समय होता है तब तक मैं भी मदन भगवान् की पूजा करने को फूल बीन लूँ और फूल बीनने लगती है।

रानी के आदेश पर कांचनमाला रक्ताशोक के नीचे कामदेव की प्रतिमा स्थापित करती है। इधर सागरिका को फूल बीनने में देर हो जाती है। वह फूल बीन कर लौटती है तो देखती है रानी राजा की पूजा कर रही है। वह राजा को ही कामदेव समझती है। कहती है, अरे यह अपूर्व कामदेव है। मेरे पिता के अन्तः:पुर में चित्रगत कामदेव की पूजा होती है, और यहाँ तो वह प्रत्यक्ष दिखाई देता है। मैं भी यहीं से इन फूलों से भगवान् कुसुमायुध की पूजा करूँगी। भगवन् कुसुमायुध, नमस्ते। तुम मेरे लिए शुभदर्शन होना। अहा, मैंने दर्शन-लाभ पा लिया। तुम मेरे लिए अमोघदर्शन होना। फिर एक बार देख लूँ। कोई मुझे देख न ले। भाग चलूँ। और वह वहाँ से चल देती है। तभी नेपथ्य में वैतालिक राजा उद-यन का स्तुतिपाठ करता है। उसे सुन कर सागरिका खुश हो कर लौट पड़ती है। राजा को देख कर कहती है—अरे यही वह राजा उदयन है जिसे पिता ने मुझे दिया था, तो परसेवा से दूषित मेरा शरीर इसके दर्शन से पवित्र हो गया। पूजा के बाद सब चलने लगते हैं तो सागरिका कहती है, अरे देवी चल पड़ीं, तो मैं भी जल्दी भागूँ। फिर राजा को देख कर अपने भाग्य को कोसती है कि मैं इसे जी भर देख भी नहीं

सकती और चली जाती है ।

दूसरे अंक में उन्मदना सागरिका चित्रफलक और वर्तनी ले कर कदलीगृह में राजा का चित्र बना रही है । उसकी सखी सुसंगता पिंजर-बद्ध सारिका को ले कर वहाँ पहुँचती है । फलक पर राजा का चित्र देख कर सुसंगता पूछती है तुमने यह किसका चित्र बनाया है तो सागरिका कहती है भगवान् कामदेव का । पर यह चित्र शून्य सा लग रहा है मैं इसमें रति का चित्र भी बना दूँ कह कर सुसंगता राजा के पास सागरिका का चित्र बना देती है । सुसंगता के पूछने पर सागरिका उदयन के प्रति अपने प्रेम का रहस्य उसे बताती है और रहस्य को गोपन रखने को कहती है । सुसंगता कहती है मैं तो गोपन रख लूँगी पर इस मेधाविनी सारिका ने जो सुन लिया है । यह गृहीताक्षरा किसी के सामने रहस्य प्रकाश न कर दे । सागरिका और भी उन्मदना हो जाती है तब सुसंगता बहुत से नलिनी-पत्र ला कर उनकी शय्या वलय आदि बना कर बचे हुए नलिनी-पत्र सागरिका के हृदय पर रखती है । सागरिका कहती है इन नलिनी-पत्रों को हटा दो, इनसे क्या बनेगा—

दुल्लहजणअणुराओ, लज्जा गरुई परव्वसो अप्पा,
पिअसहि ! विसमं पेम्मं, मरणं सरणं ण वरिअमेक्कम् ।'[1]

इतने में नेपथ्य में शोर मच जाता है—

सुनहरी साँकल को तुड़ा कर दीवारों पर फाँदता हुआ, मेला देखने आये लोगों को डराता हुआ, अश्वरक्षकों द्वारा पीछा किया जाता हुआ बन्दर राजमहल में घुस रहा है ।

सुनते ही दोनों डर के मारे भाग खड़ी होती हैं । चित्र-फलक और सारिका का पिंजरा वहीं पड़े रह जाते हैं । उधर से जाता हुआ बन्दर

---

१ दुर्लभजनानुरागो लज्जागुर्वी परवश आत्मा,
प्रियसखि ! विषमं प्रेम मरणं शरणं केवलमेकम् ।

सारिका के पिंजरे को खोल जाता है , सारिका उड़ जाती है। दोनों उसे पकड़ने के लिए लौटती हैं और उसका पीछा करती हैं।

इधर राजा उदयन और विदूषक वसन्तक वहाँ आते हैं। गृहीताक्षरा सारिका पिंजरे से निकल कर पेड़ पर जा बैठी थी और सागरिका और सुसंगता के वार्तालाप को दोहरा रही थी। राजा और विदूषक ने वह सारा वार्तालाप और 'दुल्लहज्जण' यह गाथा भी सुनी। दोनों आपस में उसका अर्थ समझने-बूझने लगे। विदूषक ताली बजा कर हँसने लगा। सारिका वहाँ से उड़ी। उन दोनों ने उसका पीछा किया। वह कदलीगृह की ओर उड़ चली। दोनों कदलीगृह में घुस कर सारिका का पीछा करना छोड़ सुस्ताने के लिए शिलातल पर बैठ गये। फिर कुछ दूर खाली पिंजरे को देख विदूषक उसे उठाने गया तो उसे चित्रफलक वहीं पड़ा हुआ मिला। चित्रफलक को देख कर सारिका की कही सारी बात राजा की समझ में आ गई। इधर सारिका को न पकड़ पा कर सागरिका और सुसंगता चित्रफलक लेने को लौटीं। दूर से ही राजा और विदूषक की आवाज सुन कर वे छिप कर उनका वार्तालाप सुनने लगीं। तब यह जान कर कि राजा सागरिका के चित्र को देख का उन्मदन हो गया है , सुसंगता उनके पास आती है और उन्हें बुला कर सागरिका के पास ले जाती है। इस पर सागरिका सुसंगता पर क्रुद्ध होती है। राजा उसे हाथ पकड़ कर मनाता है। अन्त में विदूषक कहता है, यह सचमुच दूसरी देवी वासवदत्ता है। इससे यह समझ कर कि देवी वासवदत्ता आ रही है राजा सागरिका का हाथ छोड़ देता है। सागरिका और सुसंगता भाग जाती हैं। राजा इधर-उधर देख कर विदूषक से पूछता है देवी वासवदत्ता कहाँ हैं ? विदूषक स्पष्टीकरण करता है कि मैंने तो कहा था कि यह देवी वासवदत्ता के समान गुसैल है। राजा उसे फटकारता है। इतने में कांचनमाला के साथ वासवदत्ता सचमुच आ जाती है। राजा विदूषक को चित्रफलक छिपाने को कहता है; विदूषक काँख में दबा लेता है। फिर वासवदत्ता के साथ वार्तालाप में किसी

बात पर प्रसन्न हो कर विदूषक बाँहें फैला कर नाचने लगता है तो चित्रफलक गिर जाता है। कांचनमाला उठा कर वासवदत्ता को दिखाती है। वासवदत्ता पूछती है—यह क्या है ? सन्तोषजनक उत्तर न पा, चित्र देख कर, मुझे सिरदर्द होने लगा है, कह कर वासवदत्ता चल देती है। राजा उसका आँचल पकड़ कर मनाता है, पर वह रुकती नहीं।

तीसरा अंक—रानी ने चित्र तो देखा था पर उसे यह पता न था कि इसमें सुसंगता का भी हाथ है। उसने सागरिका की राजा से परिरक्षा का भार सुसंगता को ही सौंपा और उसे अपनी पोशाक प्रसाद में दी। इधर राजा ने शय्या ग्रहण की। कांचनमाला राजा की बीमारी का हाल पूछने गई और लौटते हुए उसने सुसंगता को विदूषक से बात करते देख छिप कर उनका वार्तालाप सुना। वसन्तक कह रहा था—सुसंगते, सागरिका के सिवाय राजा की अस्वस्थता का और कोई कारण नहीं है, इसका कोई प्रतीकार सोचो। सुसंगता ने उत्तर दिया—देवी ने सागरिका की राजा से परिरक्षा के लिए उसे मेरे हाथ सौंपते हुए मुझे अपनी जो पोशाक प्रसाद में दी है सागरिका उसी को पहन कर देवी के वेश में और मैं कांचनमाला का वेश धर कर अँधेरा पड़ने पर माधवी-लता-मंडप में आएँगी, वहाँ राजा का उससे समागम होगा।

राजा और विदूषक चन्द्रोदय से पहले संकेत-स्थल पर पहुँचते हैं। उधर से रानी और कांचनमाला भी वहाँ पहुँचती हैं। राजा और विदूषक उन्हें सागरिका और सुसंगता समझते हैं। राजा प्रेम-निवेदन करता है। इतने में चन्द्रोदय होता है। वासवदत्ता घूँघट हटाती है, अप्रसन्न होती है। राजा उसके पैरों पर गिर कर क्षमा याचना करता है। रानी रुष्ट हो कर चली जाती है। राजा उसे मनाने के लिए चलने लगता है। इतने में वासवदत्ता का वेश धारण कर सागरिका आती है। संकेत-स्थल में किसी को न पा कर लता-पाश में फाँसी लगा कर मरना चाहती है। विदूषक उसे वासवदत्ता समझ कर राजा को उसकी रक्षा करने को पुकारता है। राजा उसे लतापाश से मुक्त कर बाहुपाश में बाँध लेता है। वास-

वदत्ता रुष्ट हो कर चली गई थी, रास्ते में कांचनमाला के समझाने से उसे ध्यान आया कि चरणपतित पति को छोड़ कर चले आना अच्छा नहीं हुआ, चलूँ मना लूँ। वह लौट कर आती है तो सागरिका को राजा के बाहु-पाश में आबद्ध देखती है। राजा कहता है मैं निर्दोष हूँ, क्योंकि तुम्हारे वेश में इसे देख कर मुझे धोखा हुआ। वह फिर रानी के पैरों पड़ता है। रानी सागरिका और विदूषक को कैद करके ले जाती है।

चौथा अंक—सागरिका जीवन से निराश हो कर अपनी रत्नमाला किसी ब्राह्मण को दे देने के लिए सखी सुसंगता को सौंप देती है। उसे ले कर रोती हुई सुसंगता जा रही है। उसे ब्राह्मण वसन्तक आता दिखाई देता है। राजा के अनुनय-विनय से प्रसन्न हो कर रानी ने वसन्तक को बंधनमुक्त कर खिला-पिला और वस्त्राभरण दे कर प्रसन्न कर दिया था। वह राजा से मिलने जा रहा था। सुसंगता ने उसे वह रत्नमाला दे दी। वसन्तक ने वह रत्नमाला राजा को दी। राजा ने कहा तुम इसे पहने रहो, इसे देख कर मुझे सागरिका याद आती रहेगी।

कांचनमाला आ कर निवेदन करती है कि देवी वासवदत्ता ने उज्ज-यिनी के इस ऐन्द्रजालिक को भेजा है, महाराज इसका खेल देखें। राजा रानी को बुलवाता है और दोनों ऐन्द्रजालिक का खेल देखते हैं। ऐन्द्र-जालिक आकाश में देव-सभा का दृश्य दिखाता है। सब आश्चर्य चकित होते हैं। दासी आ कर निवेदन करती है कि अमात्य यौगन्धरायण ने सिंहलाधि-पति के भेजे अमात्य वसुभूति को कंचुकी के साथ भेजा है और निवेदन किया है—महाराज इन्हें दर्शन दें, मैं भी आ रहा हूँ। रानी कहती है—महाराज इस खेल को रहने दें, पहले मेरे मामा के प्रधान अमात्य वसुभूति से बात करें। राजा ऐन्द्रजालिक को बिदा करता है तो वह जाते हुए कहता है—महाराज, कम से कम मेरा एक और खेल अवश्य देखें। फिर देखेंगे कह कर राजा उसे बिदा करता है और वसन्तक को अमात्य वसुभूति और कंचुकी बाभ्रव्य को लिवा लाने को भेजता है। वसन्तक के गले में पड़ी रत्नमाला वसुभूति को राजपुत्री रत्नावली की माला जान पड़ती

है, परन्तु वह चुप रहता है। राजा वसुभूति से सिंहलेश्वर की कुशलता पूछता है तो वसुभूति ठंडी साँस भर महाराज क्या उत्तर दूँ कह नीचे मुँह कर के बैठ जाता है। दुबारा पूछने पर बताता है—हमारे महाराज सिंहलेश्वर की रत्नावली नाम की कन्या थी। ज्योतिषियों ने कहा था जो इसका पाणिग्रहण करेगा वह सार्वभौम राजा होगा। ज्योतिषियों के वचन पर विश्वास कर अमात्य यौगन्धरायण ने बार बार सिंहलेश्वर से आप के लिए रत्नावली माँगी परन्तु उन्होंने ने देवी वासवदत्ता को कष्ट न हो, इसलिए न दी। अनन्तर लावाणक में देवी वासवदत्ता जल गईं इस समाचार के साथ कंचुकी बाभ्रव्य को भेज कर फिर रत्नावली माँगी तो सिंहलेश्वर ने यह सोच कर कि आपसे हमारा सम्बन्ध लोप न हो जाय, रत्नावली को आपको सौंपने के लिए मेरे साथ भेजा। समुद्र में यान भंग हो जाने से वह डूब गई। वासवदत्ता बहन के शोक में विलाप करने लगती है, राजा उसे सँभालने लगता है। इतने में अन्तःपुर में आग लगने का शोर मच जाता है। वासवदत्ता राजा से कहती है कि मैंने सागरिका को कारा में बन्द किया हुआ है, उसकी रक्षा करो। सागरिका के जल मरने की आशंका से राजा आग में कूद कर उसे निकाल लाता है। आग अचानक अन्तर्धान हो जाती है। तब सब की समझ में आता है कि यह ऐन्द्रजालिक का खेल था। सागरिका को देख कर वसुभूति राजा से पूछता है यह कन्या आपको कहाँ मिली। राजा रानी से पूछता है। रानी बताती है—यह सागर में मिली है कह कर यौगन्धरायण ने मुझे सौंपी थी, इसलिए इसका नाम सागरिका है। वसुभूति उसे पहचानता है। वासवदत्ता उसे गोद में ले कर राजा से उसका बंधन कटवाती है। इतने में यौगन्धरायण आ पहुँचता और बताता है कि ऐंद्रजालिक को उसी ने भेजा था, अन्यथा अन्तःपुर में कैद रत्नावली बाहर कैसे लाई जाती और वसुभूति उसे कैसे पहचानता और देवी वासवदत्ता अपनी बहन को कैसे जान पातीं। राजा कहता है—अब जब देवी अपनी बहन को जान गईं तो वही उसकी व्यवस्था करें

और रानी रत्नावली का हाथ राज को पकड़ा देती है।

और **कल्किपुराण** का कथानक संक्षेप में यह है—

देवताओं ने ब्रह्मा से निवेदन किया कि कलि के दोष से धर्मनाश हो रहा है। ब्रह्मा ने विष्णु की आराधना की। विष्णु बोले—शंभल में विष्णुयश के घर में माता सुमति के गर्भ से मैं जन्म ग्रहण करूँगा। मेरी प्रिया भार्या यह लक्ष्मी सिंहल में राजा बृहद्रथ की रानी कौमुदी की पद्मा नाम की कन्या होगी।

भगवान् ने विष्णुयश के घर कल्कि अवतार लिया। कल्कि विद्याध्ययन करने चले तो महेन्द्रपर्वत-निवासी परशुराम उन्हें अपने आश्रम में ले गये। विद्याध्ययन के अनन्तर कल्कि ने हाथ जोड़ कर परशुराम से कहा--भगवन् मुझसे आप ऐसी गुरु-दक्षिणा माँगिये जिसे दे कर मेरी विद्या सफल हो और जिसे प्राप्त कर आपको संतोष हो। परशुराम बोले—ब्रह्मा ने कलि का निग्रह करने के लिए विष्णु से प्रार्थना की थी, वही सर्वाश्रय पूर्ण विष्णु आप शंभल में अवतरित हुए हैं। मुझ से विद्या, शिव से अस्त्र तथा वेदमय शुक और सिंहल में प्रिया पद्मा को प्राप्त कर आप धर्म-संस्थापन करेंगे। कल्कि ने शिव की स्तुति की। प्रसन्न हो कर शिव पार्वती-सहित प्रकट हुए और हँसते हुए बोले आप मेरे दिये हुए गरुड़ से उत्पन्न यथेच्छ जाने वाले इस बहुरूपी घोड़े, इस सर्वज्ञ शुक और रत्न की मूठवाली कराल करवाल को ग्रहण कीजिए। घोड़े पर सवार हो कल्कि शंभल ग्राम में आ गये। वहाँ से माहिष्मती गये। माहिष्मती के राजा विशाखयूप ने उनका स्वागत किया। राजसभा में कल्कि का उपदेश सुन कर राजा चला गया।

राजा के चले जाने पर संध्या समय बुद्धिमान् शिवदत्त शुक कल्कि के सामने उपस्थित हो कर उनकी स्तुति करने लगा। कल्कि बोले—तुम्हारा स्वागत है, तुम किस देश से आ रहे हो और तुमने क्या खाया है? शुक बोला—नाथ, मेरा कौतूहलपूर्ण वृत्तान्त सुनिये। मैं समुद्र के मध्य में

स्थित सिंहल नामक देश में गया था। वहाँ महापराक्रमी बृहद्रथ नाम का राजा है, उसकी कौमुदी नाम की रानी है। उन दोनों की पद्मा नाम की परम सुन्दरी कन्या है। उस पद्मा ने शिव और गौरी की पूजा की। उसे विष्णु की प्रिया लक्ष्मी का अवतार जान कर शिव प्रसन्न हो कर पार्वती-सहित प्रकट हुए। उन्हें देख कर पद्मा ने लज्जा से सिर झुका लिया, कुछ बोली नहीं। शिव बोले—सुभगे, तुम्हारे पति नारायण तुम्हारा पाणि-ग्रहण करेंगे, और कोई राजकुमार तुम्हारे योग्य नहीं है। जो मनुष्य देवता असुर नाग गंधर्व आदि तुम्हें काम-भाव से देखेंगे और तुमसे विवाह करना चाहेंगे वे तुरन्त नारी बन जायेंगे। अब तुम तप को छोड़ कर अपने घर जाओ। वर दे कर उमा-सहित हर अन्तर्धान हो गये और पद्मा अपने पिता के घर आ गई।

कन्या पद्मा को निरूढ-यौवना देख कर राजा बृहद्रथ पाप के डर से रानी कौमुदी से बोला—पद्मा के विवाह के लिए किस राजा को वरूँ? रानी बोली—शिव ने बताया है इसके पति भगवान् विष्णु होंगे। राजा बोला—मैं इसका स्वयंवर करता हूँ। स्वयंवर में आ कर विष्णु भगवान् इसका पाणिग्रहण कर लेंगे। यह कह कर उसने राजाओं के पास स्वयंवर का निमन्त्रण भेजा। राजाओं के आने पर बृहद्रथ ने कन्या को बुलवाया। उसको देखते ही सब राजा तुरन्त युवती स्त्रियाँ बन गये। वे सब युवतियाँ पद्मा की परिचारिकाएँ बन गईं। पद्मा के विवाहोत्सव को देखने के लिए मैं पास ही बट वृक्ष पर बैठा था। राजाओं के लिंग-परिवर्तन से दुख हुई पद्मा के आर्त वचन भी मैंने सुने। वह अपनी सखी विमला से बोली—विधाता ने मेरे लालट में यह क्या लिख दिया है कि मुझे देखते ही पुरुष स्त्री बन जाते हैं। मुझ मन्दभागिनी का शिव-सेवन भी विफल हुआ। क्या जगत्पति विष्णु मेरी कामना भी करेंगे? यदि शिव की बात मिथ्या हुई, विष्णु ने स्मरण न किया तो मैं अग्नि में प्रवेश करूँगी। कहाँ मैं दीन मानुषी और कहाँ भगवान् विष्णु! विधाता ने मुझे दंड दिया है, शिव ने मुझे ठगा है और विष्णु ने मुझे छोड़ दिया है। मैं मर जाती तो अच्छा

था। पद्मा के विलाप को सुन कर मैं आपके पास आया हूँ।

शुक की बातें सुन परम विस्मत हो कर कल्कि बोले—शुक मेरे सन्देश-हर हो कर पद्मा प्रिया को आश्वासित करने के लिए तुम फिर सिंहल जाओ। वह मेरी प्रिया है और मैं उसका दैवविनिर्मित पति हूँ। तुम्हारे मध्यस्थ होने से हमारा संयोग होगा। मेरे रूप और गुण का कीर्तन उसे सुना कर तुम लौट जाओ। तुम सर्वज्ञ हो, विधिज्ञ हो और कालज्ञ हो। पद्मा को आश्वासन दे कर मेरे आश्वासन के लिए उसका समाचार लाओ। शुक प्रसन्न हो कर तुरन्त सिंहल को चला। वहाँ जा कर पद्मा के भवन में नागकेशर वृक्ष पर बैठ कर पद्मा को देख कर मनुष्यवाणी में बोला—तुन्दरी, कहो कुशल से तो हो ? शुक की मनुष्य-वाणी सुन पद्मा हँसती हुई बोली—तुम कौन हो, तुम्हें किसने भेजा है, शुकरूपधारी तुम देव हो या दानव हो ?

शुक बोला—मैं सर्वज्ञ हूँ, कामगामी हूँ, सब शास्त्रों के अर्थ के तत्त्व को जानने वाला हूँ, देवों गंधर्वों और राजाओं की सभाओं में पूजित हूँ, स्वेच्छा से आकाश में विचरता हूँ, तुम्हें देखने के लिए यहाँ आया हूँ। तुम्हें संतप्त-हृदया और त्यक्त-भोगा देखकर तुमसे पूछता हूँ तुम्हें क्या दुःख है जिसके कारण बिना रोग के तुम इस प्रकार क्षीण होती जा रही हो ?

पद्मा बोली—कीर, दैव जिसके विपरीत हो उसका रूप कुल धन अभि-जन सब निष्फल हो जाता है। मैंने किशोरावस्था में शिव की आराधना की थी। मेरी पूजा से संतुष्ट हो कर पार्वती-सहित प्रकट हो कर शिव बोले—पद्मे वर माँगो। लज्जा के कारण सिर नीचा किये खड़ी मुझे देख कर शंकर बोले—नारायण हरि तुम्हारे पति होंगे, देव दानव गंधर्व या कोई और यदि तुम्हें कामभाव से देखेगा तो वह नारी हो जायेगा। उमा-सहित शिव ने यह वर दे कर विष्णु के अर्चन की विधि बताई। उसके बाद जो हुआ सो सुनो। ये जो मेरी सखियाँ हैं, ये पहले के राजा लोग हैं। मेरे धर्मभीरु पिता ने मुझे यौवनान्विता देख कर मेरे स्वयंवर के लिए इन्हें आमन्त्रित किया था। स्वयंवर में मुझे देख कर ये लोग काम-मोहित हो

कर गिर पड़े और स्त्रियाँ बन कर उठ कर मेरे अनुगत हो गये। मेरी ये सब सखियाँ अब मेरे साथ ही तप ध्यान और पूजा करती हैं।

शुक बोला—शिव ने तुम्हें विष्णु के अर्चन की जो विधि बताई थी वह सुनना चाहता हूँ। पद्मा ने शिव की बताई विष्णु-अर्चन की विधि शुक को बताई। तब शुक बोला—तुमने जो विष्णु का रूप मुझे बताया है समुद्र के पार ठीक ऐसे ही अतिमानुष विष्णु को मैंने देखा है। उनके सिवाय तुम्हारा पति संसार में कहीं नहीं है। पद्मा बोली—कीर, मुझे बताओ विष्णु ने कहाँ जन्म लिया है। वृक्ष से उतर आओ, मैं तुम्हारी विधिवत् पूजा करूँगी। तुम यथेच्छ फलाहार करो और दूध पीओ। तुम्हारी लाल चोंच को मैं रत्नों से जुड़वा दूँगी। तुम्हारी गरदन पर सूर्यकान्त मणि और पंखों पर कुंकुम मल कर तुम्हें बड़ा सुन्दर बना दूँगी। तुम्हारे पैरों में नूपुर पहना दूँगी। तुम्हारी बातों से मुझे बड़ी शान्ति मिली है। कहो, सखियों-सहित मैं तुम्हारी क्या सेवा करूँ।

शुक पद्मा के पास आ गया और बोला—ब्रह्मा के प्रार्थना करने पर भगवान विष्णु धर्म की रक्षा करने के लिए शंभल में विष्णुयश के यहाँ उत्पन्न हुए। परशुराम से वेद और धनुर्वेद की शिक्षा और शिव से अपूर्व असि अश्व शुक और कवच प्राप्त कर शंभल लौट आये। राजा विशाखयूप को उन्होंने धर्म की शिक्षा दी। यह सुन कर पद्मा बहुत प्रसन्न हुई और बोली—शुक तुम कल्कि के पास जा कर उन्हें बुला लाओ, उन्हें मेरा प्रणाम कहना और कहना कि शिव ने मुझे जो वर दिया है वह मेरे लिए शाप हो गया है। शुक पद्मा को प्रणाम कर उड़ कर शंभल में कल्कि के पास आया। उसे स्वर्ण और रत्नों से विभूषित देख कर कल्कि ने प्रसन्न हो कर उसे गोद में बैठाया और दूध पिला कर उससे बहुत सी बातें पूछीं। शुक ने पद्मा की सब बातें और संदेश सुनाया। कल्कि घोड़े पर सवार हो कर शिवदत्त शुक को साथ ले कर समुद्र पार कर सिंहल गये जहाँ बड़े बड़े प्रासाद थे, पद्मा-गंधा पद्मिनी नारियाँ थीं। वहाँ कारुमती नगरी में उन्होंने बहुत सुन्दर सरोवर देखा, जिसका जल निर्मल था, स्फटिक के

सोपान थे, जिसमें हंस सारस आदि जलपक्षी क्रीड़ा कर रहे थे, जिसके चारों ओर फलों पुष्पों से युक्त सब प्रकार के वृक्षों का वन था। घोड़े से उतर कर कल्कि उस सर में स्नान कर वहीं शिवाश्रम में रुक गये। शुक को उन्होंने पद्मा के पास भेजा। पद्मा मदनाकुला थी, सखियाँ उसे कमल-पत्रों की शय्या में सुला कर चंदन आदि से उसकी सेवा कर रही थीं। शुक ने उसे आश्वासन दिया। पद्मा बोली—आओ तुम्हारा स्वागत है, तुम्हारा कल्याण हो। तुम्हारे जाने पर मैं बहुत व्यग्र हो गई थी। शुक ने कहा—तुम्हें रसायन से शान्ति मिलेगी। पद्मा बोली—मुझे रसायन दुर्लभ है। शुक बोला—शिवाश्रम में तुम्हें रसायन सुलभ होगी। पद्मा बोली—मुझ अभागिन को कहाँ मिल सकती है? शुक ने कहा—यहीं मिलेगी, सरोवर के तीर पर रख कर मैं आ रहा हूँ? इस प्रकार के संवाद से प्रसन्न हो कर पद्मा ने शुक के मुख से मुख और आँख से आँख मिलाई।

पद्मा की सखियों में विमला मालिनी लोला कमला कामकन्दला विलासिनी चारुमती और कुमुदा ये आठ नायिकाएँ थीं। पद्मा ने कहा—ये आठों सखियाँ जल-क्रीडा के लिए मेरे साथ सरोवर पर चलें। यह कह कर झटपट शिविका पर चढ़ कर सुन्दर वेश वाली सखियों के साथ अन्तःपुर से निकल कर कल्कि को देखने चली। रास्ते में जो पुरुष लोग काम-काज से आये हुए थे वे स्त्री बन जाने के डर से इधर उधर भाग गये। पद्मा की उस शिविका पर परदा पड़ा हुआ था और बलवती स्त्रियाँ उसे उठाये जा रही थीं। सखियों से घिरी हुई पद्मा उस शिविका में बैठ कर सरोवर पर पहुँची। वहाँ जा कर सब ने जल-क्रीडा की। काम-तप्ता शुक की बात को मन में विचार कर सखियों-सहित जल से निकल कर निर्दिष्ट कदंबकुंज की ओर गई। वहाँ उसने मणिवेदिका पर सुख से सोये सूर्य के समान तेजस्वी कल्कि को शुक के साथ देखा। तमालनील, पीतांबर, चारुसरोजलोचन, आजानुबाहु, पृथुपीन-वक्षा, श्रीवत्ससत्कौस्तुभकान्ति-राजित कल्कि के अद्भुत रूप को देख कर पद्मा स्तंभित और विस्मि

हो गई । शुक कल्कि को जगाने लगा तो पद्मा ने उसे इस डर से रोका कि कहीं यह अतिबली और अतिरूपवान मुझे देख कर स्त्री न बन जाय। चराचरात्मा जगत् के अधीश्वर ने जाग कर सामने खड़ी प्रियरूपशोभा पद्मा को देखा । उस मोहिनी को देखते ही कामाकुलित कल्कि ने उससे प्रेम निवेदन किया । उस वचनामृत को सुन कर कल्कि के सत्पुरुषत्व को देख कर उसे अपना पति मान कर मुदित पद्मा ने सिर झुका कर कहा—जगत् के नाथ, प्रसन्न होइए, मुझे अपनी वशगा जानिए, आपके चरण-कमल को पा कर मैं धन्य हूँ । आज्ञा दीजिए, आपके चरणों को स्पर्श कर मैं घर जा कर राजा को आपके आने का समाचार दूँ ।

घर जा कर पद्मा ने सखियों से पिता को कहलाया कि विष्णु के अव-तार कल्कि मेरे पाणिग्रहण की कामना से आये हैं। सुनते ही राजा कारु-मती नगरी को सजाने का आदेश दे दल-बल सहित कल्कि को लिवा लाने के लिए सरोवर पर गया और कल्कि की पूजा करके उन्हें अपने प्रासाद में ला कर कन्या ब्याह दी । प्रिया भार्या को और सत्कार को प्राप्त कर कल्कि सिंहल द्वीप में ही रह गये । उनके दर्शन कर और चरणरज ले कर पद्मा की सखियाँ उनके आदेश से रेवा में स्नान कर फिर पुरुष बन गईं । वे राजा लोग परम भक्ति से कल्कि को प्रणाम कर अपने अपने घर चले गये ।

उन राजाओं के चले जाने के बाद कल्कि ने पद्मा और सेना के साथ सिंहल से शंभल जाने की इच्छा की । उनके अभिप्राय को जान कर देव-राज इन्द्र ने विश्वकर्मा को बुला कर शंभल ग्राम में कल्कि और उनकी सेना के निवास-योग्य प्रासाद बनाने की आज्ञा दी, जिसका विश्वकर्मा ने तुरन्त पालन किया । कल्कि अपनी सेना-सहित कारुमती से चल कर समुद्रतट पर आये । कौमुदी-सहित स्नेहकातर बृहद्रथ ने उन्हें दस हजार हाथी, एक लाख घोड़े, दो हजार रथ, दो सौ दासियाँ, अपार वस्त्र और रत्न दिये । कल्कि सेनासहित अवगाहन करके समुद्र के पार जाना चाहते थे, परन्तु एक शृगाल को पानी के ऊपर जाता देख चकित हुए । शृगाल

द्वारा जल स्तम्भ देख कर कल्कि भी अपनी सेना और वाहनों-सहित जल-राशि के ऊपर ऊपर समुद्र के पार आ गये और शुक से बोले—कीर, तुम शंभल जा कर मेरे पिता को मेरे विवाह और आने की सूचना दो; मैं पीछे पहुँचूंगा। शंभल पहुँच कर कल्कि ने माता-पिता को प्रणाम किया।

इसके बाद कल्कि के युद्धों का वर्णन है। कल्कि ने दूसरा विवाह रमा से किया। पद्मा के जय और विजय दो पुत्र हुए और रमा के मेघमाल और बलाहक।

एक बार कल्कि नाग-नगरी को जीतने चले। परन्तु वहाँ पहुँच कर उनके साथी राजा हिम्मत हार गये। कल्कि के राजाओं से कारण पूछने पर आकाश में अशरीरिणी वाणी बोली—इस नगरी में तुम सेना सहित प्रवेश नहीं कर सकते। विषकन्या को देखते ही तुम्हारे सिवाय और सब मर जायेंगे। आकाशवाणी को सुन कर कल्कि अकेले घोड़े पर सवार हो कर तलवार ले कर शुक-सहित नगरी में प्रविष्ट हुए।

बहुकाल तक कल्कि ने सारी पृथ्वी पर राज्य किया। अन्त में कल्कि हिमालय पर गंगातट पर जा कर विष्णु रूप धारण कर अपने लोक को चले गये। कल्कि के विष्णुत्व प्राप्त करने पर उनकी दोनों पत्नियाँ पद्मा और रमा अग्नि में प्रवेश कर उनके पास चली गईं।

पदमावत के कथानक के पूर्वार्ध में हीरामन तोता प्रमुख पात्र है। कादम्बरी में दो शुक हैं—परिहास और वैशम्पायन। परिहास वास्तव में शुक है, वह शास्त्र-ज्ञाता है, तरलिका को पढ़ाता है और चन्द्रापीड से वार्तालाप भी करता है। पुँडरीक के मरने पर कपिंजल ने विलाप करते हुए कहा था—**हा धर्म निष्परिग्रहोऽसि, हा तपो निराश्रयमसि, हा सरस्वति विधवासि, हा सत्यमनाथमसि**।...तो पुण्डरीक सब विद्याओं का पंडित था। दूसरे जन्म में मन्त्रीपुत्र वैशंपायन हुआ तो चन्द्रापीड के साथ उसने सब विद्याओं और कलाओं का अध्ययन किया। अपने तीसरे शुक जन्म में भगवान् जाबालि के प्रसाद से उसे अपने पूर्व

जन्मों में प्राप्त ज्ञान प्राप्त हो गया । यों वह सब विद्याओं और कलाओं का वेत्ता शुक वास्तव में पूर्व जन्मों का मुनिकुमार और ब्राह्मणकुमार है। और शुक का जो यह चरित्र कवि बाण ने निर्धारित किया वह साहित्य में स्थायी हो गया । परवर्ती कवि उसे ज्यों का त्यों अंकित करते रहे । जायसी ने शुक का चरित्र कुछ तो कादम्बरी के वैशंपायन शुक से लिया है और कुछ कल्कि पुराग के शिवदत्त शुक से । कल्कि पुराण का शिवदत्त शुक भी कादम्बरी के वैशंपायन शुक का ही रूप है । वैशंपायन शुक पूर्वजन्म का वैशंपायन ब्राह्मण है तो हीरामन भी ब्राह्मण है, वह जनेऊ भी पहनता है । हितोपदेश में भी शुक ब्राह्मण है। विन्ध्य के पक्षिराज मयूर को कर्पूरद्वीप के राजा राजहंस के पास दूत भेजना था—

राजोवाच—कः प्रयास्यति दौत्येन । यत एवं भूतो दूतः कार्यः—

भक्तो गुणी शुचिर्दक्षः प्रगल्भोऽव्यसनी क्षमी ।

ब्राह्मणः परमर्मज्ञो दूतः स्यात्प्रतिभानवान् ।

गृध्रो वदति—सत्यमेव दूता बहवः । किन्तु ब्राह्मण एव कर्तव्यः ।
राजाह—ततः शुक एवं व्रजतु ।

वैशंपायन ने राज-दरबार में आते ही राजा शूद्रक को आशीर्वाद दिया तो हीरामन ने रतनसेन के दरबार में पहुँचते ही उसे आशीर्वाद दिया ।

कादम्बरी में परिहास शुक की पत्नी कालिन्दी सारिका है। यों हमारे साहित्य में सारिका शुक-पत्नी मानी गई है। **स्वतः प्रमाणं परतः प्रमाणं कीरांगना यत्र गिरः गिरन्ति** में कीरांगना सारिका (मैना) ही है। किस्सा तोता-मैना में भी मैना तोते की पत्नी है ।

जायसी ने अनेक कथा-सूत्र हर्ष की रत्नावली और कल्कि पुराण से लिये हैं । रत्नावली में शुक के स्थान पर सारिका है। वह स्वयं विदुषी

न हो कर गृहीताक्षरा[१] है। वह बन्दर द्वारा पिंजरमुक्त की जाती है। पदमावत का हीरामन बिल्ली के आने पर पिंजरे से निकल भागता है। कैसे ? यह जायसी नहीं बताते। रत्नावली की सारिका सागरिका का विरहगाथा अनजाने राजा को सुना देती है; पदमावत का हीरामन भी पदमावती के रूप का वर्णन राजा को सुनाता है। रत्नावली में रानी को भय होता है राजा सागरिक को देख लेगा तो उससे विवाह करना चाहेगा; वह उसे राजा से छिपाती है[२]। पदमावत में नागमती को भय होता है कि राजा हीरामन से पदमावती की रूप-चर्चा सुन लेगा तो उसे ब्याहने के लिए सिंहल को चल देगा; वह हीरामन को मार डालने की आज्ञा दे देती है। रत्नावली की सारिका का सागरिका की गाथा गाने के बाद नाटिका में कोई प्रयोजन नहीं रह जाता। यहाँ पदमावत का हीरामन कल्कि पुराण के शिवदत्त शुक का अनुसरण करता है। शिवदत्त कल्कि और पद्मा के प्रेम-संदेश एक दूसरे को पहुँचाता है। नागनगरी-विजय तक शिवदत्त कल्कि के साथ रहता है, इसके बाद कल्कि पुराण में उसका उल्लेख नहीं है। हीरामन भी रतनसेन-पदमावती-विवाह के बाद पदमावत के कथानक से निकल जाता है।

रत्नावली की नायिका और कल्कि पुराण की पद्मा सिंहल की राजकन्याएँ हैं, पदमावत की पदमावती भी सिंहल की राज-कन्या है। रत्नावली मन्त्री के साथ जहाज पर चढ़ कर सिंहल से आती है। जहाज टूट

---

१. हर्ष की **रत्नावली** और बाण-भट्ट की कादम्बरी एक ही युग की रचनाएँ है। बाण-भट्ट **कादम्बरी** का पूर्वभाग ही लिख पाये, इसलिए रत्नावली कुछ पहले की हो सकती है। संभवतः इसीलिए **कादम्बरी** में निरूपित शुक की सर्वज्ञता रत्नावली की सारिका न पा सकी।

२. **मालविकाग्निमित्र** में धारिणी को भय होता है कि राजा मालविका को देख लेगा तो उससे विवाह करना चाहेगा। राजा मालविका को देख न पाये इसके लिए वह भी प्रयत्नशील रहती है।

जाता है। दोनों बिछुड़ जाते हैं। रत्नावली पाटे को पकड़ कर पार लगती है। पदमावती और रतनसेन भी समुद्र में जहाज टूट जाने पर पाटे पकड़ कर पार लगते हैं। हीरामन को चित्तौड़ का व्यापारी चित्तौड़ लाया था तो रत्नावली को भी समुद्र-तट से एक व्यापारी कौशांबी लाया था।

कल्कि पुराण में शिवदत्त सिंहल की राजकन्या पद्मा के स्वयंवर में आये हुए राजाओं को नारी बनता देख कर और पद्मा का विलाप सुनकर कल्कि के पास पहुँचता और उसे पद्मा का वृत्तान्त सुनाता है। पदमावत में हीरामन सिंहल की राजकन्या पदमावती के लिए वर खोजने निकलता है। व्याघ द्वारा पकड़ा और ब्राह्मण द्वारा खरीदा जा कर रतनसेन के पास पहुँचता और उससे पदमावती के रूप की चर्चा करता है। कल्कि शिवदत्त के साथ सिंहल पहुँच कर उपवन में सरोवर के तट पर शिवाश्रम[1] में रुके थे। रतनसेन भी हीरामन के साथ सिंहल जा कर महादेव के मंडप में डेरा डालता है। शिवदत्त ने कल्कि के और हीरामन ने रतनसेन के सिंहल पहुँचने की सूचना दोनों पद्मावतियों को दी। दोनों ही मदनाकुला थीं। तोतों के पहुँचने से दोनों को शान्ति मिली। शिवदत्त के कहने से पद्मा ने शिवमंदिर जा कर कल्कि की परीक्षा की और हीरामन के कहने से पदमावती ने शिवमंडप जा कर रतनसेन की। पद्मा को देखते ही पुरुष स्त्री बन जाते थे, इस डर से वह घर से बाहर न निकलती थीं; पदमावती को देखते ही लोग मूर्च्छित हो जाते थे, इसलिए वह भी घर से न निकलती थी। पद्मा सखियों को साथ ले कर शिविका पर चढ़ कर गई थीं; पदमावती भी सखियों को साथ ले कर शिविका पर चढ़ कर शिवमंडप गई थी। कल्कि पुराण की पद्मा ने सखियों-सहित तालाब में

---

१. कल्कि पुराण का सरोवर के तट का शिवाश्रम कादम्बरी के अच्छोद सर के तट के शिवमन्दिर की छाया ही है और पदमावती का मानसरोदक कल्कि पुराण के इस सरोवर की छाया है।

जल-क्रीडा की थी, पदमावत की पदमावती ने भी सखियों-सहित मान-सरोदक में जल-क्रीडा की थी।

कल्कि दिव्य पात्र हैं और रतनसेन अदिव्य। कल्कि सिंहल जाते समय घोड़े पर चढ़ कर समुद्र पार करते हैं, रतनसेन अदिव्य पात्र होने के कारण ऐसा नहीं कर सकता। लौटते समय कल्कि के साथ दहेज में प्राप्त हाथी घोड़े सेना दास दासियाँ हैं। इन सब को समुद्र पार कराने का कल्कि-पुराण-कार अद्भुत उपाय करते हैं। कल्कि समुद्र-तट पर आ कर देखते हैं कि एक सियार जल के ऊपर से चला जा रहा है, कल्कि भी उसी तरह स-दल-बल पानी के ऊपर से चले आये। रतनसेन के अदिव्य पात्र होने के कारण जायसी को यहाँ रत्नावली का अनुसरण करना पड़ा।

शिवदत्त कल्कि से सिंहल द्वीप का वर्णन करते हुए कहता है—

चरितं सिंहले द्वीपे चातुर्वर्ण्यजनावृते
प्रासादहर्म्यसदनपुरराजिविराजिते
रत्नस्फटिककुड्यादिस्वर्लताभिर्विभूषिते
स्त्रीभिरुत्तमवेशाभिः पद्मिनीभिः समावृते।
सरोभिः सारसैर्हंसैरुपकूलजलाकुले।

हीरामन रतनसेन से सिंहल द्वीप का वर्णन यों करता है—

घर घर पदमिनी छतिसौ जाती।
सदा बसंत दिवस औ राती।

कल्कि पुराण में शिव जिस किसी को भी वर देने को प्रकट होते हैं पार्वती सदा उनके साथ रहती हैं[1], पदमावत में भी शिव सदा पार्वती-सहित प्रकट होते हैं।

---

(१) महाभारत में भी परशुराम को वर देने के समय (८-३४-१३८) तथा किरात रूप में अर्जुन से युद्ध करने के बाद उसे दर्शन देते समय (३-३९-७२) शिव देवीसहित प्रकट हुए थे।

कल्कि के विष्णु रूप धारण करने पर उनकी दोनों पत्नियाँ पद्मावती और रमा अग्नि में प्रवेश कर उनके पास पहुँचती हैं; कल्कि दिव्य पात्र होने के कारण जरा-मरण-रहित हैं। राजा रतनसेन अदिव्य पात्र है। उसकी मृत्यु होने पर उसकी दोनों पत्नियाँ नागमती और पदमावती उसके साथ सती हो जाती है।

मध्यकालीन कथानकों की सिंहली नायिका की कल्पना की जड़ महाजनपदयुग की—सातवीं आठवीं शताब्दी ईसवी पूर्व की—नाविकों की उन कहानियों में टटोली जा सकती है जिनके अनुसार सिंहल में लुभाने वाली यक्षिणियाँ रहती थीं।

प्राचीन भारत में सुन्दरी स्त्रियों की तलाश के लिए लोग पंजाब जाया करते थे और आज भी पंजाब हिमाचल कश्मीर जाना ही ठीक प्रतीत होगा।

"इतिहास और कहानियों में इसके अनेक दृष्टांत पाये जाते है कि केकय गंधार शिवि और मद्र आदि देशों की स्त्रियों को ब्याहने में मध्य-देश के राजा और कुलीन लोग बड़ा गौरव मानते थे। [हरिश्चन्द्र की रानी शैव्या, दशरथ की कैकेयी, धृतराष्ट्र की गांधारी और पांडु की माद्री के दृष्टांत प्रसिद्ध है। बिम्बिसार की रानी क्षेमा भी माद्री थी। पौराणिक और पालि-वाङ्मय में वैसे और दृष्टान्त अनेक है। सर्वांग-सुन्दरी युवतियों की तलाश में उस समय···की कहानियों को मद्र राष्ट्र का ही रास्ता सूझता था, देखिए कुसजातक (५३१)।] इसका कारण यह था कि उस समय पंजाब के लोग अपने सौन्दर्य और अपनी स्वतन्त्रता शिक्षा तथा संस्कृति के लिए बहुत प्रसिद्ध थे। ब्रह्मवादी जनकों के समय में कठ मद्र केकय और गंधार के विद्वानों के पास भारतवर्ष के प्रदेशों के विद्यार्थी शिक्षा पाने जाते थे···। महाजनपदयुग में भी तक्षशिला में पढ़ने के लिए हजारों कोस चल कर राजा और रंक सभी की सन्तान पहुँचा

करती थी···।"[१]

किन्तु जायसी के ज़माने तक पंजाब शिक्षा और संस्कृति का केन्द्र नहीं रहा था, उलटा डरावने 'हरेवों' का अड्डा बन चुका था। अला-उद्दीन के गद्दी पर बैठने के बीस-बाईस वर्ष पहले एक मंगोल सरदार ने पूरवी अफगानिस्तान हजारा और काश्मीर के रास्ते आ कर दिल्ली सल्तनत से लाहौर प्रान्त छीन लिया था। तब से मंगोल राज्य की पूरवी सीमा सतलज तक थी, जहाँ से वे दिल्ली और उसके इलाकों पर चढ़ाइयाँ करते और धावे मारते थे[२]। सो इस युग में कोई पंजाब की ओर मुँह कैसे करता ?

परन्तु सिंहल की सुन्दरियों के विषय में भी कुछ और प्रकार की प्रसिद्धि प्राचीन काल से चली आती थी। सोलह महाजनपदों के युग में '**भरुकच्छ (भरुच) से सुवण्ण भूमि (बरमा मलाया आदि) तक तट के साथ साथ भी समुद्र के व्यापारी यात्रा करते। आधुनिक सिंहल उनके व्यापार-मार्ग की दक्खिनी अवधि थी, जहाँ वे ईंधन पानी (दारूदक) लेने को ठहरते। बनारस तक के व्यापारी वहाँ पहुँचते थे। वह द्वीप उस समय तक आबाद न हुआ था, और भारतीय व्यापारी उसके अन्दर न जाते थे।······उसके विषय में यात्रियों की अनेक कहानियाँ प्रसिद्ध थीं। कहते हैं उसमें सिरीसवत्थु नाम का यक्खों का एक नगर था जहाँ यक्खिनियाँ रहती थीं, जो नाव टूट जाने के कारण भूले-भटके व्यापारियों को अपना सुन्दर रूप दिखला कर ललचा और बहका कर तट पर से अन्दर ले जातीं, प्रकट में उन पुरुषों की स्त्री बन कर रहतीं, लेकिन उन्हें सुला और मकानों में बन्द कर नये पुरुषों की तलाश**

---

१. जयचन्द्र विद्यालंकार—१९३३—भारतीय इतिहास की रूप-रेखा, पृष्ठ ४१४-१५।

२. जयचन्द्र विद्यालंकार—भारतीय इतिहास का उन्मीलन, छठा करण, पृष्ठ ४०९।

में बाहर जातीं, और जब उन्हें नये पुरुष मिल जाते, पहले पुरुष को कारणघर (निर्यातन-गृह) में डाल कर धीरे धीरे खातीं ! [बलाहस्स जातक (१९६)।]'[1]

प्रतीत होता है बलाहस्स जातक वाली यह बुद्ध से पहले की कहानी किसी रूप में बनारस प्रदेश में चली आती थी। दन्तकथा ने लुभावनी किन्तु पुरुषभक्षक यक्षिणियों को धीरे धीरे सुन्दरी स्त्रियों का रूप दे दिया था। यों जायसी के कथानक की यह धुरी भी इतिहास पर नहीं तो प्राचीन अनुश्रुति पर आश्रित है।

पदमावती से विवाह करने के लिए आये वरों को राजा गंधर्वसेन के नकारात्मक उत्तर में करण घेलो द्वारा शंकर यादव को अपने से नीच कुल का मान कर देवलदेवी देने से इनकार करने की प्रतिध्वनि है।

महाभारत के नलोपाख्यान और नैषधचरित में संदेशवाहक पक्षी हंस है, कल्कि पुराण और पदमावत में शुक। **'शुक को हमारे यहाँ कामदेव का संदेशवाहक माना गया है। साहित्य में ही नहीं, प्राचीन भारतीय कला में भी इस रूप में शुक का आलेखन मिलता है। मथुरा के अनेक कुषाण-कालीन वेदिका-स्तम्भों पर इसी रूप में शुक का चित्रण उपलब्ध है।'**[2]

निष्कर्ष

इस प्रकार जायसी के कथानक के निम्नलिखित ऐतिहासिक और आनुश्रुतिक आधार दिखाई देते हैं—

(१) मेवाड़ के राणा समरसिंह के बेटे और पद्मिनी के पति राणा रत्नसिंह (१३०-२३ ई०) के राज्यकाल में अलाउद्दीन खिलजी का

---

१. जयचन्द विद्यालंकार—१९३३—भारतीय इतिहास की रूप-रेखा, पृष्ठ ३२९।

२. मथुरा पुरातत्त्व संग्रहालय के भूतपूर्व अध्यक्ष श्री कृष्णदत्त बाजपेयी के पत्र से।

चित्तौड़ पर चढ़ाई कर उसे छह मास के घेरे के बाद ले लेना, गोरा और बादल नामक चित्तौड़ के सरदारों का बलिदान और वहाँ की स्त्रियों का जौहर उस कथानक का पहला और मुख्य ऐतिहासिक आधार है।

(२) सिंहल द्वीप की लुभावनी यक्षिणियों के विषय में प्राचीन काल से चली आती अनुश्रुति के आधार पर मध्य काल में सिंहल की पद्मिनी नारियों की कल्पना हुई। उसी के अनुसार जायसी ने पदमावती और उसकी सोलह हजार सुन्दरी सखियों की मातृभूमि सिंहल होने की कल्पना की। उत्तर भारत के व्यापारियों को प्राचीन काल में सिंहल जाने पर उन यक्षिणियों से वास्ता पड़ा करता था। चित्तौड़ के व्यापारियों को सिंहल की पदमावती का समाचार मिलने की कहानी में उस प्राचीन दन्तकथा की परछाई है। सिंहल द्वीप की पद्मिनी नारियों का उल्लेख कल्कि पुराण के आधार पर हुआ भी हो सकता है।

(३) गुजरात के राजा कर्णदेव (करण घेलो) ने अपने मन्त्री माधव की पद्मिनीजातीया पत्नी या कन्या रूपसुन्दरी का बलपूर्वक अपहरण किया और अलाउद्दीन ने अपने भाई उलूगखाँ और सेनापति नसरत खाँ को भेज कर उसका उद्धार कराया। यदि यह दन्तकथा जायसी से पहले प्रचलित हो तो इसके आधार पर अलाउद्दीन द्वारा पद्मिनी के अपहरण की चेष्टा की कल्पना हुई।

(४) माधव ने अपने राजा से बिगड़ कर दिल्ली जा कर अलाउद्दीन को गुजरात पर चढ़ाई करने का निमन्त्रण दिया था। पदमावत के कथानक में मेवाड़ का राघवचेतन अपने राजा से रूठ कर दिल्ली जा कर अलाउद्दीन को चित्तौड़ पर चढ़ाई करने का निमन्त्रण देता है। राघवचेतन माधव के साँचे में ढला है।

(५) अलाउद्दीन की मेवाड़-चढ़ाई के अवसर पर मंगोलों ने पंजाब से आ कर दिल्ली को घेर लिया था। पदमावत में अलाउद्दीन का चित्तौड़ का घेरा चलते हरेव दिल्ली को आ घेरते हैं। हरेवों की चढ़ाई के वर्णन में मंगोलों की चढ़ाई का जीवित चित्र है।

(६) राणा रत्नसिंह ने चित्तौड़ पर अलाउद्दीन का सामना करते हुए वीरगति पाई थी। किन्तु पदमावत के रतनसेन की मृत्यु दूसरी तरह होती है। रतनसेन का यह पिछला चरित महाराणा सांगा के बेटे और जायसी के समकालिक महाराणा रत्नसिंह (१५२८-१५३१ ई०) के चरित के आधार पर है। इसमें रतनसेन का प्रतिद्वन्द्वी कुम्भलनेर का राव देवपाल रत्नसिंह के प्रतिद्वन्द्वी बूँदी के राव सूरजमल का रूपान्तर है। रत्नसिंह-सूरजमल-द्वन्द्व का हूबहू चित्र रतनसेन-देवपाल-द्वन्द्व में अंकित हुआ है।

(७) अलाउद्दीन की समकालिक चित्तौड़ की रानी पद्मिनी ने अपने पति की वीरगति और चित्तौड़गढ़ के पतन के साथ ही जौहर कर लिया था, किन्तु पदमावत के कथानक की पदमावती राणा रतनसेन के देवपाल द्वारा मारे जाने पर सती होती है। जायसी के समकालिक महाराणा रत्नसिंह की रानी पँवार रत्नसिंह के सूरजमल द्वारा मारे जाने पर सती हुई थी। सो रानी पदमावती का भी पिछला चरित रानी पँवार के चरित पर आश्रित है।

(८) महाराणा रत्नसिंह के सौतेले भाई विक्रमाजीत ने बाबर की अधीनता में चित्तौड़ की गद्दी पाने के लिए दूतों द्वारा बाबर से संधि-वार्ता की थी। जायसी की कहानी में अलाउद्दीन के आठ वर्ष चित्तौड़ को घेरे रखने के बाद रतनसेन अलाउद्दीन की अधीनता में चित्तौड़ की गद्दी पर बने रहने को तैयार होता और दोनों के बीच सन्धि वार्ता होती है, जिसमें ठीक बाबर-विक्रमाजीत सन्धिवार्ता का प्रतिबिम्ब है। विक्रमाजीत अपनेपिता महाराणा सांगा का मालवे के सुलतान महमूद से पाया हुआ रत्नजटित मुकुट और सोने की कमरपेटी देने को तैयार होता है। इधर रतनसेन समुद्र से पाये हुए पाँच रत्न देने को तैयार होता है। बाबर विक्रमाजीत को शम्साबाद की जागीर देने को कहता है, इधर अलाउद्दीन रतनसेन को चंदेरी की जागीर देने को तैयार होता है।

(६) समुद्र में जहाज टूट जाने पर राजा रतनसेन और पदमावती के पाटे पकड़ कर किनारे लगने में 'रत्नावली' के कथानक की छाया है और बिल्ली के आने पर हीरामन के निकल भागने में 'रत्नावली' में बन्दर द्वारा पिंजरा खोले जाने पर सारिका के निकल भागने की ।

(१०) पदमावत का हीरामन तोता 'कादम्बरी' के वैशंपायन और कल्कि पुराण के शिवदत्त शुकों का अनुकल्प है ।

(११) पदमावत की पदमावती को देख कर लोगों का मूर्छित होना, उसका सखियों सहित मानसरोदक में जल-क्रीडा और वसन्त-पूजन करने जाना, रतनसेन का शुक के मार्गदर्शन में सिंहल जा कर शिव-मन्दिर में जप करने बैठना, पदमावती का वहाँ उससे मिलने जाना, शुक का रतनसेन और पदमावती के प्रेम-सन्देश एक दूसरे को पहुँचाना आदि कथानक के सूत्र कल्कि पुराण से लिये गये हैं ।

(१२) देवपाल के अपने से प्रबल शत्रु रतनसेन से वैर-साधन के लिए उसकी पत्नी को भगा लाने के प्रयत्न वाल्मीकि-रामायण में अपने से प्रबल शत्रु राम की पत्नी सीता के रावण द्वारा हर लाने की छाया है।

(१३) कई स्थलों पर कुमारसंभव मेघदूत और अभिज्ञानशाकुन्तल के भाव भी पदमावत में अपनाये गये हैं । पदमावती को प्राप्त करने के लिए रतनसेन का योग शिव की प्राप्ति के लिए उमा के तप की छाया ही है ।

परमावत के ध्यानपूर्वक मनन से पदमावत के कथानक के अन्य सूत्र भी टटोले जा सकेंगे ।

पदमावत का रचना-काल

पदमावत रचना-काल के विषय में विद्वानों में मतभेद का कारण स्तुति खंड की यह अर्धाली है—

सन नौ सै सैंतालिस अहै, कथा अरम्भ बैन कवि कहै।

पदमावत की कुछ प्रतियों में इसका यह पाठान्तर मिलता है—

सन नव सै सत्ताइस अहा, कथा अरम्भ बैन कवि कहा।

उसी स्तुति खंड में यह अर्धाली भी है—

सेरसाहि दिल्ली सुलतानू, चारिउ खंड तपै जस भानू।

और उसके बाद शेरशाह की सेना के प्रयाण, उसके गढ़ जीतने, उसके न्याय रूप प्रताप और दान का विस्तार से वर्णन है। शेरशाह १० मुहर्रम हिजरी सन ९४७ (१७ मई सन १५४० ईसवी) के दिन कन्नौज की लड़ाई में हुमायूँ को हरा कर दिल्ली का बादशाह हुआ था। इसलिए शुक्लजी ने जायसी-ग्रन्थावली के प्रथम संस्करण में उपरिलिखित अर्धाली का पहला पाठ शुद्ध मान कर ९४७ हि० या १५४० ई० पदमावत का रचना-काल माना था। इधर उनको पदमावत के बँगला-अनुवाद का पता चला जो सन १६५० ई० में हुआ था। इसमें पदमावत का रचना-काल ९२७ हिजरी दिया है। तब शुक्लजी ने उस अर्धाली का दूसरा पाठ शुद्ध माना और उसकी व्याख्या यों की—

"इसका अर्थ होता है कि पदमावत की कथा के प्रारम्भिक वचन (आरम्भ-बैन) कवि ने सन् ९२७ हिजरी (सन् १५२० ई० के लग-भग) में कहे थे। पर ग्रन्थारंभ में कवि ने मनसबी की रूढ़ि के अनुसार 'शाहेवक्त' शेरशाह की प्रशंसा की है जिसके शासनकाल का आरम्भ ९४७ हिजरी अर्थात् सन् १५४० ई० से हुआ था। इस दशा में यही सम्भव जान पड़ता है कि कवि ने कुछ थोड़े से पद्य तो सन् १५२० ई०

में ही बनाए थे, पर ग्रन्थ को १६ या २० वर्ष पीछे शेरशाह के समय में पूरा किया। इसी से कवि ने भूतकालिक क्रिया 'अहा' (=था) और 'कहा' का प्रयोग किया है।'[1]

डा० वासुदेवशरण अग्रवाल ने 'पदमावत (मूल और संजीवनी व्याख्या)' के प्राक्कथन में ६२७, ६३६, ६४५, ६४७ और ६४८ पाँच पाठान्तर दे कर लिखा है—

'मैंने अर्थ करते समय शेरशाह वाली युक्ति पर ध्यान दे कर ६४७ पाठ को समीचीन लिखा था; किन्तु अब प्रतियों की बहुल सम्मति एवं क्लिष्ठ पाठ की युक्ति पर विचार करने से प्रतीत होता है कि ६२७ मूल पाठ था और जायसी ने पदमावत का आरम्भ इसी तिथि में अर्थात् १५२१ ई० में कर दिया था। ग्रन्थ की समाप्ति कब हुई कहना कठिन है, किन्तु कवि ने उस काल के इतिहास की कई प्रमुख घटनाओं को स्वयं देखा था। बाबर के राज्यकाल का तो स्पष्ट उल्लेख है ही (आखिरी कलाम ८।१)। उसके बाद हुमायूँ का राज्यारोहण (८३६ हि०), चौसा में शेरशाह द्वारा उसकी हार (६४५ हि०), कन्नौज में शेरशाह की उस पर पूर्ण विजय (६४७ हि०), फिर शेरशाह का दिल्ली के सिंहासन पर राज्याभिषेक (६४८ हि०), ये घटनाएँ उनके जीवन काल में घटीं। मेरे मित्र श्री शम्भुप्रसाद जी बहुगुणा ने मुझे एक बुद्धिपूर्ण सुझाव दिया है कि पदमावत के विविध हस्तलेखों की तिथियाँ इन घटनाओं से मेल खाती हैं। हि० ६२७ में आरम्भ कर के अपना काव्य कवि ने कुछ वर्षों में समाप्त कर लिया होगा उसके बाद उसकी हस्तलिखित प्रतियाँ समय समय पर बनती रहीं। भिन्न तिथियों वाले सब संस्करण समय की आवश्यकता के अनुकूल चालू किए गए। ६२७ वाली लिखित प्रति मूल प्रति थी। ६३६ वाली प्रति की मूल प्रति हुमायूँ के राज्यारोहण की स्मृति रूप में चालू की गई। हि० ६४५ वाली प्रति

---

१. जायसी-ग्रन्थावली, भूमिका, पृ० ५-६

जिसका माताप्रसादजी गुप्त ने पाठान्तर में उल्लेख किया है शेरशाह की चौसा युद्ध में हुमायूँ पर विजय प्राप्त करने के उपरान्त चालू की गई। ९४७ वाली चौथी प्रति शेरशाह की हुमायूँ पर कन्नौज विजय की स्मृति का संकेत देती है। पाँचवीं या अन्तिम प्रति ९४८ हि० की है, जब शेरशाह दिल्ली के तख्त पर बैठ कर राज्य करने लगा था मूल ग्रन्थ जैसे का तैसा रहा, केवल शाहेवक्त वाला अंश उस समय जोड़ा गया।'[१]

अग्रवालजी के क्लिष्ट पाठ वाले तर्क पर हम आगे विचार करेंगे। पाँच विभिन्न प्रतियाँ पाँच विभिन्न घटनाओं की स्मृति स्वरूप चालू की गईं, इस तर्क में कुछ भी दम नहीं है। मूल प्रति जो ९२७ में चालू की गई, उसमें ९४७ में गद्दी पर बैठने वाले बादशाह की प्रशस्ति होती तो यह तर्क माना जा सकता था। और हुमायूँ के राज्यारोहण के समय क्यों न चालू की गई? बाबर का पानीपत के युद्ध में जीतना (१५२६ ई०) या खानवा के युद्ध में जीतना (१५२७ ई०) अधिक महत्व की घटनाएँ थीं।

और इस तर्क का यह भी अर्थ हुआ कि यदि ९२७ हि० में पदमावत की रचना प्रारम्भ हुई तो उस प्रति में शाहे-वक्त इब्राहीम लोदी का नाम रहा होगा, फिर जब बाबर शाह हुआ तो इब्राहीम का नाम हटा कर बाबर का नाम रखा गया होगा, फिर हुमायूँ का और अन्त में शेरशाह का। क्या कोई ऐसी प्रति मिली है जिसमें ऐसी काँट छाँट हो? और ऐसा परिवर्तन तो कोई जीहुजूर दरबारी कवि ही कर सकता है। जायसी को दरबारी कवि कोई नहीं कहता। अनुश्रुति या किंवदन्ती उन्हें एक ही बार दिल्ली-दरबार में गया बताती है और उस समय भी उन्होंने तत्कालीन शाह को 'मोहिका हँससि कि कोहरहि?' कहा था, ठकुरसुहाती नहीं की थी। ऐसा खरा उत्तर देने वाले स्वाभिमानी जनकवि से ऐसे अवसरवादी परिवर्तन की आशा नहीं की जा सकती।

---

१. पदमावत (मूल और संजीवनी व्याख्या), प्राक्कथन, पृ० ३३-३४।

'पदमावती का कार्य है पदमावती का सती होना।' अलाउद्दीन-कालीन पद्मिनी सती न हुई थी। १५३१ ई० में सूरजमल-रत्नसेन-द्वन्द्व के बाद रत्नसिंह की रानी पँवार सती हुई। इस घटना से जायसी को पदमावत के 'कार्य' की प्रेरणा मिली। तब उन्होंने कथानक की पूरी योजना तैयार की और सोलहवीं शताब्दी के रत्नसिंह की कहानी में चौदहवीं शताब्दी के रत्नसिंह की कहानी मिलाई और उसकी रानी पद्मिनी का नाम सोलहवीं शताब्दी में सती होने वाली रानी पँवार पर मढ़ा। समकालिक व्यक्तियों का नाम काव्य में रखना उन्हें अभीष्ट न था, परन्तु चौदहवीं शताब्दी के ऐतिहासिक व्यक्तियों का नाम ज्यों का त्यों रख लेने में कुछ रुकावट न थी। यों १५३१ से पहले कथानक का ढाँचा कवि के दिमाग में न था।

पदमावत में तोपों का कई स्थानों पर उल्लेख हुआ है और एक स्थान पर तोप चलाने वाले 'हबसी रूमी और फिरंगी' का भी उल्लेख है (राजा-बादशाह-युद्ध खण्ड)। तोपें पहलेपहल सोलहवीं शताब्दी के आरम्भ में पुर्तगालियों और बाबर के साथ भारत में आईं। यद्यपि पुर्तगाली १६वीं शताब्दी के आरम्भ में पश्चिमी समुद्र में आ चुके थे, पर चटगाँव में वे पहले-पहल १५३३ ई० में उतरे। शेरखाँ का बंगाल के महमूदशाह से युद्ध तब चल रहा था। उस प्रसंग में महमूदशाह ने पुर्तगलियों से सहायता माँगी, जिससे शेरखाँ से बंगाल को बचाने के लिए पुर्तगाली तोपची बंगाल-बिहार की सीमा पर सीकरीगली के दर्रे में आ जुटे थे। उत्तर भारत का साम्राज्य पाने के बाद शेरशाह ने भी तोपें ढलवाई और तोपची भरती किये। १५०७ और १५०९ ई० में दीव के सामने गुजरात के सुलतान महमूद बेगड़ा के पुर्तगलियों से जो जलयुद्ध हुए उनमें गुजरात के सुलतान की सहायता के लिए मिस्र के सुलतान ने मीर होजेम की नायकता में १२ जंगी जहाजों में १५ हजार सैनिक भेजे थे।[1] इनमें हबशी भी रहे होंगे। वे मिस्र से तोपें चलाना सीख

---

१. जयचन्द्र विद्यालंकार—भारतीय इतिहास का उन्मीलन, छठा संस्करण, पृ० ४६२।

कर आये होंगे। और सम्भवतः शेरशाह ने अपने शत्रु तुर्कों और पुर्तगालियों के मुकाबले में हबशी तोपचियों को अपने सेवा में लिया होगा और रूमी (तुर्क) और फिरंगी (पुर्तगालियों) तोपचियों के साथ हबशी तोपचियों की भी प्रसिद्धि हो गई। यों जायसी का यह वर्णन १५३३-३४ से पहले का नहीं हो सकता।

जैसा कि हम आगे देखेंगे स्तुति खंड की निम्नलिखित अर्धाली

............................हिन्दू तुरकहिं भई लराई

मार्च १५२७ की खानवा की लड़ाई की ओर संकेत करती है।

तू राजा जस विक्रम आदी......

में जिस राजा विक्रमादित्य की ओर संकेत किया गया है वह राणा सांगा का कनिष्ठ पुत्र था जिसका राज्यकाल १५३२-१५३६ ई० है (दे० आगे जायसी को जानकारी)। इसलिए पदमावत १५३२ ई० के बाद (१५४० ई० में) रची गई, १५३२ ई० से पहले (१५२७ ई० में) नहीं।

शेरशाह के प्रशासन में हिन्दी-काव्य को विशेष प्रोत्साहन मिला। पदमावत उसी का फल है। इसलिए ९४७ हि० पाठ ही मूल और शुद्ध पाठ है। पदमावत की रचना ९४७ हि० में आरम्भ हुई।

पदमावत का व्यापक प्रभाव

●●

समर्थ कवियों की कृतियाँ, चाहे वे काव्य हों या नाटक, चाव से पढ़ी जाती है। यदि उनमें किसी ऐतिहासिक घटना या पात्र का उल्लेख होता है, तो उस काव्य या नाटक को बार बार पढ़ने से पाठक के मन में उस ऐतिहासिक घटना या पात्र का वही रूप और चरित अंकित हो जाता है जो किसी समर्थ कवि ने अपनी कृति में अंकित किया होता है। धीरे धीरे असली इतिहास को लोग प्रायः भूल जाते हैं, और काव्य का वह कथानक इतिहास का स्थान ले लेता है। महाभारत के शकुन्तलोपाख्यान के आधार पर कालिदास ने अभिज्ञानशाकुन्तलम् लिखा। आज अभिज्ञानशाकुन्तलम् का कथानक ही इतिहास रूप में प्रसिद्ध है, महाभारत के शकुन्तलोपाख्यान को बहुत थोड़े लोग देखते हैं।

सीता की अग्निपरीक्षा का उल्लेख महाभारत में वर्णित रामोपाख्यान में नहीं है। वाल्मीकीय का रामायण तथा परवर्ती काव्यों में सीता के अग्निप्रवेश की कथा है। आज जनसाधारण तो क्या पंडित लोग भी उसे ऐतिहासिक सत्य मानते हैं। वाल्मीकीय रामायण रघुवंश और उत्तररामचरित के अनुसार वाल्कीकीय महर्षि प्रचेता के पुत्र थे; चित्रकूट पहुँचने पर राम ने उनके दर्शन किये थे, बाद में सीता को उनके आश्रम में शरण मिली। उत्तररामचरित (सातवीं शताब्दी) के बाद कभी वाल्मीकि के डाकू होने की कथा प्रचलित हुई जिसे आज जनसाधारण निर्विवाद सत्य मानता है।

हिन्दी के तीन प्रबंध-काव्यों ने इतिहास को बहुत अधिक प्रभावित किया या यों कहिये बदल दिया। पृथ्वीराजरासो कुछ वर्ष पूर्व तक इतिहास-ग्रन्थ ही माना जाता था।

पृथ्वीराजरासो की भाँति पदमावत ने भी इतिहास को प्रभावित किया। पदमावत के कथानक का दुरुपयोग करके टाड ने कूटनीति

काव्य लिखा और उसे राजस्थान का इतिहास नाम दिया। जायसी ने अलाउद्दीन की चित्तौड़-चढ़ाई का कारण पदमावती को पाना लिखा था। ऊपर इतिहास के जो उद्धरण दिये गये हैं उनसे स्पष्ट है कि अलाउद्दीन की चित्तौड़-चढ़ाई से चित्तौड़ की रानी पद्मिनी का कोई सम्बन्ध न था। जायसी के काव्य में वह केवल कवि-कल्पना है। काव्यों में युद्ध का कारण स्त्री को बनाया ही जाता है, और पदमावत विशुद्ध काव्य है, वह इतिहास-ग्रन्थ नही है। जायसी की कल्पना का कोई दंत-कथाओं पर आश्रित आधार था तो वह करण घेलो द्वारा माधव की पद्मिनी-जातीया पत्नी या कन्या का अपहरण और अलाउद्दीन द्वारा उसका उद्धार। जायसी काव्य में अलाउद्दीन द्वारा पद्मिनी-उद्धार पद्मिनी-हरण बन गया।[१] इतिहास-लेखकों ने अलाउद्दीन को बड़ा संयमी और प्रजा-हितैषी सम्राट् लिखा है।[२] स्वयं जायसी ने अलाउद्दीन को, जैसा कि हम आगे देखेंगे, बड़ा प्रजावत्सल दयालु दानी जागरूक वीर और उदार-प्रकृति सम्राट् चित्रित किया है। फिर उन्होंने उस पर स्त्री-हरण

१. जायसी द्वारा इस प्रकार के विपरीत वर्णन का एक और भी मनोरंजक उदाहरण मिलता है। राजा रत्नसेन जब अलाउद्दीन की कैद से छूट कर चित्तोड़ आया तो दिन भर तो पदमावती राजा बादल और घोड़े की आरती और पूजा करती रही; उसके बाद 'निसि राजै रानी कंठ लाई' और जब दोनों ने अपना अपना दुःख कहा। रानी ने देवपाल की शिकायत की, जिसे सुन कर दिन निकलते ही रत्नसेन देवपाल से लड़ने चला। मुहनोत नैणसी के अनुसार (ऊपर पृष्ठ ४२) राणा रत्नसिंह की रानी पँवार ने दिन में सूरजमल को देखा। रात को उसने राणा को सूरजमल को छेड़ने से रोका। दोनों वर्णनों में 'निसि' और 'रात' कह रहे हैं कि ये दोनों द्वन्द्व से पहली रात की एक ही घटना के वर्णन हैं, यद्यपि एक दूसरे के बिलकुल विपरीत हैं।

२. डा० रघुवीरसिंह—पूर्व मध्यकालीन भारत, पृष्ठ १२७-१६०।

का दोष क्यों आरोपित किया ? उन्हें चित्तौड़ पर ऐसे राजा को चढ़ा लाना था जो शक्ति में रत्नसिंह से वरिष्ठ हो। अलाउद्दीन उस समय दिल्ली-सम्राट् था, इसलिए उसे इस पाप का उत्तरदायी बनना पड़ा। यदि उस समय पृथ्वीराज दिल्ली का सम्राट् होता तो पदमावत का प्रतिनायक वही होता। बदकिस्मती से अलाउद्दीन मुसलमान था। जायसी का उद्देश्य पदमावत के कथानक को हिन्दू-मुसलिम प्रश्न बनाना कदापि न था। उन्होंने कहीं भी अलाउद्दीन को मुसलमान नहीं लिखा। मुसलमान शब्द पदमावत में कहीं आया ही नहीं, केवल कथा के अन्त में एक बार इसलाम शब्द आया है—

बादशाह गढ़ चूरा चितउर भा इसलाम।

उन्होंने अलाउद्दीन और उसके सैनिकों को बराबर तुर्क लिखा है। युद्ध होता है तो हिन्दू-तुर्क का, हिन्दू-मुसलमान का नहीं। पदमावत पढ़ते समय इस बात पर बराबर ध्यान रखना चाहिए।

बारहवीं शताब्दी के अन्त तक मेवाड़ स्वतन्त्र राज्य न था। मेवाड़ के राजा गुजरात के चालुक्यों के सामंत थे। उस समय उनकी राजधानी नागदा थी। १२वीं शताब्दी के अंत में गुजरात के कमजोर होने पर वे स्वतन्त्र हो गये। स्वतन्त्र हैसियत से उन्होंने अनेक बार दिल्ली के तुर्कों का सामना किया। १२३४ ई० में अल्तमश मालवा ले कर मेवाड़ के रास्ते गुजरात की ओर बढ़ा। नागदा को उसने उजाड़ दिया परन्तु मेवाड़ के राजा जैत्रसिंह ने उसे करानी हार दी। जब से मेवाड़ का नाम इतिहास में प्रसिद्ध हुआ। अल्तमश की तरह बलवन ने भी मालवे की तरफ से गुजरात पर चढ़ाई करने का जतन किया, पर रास्ते में चित्तौड़ के राजा समरसिंह (१२७३-१३०२ ई०) से हार कर लौट आया। यही समरसिंह रत्नसेन का पिता है और १२९९ की गुजरात-चढ़ाई में अलाउद्दीन का भाई उलूगखाँ और सेनापति नसरतखाँ इसी से हारते हैं। दिल्ली के सुलतान १३वीं शताब्दी में तीन बार मालवे की

तरफ से गुजरात पर चढ़ाई करते हैं और तीनों बार मेवाड़ के राजा से उन्हें हारना पड़ता है। यों गुजरात जाने के लिए मेवाड़ से भुगतना अलाउद्दीन के लिए आवश्यक था और यही उसकी मेवाड़-चढ़ाई का कारण था। रणथंभौर मेवाड़ से भी निकट था, इसलिए अलाउद्दीन पहले रणथंभौर लेता है फिर मेवाड़।

अलाउद्दीन के गद्दी पर बैठने पर रणथंभौर में चौहानों का, गुजरात में बघेल सोलंकियों का, तिरहुत में कर्णाट राजाओं का, उड़ीसा में गंगों का और बंगाल में सेनों का राज्य था। इनमें उड़ीसा के गंग बहुत प्रबल थे। तिरहुत का राज्य दिल्ली और लखनौती के बीच मैदान में था। अलाउद्दीन ने कड़ा-मानिकपुर का हकिम रहते सुदूर देवगिरि के दुर्भेद्य गढ़ पर चढ़ाई की थी; पर पड़ोस के तिरहुत राज्य पर, जिसमें कोई प्राकृतिक बाधा भी नहीं थी, चढ़ाई करने की हिम्मत उसे नहीं हुई थी। यही नहीं, अलाउद्दीन के प्रशासन-काल में तिरहुत के राजा ने नेपाल को भी जीत कर अपने राज्य में मिलाया था। रणथंभौर के चौहान राजा हम्मीर की वीरता के गीत आज तक गाये जाते हैं। इनमें से कोई भी चित्तौड़ के राजा रत्नसिंह को अपना नेता मानने को तैयार न होता। परन्तु जायसी ने लिखा है—

है चितउर हिन्दुन्ह कँ माता, गाढ़ परे तजि जाइ न नाता।
रतनसेन तहँ जौहर साजा, हिन्दुन्ह माँझ आहि बड़ राजा॥

और उसके बाद सब हिन्दू राजा रतनसेन के झंडे के नीचे इकट्ठे होते हैं।

जायसी का यह वर्णन चौदहवीं शताब्दी के आरंभ के उत्तर भारत के राजनीतिक नक्शे का चित्रण नहीं करता।

अब जरा सोलहवीं शताब्दी के प्रथम चतुर्थांश के अन्त के भारत के राजनीतिक नक्शे को देखिए। दक्खिनी मंडल में विजयनगर का राजा कृष्णदेवराय सबसे प्रबल है। राणा लाखा मोकल और कुंभा के प्रशासनों में मेवाड़ लगातार उन्नति कर रहा था। राणा सांगा के प्रशासन

में मेवाड़ पच्छिमी मंडल में सबसे प्रबल हो जाता है। मालवा और गुजरात के सुलतान उससे नीचा देख चुके हैं और दिल्ली के पठान सुलतान इब्राहीम लोदी से भी वह ग्वालियर धौलपुर छीन कर आगरे के पास पोलिया खाल तक आ पहुँचता है। उधर उत्तरी मंडल में बाबर प्रबल हो उठता है और १५२६ ई० में पानीपत में इब्राहीम लोदी को हरा कर दिल्ली ले लेता है। बाबर और सांगा अब आमने सामने खड़े होते हैं। दिल्ली ले लेने पर भी बाबर अभी सम्राट नहीं बना है, उधर सांगा सारे उत्तर भारत का निर्विवाद नेता है। बाबर तुर्क है, सांगा हिन्दू। यहाँ हिन्दू का अर्थ हिन्दी लेना ठीक होगा। हसनखाँ मेवाती और इब्राहीम लोदी का भाई महमूद लोदी भी सांगा के झंडे के नीचे आ खड़े होते हैं। एक ओर बाबर—विदेशी—तुर्क हैं, दूसरी ओर चित्तौड़ाधिपति सांगा—सब हिन्दुओं (हिन्दियों) का नेता। जायसी की ऊपर उद्धृत चौपाई इसी राजनीतिक नक्शे को चित्रित करती है और—

हिन्दू तुरकहिं भई लराई

लिखते समय जायसी के मस्तिष्क में यही खानवा की १५२७ ई० की लड़ाई रही होगी।

जायसी की आँखों के सामने हिन्दुओं और तुर्कों में युद्ध होता है। तुर्कों का नेता बाबर विदेश से आ कर दिल्ली का बादशाह बन गया है। हिन्दुओं का नेता सांगा है जिसके झंडे के नीचे हिन्दू-मुसलमान—सभी हिन्दी—खड़े हैं। जायसी का युद्ध हिन्दू-मुसलमान का युद्ध नहीं है, हिन्दू-तुर्क का युद्ध है; उनके काव्य में हिन्दू-मुसलिम प्रश्न है ही नहीं। और हिन्दी नेता सांगा का उत्तराधिकारी रत्नसिंह जब सूरजमल के साथ द्वन्द्व में मारा जाता है और उसकी रानी सती होती है तो कवि-हृदय पसीज उठता है और हिन्दी के श्रेष्ठ प्रेमाख्यान काव्य की रचना होती है।

जो प्रेमगाथा जायसी ने 'रकत के लेइ लाइ जोरी' थी अंग्रेज कूट-

नीतिज्ञ ने उसी को चरम घृणा के प्रचार का साधन बनाया। पदमावत के कथानक को तोड़ मरोड़ कर टाड ने इतिहास नाम से जो कूटनीति-काव्य लिखा उसे हम स्वत:प्रमाण इतिहास मान बैठे हैं। टाड ने ऐसा क्यों किया यह नीचे के उद्धरण से स्पष्ट हो जायगा—

'एक प्रसिद्ध अंग्रेज लेखक की अतिप्रसिद्ध कृति ने इन युगों के विषय में हमारी जनता की दृष्टि को पिछले सौ बरस में बहुत गुमराह किया है। उसके विषय में दो शब्द कहना जरूरी है। दूसरे मराठा युद्ध के समय ग्रीम मर्सर नाम का भेदनीति में अत्यन्त दक्ष अंग्रेज था, जिसे मराठों के घर में विद्रोही पैदा करने के लिए जनरल लेक के अधीन नियुक्त किया गया था। बाद में वह ग्वालियर का रेजिडेंट रहा। उसके स्टाफ में कर्नल जेम्स टाड नामक युवक था। वह विशेष रूप से राजस्थान की सर्वे करने और राजस्थानी राज्यों को मराठों और मुसलमानों के विरुद्ध उभाड़ने के लिए नियुक्त था। उसे पूरी सफलता हुई। इसके पहले अंग्रेजों को राजस्थान के भू-अंकन का कुछ पता न था। वे समझते थे वहाँ की सब नदियाँ दक्खिनमुख हैं और नर्मदा में मिलती हैं। टाड ने जो नक्शा बनाया, उसके आधार पर ही तीसरे मराठा और पिंडारी युद्ध की योजना बनी। राजस्थान के इतिहास में टाड ने जो अभिरुचि दिखाई, वह प्रशंसनीय थी। उसने राजस्थानियों को अपने महान् अतीत की याद दिलाई, इसके लिए हम उसका नाम कृतज्ञतापूर्वक याद करते हैं। लेकिन जिन सब किस्से कहानियों को उसने अपने इतिहास में सम्मिलित किया, उनकी सचाई परखने को एक तो उस समय साधन न थे। दूसरे यदि साधन होते भी तो अनेक बातों को कसौटी पर कसना टाड के उद्देश्य के खिलाफ जाता। अपना नक्शा उसने बड़ी सावधानी बनाया, पर औरंगजेब और राजपूतों के युद्ध के जो किस्से उसने लिखे, उनकी सचाई को मेवाड़-मारवाड़ के नक्शे पर जाँच देखने की उसे क्या पड़ी थी! राजस्थानियों को उसने एक बहादुर किन्तु अत्यन्त भोली जाति के रूप में चित्रित किया। उनका भोला बने

रहना टाड के हमवतनों के हित में भले ही रहा हो, पर इतिहास का अध्ययन बतलाता है कि वे वैसे भोले या भोंदू कभी न थे जैसा टाड ने उन्हें बनाया है। अलाउद्दीन और दूसरे सब मुसलमानों को लम्पट लुटेरा बताना और मराठों को मौसमी डाकू के रूप में चित्रित करना लज्जाजनक असत्य है। अकबर जैसे महापुरुष को कलंकित करने की कोशिश चाँद पर थूकने के समान है। अकबर और प्रताप दोनों परस्पर-विरोधी रास्तों के पथिक थे; दोनों मर्दों की तरह लड़े; दोनों की स्मृति हमारे लिए आदरणीय है। लेकिन अकबर को हिन्दुओं के लिए मीठी छुरी कहना घृणित असत्य है। दुःख की बात है कि हिन्दी बँगला और गुजराती साहित्यों के, तथा हिन्दुओं को रोपे हुए उर्दू साहित्य के पौधे सौ बरस पहले बिखेरी गई इन विषमय असत्यों की खाद को आज भी अमृत समझ कर चूसते जाते हैं।'[१]

टाड ने प्रत्येक मुसलमान शासक को लंपट लुटेरा और अत्याचारी चित्रित किया, उसने बताया कि हिन्दू प्रजा की बहू-बेटियों की इज्जत लूटना ही मुसलमान बादशाहों का दिन रात का काम था। जहाँ कहीं मुसलमान बादशाह ने चढ़ाई की, हिन्दू राजा की युवती सुन्दरी पत्नी या कन्या का अपहरण करने के लिए की ! हिन्दू-समाज में जितनी बुराइयाँ आ गयी थीं—बाल विवाह, परदा आदि—सब का कारण यह बताया गया कि मुसलमानों की वासनामयी नजरों से स्त्रियों को बचाने के लिए परदे की प्रथा चली और मुसलमान विवाहिताओं की अपेक्षा कुमारी कन्याओं का हरण अधिक करते थे, इसीलिए बाल-विवाह की प्रथा चली।

वाल्मीकीय रामायण में रावणवधोपरान्त विभीषण का अभिषेक हुआ। तदन्तर रामचन्द्र ने विभीषण से सीता को लिवा लाने को कहा।

---

१. जयचन्द्र विद्यालंकार—अप्रैल १९३६—हिन्दी सा० स० नागपुर, इतिहास परिषद् के सभापति पद से अभिभाषण, पृ० १६-१७।

विभीषण सीता को बंद पालकी में लिवा लाया और आ कर उसने राम से निवेदन किया कि सीता पालकी में बैठी है। तब रामचन्द्र ने कहा—

वैदेही सन्निकर्षं मे क्षिप्रं समभिगच्छतु।[1]

विभीषण सब वानरों और राक्षसों को वहाँ से हटाने लगा। तब रामचन्द्र ने कहा—

न गृहाणि न वस्त्राणि न प्राकारस्तिरस्क्रिया,
नेदृशा राजसत्कारा वृत्तमावरणं स्त्रियाः।
व्यसनेषु न कृच्छ्रेषु न युद्धेषु स्वयंवरे,
न क्रतौ नो विवाहे वा दर्शनं दूष्यते स्त्रियाः।
सैषा विपद्गता चैव कृच्छ्रेषु च समन्विता,
दर्शने नास्ति दोषोऽस्या मत्समीपे विशेषतः।
विसृज्य शिबिकां तस्मात् पद्भ्यामेवापसर्पतु,
समीपे मम वैदेहीं पश्यन्त्वेते वनौकसः।[2]

यों सीता परदे में रामचन्द्र के पास आई थी। रामचन्द्र ने अपवाद•की छह अवस्थाएँ बतला कर उसे परदे बिना आने को कहा।

भास के **प्रतिमा** नाटक के पहले अंक में राम के वन-गमन की खबर सुन कर जब अयोध्या की जनता राम के प्रासाद की ओर उमड़ पड़ी तो राम ने सीता से कहा—

रामः—मैथिलि ! अपनीयतामवगुण्ठनम्।
सीता— जं अय्यउत्तो आणवेदि। (अपनयति)
रामः—भो भोः पौराः ! शृण्वन्तु शृण्वन्तु भवन्तः—
स्वैरं हि पश्यन्तु कलत्रमेतद् बाष्पाकुलाक्षैवदनैर्भवन्तः,
निर्दोषदृश्या हि भवन्ति नार्यो यज्ञे विवाहे व्यसने वने च।

---

१. वाल्मीकीय रामायण, ६।११४।१९

२. वही, ६।११४।२७-३०

सीता तो खैर नवविवाहिता वधू थी। इसी **प्रतिमा** नाटक के तोसरे अंक में जब विधवा कौशल्या सुमित्रा और कैकेयी देवकुल देखने गईं और वहाँ भरत से उनकी भेंट हुई तो तीनों अवगुण्ठन में थीं।

भास ही के **स्वप्नवासवदत्तम्** नाटक के छठे अंक में जब यौगन्धरायण 'अपनी बहन' को वापस लेने आता है और धात्री उसे वासवदता कहती है तो राजा कहता है—

भवतु, पश्यामस्तावद् रूपसादृश्यम्। संक्षिप्यतां यवनिका।

हर्ष की रत्नावली नाटिका में भी महारानी वासवदत्ता अपने ही प्रासाद में घूंघट में रहती है।

युधिष्ठिर द्वारा जूए में हारी जाने पर द्रौपदी द्यूत-सभा में लाई गई तो उसने कहा—

स्वयंवरे यास्मि नृपैर्दृष्टा रङ्गे समागतैः।
न दृष्टपूर्वा चान्यत्र साहमद्य सभां गता॥ महाभारत २,६६,४
यां न वायुर्न चादित्यो दृष्टवन्तौ पुरा गृहे।
साहमद्य सभामध्ये दृश्यास्मि जनसंसदि॥ वही २,६६,५।

द्रौपदी को स्वयंवर में ही राजाओं ने देखा था, अन्यत्र उसे कभी किसी ने न देखा था। और तो और उसके अपने घर में ही वायु और सूर्य भी उसे कभी देख न सके थे। स्वयंवर (विवाह) तो अपवाद की उन छह अवस्थाओं में है जब नारी परदा नहीं करती। अन्यथा अपने घर में भी द्रौपदी परदे में रहती थी।

महाभारत के शकुन्तलोपाख्यान में दुष्यन्त जब कण्व के आश्रम में पहुँचता है तो शकुन्तला अकेली है, उसकी सखियाँ साथ नहीं हैं। शकुन्तला निस्संकोच दुष्यन्त से बात करती है और दुष्यन्त जब विवाह का प्रस्ताव करता है तो शकुन्तला यह शर्त भी कर लेती है कि मेरी कोख

से जो पुत्र उत्पन्न होगा वही तुम्हारा उत्तराधिकारी होगा।[1] दुष्यन्त के इस शर्त को मानने पर ही शकुन्तला उससे विवाह करती है। और जब वह अपने पुत्र भरत को ले कर उसके दरबार में पहुँचती है, तो भी उससे सीधी बातें करती है और कहती है कि यदि असत्य बोलने में ही तुम्हारा जी लगा है और अपने अन्तरात्मा पर भी भरोसा नहीं है तो मैं जाती हूँ। मेरा पुत्र तुम्हारी कृपा से नहीं, अपितु अपने बल से तुम्हारे राज्य से भी बड़े राज्य का अधिपति होगा।[2] यहाँ हम परदे का नाम भी नहीं पाते।

वही दुष्यन्त जब कालिदास के नाटक में कण्व के आश्रम में पहुँचता है, शकुन्तला लज्जा के मारे उससे बात तक नहीं कर पाती। वह सखियों के द्वारा अपनी बात कहती है। और जब वह दुष्यन्त के दरबार में पहुँचती है तो राजा उसे देख कर कहता है—

कास्विदवगुण्ठनवती नातिपरिस्फुटशरीरलावण्या,
मध्ये तपोधनानां किसलयमिव पाण्डुपत्राणाम्।

और जब राजा पूछता है—**'कि चात्रभवती मया परिणीतपूर्वा !'** तो गौतमी कहती है—**'जादे ! मुहूत्तअं मा लज्ज। अवणइस्सं ठाव दे**

---

१. यदि धर्मपथस्त्वेष यदि चात्मा प्रभुर्भम।
प्रदाने पौरवश्रेष्ठ शृणु मे समयं प्रभो॥ महाभारत १,७३,१५।
सत्यं मे प्रतिजानीहि यथा वक्ष्याम्यहं रहः।
मयि जायेत यः पुत्रः स भवेत् त्वदनन्तरः॥ वही १,७३,१६।
युवराजो महाराज सत्यमेतद् ब्रवीमि ते।
यद्येतदेवं दुष्यन्त अस्तु में संगमस्त्वया॥ वही १,७३,१७।

२ अनृते चेत् प्रसंगस्ते श्रद्दधासि न चेत् स्वयम्।
आत्मना हन्त गच्छामि त्वादृशे नास्ति संगतम्।।वही १,७४,१०७।
त्वामृतेऽपि हि दुष्यन्त शैलराजावतंसकाम्।
चतुरन्तामिमामुर्वी पुत्रो मे पालयिष्यति॥ वही १,७४,१०८।

ओउण्ठणं। तदो तुमं भट्टा अभिजाणिस्सदि।'[1] और वह उसका घूँघट खोल देती है।

तो इसलाम के जन्म से भी बहुत पहले से भारत में परदा प्रचलित था और शायद जब 'लज्जा नारीणां भूषणं' बनी तभी से परदे का आविर्भाव हुआ। महाभारत की शकुन्तला को लज्जा छू भी न गई थी, वह विवाह से पहले अपने भावी पुत्र की बात कर सकी थी, इसलिए उसे परदे की आवश्यकता न थी।

बाल-विवाह की भी ठीक यही बात है। शुंग युग का मनुस्मृतिकार अष्ट वर्षा के विवाह की व्यवस्था देता —

त्रिंशद्वर्षोद्वहेत्कन्यां हृद्यां द्वादशवार्षिकीम्,
त्र्यष्टवर्षोऽष्टवर्षां वा धर्मे सीदति सत्वरः।[2]

और गुप्त युग का पञ्चतन्त्रकार कहता है—

तस्माद् विवाहयेत्कन्यां यावन्नर्तुमती भवेत्,
विवाहश्चाष्टवर्षायाः कन्यायास्तु प्रशस्यते।
पितृवेश्मनि या कन्या रजः पश्यत्यसंस्कृता,
अविवाह्या तु सा कन्या जघन्या वृषली स्मृता।

यों इसलाम के जन्म से लगभग एक हजार वर्ष पहले से हमारे देश में अष्टवर्षा कन्या का विवाह प्रशस्त माना जा चुका था।

चिन्तामणि विनायक वैद्य ने इसका कारण 'लड़कियों को बौद्ध भिक्षुणी बनने से बचाने की लोगों की इच्छा'[3] लिखा है। वयस्का

---

१. जाते! मुहूर्तं मा लज्जस्व। अपनेष्यामि तावत्तेऽवगुण्ठनम्। ततस्त्वां भर्ताभिज्ञास्यति।

२. मनुस्मृति, ६।६४।

३. चिन्तामणि विनायक वैद्य—हिस्टरी ऑफ मेडिवल हिन्दू इंडिया (मध्यकालीन भारत का इतिहास) जिल्द ३, पृष्ठ ३६६।

महिलाएँ ही बौद्ध-भिक्षुणियाँ बन सकती थीं। बाल्यावस्था में विवाह कर देने से उनकी भिक्षुणी बनने की संभावना कम हो जाती थी।

स्त्री-हरण के बारे में सच बात यह है कि यदि कोई चरित्रवान् नेता किसी विजयिनी सेना का संचालन न कर रहा हो अथवा कोई समूची सेना ऊँचे आदर्शों से अनुप्राणित न हो, तो उस सेना द्वारा तब तक साधारणतया बलात्कार किया ही जाता है जब तक देश में नया व्यवस्थित शासन स्थापित नहीं हो जाता। मुसलमान सेना ही स्त्री-हरण करती थी और हिन्दू सेना न करती थी, ऐसी बात नहीं है।

हमारे देश के अर्वाचीन इतिहास में हुसेनशाह बंगाली, शेरशाह, शिवाजी, पहले सिक्ख सरदारों, अमरसिंह थापा और नेताजी सुभाषचन्द्र बसु के चरित्र इसके उदाहरण हैं कि आदर्शवान् नेता अपनी समूची सेनाओं में किस प्रकार ऊँची भावनाएँ फूंक देते हैं। शेरशाह की मालवा-चढ़ाई में उसके एक सैनिक ने किसी किसान के खेत से मक्की के भुट्टे चुरा लिये। उस सैनिक को सारी चढ़ाई में घोड़े पर उलटा लटकवा कर ले जाया गया! शेरशाह के बेटे ने एक बार जमना में नहाती किसी बनिये की स्त्री पर पान फेंका। बनिये के फरियाद करने पर शेरशाह ने अपने बेटे को यह दण्ड दिया कि तुम्हारी स्त्री—मेरी पुत्रवधू—जमना में नहाने जाय और बनिया चाहे तो उसपर पान फेंके। उस बनिये ने बादशाह की पुत्रवधू को माफ कर दिया, पर उस घटना से भारत की स्त्रियों को मालूम हो गया कि शेरशाह के राज में हममें से किसी की भी इज्जत बादशाह की पुत्रवधू की इज्जत से कम नहीं है। शिवाजी की कोंकण-चढ़ाई में एक काजी की युवती बेटी भागती हुई मराठा सैनिकों द्वारा पकड़ी गई। शिवाजी के सैनिक किसी स्त्री को हाथ न लगा सकते थे, पर उस युवती का अनूठा सौन्दर्य देख उसे वे अपने राजा को भेंट करने ले आये। शिवाजी ने उसे देखा तो अनायास कहा—मेरी माँ इतनी सुन्दरी होती तो मैं भी सुन्दर होता।

सिक्ख जब अहमदशाह अब्दाली से पंजाब को स्वतंत्र कराने को

लड़ते थे, तब के उनके बरताव का चित्र काजी नूर मुहम्मद नामक पठान लेखक ने, जो अब्दाली की १७६४-६५ ई० की चढ़ाई में उसके साथ आया था, अपने 'जंगनामे' में खींचा है। उस ग्रन्थ में वह मुस्लिम लेखकों की बँधी शैली के अनुसार अपने इन शत्रुओं को हर पन्ने पर काफिर कुत्ते और शैतान कह के याद करता है, पर अन्त में अपना दिल खोले बिना नहीं रह पाता और कहता है—'इन कुत्तों को कुत्ता मत कहो, क्योंकि ये ··युद्ध-क्षेत्र में शेरी की तरह बहादुर हैं—और शान्ति-काल में और भी बढ़ कर (उदार)—वे किसी स्त्री का धन या गहने नहीं लूटते—इन कुत्तों में व्यभिचार की आदत नहीं है—और न ये व्यभिचारियों से मैत्री करते हैं—।'[१]

इसी प्रकार हमारे जमाने में जब आजाद हिन्द फौज भारत में प्रवेश करने को तैयार हुई तब नेताजी सुभाषचन्द्र वसु ने और उनके साथी जापानी सेनापति ने अपने सैनिकों को आदेश दिया कि तुम्हारा कोई साथी कहीं लूटमार या बलात्कार करने लगे तो उसे फौरन पकड़ा दो, जिससे उसे गोली मार दी जाय। वह सेना मणिपुर से आगे न आ सकी, पर पूर्व एशिया की भारतीय युवतियाँ उसके घायल सैनिकों की जो अपने सगे भाइयों से बढ़ कर सेवा करती रहीं, सो उनके ऐसे भावों से अनुप्राणित होने के कारण ही।

पर पराई स्त्री को देख कर अपनी माँ की याद करने वाले शिवाजी को अपने ही जेठे बेटे संभाजी को अपनी ही प्रजाजन एक सधवा ब्राह्मणी का धर्म नष्ट करने के अपराध में नजरबंद करना पड़ा था।

महान् ऐतिहासिक गोविंद सखाराम सरदेसाई ने लिखा है कि औरंगजेब के साथ संघर्ष के काल के मराठा नेताओं और पहले चार पेशवाओं ने महाराष्ट्र-धर्म के आदर्श को सदा दृष्टि-पथ में रखा।[२] किन्तु महाराष्ट्र-

---

१. गंडासिंह—ए ब्रीफ एकाउंट ऑफ दि सिक्ख पीपुल (सिक्ख लोगों का संक्षिप्त विवरण) पृ० ६२-६४।

२. गोविन्द सखाराम सरदेसाई—मेन करेंट्स ऑफ मराठा हिस्टरी (मराठा इतिहास की मुख्य धाराएँ) पृष्ठ ७।

धर्म से अनुप्राणित उन मराठों ने संभाजी की १६८३ को गोवा-चढ़ाई में कोंकणी स्त्रियों पर और रघुजी भोंसले की १७४२ और १७४४ की बंगाल-चढ़ाइयों में बंगाली स्त्रियों पर जो जुलम और बलात्कार किया उसे सुन कर दुनिया का कोई भी अत्याचारी शर्म से मुँह छिपा लेगा। सामूहिक बलात्कार अर्थात् एक स्त्री पर कई सैनिकों का बारी बारी से बलात्कार उनकी विशेष आदत थी। अपनी इज्जत बचाने को कुओं और तालाबों में कूद पड़ने वाली स्त्रियों से कोंकण के कुएँ और वीरभूम के तालाब पट गये थे। मराठा पेशवा बालाजीराव बंगाल के नवाब अलीवर्दीखाँ से चौथ ले रहा था, बंगाल की रक्षा करना मराठा पेशवा की जिम्मेदारी थी। उस जिम्मेदारी को मराठों ने जैसा निभाया उसका विवरण ऐतिहासिक जदुनाथ सरकार ने समकालीन लेखकों के लेख उद्धृत करते हुए दिया है।[1] बंगाल की महिलाओं के लिए आज भी 'बर्गी ऐलो देशे' बड़ी भारी विभीषिका है। सरकार लिखते हैं कि 'भागीरथी पार कर पाने पर ही लोग अपने को सुरक्षित समझते थे।' वहाँ उनका रक्षक बूढ़ा मुसलमान अलीवर्दीखाँ जो था।

१७६५ ई० में सिक्ख योद्धाओं का चरित्र हमने देखा है। उसके चालीस वर्ष बाद उनका बरताव कैसा था सो इस उद्धरण से प्रकट होगा—

"गढ़वाल के राजा के प्रशासन में दून पर जमना पार के सिक्ख धावेमारों का आतंक बराबर छाया हुआ था। गोरखाली शासकों ने दून का राज पाते ही (१८०३ ई०) घोषणा की कि धावेमारों को कठोर दंड दिया जायगा। इस घोषणा की परवा न करते हुए कुछ सिक्खों ने धावा मारा और एक गाँव से बहुत सी युवतियों को पकड़ ले गये। गोरखालियों ने जमना पार कर धावेमारों के गाँव को घेर लिया, लुटेरों

---

१. जदुनाथ सरकार—फ़ौल ऑफ़ दी मुगल एम्पायर (मुगल साम्राज्य का पतन) जिल्द १, पृष्ठ ८६-८९।

की स्त्रियाँ लौटाने को कहा, उनके न सुनने पर गाँव को आग लगा दी, जिस जिस पुरुष ने वहाँ से निकल भागने का यत्न किया उसे गोली से उड़ा दिया और कहते हैं कि वहाँ की सब सुन्दरियों को पकड़ ले गये। उनमें वे युवतियाँ भी रही होंगी जिन्हें धावेमार भगा लाये थे। इसके बाद दून पर किसी ने धावा नहीं मारा !"[1]

फिर सन् १८५७ को क्रान्ति-चेष्टा के प्रकरण में दिल्ली के पतन के इतिहास में उनका यह चित्र पाया जाता है—

"इसके बाद कत्ले आम और बलात्कार की बारी आई। एल्फिस्टन के शब्दों में 'अँगरेज़ों ने नादिरशाह को निश्चय से मात कर दिया।' पुरुष-स्त्री बच्चे की कोई तमीज न थी। 'सब ओर मुर्दों का बिछौना बिछा हुआ था। हमारे घोड़े इन्हें देख कर डर से बिदकते थे।' अपनी इज्जत बचाने को कुओं में कूदने वाली स्त्रियों के कारण अनेक कुएँ पट गये।...और शर्म के साथ दर्ज करना पड़ता है कि इन कामों में सिक्ख गोरों का साथ दे रहे थे।...एक बार जब मनुष्य गुलामी स्वीकार ले और भाड़े का सिपाही बन जाय तब उसे किसी भी सीमा तक गिराया जा सकता है।[२]

और दूसरे विश्व-युद्ध में आजाद हिन्द फौज के बरताव की तुलना सन् ४२ में गोरी फौज और उसके साथ ही हिन्दुस्तानी फौज और पुलिस द्वारा भारत के गाँवों में बहू-बेटियों पर किये आम बलात्कार से करनी चाहिए। द्वितीय महायुद्ध में पराजित जर्मनी को दखल करने वाले अँगरेज-अमरीकी सैनिकों के जर्मन युवतियों पर बलात्कार के फलस्वरूप उत्पन्न हजारों जारज बच्चे जर्मनी के लिए समस्या बन गये थे। १९७० ई० में बाङला देश के स्वतन्त्रता-संग्राम के दौरान पाकिस्तानी

---

१. जयचन्द्र विद्यालंकार—भारतीय इतिहास की मीमांसा, पृष्ठ ५२५।

२. जयचन्द्र विद्यालंकार—भारतीय इतिहास का उन्मीलन, पाँचवाँ संस्करण, पृष्ठ ७६७।

फौज के अफसरों और सैनिकों द्वारा बंगाली महिलाओं पर हुए बलात्कार और अत्याचार ने पुराने सब बलात्कारों की कथाओं को फीका कर दिया। इन लाखों महिलाओं का भविष्य वहाँ की जनता और सरकार के सामने सबसे बड़ी समस्या बना रहा।

समूची सेना का किसी काल ऊँची भावनाओं से प्रेरित होने और किसी काल न प्रेरित होने का ऐसा ही नमूना हमें रूसी क्रांति के इतिहास में भी मिलता है। जो सेना लेनिन के नेतृत्व में जनता के उद्धार के के लिए ही लड़ रही थी, वह भला जनता पर कोई अत्याचार कैसे करती ! उसे सख्त ताकीद थी कि जनता से कोई वस्तु दाम दिये बिना न छीने। पर कहीं कोई चूक तो उससे भी हो ही गई। इसका एक मनोरंजक दृष्टान्त है। मध्य रूस के एक गाँव में क्राँति के सैनिकों ने एक मुर्गे को पकड़ कर हलाल कर डाला। मुर्गे की मालकिन बुढ़िया ने सैनिकों के सामने आ कर उनके नायक से जवाब तलब किया—मेरे मुर्गे ने क्या खता की थी जो तुमने बेचारे को मार डाला। नायक झेंप गया, पर एक क्षण सोच कर बोला—उसने क्रान्ति के विरुद्ध बाँग दी थी ! बुढ़िया और सैनिक सभी हँस पड़े। पर रूस की लाल झंडा फहराने वाली उसी सेना ने सन् १९४५ में जब मंचूरिया पर चढ़ाई की तब वह वैसे आदर्शों से प्रेरित न थी। बेशक स्तालिन ने अपनी सेना को बढ़ावा देते हुए कहा था कि ४० साल पहले जापानी 'फासिस्तों' ने हमारी जो भूमि दबोच ली थी, हम उसका उद्धार करने जा रहे हैं। पर स्तालिन का यह कथन निरा ढोंग था, मंचूरिया रूसियों की मातृभूमि न थी, और सन १९०५ में जापान ने जब उसे जार के पंजे से बचाया तब स्वयं लेनिन जापानियों से गुप्त सहयोग कर रहा था। वास्तविक बात यह थी कि १९४५ में रूसियों ने इसलिए मंचूरिया पर चढ़ाई की कि कहीं उसे उनके युद्धकालीन मित्र अमरीकी न दबा लें। पर इस बात को वे तब जबान पर न ला सकते थे, और जिस ढोंग से स्तालिन ने अपनी सेना को बढ़ावा दिया उससे सैनिकों में ऊँची भावना

न जाग सकती थी। रूसी सेना के तब मंचूरिया में प्रवेश करने पर न केवल जापानी सुन्दरियों पर आफत आ बनी, प्रत्युत इतिहास में अनहोनी घटना भी घटी। लाल रूस में स्त्री को जीवन के प्रत्येक क्षेत्र में बढ़ने का अवसर दिया गया और जिन स्त्रियों ने सेना-संचालन को योग्यता दिखाई उन्हें सेना में ऊँचे पद भी दिये गये थे। १९४५ में रूसी सेना के मंचूरिया में बढ़ने पर उन सबला सेना-नायिकाओं की अतृप्त-वासना-शान्ति का शिकार होने से बचने के लिए सुन्दर जापानी नवयुवक भी जहाँ तहाँ छिपते फिरते थे ?[1]

यों इतिहास यह बताता है कि उन विशेष अपवादों को छोड़ कर जब कि कोई आदर्शवान् नेता अपनी समूची सेना को ऊँचे नैतिक स्तर पर नहीं उठा लेते, विजयिनी सेनाएँ प्रायः बलात्कार किया ही करती हैं। पर टाड के आधार पर लिखे गये भारतीय साहित्य में यह पाप केवल मुसलमानों के मत्थे मढ़ा गया। हमारे आधुनिक युग के कवियों और नाटककारों में जिस किसी ने मध्ययुग के कथानक ले कर रचना की—भारतेन्दु से ले कर वियोगी हरि और श्यामनारायण पांडेय तक—सब ने—एक हरिकृष्ण प्रेमी और दूसरे राहुलजी[2] को छोड़ कर—सब ने—प्रत्येक मुसलमान पात्र को अत्याचारी और लंपट चित्रित किया।

---

१. पंजाब की 'गदर पार्टी' के पेशावर के सदस्य श्री केशोराम सबरवाल १९१५ में भारत से भाग कर चीन चले गये थे। १९४९ में वे भारत वापस आये। उनके जीवन के ३४ वर्ष चीन-जापान में ही बीते, जहाँ वे प्रायः रासबिहारी वसु के सहकारी रहे। १९४६ में वे मंचूरिया में थे और उक्त जानकारी उन्हीं की दी हुई है।

२. प्रेमीजी के नाटकों में भले-बुरे सभी तरह के मुसलमान पात्र हैं; अलाउद्दीन को उन्होंने भी 'आहुति' नाटक में लंपट चित्रित किया है। राहुलजी की 'वोल्गा से गंगा' में 'बाबा नूरदीन' कहानी में अलाउद्दीन का चरित्र इतिहास-सम्मत है।

इतना ही नहीं, प्रत्येक मुसलमान को, चाहे वह तुर्क हो या पठान या बंगाली या गुजराती, विदेशी और म्लेच्छ कहा। इसमें सबसे अधिक अन्याय किया गया पठानों के साथ। पठान भारत के सब से प्राचीन आर्य निवासियों में से हैं। आज के पख्तूनिस्तान माँगने वाले ऋग्वेद के पक्थ जन के वंशज ही हैं। ये पक्थ या पख्तून इतिहास के उस आरम्भिक काल से भारत के निवासी हैं जब कि राजस्थान महाराष्ट और बंगाल में आर्य पहुंचे भी न थे। "ऋग्वेद में रावी के तट पर राजा सुदास के साथ लड़ने वाले दस जनों में दक्षिण पश्चिम पंजाब के शिवि गण के साथ पक्थ जन का नाम आया है। वायु पुराण और मार्कण्डेय पुराणों में अपरीतों (अफरीदियों) को उत्तरापथ का निवासी कहा गया है। अंजिठा की १७वीं गुफा के भित्तिचित्र में बुद्ध अपने उत्तरापथ के शिष्यों को उपदेश दे रहे हैं। उसमें एक ओर नोकीली टोपियाँ और चूड़ीदार पाजामे पहने शक बैठे हैं और दूसरी ओर सलवारें पहने अफगान। चौथी शताब्दी के बौद्ध दार्शनिक आसंग और वसुबन्धु अफगान थे। छठी शताब्दी के वराहमहिर की बृहत्संहिता में अफगान का संस्कृत रूप 'अवगान' मिलता है। सिकन्दर से ले कर सातवीं आठवीं शताब्दी के अरब आक्रान्ताओं के समय तक जो कोई भी यात्री उधर से भारत आया उसने हिंदकोह और हेलमंद की बिचली दून को भारत की सीमा कहा। जब कभी बलख के किसी यूनानी राजा या हेलमन्द की निचली दून के किसी पार्थव राजा ने इन सीमाओं के दक्खिन या पूरब अपना राज्य फैलाया तो उसने अपने सिक्कों पर प्राकृत लेख अवश्य खुदवाया। नौवीं शताब्दी में बिहार-बंगाल के राजा देवपाल ने काबुल नदी की दून के लंपाक (आधुनिक लमगान) प्रदेश के दक्षिण के नगरहार (आधुनिक निंग्रहार) के निवासी अफगान विद्वान वीरदेव से नालन्दा महाविहार की परिपालना करने की प्रार्थना की और उस प्रार्थना को स्वीकार करने पर वीरदेव नालन्दा महाविहार के प्रधान आचार्य नियुक्त हुए। आचार्य वीरदेव का संस्कृत अभिलेख नालन्दा महाविहार में पाया

गया है।"[१] अफगानिस्तान में बौद्ध धर्म भी खूब फूला फला। हड्ड (अफगानिस्तान) में बुद्ध की मूर्तियाँ पाई गई हैं। ११वीं शताब्दी में गज़नी के महमूद ने बौद्ध अफगानों को मुसलमान बनाया। "मध्ययुग के अन्त में पठानों के दल ठेठ हिन्दुस्तान आने और बसने लगे जहाँ उनके नेताओं ने राज्य स्थापित किये। पठानों का ठेठ हिन्दुस्तान में फैलवा पन्द्रहवीं शताब्दी के मध्य में आरम्भ हुआ जब सिबि के एक पठान ने १३४० में मुलतान ले लिया और १३५१ में बहलोल लोदी ने पश्चिमोत्तर पंजाब के शासक जसरथ खोकर की सहायता से दिल्ली ले ली। और १८वीं शताब्दी के अन्त में रोहिल्लों के रुहेल-खंड में बस जाने पर यह फैलाव रुक गया। इस अवधि में पठानों ने भारत को सर्वोत्तम शासक और राष्ट्र-निर्माता शेरशाह दिया। जब पहले मुगलों और बाद में अँगरेजों ने भारत पर आक्रमण किया तो पठानों ने दोनों का अन्त तक प्रबल प्रतिरोध किया। इसलिए दोनों ने पठानों को खूब बदनाम किया। अँगरेजों के उस मिथ्या प्रचार का विषैला प्रभाव अभी तक हमारे दिमाग से निकला नहीं है।"[२] और जब मुसलमान मात्र विदेशी माना गया तो पठान भी विदेशी माने गये। रवीन्द्रनाथ ठाकुर तक ने पठानों को विदेशी कहा। प्रत्येक मुसलमान को विदेशी मानने से ही मुसलमानों का राष्ट्र पाकिस्तान हिन्दुओं के राष्ट्र भारत से पृथक् हुआ।

और इस जहर को फैलाने वालों ने जायसी के काव्य का खुल कर दुरुपयोग किया। पर आज हमें यह जानना चाहिए कि जायसी का यह अभिप्राय कदापि न था। उन्होंने तो प्रेमगाथा लिखी थी। परन्तु उसमें उन्होंने जिसे अत्याचारी चित्रित किया वह दुर्भाग्य से मुसलमान था। अँगरेज कूटनीतिज्ञ टाड ने उस कथानक के आधार पर हिन्दू-मुसलिम-

---

१. जयचन्द्र विद्यालंकार—Regional Structure of India in Relation to Language & History (Cultural Heritage of India Vol. I, 2nd. ed, कलकत्ता १९५८)

१. वही

विद्वेष और घृणा की जो बेल बोई, जिसका अन्तिम फल भारत का विभाजन हुआ, उसकी जिम्मेदारी जायसी पर नहीं है ।

शुक्लजी ने जायसी-ग्रन्थावली की भूमिका में लिखा है **"उत्तर भारत में, विशेषतः अवध में, 'पद्मिनी रानी और हीरामन सुए' की कहानी अब तक प्रायः उसी रूप में कही जाती है जिस रूप में जायसी ने उसका वर्णन किया है ।......**

"इस सम्बन्ध में हमारा अनुमान यह है कि जायसी ने प्रचलित कहानी को ही ले कर सूक्ष्म ब्योरों की कल्पना करके उसे काव्य का सुन्दर स्वरूप दिया है...।"[१]

अवध में यह कहानी कब से प्रचलित है यह शुक्लजी ने नहीं बताया । जायसी के कथानक के कुछ सूत्र हमने टटोले हैं । अधिक संभव यही है कि अवध में यह कहानी पदमावत के प्रचार से फैली और पदमावत के व्यापक प्रभाव की सूचक है ।

---

१. जायसी-ग्रन्थावली, भूमिका, पृ० २६ ।

पदमावत में अध्यात्म

जिस युग में पदमावत की रचना हुई थी उसमें कविता के द्वारा धार्मिक और आध्यात्मिक विचारों तथा सिद्धान्तों के प्रकट एवं प्रचार करने की चाल थी। कवि-कर्म गौण था, धर्म-निरूपण मुख्य। इसी से जैसे सिद्धों, नाथ संप्रदाय के योगियों, कृष्ण-भक्तों और राम-भक्तों की रचनाओं में कवि के धार्मिक विश्वास और उपासना-पद्धति का निरूपण मिलता है वैसे ही पदमावत में भी। उसमें इस्लाम और सूफी-साधना की बातें तो मिलती ही हैं, हठयोग की क्रियाओं का औचित्य भी प्रतिपादित है। यद्यपि जायसी **'बिधना के मारग हैं तेते, सरग नखत तन रोआँ जेते'** मानते थे और इस प्रकार सब धर्मों के प्रति उदार थे, फिर भी इसलाम के निष्ठावान् अनुयायी थे। उन्होंने **'आखिरी कलाम'** और 'अखरावट' में अपने धर्म के प्रति खुल कर आस्था प्रकट की है। परन्तु पदमावत में ऐसा न करके उन्होंने अपने धर्म-सम्बन्धी आदर्शों का प्रतिपादन कथा के वर्णन-क्रम में यत्र तत्र किया है। इसी से मुख्यता आख्यान काव्य होने पर भी वे अवसर पाने पर उसमें पीर को व्यक्त करने से कभी न चूके, भले ही ऐसा करते समय कथा के प्रवाह में बाधा आ पड़े। कहानी का उपसंहार करते हुए उन्होंने कहा भी है---

मुहमद कवि यह जोरि सुनावा, सुना सो पीर प्रेम कर पावा।
जोरी लाइ रकत कै लेई, गाढ़ि प्रीति नयनन्ह जल भेई।

पदमावत के आरंभ के 'स्तुतिखंड' में जायसी ने सृष्टि के उद्भव का वर्णन इस प्रकार किया है--

कीन्हेसि प्रथम जोति परकासू, कीन्हेसि तेहि पिरीत कैलासू।
कीन्हेसि अगिनि पवन जल खेहा, कीन्हेसि बहुतै रंग उरेहा।
कीन्हेसि धरती सरग पतारू, कीन्हेसि बरन बरन औतारू।

कीन्हेसि दिन दिनअर ससि राती, कीन्हेसि नखत तराइन-पाँती ।
कीन्हेसि धूप सीउ औ छाँहा, कीन्हेसि मेघ बीजु तेहि माँहा ।
कीन्हेसि सप्त मही बरम्हंडा, कीन्हेसि भुवन चौदहो खंडा ।
कीन्ह सबै अस जाकर दूसर छाज न काहि ।
पहिलै ताकर नावँ लै कथा करौं औगाहि ।।
कीन्हेसि सात समुंद अपारा, कीन्हेसि मेरु खिखिंद पहारा ।
कीन्हेसि नदी नार औ झरना, कीन्हेसि मगर मच्छ बहु बरना ।
कीन्हेसि सीप मोती जेहि भरे, कीन्हेसि बहुतै नग निरमरे ।
कीन्हेसि बनखँढ़ औ जरि मूरी, कीन्हेसि तरिवर तार खजूरी ।
कीन्हेसि साउज आरन रहईं, कीन्हेसि पंखि उड़हिं जहँ चहई ।
कीन्हेसि बरन सेत औ स्यामा, कीन्हेसि भूख नींद बिसरामा ।
कीन्हेसि पान फूल बहु भोगू, कीन्हेसि बहु ओषद बहु रोगू ।
निमिख न लाग करत ओहि सबै कीन्ह पल एक ।
गगन अंतरिख राखा बाज खंभ बिनु टेक ।।
कीन्हेसि अगर कसतुरी बेना, कीन्हेसि भीमसेन औ चीना ।
कीन्हेसि नाग जो मुख बिष बसा, कीन्हेसि मंत्र हरै जेहि डसा ।
कीन्हेसि अमृत जियै जो पाए, कीन्हेसि बिक्ख मीचु जेहि खाए ।
कीन्हेसि ऊख मीठ-रस भरी, कीन्हेसि करू-बेल बहु फरी ।
कीन्हेसि मधु लावै लै माखी, कीन्हेसि भौंर पंखि और पाँखी ।
कीन्हेसि लोबा इंदुर चाँटी, कीन्हेसि बहुत रहहिं खनि माटी ।
कीन्हेसि राकस भूत परेता, कीन्हेसि भोकस देव दएता ।
कीन्हेसि सहस अठारह बरन बरन उपराजि ।
भुगुति दिहेसि पुनि सबन कहँ सकल साजना साजि ।
कीन्हेसि मानुष दिहेसि बड़ाई, कीन्हेसि अन्न भुगुति तेहि पाई ।
कीन्हेसि राजा भूँजहिं राजू, कीन्हेसि हस्ति घोर तेहि साजू ।
कीन्हेसि दरब गरब जेहि होई, कीन्हेसि लोभ अघाइ न कोई ।
कीन्हेसि जियन सदा सब चहा, कीन्हेसि मीचु न कोई रहा ।

कीन्हेसि सुख औ कोटि अनंदू, कीन्हेसि दुख चिंता औ धंदू।
कीन्हेसि कोइ भिखारि कोइधनी, कीन्हेसि सँपति बिपति पुनि धनी।

कीन्हेसि कोइ निभरोसी, कीन्हेसि कोइ बरियार।
छारहिं तें सब कीन्हेसि, पुनि कीन्हेसि सब छार॥

इस वर्णन में हिन्दू पुराणों के 'सप्तदीप' 'चौदह भुवन' आदि का उल्लेख अवश्य है, परन्तु यह अधिकतर इसलामी धारणा के अनुसार 'प्रथम ज्योति' (पैगंबर मुहम्मद) की प्रीति के कारण कैलाश (स्वर्ग अर्थात् बिहिश्त) की उत्पत्ति एवं सृष्टि के विकास का वर्णन है। आगे चल कर कवि ने सृष्टि-रचना का प्रयोजन और भी खोल कर कह दिया है—

कीन्हेसि पुरुष एक निरमरा, नाउँ मुहम्मद पूनिउँ करा।
प्रथम जोति बिधि तेहि कै साजी, औ तेहि प्रीति सिस्टि उपराजी।

दैव (अल्लाह) के बाद दूसरे स्थान के अधिकारी पैगम्बर मुहम्मद के प्रति श्रद्धा रखने और पाढ़त (कलमा) सीखने से ही धर्मी होता है, जो उन्हें नहीं भजता वह नरक (दोजख) में रहता है, और अन्त (कयामत) के समय उनको मानने से ही बिहिश्त की प्राप्ति संभव है—इस इसलामी विश्वास को जायसी ने इस प्रकार प्रकट किया है—

दीपक लेसि जगत कहँ दीन्हा, भा निरमल जग मारग चीन्हा।
जौं न होत अस पुरुष उजारा, सूझ न परत पंथ अँधियारा।
दुसरे ठाँव दैव वै लिखे, भए धरमी जो पाढ़त सिखे।
जगत बसीठ दई ओहिं कीन्हा, दोउ जग तरा नावँ जेहि लीन्हा।
जेहि नहिं लीन्ह जनम सो नाऊँ, ताकहँ कीन्ह नरक महँ ठाऊँ।

गुन अवगुन बिधि पूंछत होइहि लेख औ जोख।
ओन्ह बिनउब आगे होइ करब जगत कर मोख॥

जायसी ने इसी प्रकरण में कुछ हिन्दू धर्म के विशिष्ट अर्थों में गृहीत शब्दों के द्वारा इसलाम की मान्यताएँ व्यक्त की हैं। यथा निम्नलिखित अवतरण के बचन = कलमा; पुरान = कुरान; बिधि = अल्लाह; पंथ = सम्प्रदाय अर्थात् दीन इसलाम।

वचन जो एक सुनाएन्हि साँचा, भए परबान दुहूँ जग बाँचा।
जो पुरान बिधि पठवा सोई पढ़त गिरंथ।
और जो भूले आवत सो सुनि लागे पंथ॥

परन्तु इस प्रकार के शब्दों का प्रयोग पहले से होता आया है। जायसी ने उसी परंपरा का पालन किया। महमूद गजनवी (९९७-१०२९) के "**चाँदी के सिक्को पर यह संस्कृत लेख पाया जाता है—अव्यक्तमेकं मुहम्मद अवतार नृपति महमूद अयं टंको महमूदपुरे घटे हतो जिनायन-संवत्**···। **अर्थात् 'एक अव्यक्त (ला इलाह इल्लिल्लाह), मुहम्मद अवतार (मुहम्मद रसूल इल्लाह); राजा महमूद; यह टंका महमूदपुर (लाहौर) की टकसाल में पीटा गया, जिन (हजरत) के अयन (भागने) का संवत्** (हिजरी संवत्)···।"[१]

परन्तु श्रद्धालु मुसलमान होते हुए भी कवि ने इस काव्य के आरंभिक खंड के अतिरिक्त अन्यत्र कहीं अपने दीन के प्रति पक्षपात प्रदर्शित नहीं किया।[२]

साधना के क्षेत्र में जायसी ने हठयोग का महत्त्व स्वीकार किया है।

---

१. जयचन्द्र विद्यालंकार, भारतीय इतिहास का उन्मीलन, छठा संस्करण, पृष्ठ ३३५-३६

२. 'राजा रतनसेन सती खंड' में मूर्ति-पूजा की निरर्थकता दिखाने के लिए 'बाउर सोइ जो पाहन पूजा' कहा गया है। यह इसलाम के प्रचार के उद्देश्य से नहीं। जब पत्थर के देवता की पूजा से रतनसेन का मनोरथ पूरा न हुआ तब उसने देवता को भलाबुरा कहा। यह तो केवल उसकी विफलता की प्रतिक्रिया है। वैसे निराकारोपासक हिन्दू भी पत्थर पूजने वालों को धिक्कार रहे थे। विसोबा खेचर (चौदहवीं शताब्दी) ने कहा था "पत्थर का देवता नहीं बोलता···वह चोट से टूट जाता है···पत्थर के देवताओं के पुजारी मूर्खतावश सब खो बैठते हैं।' —भारतीय इतिहास का उन्मीलन, छठा संस्करण, पृष्ठ ४७१

खानपान में संयम के द्वारा शरीर की शुद्धि के बाद ही मन को वश में करने की बात कही है। वे अपने सिद्धांतकाव्य 'अखरावट' में कहते हैं :

छाँड़हु घिउ औ मछरी माँसू, सूखे भोजन करहु गरासू।
दूध माँसु घिउ कर न अहारू, रोटी सानि करहु फरहारू।
यहि बिधि काम घटावहु काया, काम क्रोध तिसना मद माया।
सब बैठहु बज्रासन मारी, गहि सुखमना पिंगला नारी।

इस ध्यान योग का प्रयोजन है प्रेम स्वरूप प्रियतम की प्राप्ति—

प्रेम तंतु तस लाग रहु, करहु ध्यान चित बाँधि।
पारस जैसे अहेर कहँ, लाग रहै सर साधि।।

पदमावत में अनेक स्थलों में हठयोग का प्रतिपादन मिलता है। परन्तु यह हठयोग स्वयं साध्य नहीं है, यह है साधन मात्र। हीरामन ने राजा रतनसेन से पदमावती के सौन्दर्य का वर्णन करके उसके मन में प्रेम की पीर उत्पन्न की। फलतः

सुनतहि राजा गा मुरछाई, जानौं लहरि सुरुज कै आई।
परा सो पेम समुद्र अपारा, लहरहिं लहर होई बिसँभारा।

जब उसे चेत हुआ तब उसे वैराग्य हो गया—'जब भा चेत उठा बैरागा'। इस पर उसके कुटुंबियों सगोत्रियों आदि ने तो समझाया ही, हीरामन ने जो कुछ कहा वह योगी के वेश और कर्म दोनों के विषय में स्पष्ट चेतावनी है—

साधन्ह सिद्धि न पाइय, जौ लगि सधै न तप्प।
सो पै जानै बापुरा, करै जो सीस कलप्प।।

तू राजा का पहिरसि कंथा, तोरे घरहि माँझ दस पंथा।
काम क्रोध तिस्ना मद माया, पाँचौ चोर न छाँडहि काया।
नवौं सेंध तिन्ह कै दिठियारा, घर मूसहिं निसि की उजियारा।

इस प्रकार प्रेम के पंथ की दीक्षा ले कर

तजा राज राजा भा जोगी, औ किंगरी कर गहेउ बियोगी।
तन बिसँभर मन बाउर लटा, अरुझा पेम परी सिर जटा।

चंद बदन औ चंदन देहा, भसम चढ़ाई कीन्ह तन खेहा।
मेखल सिंगी चक्र धँधारी, जोगबाट रुदराछ अधारी।
कंथा पहिरि दंड कर गहा, सिद्ध होइ कहँ गोरख कहा।
मुद्रा स्रवन कंठ जपमाला, कर उदपान काँध बघछाला।
पाँवरि पाँव दीन्ह सिर छाता, खप्पर लीन्ह भेस करि राता।

इससे सन्देह नहीं रह जाता कि कवि गोरख के योगमार्ग को प्रेम की सिद्धि के लिए उपयुक्त समझता था। यह उसने स्पष्ट रूप से कह भी दिया--

चला भुगति माँगै कहँ साधि कया तप जोग।
सिद्ध होइ पदमावति जेहि कर हिये बियोग॥

जब राजा रतनसेन सिंहल पहुँचा और महादेव के मंडप में पहुँच कर अभीष्ट सिद्धि के लिए तप करने लगा तब भी उसने योग-साधना की—

बैठ सिंघछाला होइ तपा, पदमावति पदमावति जपा।
दीठि समाधि ओही सौं लागी, जेहि दरसन कारन बैरागी।
किंगरी गहे बजावै झूरै, भोर साँझ सिंगी निति पूरै।
कंथा ज़रै आगि जनु लाई, बिरह धँधार जरत न बुझाई।

इस तप के प्रभाव से वसंतपंचमी को पदमावती का प्रथम साक्षात्कार होने पर 'परा माति गोरख का चेला' और बहुतेरी चेष्टा करने पर भी सचेत न हो सका। पदमावती के चले जाने पर वह उसके वियोग में चिता में जल मरने को प्रस्तुत हुआ। यह समाचार हनुमान से सुन कर पार्वती-महेश तत्काल वहाँ जा पहुँचे। महादेव ने उसे पदमावती की प्राप्ति का जो मार्ग बतलाया वह कायासिद्धि द्वारा अपने रूप को पहचानने और उसकी उपलब्धि करने का योगमार्ग ही तो है। देखिये न—

कहौं सो तोहि सिंहलगढ़ है खंड सात चढ़ाव।
फिरा न कोई जियत जिउ सरग पंथ देइ पाव॥

गढ़ तस बाँक जैसि तोरि काया, परखि देखु ओही कै छाया।
पाइय नाहिं जूझ हठि कीन्हे, जेइ पावा तेइ आपुहि चीन्हे।

नौ पौरी तेहि गढ़ मँझियारा, औ तहँ फिरहिं पाँच कोटवारा।
दसवँ दुआर गुपुत एक ताका, अगम चढ़ाव बाट सुठि बाँका।
भेदी कोइ जाइ ओही घाटी, जो लहि भेद चढ़ै होइ चाँटी।
दसवँ दुआर ताल कै लेखा, उलटि दिस्टि जो लाव सो देखा।
जाइ सो तहाँ साँस मन बंधी, जस धँसि लीन्ह कान्ह कालिंदी।
तू मन नाथु मारि कै साँसा, जो पै मरहि आपहिं करु नासा।

परन्तु हठयोग की इस साधना से अपने भीतर स्थित किसी का अंतर्दर्शन जायसी की साधना-पद्धति का लक्ष्य नहीं है। यह तो मन को वश में करके इष्ट से एकाकार होने का उपाय मात्र है। उनका साध्य है मन को सब विषयों से हटा कर तथा योग-क्रियाओं के द्वारा एकाग्र करके उसे प्रियतम के प्रेम में रंग देना; उसी में सब को और सब में उसी को देखना। वे पदमावत में इसी भावना का संकेत सर्वत्र करते हैं। सिंहल की अमराई की घनी छाँह का वर्णन करते हुए कहते हैं—

मलै-समीर सोहावन छाहाँ, जेठ जाड़ लागै तेहि माहाँ।

और झट उसमें अलौकिक सत्ता की झलक दिखाने लगते हैं—

ओही छाँह रैनि होइ आवै, हरिअर सबै अकास देखावै।
जेइ वह पाई छाँह अनूपा, फिरि नहिं आइ सहै यह धूपा।

यह संसार उसी अलौकिक सत्ता का प्रतिबिम्ब मात्र है, इसकी रचना उसकी झलक है और कुछ नहीं—यह भावना पदमावत में बहुत ही सुन्दर ढंग से कही गई है। पदमावती उसी सत्ता की लौकिक प्रतिमा है। उसके रूप का वर्णन करते करते कवि मानवीय सौन्दर्य से हट कर दैवी सौन्दर्य का उल्लेख करते मानो अघाता ही नहीं। कुछ उदाहरण लीजिए—

सरवर तीर पदुमिनी आई, खोंपा छोरि केस मुकलाई।
ससि मुख अंग मलयगिरि बासा, नागन्ह झाँपि लीन्ह चहुँ पासा।
ओनई घटा परी जग छाँहाँ, ससि कै सरन लीन्ह जनु राहाँ।
सरवर रूप बिमोहा हिये हिलोरहि लेइ।
पाँव छुवै मकु पावौं एहि मिस लहरहि देइ॥

और

कहा मानसर चाह सो पाई, पारस रूप इहाँ लगि आई।
भा निरमल तिन्ह पायन्ह परसे, पावा रूप रूप के दरसे।
मलय समीर बास तन आई, भा सीतल गै तपनि बुझाई।
न जनौं कौन पौन लेई आवा, पुन्य दसा भै पाप गँवावा।
बिगसा कुमुद देखि ससि रेखा, भै तहँ ओप जहाँ जोइ देखा।
पावा रूप रूप जस चहा, सखि मुख जनु दरपन होइ रहा।
नयन जो देखा कँवल भा, निरमल नीर सरीर।
हँसत जो देखा हंस भा, दसन-जोति नग हीर ।।

और देखिए, पदमावती के नेत्रों की बरौनी रूपी वाणों का प्रभाव और व्यापकत्व—

गगन नखत जो जाहिं न गने, वै सब बान ओही के हने।
धरती बान बेधि सब राखी, साखी ठाढ़ देहिं सब साखी।
रोवँ रोवँ मानुष तन ठाढ़े, सूतहि सूत बेध अस गाढ़े।
बरुनि बान अस ओपहँ, बेधे रन बन ढाँख।
सौजहिं तन सब रोवाँ, पंखिहि तन सब पाँख ।।

फिर पदमावती के दाँतों की ज्योति में दिव्य छटा की झलक देखिये—

जेहि दिन दसन जोति निरमई, बहुतै जोति जोति ओहि भई।
रवि ससि नखत दिपहिं ओहि जोती, रतन पदारथ मानिक मोती।
जहँ जहँ बिहँसि सुभावहि हँसी, तहँ तहँ छिटकि जोति परगसी।
हँसत दसन अस चमके, पाहन उठे झरक्कि।
दारिउँ सरि जो न कै सका, फाटेउ हिया दरक्कि ।।

यही विश्व-व्याप्ति की भावना नागमती के वियोग के वर्णन में भी देखी जानी है। नागमती के विषाद का प्रभाव गुंजा (घुँघुची), पलाश, बिम्बाफल (कुँदरू), परवल और गेहूँ के ऊपर किस प्रकार पड़ा यह देखिए—

कुहुकि कुहुकि जस कोइल रोई, रकत आँसु घुँघुची बन बोई।
भइ करमुखी नैन तन राती, को सेराव बिरहा दुख ताती।
जहँ जहँ ठाढ़ि होइ बनवासी, तहँ तहँ होइ घुँघुचि कै रासी।
बूँद बूँद महँ जानहुँ जीऊ; गुंजा गूँजि करै पिउ पीऊ।
तेहि दुख भए परास निपाते, लोहू बूड़ि उठे होइ राते।
राते बिंब भीजि तेहि लोहू, परवर पाक, फाट हिय गोहूँ।
देखौं जहाँ होइ सोइ राता, जहाँ सो रतन कहै को बाता।

इसो भाँति अनेक अन्य स्थलों में भी जायसी ने दैवी सौन्दर्य और उसके प्रति प्रेम की सार्वभौमिक व्याप्ति का वर्णन किया है। वे संसार में सर्वत्र उसी की मोहिनी मूर्ति की झाँकी देखते थे।

प्रबन्ध-सौष्ठव

पदमावत में कवि ने अलौकिक प्रेम की व्यंजना यथावसर की है, फिर भी सदैव उसके कथा-प्रबन्ध के निर्वाह का ध्यान रखा है। वास्तव में यह प्रेम-आख्यान है। इसकी कथावस्तु में पदमावती और रतनसेन के प्रेम के वर्णन की प्रधानता है, अन्य प्रसंग उसकी पुष्टि अथवा घटना-क्रम के उल्लेख के निमित्त ही आये हैं। इसी से इसमें प्रबन्ध काव्य की दृष्टि से किसी उद्देश्य विशेष की सिद्धि नहीं दिखलाई गई। घटनाएँ जैसे हुईं वैसे ही वर्णित हैं। उनका समावेश केवल इसलिए हुआ है कि उनका सम्बन्ध पदमावती और रतनसेन के जीवन से है।

कथा समाप्त करने पर कवि ने कहा है—

मुहमद कवि यह जोरि सुनावा, सुना सो पीर प्रेम कर पावा।

इससे भी सूचित होता है कि 'आध्यात्मिक प्रेम की पीर' की जो अनुभूति कवि को अपनी सूफी धार्मिक साधना के द्वारा हुई थी उसी को लौकिक प्रेम की अभिव्यक्ति के साथ उसने अपने काव्य के श्रोताओं और पाठकों के मन में भी अंकित किया और इस कार्य में सफलता भी पाई। इससे स्पष्ट होता है कि इस कहानी में प्रधान रूप से प्रेम की विविध दशाओं और स्थितियों का वर्णन ही कवि का लक्ष्य था। उसने कथा के प्रसंग में यथावसर अद्भुत वीर आदि रसों का समावेश किया है, किन्तु प्रधान रूप से इसमें शृंगार रस का ही निरूपण हुआ है। महाभारत की देवयानी और शर्मिष्ठा एवं कुमारसंभव की उमा की भाँति इसमें कार्य का आरम्भ नायिका की ओर से हुआ है। पदमावती के विवाह-योग्य होने पर गन्धर्वसेन के पास **'सात दीप के बर जो ओनाहीं, उत्तर पावहिं फिरि फिरि जाहीं'**। कारण, राजा उन्हें अपनी प्रतिष्ठा के अनुरूप नहीं

समझता था। उधर यौवनावस्था के कारण पदमावती अपना जीवन-संगी पाने के लिए आकुल थी। उसने अपने प्रिय सखा शास्त्रज्ञ हीरामन सुए से इस सम्बन्ध में कहा—

सुनु हीरामनि कहौं बुझाई, दिन दिन मदन सतावै आई।
पिता हमार न चालै बाता, त्रासहि बोलि सकै नहिं माता।
देस देस के बर मोहि आवहिं, पिता हमार न आँख लगावहिं।
जीवन मोर भयउ जस गंगा, देह देह हम्ह लाग अनंगा।

इस पर सुए ने कहा—

अज्ञा देउ देखौं फिरि देसा, तोहि जोग बर मिलै नरेसा।

कुछ समय के अनन्तर किसी ब्राह्मण के द्वारा हीरामन चित्तौड़ के राजा रतनसेन के पास पहुँचा। उसने प्रसंग चलने पर राजा से पदमावती के सौन्दर्य का बखान किया। राजा ने उत्सुक हो कर पदमावती के नख-शिख का विशद वर्णन सुना। तब तो वह उसे पाने के लिए राजपाट छोड़ कर योगी हो कर चल पड़ा। इस प्रकार नायक की ओर से प्रेम-व्यापार बाद में हुआ।

काव्य में वर्णित प्रेमोदय स्वाभाविक है नायिका के मन में और नायक के भी मन में। नायिका यौवन की सहज अनुभूति करती है और नायक हीरामन के मुँह से पदमाबती के असाधारण लावण्य का जी लुभानेवाला वर्णन सुन कर उसपर मुग्ध होता है। इसी प्रकार हीरामन से रतनसेन के सौन्दर्य का वर्णन सुनकर पदमावती की मनःस्थिति, महादेव के मन्दिर में प्रथम साक्षात्कार होने पर पदमावती और रतनसेन की मानसिक दशा, वियोग-विधुरा नागमती की कथा, अलाउद्दीन के मन में पदमावती के प्रति आकर्षण एवं पदमावती के देवपाल और अलाउद्दीन की दूतियों के प्रति व्यवहार द्वारा अपने सतीत्व की रक्षा के साथ ही अपने पति के प्रति अनन्य निष्ठा आदि के प्रदर्शन में जायसी ने प्रबन्ध को कहीं भी उखड़ने नही दिया। यही प्रेम हमें रण-क्षेत्र में

गोरा-बादल की स्वामिभक्ति के ओजस्वी रूप में एवं रतनसेन तथा देवपाल के द्वन्द्वयुद्ध में देखने को मिलता है। कथानक में इनके अतिरिक्त अन्य भी अनेक स्थल हैं जिनमें मानव-हृदय की मार्मिकता देखी जानी है। उनके सरस वर्णन इस बात के प्रमाण हैं कि कवि ने जीवन के मर्मस्थलों को देख सकने की संवेदनापूर्ण दृष्टि पाई थी। उसकी इसी सहृदयता के कारण पदमावत में प्रेम की विभिन्न मनोदशाओं के बहुत हो हृदयग्राही शब्दचित्र मिलते हैं। उसमें जीवन के विशद चित्र भले ही न हों किन्तु उसकी जितनी झाँकी दिखलाई गई है वह सुन्दर है—ऐसी सुन्दर कि उसे देखते समय मन एकाग्र हो उसकी शोभा पर मुग्ध हो जाता है।

कवित्व का उत्कर्ष

इस काव्य में प्रेम के लौकिक पक्ष की उत्कृष्टता प्रदर्शित करने के साथ ही कवि ने उसके भीतर आध्यात्मिक सौष्ठव की झलक तो दिखलाई ही है, साथ ही प्रसंगगत वस्तु और दृश्य के चित्रण एवं पात्रों के मन के भावों के प्रकाशन में भी असाधारण कौशल दिखलाया है। यह सच है कि उन्होंने ऐसे वर्णन भी किये हैं जिनमें वस्तुओं की लंबी सूची उपस्थित की है। जैसे,—सिंहलद्वीप की फुलवारी के इस वर्णन में फूलों के नाम मात्र गिनाये गये हैं—

बहुत फूल फूलीं घनबेली, केवड़ा चंपा कुंद चमेली।
सुरँग गुलाल कदम औ कूजा, सुगँध बकौरी गंध्रब पूजा।
जाही जूही बगुचन लावा, पुहुप सुदरसन लाग सुहावा।
नागेसर सदबरग नेवारीं, और सिंगारहार फुलवारीं।
सोनजरद फूलीं सेबती, रूपमंजरी और मालती।
मौलसिरी बेइलि औ करना, सबै फूल फूले बहुबरना।

इसी प्रकार जब रतनसेन ने बादशाह अलाउद्दीन को भोज दिया तब कवि ने जम कर मछली चावल आदि वस्तुओं की गणना ही नहीं की, भोजन के लिए प्रस्तुत किये गये सामिष और निरामिष पदार्थों की तालिका लिख डाली। यथा—

धरे माछ पढ़िना और रोहू, धीमर मारत करै न छोहू।
सिघरी सौरि धरी जल गाढ़े, टेंगर टोइ टोइ सब काढ़े।
सींगी भाकुर बिनि सब धरी, पथरी बहुत बाँब बनगरी।
मारे चरख औ चाल्ह पियासी, जल तजि कहाँ जाहिं जलबासी।

चढ़े जो चाउर बरनि न जाहीं, बरन बरन सब सुगँध बसाहीं।
रामभोग और काजर-रानी, झिनबा रुदवा दाउदखानी।
बासमती कजरी रतनारी, मधुकर ढेला झीनासारी।
घिउकाँदौ औ कुँवरबिलासू, रामबास आवै अति बासू।
लौंगचूर लाची अति बाँके, सोनखरीका कपुरा पाके।
कोरहन बड़हन जड़हन मिला, औ संसारतिलक खँडविला।
धनिया देवल और अजाना, कहँ लगि बरनौं जावत धाना।

निरमल माँसु अनूप बघारा, तेहि के अब बरनौं परकारा।
कटुवा बटुवा मिला सुवासू, सीझा अनबन भाँति गरासू।
बहुतै सोंधे घिउ महँ तरे, कस्तूरी केसर सौं भरे।
सेंधा लोन परा सब हाँडी, काटी कंदमूर कै आँड़ी।
सोआ सौंफ उतारे घना, तिन्ह तें अधिक आव बासना।
पानि उतारहिं ताकहिं ताका, घीउ परेह माहिं सब पाका।
औ लीन्हें माँसुन्ह के खंडा, लागे चुरै सो बड़ बड़ हंडा।

छागर बहुत समूची धरी सरागन्ह भूँजि।
जो अस जेंवन जेंवै उठै सिंघ अस गूँजि॥

भूँजि समोसा घिउ महँ काढ़े, लौंग मरिच जिन्ह भीतर ठाढ़े।
और माँसु जो अनबन बाँटा, भए फर फूल आम औ भाँटा।
नारँग दारिउँ तुरँज जँभीरा, औ हिंदवाना बालम खीरा।
कटहर बड़हर तेउ सँवारे, नरियर दाख खजूर छोहारे।
औ जावत जो खजहजा होहीं, जो जेहि बरन सवाद सो ओहीं।

उदाहरण के लिए इतना ही बस। कवि के ऊपर उद्धृत तथा इसी प्रसंग में आगे के वर्णन को सुन कर भले ही भोजन-प्रिय लोगों के मुँह में पानी भर आये, परन्तु उनका ध्यान ही इस बात की ओर न जायगा कि राजा होते हुए भी रतनसेन आठ वर्ष तक निरन्तर चल रहे युद्ध के ठीक पीछे उक्त विविध मछलियाँ और चावल राजस्थान में कैसे एकत्र कर

सका होगा ! सम्भव है जायसी के समय इस प्रकार की वस्तु-गणना से कविता के रसिकों का मन न ऊबता रहा हो, किन्तु आज के पाठक तो इसे अरुचिकर ही समझेंगे।

यदि इस ढंग के वर्णनों को छोड़ कर हम इस काव्य के मार्मिक अंशों के ऊपर दृष्टिपात करेंगे तो वस्तु और वर्णन में कवि की निरीक्षण-शक्ति और चित्र प्रस्तुत करने की क्षमता के साथ ही सुरुचि का भी बोध होगा। पदमावत का कथानक प्रारंभ होते ही सिंहल द्वीप का चित्र हमारे सामने आता है। उसके समीप पहुँचते ही उसकी अमराई[1] मन को मोह लेती है—

जबहिं दीप निअरावा जाई, जनु कविलास निअर भा आई।
घन अँबराउँ लाग चहुँ पासा, उठा पुहुमि हुत लाग अकासा।
तरिवर सबै मलैगिरि लाई, भइ जग छाँह रैन होइ आई।
मलै-समीर सोहावन छाहाँ, जेठ जाड़ लागै तेहि माहाँ।

फरे आँब अति सघन सोहाए, औ जस फरे अधिक सिर नाए।

कटहर डार पींड सन पाके, बड़हर सो अनूप अति ताके।
खिरनी पाकि खाँड़ अस मीठी, जामुन पाकि भँवर अति डीठी।
नरियर फरे फरी फरहरी, फुरै जानु इंद्रासन पुरी।
पुनि महुआ चुअ अधिक मिठासू, मधु जस मीठ पुहुप जस बासू।

---

१. आप यह न पूछिये कि ऐसी अमराई और इसके कटहल बड़हल खिरनी महुआ आदि पेड़ों का अस्तित्व सिंहल में कहीं होगा अथवा हो सकता है कि नहीं। कवि को इससे प्रयोजन नहीं प्रतीत होता कि वस्तु का स्थल से कोई लगाव है या नहीं। वह तो अपने अवध में जैसी अमराई देखता है और जो अमराई उसको दिव्यलोक की अमराई की छाँह का सुख पहुँचाती है, उसी का वर्णन करता है। सच तो यह है कि पदमावत में वस्तु ऋतु आदि का वर्णन अवध का है—चाहे वह कथानक में सिंहल चित्तौड़ आदि का भले ही कहा गया हो।

ऐसी अमराई विभिन्न पक्षियों के कलरव से नित्य गूँजती रहती है। आइये हम भी उस मधुर राग से अपने कर्ण-कुहर तृप्त करते चलें, जिसमें सदैव ऊर्ध्व की ओर उन्मुख करने का स्वर उठा करता है—

बसहिं पंखि बोलहिं बहु भाखा, करहिं हुलास देखि कै साखा।
भोर होत बोलहिं चुहचूही, बोलहिं पाँडुक एकै तूही।
सारौं सुआ सो रहचह करहीं, कुरहिं परेवा औ करबरहीं।
पीव पीव कर लाग पपीहा, तुही तुही कर गडुरी जीहा।
कुहू कुहू करि कोइल राखा, औ भिंगराज बोल बहु भाखा।
दही दही करि महरि पुकारा, हारिल बिनवै आपन हारा।
कुहकहिं मोर सोहावन लागा, होइ कुराहर बोलहिं कागा।

आगे कवि ने सिंहल नगर और उसकी हाट का भी दृश्य दिखलाया है—

सिंघलनगर देखु पुनि बसा, धनि राजा अस जे कै दसा।
ऊँची पौरी ऊँच अवासा, जनु कैलास इन्द्र कर बासा।
राव रंक सब घर घर सुखी, जो दीखै सो हँसता-मुखी।
रचि रचि साजे चंदन चौरा, पोतें अगर मेद औ गौरा।
सब चौपारहि चंदन खंभा, ओंठघि सभासद बैठे सभा।
मनहुँ सभा देवतन्ह कर जुरी, परी दीठि इंद्रासन पुरी।
सबै गुनी और पंडित ज्ञाता, संसकिरित सबके मुख बाता।

अस कै मँदिर सँवारे जनु शिवलोक अनूप।
घर घर नारि पदमिनी मोहहिं दरसन-रूप॥

पुनि देखी सिंघल कै हाटा, नवो निद्धि लछिमी सब बाटा।
कनक हाट सब कुहकुहँ लीपी, बैठ महाजन सिंघलदीपी।
रचहि हथौड़ा रूपन ढारी, चित्र कटाव अनेक सवारी।
सोन रूप भल भयेउ पसारा, धवल सिरी पोतहिं घर बारा।

रतन पदारथ मानिक मोती, हीरा लाल सो अनबन जोती।
औ कपूर बेना कस्तूरी, चंदन अगर रहा भरपूरी।

लेइ के फूल बैठि फुलहारी, पान अपूरब धरे सँवारी।
सोंधा सबै बैठ लै गाँधी, फूल कपूर खिरौरी बाँधी।
कतहूँ पंडित पढ़हिं पुरानू, धरमपंथ कर करहिं बखानू।
कतहूँ कथा कहै किछु कोई, कतहूँ नाच-कूद भल होई।
कतहुँ छरहटा पेखन लावा, कतहुँ पखंडी काठ नचावा।
कतहुँ नाद सबद होइ भला, कतहुँ नाटक चेटक कला।
कतहुँ काहु ठग बिद्या लाई, कतहुँ लेहिं मानुष बौराई।

इसी सिंहल द्वीप में राजा गंधर्वसेन का गढ़ था। उसका वैभव देखते ही बनता है। उसकी भव्यता और विशालता भी दर्शनीय है।

पुनि आइअ सिंघल गढ़ पासा, का बरनौं जनु लाग अकासा।
तरहिं कुरुम बासुकि कै पीठी, ऊपर इंद्र लोक पर दीठी।
परा खोह चहुँ दिसि अस बाँका, काँपै जाँघ जाइ नहिं झाँका।
अगम असूझ देखि डर खाई, परै सौ सपत पतारहिं जाई।
नव पौरी बाँकी नव खंडा, नवौ जो चढ़ै जाइ बरम्हंडा।
कंचन कोट जरे नग सीसा, नखतहिं भरी बीजु जनु दीसा।
लंका चाहि ऊँच गढ़ ताका, निरखि न जाइ दीठि तन थाका।

हिय न समाइ दीठि नहिं जानहुँ ठाढ़ सुमेर।
कहँ लगि कहौं उँचाई, कहँ लगि बरनौं फेर।।

निति गढ़ बाँचि चलै ससि सूरू, नाहिं त होइ बाजि रथ चूरु।
पौरी नवौ बज्र कै साजी, सहस सहस तहँ बैठे पाजी।
फिरहिं पाँच कोतवार सुभौंरी, काँपै पावैं चपत वह पौरी।
पौरिहि पौरि सिंह गढ़ि काढ़े, डरपहिं लोग देखि तहँ ठाढ़े।
बहु बिधान वै नाहर गढ़े, जनु गाजहिं चाहहिं सिर चढ़े।

टारहिं पूँछ पसारहि जीहा, कुंजर डरहिं कि गुंजरि लीहा।
कनक-सिला गढ़ि सीढ़ी लाईं, जगमगाहिं गढ़ ऊपर ताईं।

नवौ खंड नव पौरी, औ तहँ बज्र केवार।
चारि बसेरे सौं चढ़ैं, सत सौं उतरैं पार॥

नव पौरी पर दसवँ दुआरा, तेहि पर बाज राज-घरियारा।

इस प्रकार के ब्योरे देते देते कवि को मानो ऊपर के किसी अज्ञात का स्मरण हो आता है और वह उसका संकेत करते चलना आवश्यक समझता है। ऊपर अमराई के प्रसंग में घनी छाया का उल्लेख करने पर जायसी कह देते हैं—

पथिक जो पहुँचै सहि कै घामू, दुख बिसरै सुख होइ बिसरामू।
जेइ वह पाई छाँह अनूपा, फिरि नहिं आई सहै यह धूपा।

ऐसे ही हाट का वर्णन करते हुए वे कहते चलते हैं—

जिन्ह एहि हाट न लीन्ह बेसाहा, ता कहँ आन हाट कित लाहा।

और

चरपट चोर गँठिछोरा मिले रहहिं ओहि नाच।
जो ओहि हाट सजग भा गथ ताकर पै बाँच॥

और जब राजा के गढ़ में नव पैरियों के बाद दसवें द्वार की चर्चा कर के कहते हैं कि वहाँ बराबर राज-घड़ियाल (घंटा) बजा करता है तब तुरन्त ही उस घड़ियाल से निकली हुई ध्वनि जोवधारियों को सचेत करती सुनाई पड़ती है कि—

परा जो डाँड़ जगत सब डाँड़ा, का निचिंत माटी कर भाँड़ा।
तुम्ह तेहि चाक चढ़े हौ काँचे, आएहु रहै न थिर होइ बाँचे।
घरी जो भरी घटी तुम्ह आऊ, का निचिंत होइ सोउ बटाऊ।
पहरहिं पहर गजर निति होई, हिया बजर मन जाग न सोई।

मुहमद जीवन-जल भरन, रहँट-घरी कै रीति।
घरी जो आई ज्यों भरी, ढरी जनम गा बीति॥

इस काव्य में इस प्रकार के संकेत वस्तु-वर्णन और भाव-निरूपण सर्वत्र बीच बीच में होते रहते हैं। कवि वस्तुतः इन्हीं के लिए तो यह प्रतीकात्मक कहानी कह रहा है। भले ही किसी को ये रचना-सौष्ठव की दृष्टि से खटकें किन्तु कवि के लिए तो इनका अस्तित्व अनिवार्य है। आगे चल कर इसी ढंग को 'रामचरितमानस' में तुलसी ने अपनाया। उन्होंने तो स्पष्ट घोषणा भी कर दी कि—

यहि महँ आदि मध्य अवसाना, प्रभु प्रतिपाद्य राम भगवाना।

हाँ, तो जायसी ने सात समुद्रों के वर्णन में भी अधिकतर आध्यात्मिक विचारों का समावेश किया है किन्तु कहीं कहीं अच्छा शब्द-चित्र भी उपस्थित करने में सफलता पाई है। नीचे उनके द्वारा वर्णित किलकिला समुद्र का अवलोकन कीजिए। इसमें ऊँची लहरों के सम्बन्ध में की गई उत्प्रेक्षाएँ विशेष रूप से द्रष्टव्य हैं। उनसे वस्तु का रूप प्रत्यक्ष होने में बड़ी सफलता मिली है। जैसे चारों ओर ऊँची ऊँची श्याम वर्ण की लहरें आकाश तक पहुँचती हुई उठ और गिर रही हैं, मानो सभी ओर आकाश टूट कर गिर रहा है। सैकड़ों योजन ऊँची पर्वताकार लहरें आकाश को छू रही हैं। उन्होंने धरती और आकाश को मिला कर एक कर दिया है, मानो सारा समुद्र ही (अपने पैरों पर) खड़ा हो गया है (और आकाश तक पहुँच गया है)। ऐसे विकटाकार किलकिला को देख कर देखने वाले के होशहवास क्यों न गुम हो जायँ ?

पुनि किलकिला समुद्र महँ आए, गा धीरज देखत डर खाए।
भा किलकिल अस उठै हिलोरा, जनु अकास टूटै चाहुँ ओरा।
उठै लहरि परवत कै नाईं, फिरि आवै जोजन सौ ताईं।
धरती लेइ सरग लहि बाढ़ा, सकल समुद जानहुँ भा ठाढ़ा।
नीर होइ तर ऊपर सोई, माथे रंभ समुद जस होई।

फिरत समुद जोजन सौ ताका, जैसे भँवै कोहाँर क चाका।
भै परलै निअराना जबहीं, मरै जो जब परलै तेहि तबहीं।
गै औसान सबन्ह कर देखि समुद कै बाढ़ि।
निअर होत जनु लीलै रहा नैन अस काढ़ि॥

जायसी ने बरात, विवाह, भोज आदि के वर्णन का भी ध्यान रखा है। इस प्रकार के वर्णन में आजकल निरर्थक समझे जाने वाले विस्तार-पूर्वक कहे गये ब्योरे और नामों के उल्लेख को छोड़ देने पर चित्रात्मकता कम नहीं है। देखिए न, सिंहल में पदमावती के विवाह की तैयारी, जिससे वहीं नहीं स्वर्ग में भी आनन्द की धूम मच गई—

लगन धरा और रचा बियाहू, सिंघल नेवत फिरा सब काहू।
बाजन बाजे कोटि पचासा, भा अनन्द सगरौं कैलासा।
जेहि दिन कहँ निति देव मनावा, सोइ दिवस पदमावति पावा।
चाँद सुरुज मनि माथे भागू, औ गावहिं सब नखत सोहागू।
रचि रचि मानिक माँडव छावा, औ भुइँ रात बिछाब बिछावा।
चंदन खाँभ रचे बहु भाँती, मानिक-दिया बरहिं दिन राती।
घर घर बंदन रचे दुवारा, जावत नगर गीत झनकारा।
हाट बाट सब सिंघल जहँ देखहू तहँ रात।
धनि रानी पदमावति जेहि कै ऐसि बरात॥

तनिक पदमावती की चित्रशाला भी देखते चलिये, जहाँ विवाहोपरान्त वह रतनसेन से मिली—

पुनि तहँ रतनसेन पगु धारा, जहाँ नौ रतन सेज सँवारा।
पुतरी गढ़ि गढ़ि खंभन काढ़ी, जनु सजीव सेवा सब ठाढ़ी।
काहू हाथ चंदन कै खोरी, कोइ सेंदुर कोइ गहे सिंधोरी।
कोइ कुहँकुहँ केसर लिहे रहै, लावै अंग रहसि जनु चहै।
कोइ लिहे कुमकुमा चोवा, धनि कब चहै ठाढ़ि मुख जोवा।

कोइ बीरा कोइ लीन्हें बीरी, कोइ परिमल अति सुगँध-समीरी।
काहू हाथ कस्तूरी मेदू, कोइ कछु लिहे लागु तस भेदू।
पाँतिहि पाँति चहूँ दिसि सब सोंधे कै हाट।
माँझ रचा इंद्रासन पदमावति कहँ पाट॥

अब लगे हाथ राजसी ज्योनार का दृश्य भी देख लेना चाहिये—

होइ लाग जेवनार - पसारा, कनक-पत्र पसरै पनवारा।
सोन-थार मनि मानिक जरे, राय रंक के आगे धरे।
रतन-जड़ाऊ खोरा खोरी, जन जन आगे दस दस जोरी।
गडुवन हीर पदारथ लागे, देखि बिमोहे पुरुष सभागे।
जानहुँ नखत करहिं उजियारा, छपि गये दीपक और मसियारा।

पाँति पाँति सब बैठे, भाँति भाँति जेवनार।
कनक-पत्र दोनन्ह तर, कनक-पत्र पनवार॥

पहिले भात परोसे आना, जनहुँ सुबास कपूर बसाना।
झालर माँडे आए पोई, देखत उजर पाग जस धोई।
लुचुई और सोहारी धरी, एक तौ ताती औ सुठि काँवरी।
खँडरा बचका और डुभकौरी, बरी एकोतर सौ कोहड़ौरी।
पुनि सँधाने आए बसाँधे, दूध दही के मुरंडा बाँधे।
औ छप्पन परकार जो आए, नहिं अस देख न कबहूँ खाए।
पुनि जाउरि पछियाउरि आई, घिरित खाँड कै बनी मिठाई।

जेंवत अधिक सुबासित, मुँह महँ परत बिलाइ।
सहस स्वाद सो पावै, एक कौर जो खाइ॥

जायसी ने यात्रा-वर्णन भी लिखे हैं। युद्ध के अभियान और सेना के प्रयाण के ये वर्णन भी अच्छे बन पड़े हैं। शेरशाह की सेना के प्रस्थान की केवल चर्चा ही चलाई गई है, परन्तु वह थोड़ी होते हुए भी बहुत ओजमयी है—

बरनौं सूर भूमिपति राजा, भूमि न भार सहै जेहि साजा।
हय गय सेन चलै जग पूरी, परबत टूटि उड़हि होइ धूरी।
रेनु रैनि होइ रविहिं गरासा, मानुख पंखि लेहिं फिरि बासा।
भुँई उड़ि अंतरिक्ख मृतमंडा, खंड खंड धरती बरम्हंडा।
डोलै गगन इन्द्र डरि काँपा, बासुकि जाइ पतारहि चाँपा।
मेरु धसमसै समुद सुखाई, बनखँड टूटि खेह मिलि जाई।
अगिलहिं कहँ पानी लेइ बाँटा, पछिलहिं कह नहिं काँदौं आटा।

जो गढ़ नएउ न काहुहि चलत होइ सो चूर।
जब वह चढ़ै भूमिपति सेरसाहि जग सूर॥

जिस समय अलाउद्दीन ने चित्तौड़ पर आक्रमण किया उस समय उसकी सेना का क्या रूप था और उसका कैसा आतंक छा गया था यह अधिक विस्तारपूर्वक वर्णित है—

लिखा पत्र चारिहु दिसि धाए, जावत उमरा बेगि बोलाए।
दुंद घाव भा इंदु सकाना, डोला मेरु सेल अकुलाना।
धरती डोलि कमठ खरभरा, मथन-अरंभ समुद महँ परा।
साह बजाइ कढ़ा जग जाना, तीस कोस भा पहिल पयाना।

हस्ति घोड़ औ दर पुरुष जावत बेसरा ऊँट।
जहँ जहँ लीन्ह पलानै कटक सरह अस छूट॥

चले पंथ बेसर सुलतानी, तीख तुरंग बाँक कनकानी।
कारे कुमइत लील सुपेते, खिंग कुरंग बोज दुर केते।
अबलक अरबी लखी सिराजी, चौघर चाल समँद भल ताजी।
किरमिज नुकरा जरदे भले, रूपकरान बोलसरु चले।
पँचकल्यान सँजाब बखाने, महि सायर सब चुनि चुनि आने।
मुसुकी औ हिरमिजी इराकी, तुरुकी कहे भोथार बुलाकी।

सिर औ पूँछ उठाए चहुँ दिसि साँस ओनाहिं।
रोस भरे जस बाउर पवन तुरास उड़ाहिं॥

लोहसार हस्ती पहिराए , मेघ साम जनु गरजत आए ।
मेघहि चाहि अधिक वै कारे , भयउ असूझ देखि अँधियारे ।
जसि भादौं निसि आवै दीठी , सरग जाइ हिरकी तिन्ह पीठी ।
सवा लाख हस्ती जब चाला , परबत सहित सबै जग हाला ।
चले गयंद माति मद आवहिं , भागहिं हस्ति गंध जौ पावहिं ।
ऊपर जाइ गगन सिर धँसा , औ धरती तर कहँ धसमसा ।
भा भुइँचाल चलत जग जानी , जहँ पग धरहिं उठै तहँ पानी ।
चलत हस्ति जग काँपा , चाँपा सेस पतार ।
कमठ जो धरती लेइ रहा , बैठि गयेउ गजभार ।।

धनि सुलतान जेहिक संसारा , उहै कटक अस जोरै पारा ।
सबै तुरुक-सिरताज बखाने , तबल बाज औ बाँधे बाने ।
लाखन मार बहादुर जंगी , जँबुर कमानै तीर खदंगी ।
जीभा खोलि राग सौं मढ़े , लेजिम घालि एराकिन्ह चढ़े ।
चमकहिं पाखर सार-सँवारी , दरपन चाहि अधिक उजियारी ।
बरन बरन औ पाँतिहि पाँती , चली सो सेना भाँतिहि भाँती ।
बेहर बेहर सब कै बोली , बिधि यह खानि कहाँ दहुँ खोली ।
सात सात जोजन कर एक दिन होइ पयान ।
अगिलहि जहाँ पयान होइ पछिलहि तहाँ मिलान ।।

बादशाह हठि कीन्ह पयाना , इंद्र भँडार डोल भय माना ।
नवे लाख असवार जो चढ़ा , जो देखा सो लोहे-मढ़ा ।
बीस सहस घहराहिं निसाना , गलगंजहिं भेरी असमाना ।
बैरख ढाल गगन गा छाई , चला कटक धरती न समाई ।
सहस पाँति गज मत्त चलावा , धँसत अकास धसत भुइँ आवा ।
बिरिछ उचारि पेड़ि सौं लेहीं , मस्तक झारि डारि मुख देहीं ।
चढ़हिं पहार हिये भय लागू , बनखँड खोह न देखहिं आगू ।

कोइ काहू न सँभारे, होत आव तस चाँप।
धरति आपु कहँ काँपै, सरग आपु कहँ काँप॥

चलीं कमानैं जिन्ह मुख गोला, आवहिं चली धरति सब डोला।
लागे चक्र बज्र के गढ़े, चमकहिं रथ सोने सब मढ़े।
तिन्ह पर बिषम कमानैं धरीं, साँचे अष्टधातु कै ढरीं।
सौ सौ मन वै पीयहिं दारू, नागहिं जहाँ सो टूट पहारू।
माती रहहिं रथन्ह पर परी, सत्रुन्ह महँ ते होहिं उठि खरी,
जौ लागैं संसार न डोलहिं, होइ भुइँकंप जीभ जौ खोलहिं।
सहस सहस हस्तिन्ह कै पाँती, खींचहिं रथ डोलहिं नहिं माती।

नदी नार सब पाटहिं जहाँ धरहिं वै पाव।
ऊँच खाल बन बीहड़ होत बराबर आव॥

सेना के प्रयाण का ही नहीं उसके युद्ध का भी दृश्य-विधान जायसी ने किया है। इसका सजीव चित्र देखिये—

ओनइ आए दूनौ दल साजे, हिन्दू तुरक दुवौ रन गाजे।
दुवौ समुद दधि उदधि अपारा, दूनौ मेरु खिखिंद पहारा।
कोपि जुझार दुवौ दिसि मेले, और हस्ती हस्ती सहुँ पेले।
आँकुस चमकि बीजु अस बाजहिं, गरजहिं हस्ति मेघ जनु गाजहिं।

धरती सरग एक भा, जूहहि ऊपर जूह।
कोई टरै न टारे, दूनौ बज्र-समूह॥

हस्ती सहुँ हस्ती हठि गाजहिं, जनु परबत परबत सौं बाजहि।
गुरू गयंद न टारे टरहीं, टूटहिं दाँत माथ गिरि परहीं।
परबत आइ जो परहिं तराहीं, दर महं चाँपि खेह मिलि जाहीं।
कोइ हस्ती असवारहि लेहीं, सूँड़ समेटि पायं तर देहीं।
कोइ असवार सिंघ होइ मारहिं, हनि कै मस्तक सूँड़ उपारहिं।
गरब गयंदन्ह गगन पसीजा, रुहिर चुवै धरती सब भीजा।
कोइ मैमंत संभारहिं नाहीं, तब जानहिं जब गुद निर जाहीं।

गगन रुहिर जस बरसै धरती बहै मिलाइ।
सिर धर टूटि बिलाहिं तस पानी पंक बिलाइ ॥

आठौं बज्र जूझ जस सुना, तेहि तें अधिक भएउ चौगुना।
बाजहिं खड़ग उठै दर आगी, भुइं जरि चहै सरग कहं लागी।
चमकहिं बीजु होइ उजियारा, जेहि सिर परै होइ दुइ फारा।
मेघ जो हस्ति हस्ति सहु गाजहिं, बोजु जो खड़ग खड़ग सौं बाजहिं।
बरसहिं सेल बान होइ काँदो, जस बरसै सावन औ भादों।
झपटहिं कोपि परहिं तरवारी, औ गोला ओला जस भारी।
जूझे वीर कहौं कहँ ताईं, लेइ अछरी कैलास सिधाईं।

जहाँ जायसी इस प्रकार का समष्टि युद्ध का वर्णन करने में समर्थ थे वहीं व्यष्टि वा द्वन्द्व युद्ध का वर्णन करने में भी प्रवीण थे। जब सुलतान अलाउद्दीन के बंदीगृह से छुड़ा कर बादल रतनसेन को ले कर चित्तौड़ को ओर बढ़ गया तब गोरा सहस्र कुमारों को साथ ले पीछा करती शाही सेना से भिड़ गया। अपने साथियों के वीरगति पाने के अनन्तर अकेला गोरा कैसे लड़ा यह देखिए—

गोरै देख साथि सब जूझा, आपन काल निअर भा बूझा।
कोपि सिंघ सामुहँ रन मेला, लाखन्ह सौं नहिं मरै अकेला।
लेइ हाँकि हस्तिन्ह कै ठटा, जैसे पवन बिदारै घटा।
जेहि सिर देइ कोपि करवारू, स्यों घोड़े टूटै असवारू।
लोटहिं सीस कबंध निनारे, माठ मजीठ जनहुँ रन ढारे।
खेलि फाग सेंदुर छिरकावा, चाँचरि खेलि आगि जनु लावा।
हस्ती घोड़ धाइ जो धूका, ताहि कीन्ह सो रुहिर भभूका।

भइ अग्यां सुलतानी, बेगि करहु एहि हाथ।
रतन जात है आगे, लिए पदारथ साथ ॥

सबै कटक मिलि गोरहिं छेका, गूंजत सिंघ जाइ नहिं टेका।

जेहि दिसि उठै सोइ जनु खावा, पलटि सिंघ तेहि ठावँ न आवा।
तुरुक बोलावहिं बोलै बाँहा, गोरै मीचु धरी जिउ माँहा।
मुए पुनि जूझि जाज जगदेऊ, जियत न रहा जगत महँ केऊ।
जिनि जानहु गोरा सो अकेला, सिंघ के मोंछ हाथ को मेला।
सिंघ जियत नहिं आपु धरावा, मुए पाछ कोई घिसियावा।
करै सिंघ मुख सौहहिं दीठी, जौ लगि जियै देइ नहिं पीठी।

रतनसेन जो बाँधा मसि गोरा के गात।
जौ लगि रुधिर न धोवौं तौ लगि होइ न रात॥

यों गोरा ने अकेले ऐसा शौर्य प्रदर्शित किया कि अलाउद्दीन की सेना के दाँत खट्टे हो गये। अपने स्वामी की सेना की यह दशा देख सरजा अपने बल का बखान करता हुआ गोरा पर झपटा। उन दोनों का इन्द्र-युद्ध देखिये—

पहुँचा आइ सिंघ असवारू, जहाँ सिंघ गोरा बरियारू।
मारेसि साँग पेट महँ धँसी, काढ़ेसि हुमुकि आँति भुइँ खसी।

भाँट कहा धनि गोरा, तू भा रावन राव।
आँति समेटि बाँधि कै, तुरय देत है पाव॥

कहेसि अंत अब भा भुइं परना, अंत सो तंत खेह सिर भरना।
कहि कै गरजि सिंघ अस धावा, सरजा सारदूल पहँ आवा।
सरजै लीन्ह साँग पर घाऊ, परा खड़ग जनु परा निहाऊ।
बज्र कै साँग बज्र कै डाँडा, उठी आगि तस बाजा खाँडा।
जानहु बज्र बज्र सौं बाजा, सब ही कहा परी अब गाजा।
दूसर खड़ग कूँड़ पर दीन्हा, सरजे ओहि ओड़न पर लीन्हा।
तीसर खड़ग कंध पर लावा, काँध गुरुज हुत घाव न आवा।

तस मारा हठि गोरे उठी बज्र के आगि।
कोइ निअरे नहिं आवै सिंघ सदूरहिं लागि॥

तब सरजा गरजा बरिबंडा, जनहु सदूर केर भुजदंडा।
कोपि गुरुज मेलेसि तस बाजा, जानहु परी टूटि सिर गाजा।
ठाँठर टूट फूट सिर तासू, स्यों सुमेरु जनु टूट अकासू।
धमकि उटा सब सरग पतारू, फिरि गई दीठि फिरा संसारू।
भइ परलय अस सबही जाना, काढ़ा खड़ग सरग निअराना।
तस मारेसि स्यों घोड़ै काटा, धरती फाटि सेस फन फाटा।
जौ अति सिंघ बरी होइ आई, सारदूल सौं कौनि बड़ाई।

जायसी ने इस द्वन्द्व-युद्ध में सरजा और गोरा की सापेक्ष्य श्रेष्ठता का संकेत कैसी चतुराई से दिया है। यही चतुराई उन्होंने रतनसेन और देवपाल के द्वन्द्व-युद्ध के सूचनात्मक जैसे वर्णन में भी दिखलाई है। जब रतनसेन चढ़ कर कुंभलनेर पहुँचा और उसकी एवं देवपाल की सेनाएँ आपस में भिड़ गईं तब देवपाल ने रतनसेन को द्वन्द्वयुद्ध के लिए ललकारा। तदनन्तर उसने

मेलेसि साँग आइ बिष भरी, मेटि न आइ काल कै घरी।
आइ नाभि तर साँग बईठी, नाभि बेधि निकसी सो पीठी।

इस प्रकार आहत होते हुए भी रतनसेन ने देवपाल को हाथ से जाने न दिया। ज्यों ही वह जाने को हुआ कि रतनसेन ने उस पर वार किया और देवपाल का सिर धड़ से अलग कर दिया—

चला मारि तब राजै मारा, टूट कंध धर भएउ निनारा।
सीस काटि कै बैरी बाँधा, पावा दावं बैर जस साधा।

उपर्युक्त और कुछ अन्य प्रकरणों में जायसी के वस्तु-चित्रण की जो सुघरता देखी जाती है वह उससे कहीं अधिक पदमावती के शारीरिक सौन्दर्य के वर्णन में मिलती है। यह इसलिए कि पदमावती अलौकिक सत्ता का प्रतिबिंब है और वह दिव्य सत्ता कवि की उपास्य। इसीलिए जायसी ने पूरी उमंग के साथ पदमावती के सौन्दर्य का वर्णन अनेक

अवसरों पर किया है। उसकी प्रथम झलक देखिये और साथ ही उस सौन्दर्य के विश्वव्यापक प्रभाव को भी ध्यान से हटने न दीजिये—

मैं उनंत पदमावति बारी, रचि रचि बिधि सब कला संवारी।
जग बेधा तेहि अंग-सुबासा, भंवर आइ लुबुधे चहुँ पासा।
बेनी नाग मलयगिरि पैठी, ससि माथे होइ दूइज बैठी।
भौंह धनुक साधे सर फेरै, नयन कुरंग भूलि जनु हेरै।
नासिक कीर कंवल मुख सोहा, पदमिनि रूप देखि जग मोहा।
मानिक अधर दसन जनु हीरा, हिय हुलसे कुच कनक-गंभीरा।
केहरि लंक गवन गज हारे, सुर नर देखि माथ भुइँ धारे।
जग कोइ दीठि न आवै आछहिं नैन अकास।
जोगि जती संन्यासी तप साधहिं तेहि आस॥

सो यह पदमावती अपनी सहेलियों के साथ एक दिन मानसरोदक स्नान के लिए गई। उस समय उसका सौन्दर्य कैसा था और वह कितना प्रभावशाली था—इसका जायसी ने बड़ा ही मनोहर वर्णन किया है—

सरवरु तीर पदुमिनी आई, खोंपा छोरि केस मुकलाई।
ससि मुख अंग मलयगिरि बासा, नागन्ह झाँपि लीन्ह चहुँ पासा।
ओनइ घटा परी जग छाहाँ, ससि के सरन लीन्ह जनु राहाँ।
छपि गै दिनहिं भानु कै दसा, लेइ निसि नखत चाँद परगसा।
भूलि चकोर दीठि मुख लावा, मेघघटा महँ चंद देखावा।
दसन दामिनी कोकिल भाखी, भौंहें धनुख गगन लेइ राखी।
नैन खँजन दुइ केलि करेहीं, कुच नारँग मधुकर रस लेहीं।
सरवर रूप बिमोहा, हिये हिलोरहिं लेइ।
पावँ छुवै मकु पावौं, एहि मिस लहरहिं देइ।

पदमावती का यह अलौकिक सौन्दर्य जायसी ने उसके नख-शिख-वर्णन के रूप में बहुत ही विस्तार के साथ अंकित किया है। जान पड़ता है कि

उसके प्रति कवि का मन इतना लुभा गया था कि उसने प्रबन्ध काव्य के लिए वर्जित पुनरुक्ति की चिन्ता न कर के उस अनूठे सौन्दर्य का वर्णन दो अवसरों पर, सो भी पूरे व्योरे के साथ किया—एक तो जिस समय रतनसेन के मन में पदमावती के प्रति अनुराग उत्पन्न करने के लिए हीरामन उसका मादकतापूर्ण ढंग से विवरण प्रस्तुत करता है और दूसरे जब अलाउद्दीन के मन में रानी पदमावती के लिए चाह पैदा करने के लिए राघव चेतन उसका बखान करता है। इन दोनों प्रसंगों में पदमावती के अंग-प्रत्यंग का विशद रूप से वर्णन किया गया है। ऊपर उद्धृत अवतरण में उसके शरीर के जिन थोड़े से अवयवों की असाधारण शोभा का दिग्दर्शन मात्र है उनका बहुत विस्तारपूर्वक लुभावना वर्णन इन दोनों अवसरों पर किया गया है। हीरामन कुमारावस्था में पदमावती की माँग की शोभा यों बखानता है—

बरनौं माँग सीस उपराहीं, सेंदुर अबहि चढ़ा जेहि नाहीं।
बिनु सेंदुर अस जानहु दीआ, उजियर पंथ जनि महँ कीआ।
कंचन रेख कसौटी कसी, जनु धन महँ दामिनि परगसी।
सुरुज किरिन जनु गगन बिसेखी, जमुना माँह सुरसती देखी।
खाँड़ै धार रुहिर जनु भरा, करवत लेइ बेनी पर धरा।
तेहि पर पूरि धरे जो मोती, जमुना माँझ गंग कै सोती।
करवत तपा लेहिं होइ चूरू, मकु सो रुहिर लेइ देइ सेंदूरू।

कनक दुआदस बानि होइ चह सोहाग वह माँग।
सेवा करहिं नखत सब उवै गगन जस गाँग॥

इस वर्णन में दो बातें विशेष रूप से द्रष्टव्य हैं—एक तो जिसकी ऐसी माँग है उसके लिए अपना शरीर किसी उपयोग का हो सके तो कितना अच्छा हो, इस आशा से तपस्वी करवत (आरे) से अपना सिर चिरवाते हैं कि हमारे रक्त को वह सिन्दूर बना कर उस माँग में लगा ले। यह तो हुआ उसमें अलौकिक सत्ता के प्रति संकेत। दूसरे, अभी वह माँग

भरी नहीं, सौभाग्य चाहती है—यह कह कर सुआ रतनसेन को पदमावती को प्राप्त करने के लिए उत्सुक करता है ।

अब राघव चेतन के द्वारा वर्णित रानी पदमावती की वेणी की सुषमा देखिये—

बेनी छोरि झार जौ केसा, रैनि होइ जग दीपक लेसा ।
सिर हुँत बिसहर परे भुईंबारा, सगरौ देस भएउ अँधियारा ।
सकपकाहिं बिष-भरे पसारे, लहरि-भरे लहरहिं अति कारे ।
जानहुँ लोटहिं चढ़े भुअंगा, बेधे बास मलयगिरि-अंगा ।
लुरहिं मुरहिं जनु मानहिं केली, नाग चढ़े मालति कै बेली ।
लहरैं देइ जनहुँ कालिन्दी, फिरि फिरि भँवरि होइ चित-बंदी ।
चँवर ढुरत आछै चहुँ पासा, भँवर न उड़हिं जो लुबुधे बासा ।

होइ अँधियार बीजु घन लौकै जबहि चीर गहि झाँप ।
केस-नाग कित देख मैं, सँवरि सँवरि जिय काँप ।।

जब पदमावती अपने लंबे केश खोल देती है तब सारे जगत् में अँधेरा छा जाता है—यह कह कर यहाँ भी कवि उसके अलौकिक सत्ता के प्रतीकत्व की सूचना देता है । काले कुटिल केशों की छवि का यह वर्णन अलाउद्दीन के लिए उद्दीपन का काम करे यही इसका उद्देश्य है। जैसा ऊपर कह आये हैं पदमावती के सौन्दर्य के विशद वर्णन के द्वारा कवि सर्वत्र यही दिखाना चाहता है कि वह भागवत सत्ता के ही सौन्दर्य की झलक मात्र है । निराकारोपासक होने के कारण जायसी ने कहीं भी यह न कहा कि पदमावती परमात्मस्वरूप है, किन्तु उसके सौन्दर्य का अखिल विश्व के समस्त चेतन अचेतन मानव एवं अन्य जीवों पदार्थों आदि के ऊपर पड़ा हुआ प्रभाव यह सूचित करने के लिए यथेष्ट है कि वह प्रतीक रूप में उसी दिव्य सत्ता का प्रतिनिधित्व करती है ।

जायसी ने प्रकृति का चित्रण भी किया है, किन्तु अधिकतर पात्रों के मनोगत भावों के उद्दीपन के निमित्त ही । सिंहल द्वीप के वर्णन के प्रसंग

में प्रकृति के दृश्य-विधान की चर्चा ऊपर की जा चुकी है। जहाँ वस्तु-गणना ही की गई है, वहाँ वर्णन की चारुता कहाँ ? जहाँ अलंकार विशेष के प्रदर्शन अथवा अदृश्य रूप की ओर संकेत करने के लिए भी प्रकृति का उपयोग हुआ है वहाँ भी बहुधा उसमें चित्रात्मकता नहीं। फिर भी बीच बीच में ऐसे मनोरम दृश्य आ जाते हैं—

ताल तलावरि बरनि न जाहीं, सूझै बार पार किछु नाहीं।
फूले कुमुद सेत उजियारे, मानहुँ उए गगन महँ तारे।
उतरहिं मेघ चढ़हिं लेइ पानी, चमकहिं मच्छ बीजु कै बानी।
पौरहिं पंखि सो संगहि संगा, सेत पीत राते बहु रंगा।
चकई चकवा केलि कराहीं, निसि के बिछोह दिनहि मिलि जाहीं।
कुररहिं सारस करहिं हुलासा, जीवन मरन सो एकहिं पासा।
बोलहिं सोन ढेक बगलेदी, रही अबोल मीन जल भेदी।

नग अमोल तेहि तालहिं दिनहिं बरहिं जस दीप।
जो मरजिआ होइ तहँ सौ पावइ वह सीप॥

ऋतुओं के वर्णन जहाँ संयोग अथवा वियोग के उद्दीपन के रूप में हुए हैं वहाँ भी यदा कदा उनमें प्रकृति के रम्य रूप के दर्शन होते हैं। षड्-ऋतु-वर्णन के प्रसंग में विविध ऋतुओं में प्रियतम के मिलन का सुख भोग रही पदमावती का उल्लास देखा जाता है। उसमें प्राकृतिक सुषमा का चित्रण भी हो गया है। यथा—

रितु पावस बरसै पिउ पावा, सावन भादौं अधिक सोहावा।
पदमावति चाहत ऋतु पाई, गगन सोहावन भूमि सोहाई।
कोकिल बैन पाँत बग छूटी, धनि निसरीं जनु बीरबहूटी।
चमक बीजु बरसै जल सोना, दादुर मोर सबद सुठि लोना।
सीतल बूँद ऊँच चौपारा, हरिअर सब देखाइ संसारा।
हरिअर भूमि कुसुंभी चोला, औ धनि पिउ सँग रचा हिंडोला।

पवन झकोरे होइ हरष, लागे सीतल बास।
धनि जानै यह पवन है, पवन सो अपने आस॥

नागमती के वियोग के वर्णन में बारहमासे के द्वारा मुख्यतया उसकी मनोव्यथा के विविध चित्र खींचे गये हैं, किन्तु यत्र तत्र प्रकृति की रमणीयता भी दिखलायी पड़ती है। जैसे,

चढ़ा असाढ़ गगन घन गजा, साजा बिरह दुंद दल बाजा।
धूम साम धौरे घन धाए, सेत धजा बग पाँति देखाए।
खड़ग बीजु चमकै चहुँ ओरा, बुंद बान बरसहिं घन घोरा।
अद्रा लाग लागि भुइँ लेई, मोहिं बिनु पिउ को आदर देई।

भा बैसाख तपनि अति लागी, चोआ चीर चँदन भा आगी।
सूरुज जरत हिवंचल ताका, बिरह बजागि सौंह रथ हाँका।
जरत बजागिनि करु पिउ छाहाँ, आइ बुझाउ अँगारन्ह माहाँ।
लागिउँ जरैं जरैं जस भारू, फिर फिर भूँजेसि तजेउँ न बारू।
सरवर हिया घटत निति जाई, टूक टूक होइ कै बिहराई।
बिहरत हिया करहु पिउ टेका, दीठि दवँगरा मेरवहु एका।
कवँल जो बिगसा मानसर बिनु जल गएउ सुखाई।
कबहुँ बेलि फिरि पलुहै जौ पिउ सींचै आइ॥

वस्तु का स्वाभाविक चित्र आँकने में जायसी कितने निपुण थे इसका एक और मनोरम प्रसंग उस समय देखा जाता है जिस समय कौमारावस्था में पदमावती अपनी समवयस्का सहेलियों के साथ मानसरोवर नहाने गई थी। वे सब भी उसी के समान अविवाहिता थीं। मायके में परस्पर निःसंकोच बातें करने और खेलने-कूदने का जो अवसर उमंग से भरी युवतियों को मिला करता है, उसकी कैसी सहज सलोनी छवि इस उद्धरण में देखी जाती है—

एक दिवस पूनिउँ तिथि आई, मानसरोदक चली अन्हाई।
पदमावति सब सखी बुलाईं, जनु फुलवारि सबै चलि आईं।
खेलत मानसरोवर गईं, जाइ पाल पर ठाढ़ी भईं।
देखि सरोवर रहसहिं केली, पदमावति सौं कहहिं सहेली।
ए रानी मन देखु बिचारी, एहि नैहर रहना दिन चारी।
जौ लगि अहै पिता कर राजू, खेलि लेहु जो खेलहु आजू।
पुनि सासुर हम गवनब काली, कित हम कित यह सरवर पाली।
कित आवन पुनि अपने हाथा, कित मिलि कै खेलब एक साथा।

मिलहिं रहसि सब चढ़हिं हिंडोरी। झूलि लेहिं सुख बारी भोरी।
झूलि लेहु नैहर जब ताईं, फिरि नहिं झूलन देइहिं साईं।

सरवर तीर पदुमिनी आई, खोंपा छोरि केस मुकलाई।
ससि मुख अंग मलयगिरि बासा, नागन्ह झाँपि लीन्ह चहुँ पासा।
धरी तीर सब कंचुकि सारी, सरवर महँ पैठीं सब बारी।
पाइ नीर जानौं सब बेली, हुलसहिं करहिं काम कै केली।
करिल केस बिसहर बिसभरे, लहरैं लेहिं कवँल मुख धरे।
सरिवर नहिं समाइ संसारा, चाँद नहाइ पैठ लेइ तारा।

लागीं केलि करैं मँझ नीरा, हंस लजाइ बैठ ओहि तीरा।
पदमावति कौतुक कहँ राखी, तुम ससि होहु तराइन्ह साखी।
बाद मेलि कै खेल पसारा, हार देइ जो खेलत हारा।
सँवरिहि साँवरि, गोरिहि गोरी, आपनि आपनि लीन्ह सो जोरी।
बूझि खेल खेलहु एक साथा, हार न होइ पराए हाथा।

वस्तु और रूप का सजीव वर्णन करने की अपेक्षा जायसी को पात्रगत भावों के उद्‌घाटन में कहीं अधिक सफलता मिली है। पदमावती में जीवन के विस्तृत चित्रण का अभाव है। उसमें प्रेम का वर्णन ही प्रधान

है। जायसी ने काव्य शास्त्र के बँधे-बँधाये ढाँचे के अनुसार रस के विविध अवयवों के सांगपांग निरूपण की चेष्टा नहीं की। उन्होंने केवल उन्हीं बातों का वर्णन किया जिनसे प्रेमी और प्रेमिका की मानसिक दशा का पूरा पूरा पता चल जाय। उन्होंने संयोग और बियोग दोनों पक्षों के निरूपण का प्रयास किया है, किन्तु जान पड़ता है उनकी वृत्ति वियोग के समय मन की दशाओं का जितना सूक्ष्म निरीक्षण एवं प्रदर्शन करने में रमी थी उतना संयोग काल की मानसिक स्थिति में नहीं। फिर भी यह कहना ठीक न होगा कि संभोग शृंगार की ओर उन्होंने यथेष्ट दृष्टिपात नहीं किया। प्रेमोद्गारों की अभिव्यक्ति एवं प्रेम-दशाओं का चित्रण करते समय जायसी ने पात्र के अभिजात कुल में जन्म वा समाज में प्राप्त प्रतिष्ठा के अनुरूप कृत्रिमतापूर्ण वर्णन नहीं किये, किन्तु मानवोचित सहज तथा स्वाभाविक रूप में किये हैं। उनके काव्य के व्यक्ति नाम भर को राजकुलोद्भव हैं, परन्तु विचारों और भावों को प्रकट करने में सामान्य मानव से तनिक भी भिन्न नहीं हैं। जायसी की यह विशेषता उनके पात्रों के प्रति सर्वसाधारण को अपने इतना निकट खींच लाने में समर्थ हुई है, इस बात को ध्यान में रखने से पदमावत के पात्रों के भाव-निरूपण का वास्तविक सौन्दर्य दिखलाई पड़ेगा।

यौवनागम के समय नारी समाज में प्रचलित वैवाहिक सम्बन्ध का अनुभव करने लगती है। वह अपने मन की यह अनुभूति किसी आत्मीय से कहने के लिए आकुल हो उठती है। बहुधा किसी सहेली से मन का यह भेद खोलने में लज्जाशीला युवती संकोच नहीं करती। एक दिन पद्मावती अपनी यह मनोदशा अपने पिता के द्वारा अपने पास रखे हीरामन सुए से कह ही तो बैठी—

सुनु हीरामनि कहौं बुझाई, दिन दिन मदन सतावै आई।
पिता हमार न चालै बाता, त्रासहि बोलि सकै नहिं माता।
देस देस के बर मोहि आवहिं, पिता हमार न आँख लगावहिं।

सम्भोग शृंगार का वर्णन करते समय जायसी ने पदमावती को नारी के ही रूप में देखा है। उस समय वह उसमें अलौकिकता की झलक देखना भूल सा गये थे। इसी से उन्होंने ऐसी बातें भी नितान्त खुल कर कह डाली हैं जिन्हें मर्यादित नहीं कहा जा सकता, भले ही उनमें वास्तविकता हो सकती हो और आज के घोर यथार्थवादी कवि या कविता-प्रेमी उन्हें कितना ही क्यों न सराहें। इसी से उन्हें उद्घृत करने में संकोच होता है। फिर भी प्रियतम से पहलेपहल मिलने पर पदमावती के द्वारा अपने मन की मिलन-उत्कंठा के प्रकट करने का यह रसमय प्रकरण दर्शनीय है—

जब हीरमन भएउ सँदेसी, तुम्ह हुत मँडप गइउँ परदेसी।
तोर रूप तस देखेउँ लोना, जनु जोगी तू मेलेसि टोना।
सिधि-गुटिका जो दिस्टि कमाई, पारहि मेलि रूप बैसाई।
भुगुति देई कहँ मैं तोंहि दीठा, कँवल-नैन होई भौंर बईठा।
नैन पुहुप दू अलि भा सोभी, रहा बेधि अस उड़ा न लोभी।

जाकरि आस होइ जेहि, तेहि पुनि ताकरि आस।
भौंर जो दाधा कँवल कहँ, कस न पाव सो बास॥

कौन मोहनी दहुँ हुति तोही, जो तोहि बिथा सो उपनी मोहि।
बिनु जल मीन तलफ अस जीऊ, चातकि भइउँ कहत पिउ पीऊ।
जरिउँ बिरह जस दीपक बाती, पंथ जोहत भइ सीप सेवाती।
डाढ़ि डाढ़ि जिमि कोइल भई, भइउँ चकोरि नींद निसि गई।
तोरे पेम पेम मोहिं भएऊ, राता हेम अगिनि जिमि तएऊ।

जैसा कह चुके हैं जायसी को विप्रलंभ शृंगार के वर्णन आश्चर्य-जनक सफलता मिली है। स्वयं भी प्रेम की पीर से व्याकुल रहने वाले सूफी साधक के काव्य का यही अंश सब से लुभावना भी है। पदमावतो को रतनसेन के मिलने के पूर्व ही उसकी प्रेम-साधना के प्रभाव का अनुभव हुआ था। तभी हीरामन से रतनसेन के सिंहलद्वीप में आने का समाचार सुनने के पहले ही एक दिन—

पदमावती तेहि जोग सँजोगा, परी पेम बस गहे बियोगा।
नींद न परै रैनि जौ आवा, सेज केंवाच जानु कोई लावा।
दहै चंद और चंदन चीरू, दगध करै तन बिरह गँभीरू।
कलप समान रैनि तेहि बाढ़ी, तिलतिल भर जुग जुग जिमि गाढ़ी।
गहै बीन मकु रैनि बिहाई, ससि बाहन तब रहै ओनाई।
पुनि धनि सिंघ उरेहै लागै, ऐसिहि बिथा रैनि सब जागै।

और रतनसेन के बंदी हो कर दिल्ली चले जाने पर पदमावती की वियोग-व्यथा उसके इस विलाप में आज भी प्रतिध्वनित हो रही है—

नीर गँभीर कहाँ हो पिया, तुम्ह बिनु फाटै सरवर-हिया।
गएहु हेराइ परेहु केहि हाथा, चलत सरोवर लीन्ह न साथा।
चरत जो पंखी केलि कै नीरा, नीर घटे कोई आव न तीरा।
कँवल सूख पँखुरी बेहरानी, गलि गलि कै मिलि छार हेरानी।
बिरह रेत कंचन तन लावा, चून चून कै खेह मेरावा।
कनकजो कन कन होइ बेहराई, पिय कहँ छार समेटै आई।
बिरह पवन बह छार सरीरू, छारहि आनि मेरावहु नीरू।
अबहुँ जियावहु कै मया, बिथुरी छार समेट।
नइ काया अवतार नव, होइ तुम्हारे भेंट।।

परन्तु कवि ने वियोग की प्रत्यक्ष मूर्ति खड़ी कर दी है नागमती के बासहमासे में। सारी प्रकृति मानों उसके साथ मिल कर रतनसेन के लिए तड़प उठी है। उस प्रकरण का एक एक शब्द विरहिणी नारी के हृदय का सच्चा और अकृत्रिम उद्‌गार है। वह उसी मार्ग में आँख गड़ाये बैठी रहती जिससे सुए के बहकाने से रतनसेन उसे छोड़ कर चला गया था। उसकी दशा कैसी हो गई थी, देखिये---

बिरह बान तस लाग न डोली, रकत पसीज भीजि गइ चोली।
सूखा हिया हार भा भारी, हरे हरे प्रान तजिहिं सब नारी।
खन एक आव पेट महँ साँसा, खनहि जाइ जिउ होइ निरासा।
पवन डोलावहिं सींचहिं चोला, पहर एक समुझहिं मुख बोला।

प्रान पयान होत केइँ राखा , को मिलाव चात्रिक कै भाखा।

आहि जो मारै बिरह कै , आगि उठी तेहि लाग।
हंस जो रहा सरीर महँ , पाँख जरा जब भाग॥

इस प्रकार विरह की सताई जर्जर नागमती ने जिस प्रकार रो रो कर बारह महीने बिताये (**रोइ गँवाये बारहमासा**) उसकी थोड़ी सी बानगी लीजिए। सावन में सारा संसार हरा-भरा है किन्तु वियोगिनी सूख रही है। उसे तो जीवन की यात्रा की राह ही दिखलाई नहीं पड़ती। देखिये न—

सावन बरस मेह अति पानी , भरनि भरइ हौं बिरह झुरानी।
लाग पुनरबसु पीउ न देखा , भइ बाउरि कहँ कंत सरेखा।
रकत कै आँसू परहिं भुइँ टूटी, रेंगि चलीं जस बीरबहूटी।
सखिन्ह रचा पिउ संग हिंडोला, हरिअरि भूमि कुसुंभी चोला।
हिय हिंडोल अस डोलै मोरा, बिरह झुलाइ देइ झकझोरा।
बाट असूझ अथाह गँभीरी , जिउ बाउर भा फिरै भँभीरी।
जग जल बूड़ जहाँ लगि ताकी, मोरि नाव खेवक बिनु थाकी।

परबत समुद अगम बिच बीहड़ घन बन ढाँख।
किमि कै भेंटौं कंत तुम्ह ना मोहि पाँव न पाँख॥

अब देखिये पूस में बिरह-विधुरा रानी कैसी थरथर काँप रही है। उसे सहारा देने के लिए पति अब तक नहीं आया—

पूस जाड़ थर थर तन काँपा , सुरुज जाइ लंका दिसि चाँपा।
बिरह बाढ़ दारुन भा सीऊ , कँपि कँपि मरौं लेइ हरि जीऊ।
कंत कहाँ लागौं ओहि हियरे , पंथ अपार सूझ नहिं निअरे।
सौंर सुपेती आवै जूड़ी , जानहु सेज हिवंचल बूड़ी।
चकई निसि बिछुरै दिन मिला, हौं दिन राति बिरह कोकिला।
रैनि अकेलि साथ नहिं सखी , कैसे जियै बिछोही पँखी।
बिरह सचान भएउ तन जाड़ा, जियत खाइ औ मुए न छाँड़ा।

रकत ढुरा माँसू गरा, हाड़ भएउ सब संख।
धनि सारस होइ ररि मुई, पीउ समेटहि पंख॥

इसी प्रकार अनेक मार्मिक चित्र 'बारहमासा' में जायसी ने उरेहे हैं।

वीर-दर्प की भी छटा पदमावत में अनूठी है। सिंह पर सवार सरजा के हाथ से मिले अलाउद्दीन के पत्र में पदमावती को देने की बात पढ़ते ही रतनसेन का क्षात्र तेज दमक उठा। उसने तमक कर कहा—

का मोहिं सिंघ देखावसि आई, कहौं तौ सारदूल धरि खाई।
भलेहिं साह पुहुमीपति भारी, माँग न कोउ पुरुष कै नारी।
जो सो चक्कवै ताकहँ राजू, मँदिर एक कहँ आपन साजू।
को मोहिं तें अस सूर अपारा, चढ़ै सरग खसि परै पतारा।
हौं रनथँभउर नाह हमीरू, कलपि माथ जेइ दीन्ह सरीरू।
हौं सो रतनसेन सक-बंधी, राहु बेधि जीता सैरंधी।
हनुवँत सरिस भार जेइ काँधा, राघव सरिस समुद जो बाँधा।
बिक्रम सरिस कीन्ह जेइ साका, सिंघलदीप लीन्ह जौ ताका।

जिस समय बादल की माँ ने बादशाह की सेना का भय दिखलाते हुए उसे बालक समझ कर रण में जाने से रोका उस समय उसका उत्साह देखते ही बनता है। वह कहता है—

मातु न जानसि बालक आदी, हौं बादला सिंघ रनवादी।
सुनि गज-जूह अधिक जिउ तपा, सिंघ क जाति रहै किमि छपा।
तौ लगि गाज न गाज सिंवेला, सौं साह सौं जुरौं अकेला।
को मोहि सौंह होइ मैमंता, फारौं सूँड़ उखारौं दंता।
जुरौं स्वामि-सँकरे जस ढारा, पेलौं जस दुरजोधन भारा।
अंगद कोपि पाँव जस राखा, टेकौं कटक छतीसौ लाखा।
हनुवँत सरिस जंघ बर जोरौं, दहौं समुद्र स्वामि-बँदि छोरौं।

ऐसे ही, गोरा की यह हाँक भी सुनते चलिये—

फिरि आगे गोरा तब हाँका, खेलौं करौं आजु रन साका।
हौं कहिए धौलागिरि गोरा, टरौं न टारे बाग न मोरा।
सोहिल जैस गगन उपराहीं, मेघ घटा मोहि देखि बिलाहीं।
सहसौ सीस सेस सम लेखौं, सहसौ नैन इंद्र सम देखौं।
चारिउ भुजा चतुरभुज आजू, कंस न रहा और को साजू।
हौं होइ भीम आजु रन गाजा, पाछे घालि डुंगवै राजा।
होइ हनुवँत जमकातर ढाहौं, आजु स्वामि साँकरे निबाहौं।

होइ नल नील आजु हौं देहुँ समुद महँ मेंड़।
कटक साह कर टेकौं होइ सुमेरु रन बेंड़॥

आचार्य लोग व्यंग्यार्थ-प्रधान काव्य को उत्तम काव्य मानते हैं। पदमावत भी व्यंग्यार्थ-प्रधान काव्य है। कुछ उदाहरण लीजिए—

विरही रतनसेन ने

मसि नैना लिखनी बरुनि, रोइ रोइ लिखा अकत्थ।
आखर दहै, न कोइ छुवै, दीन्ह परेवा हत्थ।

कंचन-तार बाँधि गिउ पाती, लेइ गा सुआ जहाँ धनि राती।

हीरामन ने रतनसेन का मौखिक सन्देश पदमावती को सुनाया और कहा

पाती लिखि सो पठाई, इहै सबै दुख रोइ।
दहुँ जिउ रहै कि निसरै, काह रजायसु होइ॥

कहि कै सुआ जो छोड़ेसि पाती, जानहु दीप छुवत तस ताती।
गीउ जो बाँधा कंचन-तागा, राता साँव कंठ जरि लागा।
अगिनि साँस सँग निसरै ताती, तरुवर जरहिं ताहि कै पाती।

उस पाती (पत्रिका) में विरह के अक्षर होने के कारण वह बहुत गरम थी। विरह का आधिक्य व्यंजित करने के लिए जायसी अत्युक्ति का आश्रय लेते हैं; कहते हैं—उस पाती (पत्रिका) के ताप से सुए की

गरम साँसों के साथ आग (की लपटें) निकल रही थीं, उससे वृक्ष जल गये और उनके पाती (पक्षी) भी (जल गये)। अर्थात् वह आग ऐसी प्रचंड और विकराल थी कि वृक्षों पर बैठे पक्षियों को उसका पता लगने से पहले ही वृक्ष और पक्षी जल गये। उसमें इतना कम समय लगा कि पक्षी उड़ कर अपने प्राण न बचा पाये।

पञ्चरात्र नाटक के प्रथम अंक में दुर्योधन के यज्ञ की अग्नि की विकरालता का वर्णन करते हुए भास ने वल्मीकमूल में रहने वाले साँपों और वृक्ष पर रहने वाले पक्षियों को भगा दिया था—

वल्मीकमूलाद् दहनेन भीता—
स्तत्कोटरैः पञ्च समं भुजङ्गाः।
समं विपन्नस्य नरस्य देहाद्
विनिःसृताः पञ्च यथेन्द्रियाणि॥
दह्यमानस्य वृक्षस्य सानिलेन मखाग्निना।
कोटरान्तरदेहस्थाः खगाः प्राणा इवोद्‌गताः॥

परन्तु जायसी के वर्णन में वृक्षस्थ पक्षी उड़ न पाये, भस्म हो गये।

आग की विकरालता का वर्णन कालिदास ने भी किया है—

तपः परामर्शविवृद्धमन्योर्भ्रूभंगदुष्प्रेक्ष्यमुखस्य तस्य।
स्फुरन्नुदर्चिः सहसा तृतीयादक्ष्णः कृशानुः किल निष्पपात।
क्रोधं प्रभो संहर संहरेति यावद् गिरः खे मरुतां चरन्ति।
तावत् स वह्निर्भवनेत्रजन्मा भस्मावशेषं मदनं चकार।[1]

देवताओं की क्रोध को रोकने की पुकार आकाश तक पहुँच भी न पाई थी कि काम जल कर भस्मावशेष हो गया।

जो बात कालिदास ने पूरे श्लोक में कही, वही बात जायसी ने 'ताहि के पाती' इन तीन शब्दों में कह दी।

---

१. कुमारसंभवम् ३।७१-७२।

और तुलसीदास ने वही बात यों कही—

तब सिवँ तीसर नयन उघारा, चितवत काम भयउ जरि छारा।

तुलसीदास की अत्युक्ति अभिधामूला है, जायसी की व्यंजनामूला।

जब रतनसेन को शिव-मंडप में बैठा कर हीरामन पदमावती के पास आया तो पहले तो पदमावती उससे मिल कर बहुत रोई, फिर उसने पूछा —तुम कहाँ चले गये थे? हीरामन ने बताया—बिल्ली से डर कर मैं भाग कर जंगल में चला गया था, वहाँ से मुझे व्याध पकड़ ले गया उसने मुझे ब्राह्मण के हाथ बेच दिया। वह मुझे चित्तौड़ गढ़ ले गया। वहाँ

बैठ जो राज पिता के ठाऊँ, राजा रतनसेन ओहि नाऊँ।
बरनौं काह देस मनियारा, जहँ अस नग उपना उजियारा।
धनि माता औ पिता बखाना, जेहि के बंस अंस अस आना।
लछन बतीसौ कुल निरमला, बरनि न जाइ रूप औ कला।
वै हौं लीन्ह अहा अस भागू, चाहै सोने मिला सोहागू।
सो नग देखि हींछा भइ मोरी, है यह रतन पदारथ जोरी।
है ससि जोग इहै पै भानू, तहाँ तुम्हार मैं कीन्ह बखानू।

कहाँ रतन रतनागर, कंचन कहाँ सुमेर।
दैव जो जोरी दुहुँ लिखी, मिलै सो कौनेहु फेर॥

सुनत बिरह-चिनगी ओहि परी, रतन पाव जौं कंचन-करी।
कठिन पेम बिरहा दुख भारी, राज छाँड़ि भा जोगि भिखारी।
मालति लागि भौंर जस होई, होइ बाउर निसरा दुधि खोई।
कहेसि पतंग होइ धनि लेऊँ, सिंघलदीप जाइ जिउ देऊँ।
पुनि ओहि कोउ न छोर अकेला, सोरह सहस कुँवर भए चेला।
और गनै को संग सहाई, महादेव मढ़ मेला जाई।
सूरज पुरुष दरस के ताईं, चितवै चंद चकोर कै नाईं।

तुम्ह बारी रस जोग जेहि, कँवलहिं जस अरघानि।
तस सूरुज परगास कै, भौंर मिलाएउँ आनि॥

बहुत तर्क-वितर्क के बाद पदमावती ने कहा—

जौं वह जोग सँभारै छाला, पाइहि भुगुति देहुँ जयमाला।
आव बसंत कुसल जौं पावौं, पूजा मिस मंडप कहँ आवौं।
गुरु के बैन फूल हौं गाँथे, देखौं नैन चढ़ावौं माथे।

कँवल-भवर तुम्ह बरना, मैं माना पुनि सोइ।
चाँद सूर कहँ चाहिए, जौं रे सूर वह होइ॥

हीरामन रतनसेन के पास चला गया।

उधर वसंत ऋतु आई। पदमावती वसंत-पूजा का बहाना कर अपनी सखियों को ले कर शिव-मंदिर गई। वह मन्दिर में पूजा करने पहुँची। उसकी आँखें जोगी रतनसेन को खोज रही थीं, पर वह उधर जाते हुए सकुचाती थी। अब देखिए जायसी ने पदमावती की यह दुविधा कैसे दूर की—

ततखन एक सखी बिहँसानी, कौतुक आइ न देखहु रानी।
पुरुब द्वार मढ़ जोगी छाए, न जनौं कौन देस तें आए।
जनु उन्ह जोग तंत तन खेला, सिद्ध होइ निसरे सब चेला।
उन्ह महँ एक गुरू जो कहावा, जनु गुर दै काहू बौरावा।
कुँवर बतीसौं लच्छन राता, दसएँ लछन कहै एक बाता।
जानौं आहि गोपिचंद जोगी, की सो आहि भरथरी बियोगी।
वै पिंगला गए कजरी-आरन, ए सिंघल आए केहि कारन।

यह सूरति यह मुद्रा, हम न देख अवधूत।
जानौं होहि न जोगी, कोइ राजा कर पूत॥

एक सखी मन्दिर के भीतर न जा कर बाहर ही घूम रही थी। उसने अचानक योगियों को देख लिया और लौट आ कर रतनसेन के रूप-गुण

का बखान कर उसके अल्प वय का परिचय 'जनु गुर दै काहू बौरावा' (मानो किसी ने उसे गुड़ दे कर भुला लिया है) कह कर दिया। फिर उसकी 'दशम अवस्था' बता कर वह बोली—अरी पदमावती, वह तो ए क ही बात (तेरा ही नाम) जप रहा है, और परिहास करती है—भर्तृ-हरि तो अपनी रानी पिंगला के लिए कजरी-वन में गये थे, यह किसके लिए सिंघल आया है ? (अर्थात् यह तो तेरा वर आया है।)

सखी उससे साफ साफ उधर जाने के लिए नहीं कहती, सबकी उत्सुकता को जागरित करती है। सब योगियों को देखने चल देती हैं। और सखी के परिहास से पदमावती ढीठ हो जाती है और मूर्च्छित रतनसेन की छाती पर चंदन से लिख देती है।

तुलसीदास को भी राम-सीता के प्रथम दर्शन की योजना के लिए इसी सखी-प्रसंग का अवलंब लेना पड़ा—

एक सखी सिय संगु बिहाई, गई रही देखन फुलवाई।
तेहिं दोउ बंधु बिलोके जाई, प्रेम बिबस सीता पहँ आई।

और सखियों के पूछने पर उसने बताया—

देखन बाग कुँअर दुइ आए, बय किसोर सब भाँति सुहाए।
स्याम गौर किमि कहौं बखानी, गिरा अनयन नयन बिनु बानी।

तुलसीदास ने सीधा 'बय किसोर' कहा। आगे भी तुलसीदास को अभिधा द्वारा कहना पड़ा—**सिय हियँ अति उत्कंठा**। परन्तु वह उत्कंठा इतनी प्रबल न थी जो सीता को उधर ले जा सकती। तब तुलसीदास को एक बार फिर अभिधा का आश्रय लेना पड़ा। एक और सखी बोली—

अवसि देखिअहि देखन जोगू।

तुलसीदास के इस प्रसंग में अभिधा का प्रयोग अधिक हुआ है, जायसी ने व्यंजना का प्रयोग किया है।

इसी भाँति जायसी ने वस्तु एवं भाव दोनों के वर्णन यथोचित रूप में करके अपनी सहृदयता और काव्य-रचना करने में कुशलता प्रदर्शित की है।

———

चरित्र-विधान

कहने को पदमावत की कहानी है तो राजा रतनसेन और रानी पदमावती की आख्यायिका, किन्तु उसमें लोक-प्रचलित राजा-रानी की कहानी का रूढ रूप भी समाविष्ट है। साथ ही उसके राजा-रानी राजसी वैभव से सम्पन्न होते हुए भी अपने नित्य प्रति के कामों और भावों की दृष्टि से जन-साधारण से किसी भी प्रकार भिन्न नहीं दिखलाई पड़ते। कहानी की घटनाओं में लोककथा के समान लौकिक और अलौकिक व्यापारों और पात्रों का विचित्र सम्मिश्रण है। इसकी घटनाएँ होती तो हैं नर-नारी के प्रेम को ले कर, किन्तु उनको देवी-देवताओं का सहयोग मिलता है, राक्षस से बाधा पहुँचती है, योग के अदृश्य प्रभाव का सहारा मिलता है, समुद्र जैसे अचेतन का योग उपलब्ध होता है, यहाँ तक कि पक्षियों तक की संवेदना और सहायता प्राप्त होती है। इस प्रकार इस कहानी में परम्परागत पुरातन कहानी के दिव्य और अदिव्य दोनों तत्त्व घुले-मिले हैं। इतना ही नहीं, ऐसे पुरातन विश्वास भी इसमें संरक्षित हैं जिनके अनुसार मनुष्य के कामों में ऊर्ध्व के देवता और निम्नयोनि के पक्षी सभी हाथ बँटाते हैं, यहाँ तक कि अचेतन तक अवसर आने पर चेतन का सा आचरण करते हैं।

आज भले ही चर-अचर एवं दिव्य-अदिव्य का ऐसा मेल आख्यान का विषय न बन सके, किन्तु जायसी के इस काव्य में यह ऐसे ढंग से वर्णित है जैसे यह मानव-समाज में प्रचलित नितान्त स्वाभाविक नित्य प्रति का कार्य-कलाप था। आदि काव्य एवं महाभारत से चली आती इसी धारणा के अनुसार पदमावती के पास हीरामन सुआ महापंडित था। वह कंजन वर्ण का अत्यन्त सलोना था। वह पदमावती के साथ वेदशास्त्र पढ़ता था।

मनुष्य की भाषा बोल सकता था। उसकी बातें ज्ञान से भरी होती थीं। उसी ने राजा रतनसेन को पदमावती के सौन्दर्य का विशद वर्णन सुनाया था और उसके भीतर दिव्य सत्ता की झलक का संकेत करके प्रेममार्ग प्रदर्शित किया था। कवि ने उसे आध्यात्मिक गुरु के रूप में भी चित्रित किया है। वह राजा रतनसेन को सिंहल का पथ ही नहीं दिखलाता, अपितु उसके निराश होने पर ढारस बँधाता है। पदमावती को भी वह रतनसेन के सम्बन्ध में बराबर बतलाता रहता है। यहाँ तक कि जब महादेव ने गन्धर्वसेन को रतनसेन का वास्तविक परिचय दिया कि वह जोगी वेशधारी तुम्हारे गढ़ में घुसा चोर नहीं चित्तौड़ का अधिपति है, तब हीरामन ने साक्षी दे कर सब बातें बतला दीं। गन्धर्वसेन को उसके साक्ष्य पर रतनसेन की प्रेम-साधना का पूरा विश्वास हो गया।

पदमावत में एक और पक्षी का उल्लेख है। उसको कोई नाम नहीं दिया गया। नागमती के वियोग की ज्वाला से चित्तौड़ पक्षियों से शून्य हो गया। एक दिन आधी रात में एक विहंगम उससे बोला कि **तू फिर फिर दाहै सब पाँखी, केहि दुख रैनि न लावसि आँखी ?"** इस पर नागमती ने उसे अपनी वेदना की करुण कहानी कह सुनाई। वह पक्षी नागमती का सन्देश ले कर सिंहल पहुँचा। वहाँ आखेट के लिए वन में घूमते हुए रतनसेन जिस पेड़ के नीचे विश्राम के लिए रुका था उसी की डाल पर वह पक्षी बैठा था उसी पर बहुतेरे दूसरे पक्षी भी बैठे थे। उन सब ने पूछा कि "अहो मीत काहे तुम सामा ?" इस पर उसने कहा—

नगर एक हम देखा, गढ़ चितउर ओहिं नाँव।
सो दुख कहौं कहाँ लगि, हम दाढ़े तेहिं ठाँव ॥

इसके बाद उसने रानी नागमती के विरह से जल मरने की करुणा भरी चर्चा उठा कर कहा कि उसकी विरहाग्नि से

हौं पुनि तहाँ सो दाढ़ै लागा, तन भा साम, जीउ लै भागा।

रतनसेन को इस चतुराई से नागमती का स्मरण करा कर वह पक्षी कहानी

में जैसे अकस्मात् आया था वैसे ही उड़ गया। फिर कहीं उसके बोल नहीं सुनाई पड़े। इसी प्रकार, समुद्र में विभीषण से केवट राक्षस के हाथ से रतनसेन और पदमावती का उद्धार 'राजपक्षी' करता है। वह उस राक्षस को ले कर कहीं उड़ जाता है। केवल इतना इस राजपक्षी का कार्य पदमावत काव्य में वर्णित है।

पदमावत में समुद्र के भिखारी का रूप धारण कर रतनसेन से दान माँगने का भी प्रसंग आया है। दान न देने पर राजा के जहाज समुद्री आँधी में पड़ गये। जान पड़ता है समुद्र ने कुपित हो कर यह काण्ड उपस्थित किया था। बाद में पदमावती से अलग हो जाने पर आत्म-हत्या से लिए प्रस्तुत रतनसेन की रक्षा ब्राह्मण वेशधारी समुद्र ने की। उस समय राजा और समुद्र का लंबा वार्तालाप भी हुआ। अन्त में समुद्र ने उसे पदमावती के पास पहुँचा दिया। फिर कुछ दिन तक आतिथ्य करके विदा करते समय राजा को अमृत, हँस, विशेष प्रकार का पक्षी, शार्दूल-शावक एवं पारस पत्थर भेंट किये।

चित्तौड़ की ओर जाते हुए बोहितों के पथ-भ्रष्ट हो कर लंका की ओर चल पड़ने पर रतनसेन विभीषण के केवट पाँच शिर और दश बाहु के काले विकराल राक्षस का कोप-भाजन हुआ। उसने राजा के साथ विश्वासघात किया। कारण, उसके मन में आया कि पदमावती तो विभीषण को दे दूँगा और शेष सबको स्वयं खा जाऊँगा। अतएव उसने ठीक राह दिखाने के बहाने बोहितों को महिरावण की पुरी की ओर मोड़ दिया। जब फिर से उठी भीषण आँधी के बीच बोहित समुद्र के भँवरों में चक्कर खाने लगे तभी अकस्मात् झपट्टा मार कर कोई 'राजपक्षी' उस राक्षस को उड़ा ले गया।

दिव्य पात्रों में समुद्र-कन्या लक्ष्मी ने समुद्र में राक्षस के चंगुल से छूटी पदमावती को मूर्च्छित अवस्था में पाया था। उसने उसे गोद में लिटा कर सचेत किया। पदमावती ने देखा कि रतनसेन वहाँ न था।

तब उसने समझा कि रतनसेन डूब गया होगा। इससे वह सती होने को प्रस्तुत हुई। लक्ष्मी ने उसे समझा बुझा कर रोका। उधर रतनसेन भी एक टीले से जा लगा। चेत आने पर पदमावती को पास न पाने से वह आत्म-हत्या करने चला। इतने में लक्ष्मी ने पदमावती का रूप धर कर उसके प्रेम की अनन्यता की परीक्षा ली। उसके खरे उतरने पर उसको पदमावती से ला मिलाया।

मध्यकालीन लोक-कथा-साहित्य में गौरा पार्वती और महादेव के बिना कहीं राजा-रानी का संयोग नहीं जुड़ा। सो पदमावत में भी ये विद्यमान हैं। महादेव ने तप करते हुए रतनसेन के प्रेम की दृढ़ता की जाँच की। जब उसे सब प्रकार खरा पाया तब सिद्धि-गुटिका दी और सिंहलगढ़ में घुसने का मार्ग बताया। जब गन्धर्वसेन के द्वारा पकड़े जाने पर रतनसेन को सूली दी जाने को थी तब भाट का रूप बना कर महादेव ने राजा गन्धर्वसेन को योगी वेशधारी रतनसेन का वास्तविक रूप बतलाया और हीरामन के द्वारा उसके सिंहल लाये जाने का उल्लेख किया। हीरामन का साक्ष्य सुन कर अन्त में गन्धर्वसेन ने रतनसेन को पदमावती देना स्वीकार कर लिया। इस प्रकार महादेव ने प्रत्यक्ष रूप से इस कथानक में कार्य सम्पन्न किया।

यह तो हुई पदमावत के ऐसे पात्रों की चर्चा जो मानवेतर श्रेणी के थे। अब हम उन व्यक्तियों की विशेषताएँ देखने की चेष्टा करेंगे जिनके ऊपर इस काव्य की कथा का प्रबंध निर्भर है। सबसे पहले **पदमवती** को लीजिए। यही आख्यान का केन्द्र-बिन्दु है। इसी का आश्रय ले कर उसकी सभी घटनाओं का स्रोत फूटा है। सिंहल को राजकुमारी और आगे चल कर चित्तौड़ की राजरानी होते हुए भी पदमावती में कोई भी राजसी बात नहीं मिलती। उसमें सामान्य नारी के स्वभाव और गुण ही पाये जाते हैं। उसके रूप का प्रभाव विश्व के चेतन और अचेतन सभी पदार्थों पर व्याप्त दिखलाया गया है। यहाँ तक कि सिंहल के मन्दिर में वसन्त पंचमी

के दिन उसको देखते ही मन्दिर का देवता ही वहाँ से चल बसा था।[१] फिर भी उसका व्यवहार कहीं भी अलौकित या असाधारण नहीं है। इतना ही नहीं, वह राजकुमारी का सा भी नहीं है; साधारण नारी का-सा ही है। '**रामचरित-मानस**' में पार्वती-पूजन करके जानकी ने अपने अनुरूप सुन्दर वर माँगा था। तदनन्तर उन्होंने फुलवारी में राम को देखा था, उनकी शोभा उनके मन में बस गई थी। वे अपना मन उन्हें दे चुकी थीं। और यद्यपि '**सुमिरि पिता पन मन अति छोभा**' था, फिर भी चाहती थीं कि इन्हीं से मेरा विवाह हो। तब दुबारा उन्होंने भवानी-भवन जाकर उनकी स्तुति की परन्तु अपने मन की बात खोल कर नहीं कही। इतना ही कहा कि **मोर मनोरथ जानहु नीकें, बसहु सदा उरपुर सबही कें।** कल्कि पुराण की पद्मावती ने भी शिव से स्पष्ट कुछ न कह कर लज्जा से सिर झुका लिया था। महादेव ने उसका मनोरथ जान कर वर दिया था। मानस की जानकी और कल्किपुराण की पद्मावती की सी मर्यादा-शीला जायसी की सिंहल की राजकुमारी नहीं है। वह श्रीपंचमी को महादेव की पूजा करके सहज भाव से अपने मन की उस समय की भावना कहने में आनाकानी नहीं करती। कहती है—

और सहेली सबै बियाहीं, मो कहँ देव कतहुँ बर नाहीं।
हौं निरगुनि जेइ कीन्ह न सेवा, गुनि निरगुनि दाता तुम देवा।
बर सँजोग मोहि मेरवहु कलस जाति हौं मानि।
जेहि दिन हींछा पूजै बेगि चढ़ावहुँ आनि॥

सो यह मनौती मानने की पुरातन चाल, विशेष कर स्त्रियों के बीच,

---

१. पदमावती गै देव दुवारा, भीतर मँडप कीन्ह पैसारा।
देवहि संसै भा जिउ केरा, भागौं केहि दिसि मंडल घेरा।
और
उतरु को देइ देव मरि गएउ, सबद अकूट मँडप महँ भएउ।

आज भी बनी है, किन्तु साधारण जन-समुदाय में ही। बड़े लोग ऐसा कभी नहीं करते वा कहते। पदमावती का यही सहज नारी-चरित्र उसे सर्वसाधारण के मध्य प्रिय बनाये रखने में समर्थ हुआ।

पदमावती अपने प्रेम की व्यथा भी साधारण नारी की भाँति ही अनुभव करती है और उसे अपनी धाय तक से कहने में नहीं सकुचाती। उससे पूर्णतया स्पष्ट करके अन्त में घबरा कर कहती है—

परिउँ अथाह धाय हौं, जोबन उदधि गँभीर।
तेहि चितवौं चारिउँ दिसि, जो गहि लावै तीर॥

इसी विरहावस्था में हीरामन से भेंट होने पर उसे राजा रतनसेन के सिंहल-आगमन की सूचना मिली थी। इससे उसे प्राणदान जैसा हुआ जो सामान्य विरहिणी नारी के लिए नितान्त स्वाभाविक है। फिर वसन्त-पूजन के समय पदमावती का उल्लासपूर्ण व्यवहार यह प्रकट करता है कि प्रिय के पहलेपहल दर्शन की संभावना से जो दशा नारी-मात्र के मन की होती है पदमावती उससे परे न थी। यहाँ उसमें स्फूर्ति का पूर्ण संचार देखा जाता है। राजा रतनसेन ने ज्यों ही पदमावती को देखा वह अपने को सँभाल न सका, तुरन्त मूर्च्छित हो गया। इस समय पदमावती ने संकोचशीला युवती की भाँति आचरण न करके राजा को जगाने के विविध उपचार किये, पर सब निष्फल रहे। तब वह उसे अपने मिलन का मार्ग भी निर्दिष्ट करने में नहीं हिचकी—

अब जौं सूर अहौ ससि राता, आएउ चढ़ि सो गगन पुनि साता।

उसे अपने रूप के प्रति पुरुष मात्र के आकर्षण एवं मुग्ध हो कर सुध-बुध खो बैठने का भी सम्यक् बोध था। तभी रतनसेन के अचेत हो जाने पर उसकी छाती पर उपर्युक्त संदेश लिख कर उसने अपनी सखियों से कहा था कि—

................................., इहै ठाँव हौं बारति रही।
परगट होहुँ न होइ अस भँगू, जगत दिया कर होइ पतंगू।

जा सहुँ हौं चख हेरौं, सोइ ठाँव जिउ देइ।
एहि दुख कतहुँ न निसरौं, को हत्या असि लेइ।

जिस समय उसने झरोखे में आ कर राघव चेतन को जड़ाऊ कंकण दिया उस समय उसका दिव्य रूप देख कर राघव अचेत हो गिर पड़ा था। उस समय भी पदमावती को अपने सौन्दर्य की अनुभूति हुई थी। उसने कहा था—'**जौ वह गुनी मरै मोहिं दोखा**'।

यौवन-काल में अपनी इच्छा के अनुरूप पति पाने की कामना नारी के लिए स्वाभाविक होती है। फिर बड़ी प्रतीक्षा के अनन्तर उससे मिलने पर उसके साथ संभोग की लालसा भी होती है। पदमावती में नारी-सुलभ यह वृत्ति यथेष्ट मात्रा में विद्यमान थी। परन्तु वह पति के साथ प्रथम समागम के समय उसके योगी हो कर घर से निकल पड़ने में ही अपने प्रति उसके प्रेम की स्वीकृति नहीं दे देती, प्रत्युत बड़ी देर तक उत्तर-प्रत्युत्तर के द्वारा उसकी गाढ़ी लगन की जाँच कर लेने पर ही आत्म-समर्पण करती है। एक बार उसे मन और तन दे देने के बाद वह फिर विषम से विषम स्थिति आने पर भी उससे विरत नहीं होती, भारी से भारी प्रलोभन पा कर भी उसे त्याग किसी दूसरे को अंगीकार करने को मन नहीं डिगाती, भले ही वह दूसरा व्यक्ति रतनसेन की अपेक्षा कितना ही अधिक सुन्दर या वैभव-संपन्न क्यों न हो। जब सिंहल से चित्तौड़ आते समय आँधी में पड़ कर उसका बोहित टूट गया और वह रतनसेन से अलग हो कर समुद्र में बहते बहते लक्ष्मी के पास जा पहुँची थी तब उसने पति के वियोग में जीते रहने की अपेक्षा प्राण त्याग देना श्रेयस्कर समझा था। लक्ष्मी ने समझा-बुझा कर उसे रोक न लिया होता तो वह प्राण त्याग देती। उसकी पति-परायणता का प्रमाण उस समय भी मिलता है जिस समय कुंभलनेर के राव देवपाल की दूती ने उसके मायके की धाय कुमुदिनी बन कर उसके भोले-भाले और रतनसेन के दिल्ली में बन्दी होने से दुःखी मन को भुलाने में डाल

दिया था और फिर उसके यौवन को भोग के द्वारा सार्थक बनाने के लिए रतनसेन से मन हटा कर 'मसि भीग रहे' देवपाल के प्रति आकृष्ट करने की चेष्टा की थी। पहले तो पदमावती उसके तर्कों का बड़ी दृढ़ता से खंडन करती रही, किन्तु उसके देवपाल का नाम लेते ही उसका सती-तेज चमक उठा। सती नारी अपने पति के सामने किसी और को कुछ नहीं समझती। पदमावती दूतो को फटकारते हुए बोली—

सत्रु मोरे पिउ कर देवपालू , सो कित पूज सिंध सरि भालू।
सोन नदी अस मोर पिउ गरुवा , पाहन होइ परै जो हरुवा।
जेहि ऊपर अस गरुवा पीऊ , सो कस डोलाए डोलै जीऊ।

तदनन्तर उसने कुटनी की अच्छी तरह पूजा की। फिर नाक-कान कटवा मुँह में कारिख पुतवा सिर मुँडवा गधे पर चढ़वा कर उसे निकाल बाहर किया। इसी प्रकार बादशाह अलाउद्दीन की प्रेरित जोगिनी बन पातुर के मुंह से सुलतान के वैभव और प्रभाव को सुन कर पदमावती अपने पति के पास ही जाने को तैयार हुई थी, कुछ सुलतान के प्रति आकृष्ट नहीं हुई। पति के निधन के बाद तो उसने सती हो कर पति-प्रेम की अनन्यता को चरितार्थ कर दिया। उस समय सती नारी के सदृश उसके उल्लास का ठिकाना न था। उस समय आग उसके लिए शीतल हो गई थी—

आजु नाचि जिउ दीजिय , आजु आगि हम्ह जूड़।

इतनी उदात्त मनोवृत्ति के होते भी पदमावती साधारण नारी के समान अपने पति को अकेले ही ले कर भोगना चाहती थी। इसी से चित्तौड़ पहुँचने पर जब उसने अपनी सखियों से सुना कि रतनसेन नागमती के साथ क्रीड़ा करता है तब वह अपने को संभाल न सकी। जैसे साधारण स्त्री सौत पर उबल पड़ती है वैसे ही रिस-भरी वह नागमती पर टूट पड़ी। उस समय उसका राजसी शील न जाने कहाँ चला गया था।

निरी गँवार नारी की सी मुँहफट बातें करते हुए उसे लाज नहीं लगी। इतना ही नहीं. वह उससे भिड़ भी गई। इस अवसर पर पदमावती के नितांत निम्न श्रेणी की नारी के सदृश आचरण के औचित्य का प्रतिपादन केवल यह कह कर किया जा सकता है कि स्त्री अपने पति को सौत के हाथ में न पड़ने देने के लिए नीची से नीची श्रेणी की बनने में भी नहीं हिचकती। पति के ऊपर एकाधिकार की प्रवृत्ति जो न करावे सो थोड़ा।

पदमावती संचयशील नारी भी थी, और अपने पास सुरक्षित द्रव्य को अवसर आने पर व्यय करने में आगापीछा नहीं करती थी। जिस समय लक्ष्मी और समुद्र से बिदा हो कर वह जगन्नाथ पुरी पहुँची, उस समय राजा रतनसेन को चिन्ता हुई कि पास में धन नहीं है, कैसे काम चले, तब पदमावती ने कहा—

लछमी दीन्ह रहा मोंहि बीरा, भरि कै रतन पदारथ हीरा।
काढ़ि एक नग बेगि भँजावा, बहुरी लच्छि फेरि दिन पावा।

पदमावती के नारी रूप की झलक उस समय मिलती है जिस समय राघव चेतन को रतनसेन ने देश से निकल जाने की आज्ञा दी थी। वह समझदार थी। उसने सोचा कि ऐसे जादू-टोने में प्रवीण और स्वार्थ के लिए मिथ्याचारी सभा-पंडित को इस प्रकार दंड दिये जाने का परिणाम बुरा होगा। जो यक्षिणी के प्रभाव से दूज न होने पर भी दूज का चन्द्रमा दिखला सकता हैं वह इस सूर्य (रतनसेन) की जगह दूसरा सूर्य (अलाउद्दीन को ओर संकेत) भी ला कर उपस्थित कर सकता है। कवि की जीभ तलवार है जिसमें पानी और आग दोनों का वास रहता है—

ज्ञान-दिस्टि धनि अगम बिचारा, भल न कीन्ह अस गुनी निसारा।
जेइ जाखिनी पूजि ससि काढ़ा, सूर के ठाँव करै पुनि ठाढ़ा।
कवि कै जीभ खड़ग हरद्वानी, एक दिसि आगि दुसर दिसि पानी।

यह विचार कर उसने राघवचेतन को चित्तौड़ से बाहर जाने के पहले दक्षिणा लेते जाने लिए बुलवाया। स्वयं झरोखे के पास आ कर उसने अपने हाथ का जड़ाऊ कंकण उतार कर दिया। और जब राघव उसका अलौकिक सौन्दर्य देख कर मोहित हो तन की सुध-बुध खो बैठा तब रानी ने सोचा कि 'जो यह गुनी मरै मोहि दोखा'। इस प्रकार उसके चिन्तित होने पर राघवचेतन को चेत में लाने के लिए उसकी सखियाँ प्रेरित हुईं।

रानी होते हुए भी पदमावती में नारी की सहज उत्सुकता थी। जब अलाउद्दीन चित्तौड़ गढ़ के भीतर ज्योनार के समय गया तब सहेलियों ने उससे दिल्ली के सुलतान के रूप का बखान करते हुए उसे देखने का आग्रह किया। इसे स्वीकार कर रात हो जाने पर रानी शाह को देखने के लिए झरोखे में गई।

पदमावती निरभिमान भी कम न थी। बादशाह के गढ़ के भीतर आने पर उसकी चेष्टाओं से उसके भाव को भाँप कर गोरा बादल ने राजा को उससे मेल न करने को सलाह दी थी। पर रतनसेन के अपने निश्चय पर डटे रहने के कारण गोरा बादल उससे रूठ कर चले गये थे। जब वह पकड़ कर बन्दी बना लिया गया और रानी ने उसका ठौर-ठिकाना जान लिया तब वह अपनी सखियों के परामर्श को मान कर अपना राजसी अभिमान छोड़ गोरा और बादल के द्वार पर गई। उसने रो रो कर उन वीरों से राजा को बंदीगृह से उबारने का अनुरोध कर उन्हें फिर स्वामिभक्त बनाने में सफलता पाई। इस अवसर पर भी वह विरहिणी नारी के रूप में ही उन्हें प्रभावित करने में समर्थ हुई थी। राजनीतिक युक्ति वा अन्य किसी विधि से नहीं।

पदमावती पातिव्रत की प्रतिमा होते हुए भी अदूरदर्शिनी थी। वह समय-असमय का विचार किये बिना काम कर बैठती थी। जब दिल्ली के शाही कारागार से छूट कर रतनसेन उससे रात में मिला तब उसने

राजा के बन्दी-जीवन के प्रति संवेदना प्रकट कर के अपनी दशा कही। फिर धीरे धीरे देवपाल की दूती की चर्चा छेड़ी। उसे सुनने से राजा को नींद नहीं आई। दूसरे ही दिन वह देवपाल से द्वन्द्वयुद्ध कर के काम आया। पदमावती ने संयम और दूरदर्शिता से काम लिया होता तो सम्भव है ऐसा न होता, और होता भी तो कुछ दिन पीछे। स्त्रियों की ऐसी ही मनोवृत्ति बहुधा अपने पति से हाथ धोने के लिए उन्हें विवश किया करती है।

इस प्रकार के गुण-दोष से युक्त पदमावती पति के प्रति अनुरागमयी ऐसी नारी की जीवन्त मूर्ति है जिसके लिए जीवन में वही सब कुछ है—वही इस लोक और परलोक का एकमात्र साथी है, जिसे उसी के संग सच्चा सुख है।

नागमती—नागमती का जो रूप जायसी ने अंकित किया है वह राजस्थान-स्थित चित्तौड़ की पाटमहादेइ (पट्टमहादेवी) का नहीं, प्रत्युत अवध की साधारण श्रेणी की ऐसी महिला का है जिसका पति ही सर्वस्व है। इसका प्रमाण उसके बारह मास के विरह-क्रन्दन में पग पग पर देखा जाता है। आषाढ में वर्षा की झड़ी लगने पर वह कहती है—'**पुष्य नखत सिर ऊपर आवा, हौं बिनु नाह मँदिर को छावा।**' सावन में चारों ओर पानी ही पानी भर जाता है। राह दिखलाई नहीं पड़ती। बेचारी वियोगिनी कैसे पार जाय—

जग जल बूड़ जहाँ लगि ताकी, मोरि नाव खेवक बिनु थाकी।

वर्षा के आगमन के समय छप्पर टपक रहा है, उसको उठाने वाली थूनी नहीं रही। पास में पूँजी नहीं। कैसे उसे खरीदे ? सिर कौन उठावे ? और नये ठाट के लिए कोरों नहीं। कौन उसे सजाये ?

दंध नाहिं औ कंध न कोई, बात न आव कहौं का रोई।
साँठि नाहिं जग बात को पूछा, बिनु जिउ भएउ मूँज तनु घूँछा।
भई दुहेली टेक बिहूनी, थाँम नाहिं उठि सकै न थूनी।

बरसै मेह चुवहिं नैनाहा, छपर छपर होइ रहि बिनु नाहा।
कोरौं कहाँ ठाट नव साजा, तुम बिनु कंत न छाजनि छाजा।

न तो राजस्थान में जेठ-आषाढ में ऐसी वर्षा होती है कि पृथ्वी चतुर्दिक् जलमयी हो जाय और न राजरानी नागमती को छप्पर के नीचे निर्धन असहाय छोड़ कर रतनसेन योगी हुआ था। फिर वह ये बातें कह कर क्यों रोती है? बात यही न है कि वह कहानी की रानी है, परन्तु है वास्तव में अवध की ग्रामीण नारी। और उसका यह नारीत्व बड़ा ही मार्मिक है। पतिप्राणा नागमती ने रतनसेन के योगी हो कर घर से निकल कर सुए के साथ सिंहल चले जाने पर रो रो कर दिन काटे। वह वियोग में बावली हो गई। पति के पास न होने से अपने को नितान्त असहाय समझ दिन दिन सूखने लगी। उसके प्राणों पर आ बनी—**'हँस जो रहा सरीर महँ, पाँख जरा जब भाग।'** सखियों का सारा समझाना-बुझाना किसी काम न आया। समय बीतने लगा। प्रकृति अपने नये नये रूप धर कर आने लगी। विरहिणी को उसकी रम्यता उलटे जलाने लगी। नागमती अहर्निशि रोती और अपने प्रियतम को पुकारती। उसका विलाप सुन कर पथिकों ने चित्तौड़ की ओर आना-जाना छोड़ दिया। तब वह पक्षियों को अपना सन्देश-वाहक बनाने के लिए सचेष्ट हुई। बोली—

पिउ सों कहेहु संदेसड़ा, हे भँवरा हे काग।
सो धनि बिरहै जरि मुई, तेहि क धुवाँ हम्ह लाग॥

इतने से ही पक्षियों की जान न बची। हुआ यह कि वह—

जेहि पंखी कै निअर होइ, कहै बिरह कै बात।
सोई पंखी जाइ जरि, सरिवर होइ निपात॥

प्रियतम के लौट आने का समय मानो किसी अज्ञात प्रेरणा से नागमती जान गई। फलतः

जसि भुइँ दहि असाढ़ पलुहाई, परहिं बूँद औ सोंधि बसाई।
ओहि भाँति पलुही सुख बारी, उठी करिल नइ कोप सँवारी।

सखियों ने उसके शरीर में मिलन-जन्य उल्लास के सूचक परिवर्तन देखने पर उनका कारण पूछा, तब वह बोली—

पलुहे नैन बाँह हुलसाहीं, कोउ हितु आवै जाहि मिलाहीं।

पति के पुनः मिलने पर उसमें नवजीवन का संचार हुआ, किन्तु नारी-सुलभ सपत्नी के प्रति ईर्ष्या का भाव भी तत्काल ही उमड़ आया। तभी पदमावती उसके महल में नहीं उतारी गई—'**सही न जाइ सवति कँ झारा, दुसरे मंदिर दीन्ह उतारा**'। आगे चल कर यह सौतिया डाह बड़े ही उग्र रूप में उस समय प्रकट हुई जिस समय पदमावती उससे लड़ने के लिए उसकी फुलवारी में जा धमकी। तब नागमती ने उसे जिस प्रकार के उत्तर दिये उनसे भी उसे राजवंश की नारी के स्थान पर साधारण कोटि की स्त्री ही कहना पड़ेगा। उस समय उसका वह झगड़ालू रूप खुल गया जो सौत के प्रति व्यवहार करते समय गाँवों और नगरों की साधारण स्त्रियों में आज भी बहुधा देखा जाता है।

नागमती को जायसी ने सपत्नी के प्रति ईर्ष्यालु के साथ ही मानिनी नायिका के सदृश भी दिखाया है। सिंहल से चित्तौड़ लौटने पर रतनसेन दिन भर लोगों से मिलता-जुलता रहा, रात होने पर नागमती के पास गया। उस समय का दृश्य देखिये और वार्तालाप सुनिये। पति के पहुँचने पर

नागमती मुख फेरि बईठी, सौंह न करै पुरुष सौं दीठी।

और बोली

ग्रीषम जरत छाँड़ि जो जाई, सो मुख कौन देखावै आई।
तू जोगी होइगा बैरागी, हौं जरि छार भइउँ तोहि लागी।

कहा हँसौ तुम मोसौं, किएउ और सौं नेह।
तुम्ह मुख चमकै बीजुरी, मोहिं मुख बरिसै मेह।

कंठ लाइ कै नारि मनाई, जरी जो बेलि सींचि पलुहाई।[1]

पदमावती से लड़ने पर रतनसेन के समझाने पर शान्त हो जाने के बाद नागमतो फिर कभी सौत से नहीं उलझी। इतना ही नहीं, वह सदैव उससे मिल कर रही, जैसा रतनसेन ने कहा था—**'गंग जमुन तुम नारी दोउ'**।

जैसे नागमती का विरहाकुल रूप पदमावत में अनुपम है वैसे ही उसकी अन्तिम झलक भी आँखों से उतरती ही नहीं। रतनसेन के निधन के बाद वह पदमावती की चिर-संगिनी की भाँति उसी के साथ सहगमन के लिए प्रस्तुत हुई। उस समय उन दोनों नारियों का सतीत्व अपने चरम उत्कृष्ट रूप में देदोप्यमान हुआ—

नागमती पदमावति रानी, दुवौ महा सत सती बखानी।
दुवौ सवति चढ़ि खाट बईठीं, औ सिवलोक परा तिन्ह दीठीं।
सर रचि दान पुन्नि बहु कीन्हा, सात बार फिरि भाँवरि लीन्हा।
एक जो भाँवरि भई बियाहीं, अब दुसरे होइ गोहन जाहीं।
जियत कंत तुम हम्ह गर लाई, मुए कंठ नहिं छोड़हिं साईं।
औ जो गाँठि कंत तुम्ह जोरी, आदि अंत लहि जाइ न छोरी।
यह जग काह जो अछहि न आथी, हम तुम नाह दुहूँ जग साथी।

ऐसा कह कर

---

१. नागमती के इस व्यवहार की सुभद्रा को ब्याह कर आये अर्जुन के प्रति द्रौपदी की इस उक्ति और व्यवहार से तुलना कीजिए—

तत्रैव गच्छ कौन्तेय यत्र सा सात्वतात्मजा
सुबद्धस्यापि भारस्य पूर्वबन्धः श्लथायते।
तथा बहुविधं कृष्णां विलपन्तीं धनंजयः
सान्त्वयामास भूयश्च क्षमयामस चासकृत्।

—महाभारत १।२२०।१७-१८

लेइ सर ऊपर खाट बिछाई, पौढ़ीं दुवौ कंत गर लाई।
लागीं कंठ आगि देइ होरी, छार भईं जरि अंग न मोरी।

रतनसेन—पदमावत काव्य में अन्य सभी पात्रों के समान ही रतनसेन के चरित्र के सम्यक् निरूपण की भी चेष्टा नहीं हुई। उसे ऐसे प्रेमी के रूप में दिखलाया गया है जो स्थूल भौतिक वासना से मुक्त न होते हुए भी अपने व्यवहार में आध्यात्मिक प्रेम की झलक भी प्रदर्शित करता है। पदमावती-मिलन के समय वह भोक्ता के रूप में उद्घाटित हुआ है। उसकी विलास-क्रीडाएँ नग्न हो कर प्रकट हुई हैं। इस समय उसके सामान्य कामुक पुरुष होने में सन्देह नहीं रह जाता। परन्तु उसके कार्यों का विस्तार प्रियतमा की प्राप्ति के लिए किये प्रयत्नों में देखा जाता है। उनमें उसकी निष्ठा, त्याग, लगन, आत्मबलिदान आदि उदात्त वृत्तियाँ प्रकट हुई हैं। विवाहित होते हुए भी वह हीरामन से पदमावती के असाधारण सौन्दर्य का विवरण सुनने पर उसके प्रति आसक्त हो गया। उसने उस पर चट विश्वास कर लिया और राजपाट छोड़ वैराग्य ले लिया—वैराग्य इसलिए नहीं कि गार्हस्थ्य जीवन अथवा संसार से उसका मन उचट गया था, किन्तु इसलिए कि पदमावती को पाने के लिए एक तो सब कुछ छोड़ सात समुद्र पार करने का जोखिम उठाना आवश्यक था और दूसरे अपने प्राणों की बाजी लगाना, जिसके बिना उसके पास तक पहुँचना संभव न था।

वह एकपत्नीव्रत न था। संभव है उसे नागमती से पहले तृप्ति भी न हुई हो; अथवा पदमावती का सौन्दर्य-वर्णन सुन कर ही वह उसके प्रति इसलिए भी खिच गया हो कि वह नागमती से कहीं अधिक रूपवती थी। किन्तु राजा पदमावती को पा जाने पर भी पक्षी से नागमती की विरहावस्था की चर्चा सुनते ही चित्तौड़ लौट पड़ा और वहाँ वह अपनी दोनों पत्नियों का पारस्परिक कलह और द्वेष मिटा कर उनके

साथ भोगमय जीवन बिताने में रत हुआ। इससे उसके प्रेमी चरित्र की वास्तविकता सूचित होती है।

पदमावती को प्राप्त करने के लिए रतनसेन ने किसी भी संकट की परवाह नहीं की। गजपति ने सात समुद्रों के पार करने की कठिनाइयों का वर्णन किया, किन्तु वह प्रेम के मार्ग में चल पड़ा था, उनसे भयभीत नहीं हुआ। इस प्रकार उसे अपने निश्चय पर अडिग देख गजपति ने उसे बोहित दिये। साथियों के साथ राजा ने क्षार, क्षीर, दधि, (जल) उदधि, सुरा, किलकिला और मानसर—इन सात भयंकर समुद्रों को पार किया। ऐसे ही सिंहलगढ़ में प्रवेश करते समय पकड़े जाने पर वह सूली पर चढ़ने में किंचिन्मात्र नहीं घबराया। सिंहलद्वीप में पहुँच कर रतनसेन ने महादेव के मन्दिर में डेरा जमाया था। वहाँ उसने पदमावती को पाने के लिए योगसाधना आरंभ की। पदमावती ने हीरामन के वहाँ आने की बात सुन कर देव-पूजन के बहाने वसन्त-पंचमी को राजा की साधना सफल की, किन्तु उसके रूप के प्रभाव से वह मूर्च्छित हो गया। इससे दोनों मिल न सके। चेत आने पर राजा ने अपना जीवन निरर्थक समझ चिता में जल मरने का निश्चय किया। इसी प्रकार सिंहल से लौटते समय आँधी में बोहित टूट जाने पर जब वह पदमावती से अलग हो गया तब भी आत्म-हत्या करने को प्रस्तुत हो गया। इससे प्रकट हो सकता है कि वह निराश प्रेमी के समान प्राण-त्याग कर छुटकारा पा जाना चाहता है। परन्तु अप्सरा-रूपिणी पार्वती और पदमावती-रूप-धारिणी लक्ष्मी के परीक्षा लेने पर राजा अपने अनन्य प्रेम की दृढ़ता से नहीं डिगा था। इससे यह निष्कर्ष निकलता है कि राजा पदमावती के अभाव को नहीं सह सकता था। वही उसके लिए सर्वस्व जैसी थी।

प्रेम के लिए राजा रतनसेन को अनुचित उचित का विचार न था। पदमावती तक पहुँचने के लिए चोर की तरह सेंध लगा कर गढ़ के भीतर घुसने में उसको अपने राजा होने और योगी वेश में होने पर भी हिच-

किचाहत हुई । इसी प्रकार नागमती का विरह-सन्देश सुनने के बाद जब उसने पदमावती के साथ रह कर सुख भोगते हुए भी चित्तौड़ जाने की ठानी तब उसने गन्धर्वसेन से झूठा बहाना करना अनुचित नहीं समझा । कहा—

राज हमार जहाँ चलि आवा , लिखि पठइनि अब होइ परावा ।

परन्तु यह चोरी और झूठ रतनसेन का स्वभाव नहीं समझना चाहिए । अवश्य, अपने प्रिय की प्राप्ति के लिए इसे इन्हें साधन बनाने में अनौचित्य नहीं लगता था । प्रिय मिले चाहे जिस उपाय का अवलंबन क्यों न करना पड़े--यह उसका सिद्धान्त प्रतीत होता है ।

रतनसेन वीर था—इसमें सन्देह नहीं । वह युद्धकला में भी प्रवीण था । शाही आक्रमण की सूचना मिलते ही उसके सचेत होने में देर न लगी । उसने तुरन्त सेना सुसज्जित की—

जहँ लगि राज साज सब होऊ , ततखन भएउ सँजोउ सँजोऊ ।

अपनी सेना के प्रस्तुत हो जाने पर वह स्वयं भी युद्ध के लिए सन्नद्ध हुआ—

माथे मुकुट छत्र सिर साजा , चढ़ा बजाइ इन्द्र अस राजा ।

और सुलतान से डट कर ऐसा युद्ध किया कि आठ वर्ष तक चित्तौड़ को हाथ से जाने न दिया । उसका अन्त भी देवपाल से द्वन्द्वयुद्ध में वीर-गति मिलने से ही हुआ । उस समय देवपाल की विष-भरी साँग के पेट से पीठ तक घुस जाने पर भी उसने शत्रु पर ऐसा प्रहार किया कि उसका **'टूट कंध धड़ भएउ निनारा'** और तब **'सीस काटि कै बैरी बाँधा'** ।

परन्तु वीरोचित साहस से परिपूर्ण होते हुए भी रतनसेन क्षणरुष्टा था । वह आगा पीछा सोचे बिना ही काम कर बैठता था । इस स्वभाव के कारण उसने साधारण सी बात में राघवचेतन को देश से निकाल कर अपना घोर शत्रु बना लिया । उसने यक्षिणी-सिद्धि के बल से अमावस्या के बाद दूसरे ही दिन प्रतिपदा को चाँद दिखा दिया तो क्या हुआ !

सभा के अन्य पंडितों ने राघव से अपमानित हो राजा को उसके विरुद्ध उलटा-सीधा समझाया। रतनसेन तो राजा था। उसने यह सोचा कि राघव जैसा कुटिल पंडित रुष्ट होने पर कैसा अनर्थ कर सकता है ! स्त्री होने पर भी पदमावती के ध्यान में यह बात आ गई। भविष्य में राघव-चेतन ने किया भी ऐसा ही। इसी प्रकार वह दिल्ली के बन्दीगृह से छूट कर जिस रात चित्तौड़ पहुँचा, पदमावती ने देवपाल की दूती की बातें उससे जड़ दीं। राजा ने आव देखा न ताव; दूसरे ही दिन देवपाल पर धावा बोल दिया और देवपाल से द्वन्द्व-युद्ध करते हुए आहत हुआ और अन्त में उसी चोट से उसके प्राण गये।

रतनसेन का हृदय स्वच्छ और निष्कपट था। आठ वर्ष तक चल रहे युद्ध के अनन्तर सुलतान ने सन्धि-प्रस्ताव भेजा कि अच्छा मैं पद्मिनी नहीं चाहता, समुद्र से प्राप्त पाँचों रत्न दे दो, बदले में चंदेरी और ले लो तथा अपना राज्य भोगो। रतनसेन ने इसे स्वीकार कर लिया। इतना ही नहीं, उसने सुलतान का चित्तौड़ गढ़ देखने आना भी मान लिया। उसके लिए भोज का भी समुचित प्रबन्ध किया। उसके व्यवहार में कहीं भी छल न था। परन्तु सुलतान तो—**'परगट कह राजा सौं बाता, गुपुत प्रेम पदमावति राता।'** उसका यह भेद गोरा-बादल ताड़ गये। उन्होंने चुपके से राजा के कान में कहा—

बाचा परखि तुरुक हम बूझा, परगट मेर गुपुत छल सूझा।

तुम नहिं करौ तुरुक सौं मेरू, छल पै करहि अंत कै फेरू।

परन्तु राजा ने इसे स्वीकार न किया और कहा **'जहाँ मेर तहँ नहिं अधमाई'**। उसने यह भी कहा कि

मंदहि भल जो करै भल सोई, अंतहि भला भले कर होई।

यह सज्जनोचित नीति राजा के लिए घातक हुई। यह उसकी सरलता और साधुता का प्रमाण भले ही हो, परन्तु यह भी सिद्ध करती है कि

रतनसेन राजनीति में कोरा था। शत्रु पर सहसा विश्वास कर लेने के कारण ही वह उसका बन्दी हुआ।

इतना ही नहीं, वह भोला भी था। जब अलाउद्दीन पदमावती की झलक दर्पण में देख कर मोहित हो मूर्च्छित हो गया तब **'राजा भेद न जानै झाँपा'** और उसने वहीं उपस्थित राघव चेतन की बात मान ली कि सुलतान को सुपारी लग गई है और उसे **'लेइ पौढ़ावहिं सेज सँवारी।'**

रतनसेन में क्षत्रियोचित आत्म-सम्मान भी यथेष्ट था। सुलतान अलाउद्दीन के पत्र में यह बाँचते ही कि **'सिंघल कै जो पदमिनी पठै देहु तेहि बेग'** वह जल उठा और **'जानौ दैउ तड़पि घन गाजा।'** सिंह पर सवार हो कर आये शाही दूत सरजा से बोला कि

का मोहि सिंघ देखावसि आई, कहौं तो सारदूल धरि खाई।
भलेहिं साह पुहुमीपति भारी, माँग न कोउ पुरुष कै नारी।
को मोहि तें अस सूर अपारा, चढ़ै सरग खसि परै पतारा

जब सरजा ने उसे अलाउद्दीन का प्रताप सुना कर आतंकित करना चाहा तब राजा ने कहा कि **'तुरुक जाई कहु मरै न धाई।'** और यह जान कर कि बादशाह का उक्त प्रस्ताव न मानने पर वह चढ़ाई करेगा, राजा ने उत्तर दिया—मैं पहले ही तैयार बैठा हूँ। जाओ कह दो, कल आना हो तो मेरी ओर से आज ही आ जाय—

महूँ समुझि अस अगमन सजि राखा गढ़ साजु।
कालिह होइ जेहि आवन सो चलि आवै आजु॥

ऐसे स्वाभिमानी रतनसेन ने भोले-भाले ढंग से सुलतान का सन्धि-प्रस्ताव स्वीकार करके उसका आतिथ्य-सत्कार किया और उसकी अधीनता स्वीकार कर गले में पगड़ी डाल कर विनय की—**'बिनती कीन्ह घालि गिउ पागा।'** इससे राजा की दीर्घकालीन युद्ध-जनित दुर्बलता का भी संकेत ग्रहण किया जा सकता है।

रतनसेन भयंकर युद्ध के बीच निर्द्वन्द्व नाच-गाम में लिप्त रहता। जिस समय उसके गढ़ के ऊपर सौ सौ मन के धरती कँपा देने वाले गोले पड़ते थे उस समय भी वह नाच रंग में मस्त रह सकता था। उसका अखाड़ा (संगीत और नृत्य का समाज) बादशाह अलाउद्दीन की बैठक के ठीक सामने पड़ता था। उससे हो रहे विविध गुणियों के गान और पातुरों के नाच देख कर बादशाह ने अपने धनुर्धरों को प्रहार करने का आदेश दिया। एक बाण उस नर्तकी को लगा जो नाच रही थी। उसके गिरते ही राजा की सभा भंग हो गई। इससे इतना तो सिद्ध हो जाता है कि राजा रतनसेन युद्ध के बीच भी विलास में मग्न रहता। साथ ही इतना असावधान भी रहता कि उस समय भी शत्रु के प्रहार सीधे उसकी विनोद-सभा के ऊपर हो सकते थे।

वह कष्ट-सहिष्णु भी बहुत था। अलाउद्दीन के कारागार में उसे नाना प्रकार की शारीरिक यातनाएँ दी जातीं, अनेक प्रकार के भय दिखाये, जाते, पर वह विचलित न हुआ।

ये सब रतनसेन के आनुषंगिक गुण थे। वास्तव में इस काव्य के नायक के रूप में वह प्रेमी था—ऐसा प्रेमी जो पार्वती और लक्ष्मी तक की ओर आँख उठा कर नहीं देख सकता, और अपनी प्रेमिका के लिए अपने प्राणों को उत्सर्ग करने में आगा-पीछा नहीं करता। वह पदमावती के प्रति अनुचित प्रस्ताव करने वाले का सिर काट कर उसके सम्मान की रक्षा करने में प्राणोत्सर्ग करके काव्य-जगत् में अमर हो गया है। उसके जोड़ का दूसरा प्रेमी काव्य-संसार में नहीं है।

अलाउद्दीन—दिल्ली के सुलतान अलाउद्दीन के वैभव के सम्बन्ध में जायसी ने कहा है—'**सोन ढरै जेहि के टकसारा, बारहबानी चलै दिनारा।**' यह बात इतिहास से भी प्रमाणित होती है। उसकी दिल्ली की टकसाल में नई युक्तियों से शोधे बारहबानी (सर्वथा शुद्ध) सोने की अलाई दीनार व मुहर ढलती थी। फरिश्ता-कृत अलाउद्दीन के विवरण

के जान ब्रिग्स के अनुवाद में एक स्थान पर लिखा है कि अलाउद्दीन ने सर्वप्रथम अपना ध्यान न्याय-विधान के पालन कराने और जनता की शिकायतें दूर करने की ओर लगाया। उसने सभी पदाधिकारियों के घरेलू और सरकारी कामों की निकट से जाँच करना आरंभ कर दिया। वह नगर के प्रमुख परिवारों को परम गुप्त मन्त्रणाओं और सब से दूरवर्ती प्रदेशों (सूबों) के प्रत्येक महत्त्वपूर्ण कार्य की सूचना प्राप्त करता था। उसने शासन-प्रबन्ध में इतनी कठोरता से न्याय का पालन किया कि देश में पहले से बहुत ही व्याप्त डकैती और चोरी का नाम भी कहीं सुनाई न देता था। यात्री सड़कों पर सुरक्षित सोते थे और व्यापारी बंगाल के समुद्र से काबुल तक और तेलंगाने से कश्मीर तक अपना माल सुरक्षित ले जाते थे। इसकी पुष्टि पदमावत से भी होती है। राघव चेतन रत्न-जडित कंकण लिये हुए चित्तौड़ से दिल्ली तक सुरक्षित अकेले पहुँच गया था। किसी ने उसे छेड़ा तक नहीं। उसने दिल्ली पहुँच कर देखा कि—

बादशाह सब जाना बूझा, सरग पतार हिये महँ सूझा।
जौ राजा अस सजग न होई, काकर राज कहाँ कर कोई।
राव रंक जावँत सब जाती, सब के चाह लेइ दिन राती।
पन्थी परदेसी जत आवहिं, सब कँ चाह दूत पहुँचावहिं।

इसी शाही नीति के कारण राघव चेतन के बरबार के द्वार पर पहुँचने की सूचना अलाउद्दीन को मिली। उसका नियम था **'भीख भिखारी दीजिए का बाम्मन का भाँट।'** इसी का पालन उस समय हुआ जिस समय सुलतान ने पदमावती के दिये हुए कंकण की जोड़ी पूरी करके राघव चेतन की इच्छा पूरी की जिसे ले कर वह चित्तौड़ से दिल्ली आया था कि **'अस कंकन जौ पावौं दूजा, दारिद हरै आस मन पूजा।'** जायसी कहते हैं कि

१३

औ दूसर कंकन कै जोरी, रतन लाग ओहि बत्तिस कोरी।
लाख दिनार देवाई जेंवा, दारिद हरा समुद कै सेवा।

दिल्ली का सुलतान अपने वैभव के सामने किसी को कुछ नहीं समझता था। उसका विचार था जो कुछ मेरे पास है वह संसार में किसी और के पास नहीं है। इसी से जब राघव चेतन ने उसके पास पहुँच कर अपने हाथ के जड़ाऊ कंकण के विषय में बतलाते हुए चित्तौड़ की रानी पदमावती के अप्सरा के से रूप का उल्लेख किया तब उसने तिरस्कारपूर्वक कहा कि—

जो पदमिनि सो मंदिर मोरे, सातौ दीप जहाँ कर जोरे।
सात दीप महँ चुनि चुनि आनी, सो मोरै सोरह सै रानी।

इससे प्रकट होता है कि बादशाह संसार भर की सोलह सौ सुन्दरियों से अपने हरम में भोग कर के सन्तुष्ट था। परन्तु जब राघव चेतन ने हस्तिनी, शंखिनी, चित्रिणी और पद्मिनी नारियों के गुण-रूप का वर्णन कर के पदमावती के नखशिख का विस्तारपूर्वक मादक एवं कामोत्तेजक वर्णन कह सुनाया तब तो अलाउद्दीन की अतृप्त वासना खुल गई। वह अपने को सँभाल और रोक न सका। उसका रूप-लोभी मन चंचल हो उठा। उसे मूर्च्छा आ गई। सचेत होने पर उसने सरजा के हाथ रतनसेन को पत्र लिख भेजा कि **'सिंघल कै जो पदमिनी पठै देहु तेहि बेग।'**

इस प्रकार सौन्दर्य-लोलुप अलाउद्दीन को जब रतनसेन ने फटकार दिया और युद्ध के लिए ललकारा तब वह दलबल-सहित चित्तौड़ पर चढ़ दौड़ा। सारी शक्ति लगाकर आठ वर्ष तक घेरा डाले पड़ा रहा, परन्तु गढ़ न टूटा। तब उसने छल कर के रतनसेन को बन्दी कर लिया। उसकी रणनीति में शत्रु के साथ विश्वासघात दोष नहीं था। ऊपर से मित्रता दिखा कर किसी की पत्नी को हथियाने को भी वह रूपलोलुप उचित ही समझता था। तभी वह—

परगट कह राजा सों बाता, गुपुत प्रेम पदमावति राता।

वह कपटाचार के प्रदर्शन में दक्ष था। उसने राजा के यहाँ बड़े प्रेम से दावत खाई और घुलमिल कर शतरंज खेली। इसी बीच अपनी दासियों से प्रेरित हो उसे देखने के लिए पदमावती झरोखे में आई और उसकी परछाईं दर्पण में देखते ही रूप का लोभी सुलतान अचेत हो गया। उसने सोचा होगा कि जिसकी परछाईं ऐसी है वह सचमुच कितनी सुन्दरी होगी। सचेत होने पर उसने राघव चेतन से उस प्रतिबिंब की सुन्दरी का वर्णन किया। उसने पुष्ट किया कि वह पदमावती ही थी।

उधर उसकी मीठी-मीठी बातों में पड़ कर असावधान राजा उसे बिदा करने गढ़ के सातवें द्वार तक गया। तब उसे सुलतान ने बन्दी कर लिया। इससे स्पष्ट विदित होता है कि पहले से ही बनी गुप्त योजना किस प्रकार राजा को धोखा दे कर बन्दी बनाने में सफल हुई। इस प्रकार अलाउद्दीन कपट-चातुरी में परम प्रवीण था और अभीष्ट सिद्धि के लिए विश्वासघात को अनुचित नहीं समझता था। नारी के रूप के प्रति अलाउद्दीन की लोलुपता का प्रमाण यह भी है कि उसने अपनी एक वेश्या को योगिनी का वेश धारण कर पदमावती को समझा-बुझा कर आकृष्ट करने के लिए भेजा। ऊपर लिखा जा चुका है कि अपने गुप्तचरों के द्वारा उसके पास धनी-निर्धन सब का समाचार नित्य पहुँचता रहता था और दिल्ली में जो परदेशी यात्री आते थे उनका हाल तुरन्त ही उसको मिल जाता था। परन्तु अलाउद्दीन की कामान्धता ने उसे गोरा-बादल की योजना का रहस्य समझ सकने से वंचित रखा और रतनसेन को अपने कारागार से निकल जाने दिया।

परन्तु जब पदमावती रतनसेन के साथ सती हो गई और बादशाह चित्तौड़ पहुँचा तब उसे संसार और उसमें उपलब्ध नारी-रूप की असारता का भान हुआ। उसने मुट्ठी भर धूल उठा कर फेंकते हुए कहा कि यह पृथ्वी झूठ है—**'छार उठाइ लीन्ह एक मूठी, दीन्ह उड़ाइ पिरथिमी झूठी।'** कदाचित् यह विराग-प्रिय जायसी की भावना होगी जो यह

दिखाना चाहते थे कि लौकिक रूप, जिसके पीछे इतना धन-जन-संहार हुआ, उसकी यह अन्तिम गति है।

अलाउद्दीन युद्ध-वीर था। वह सेना का नेतृत्व स्वयं करता था। आठ वर्ष तक वह स्वयं ही चित्तौड़ को घेरे पड़ा रहा। वह उसे इसलिए नहीं तोड़ता कि ऐसा करने पर जौहर होगा और पदमावती हाथ न आयेगी। इससे उसने ढोल देने की रण-नीति का अवलंबन किया, परन्तु वहाँ से हटने की बात उसे तभी सोचनी पड़ी जब दिल्ली से प्रार्थनापत्र आने लगे कि

पछिउँ हरेव दीन्हि जो पीठी, सो अब चढ़ा सौंह के दीठी।
उहाँ साह चितउरगढ़ छावा, इहाँ देस अब होइ परावा।

और यह बात इतिहास से भी समर्थित है। मंगोल कई बार अलाउद्दीन से हार चुके थे। जब अलाउद्दीन चित्तौड़ को घेरे हुए था तब तरगी नामक मंगोल ने बड़ी सेना के साथ जमना किनारे डेरा डाल कर दिल्ली को घेर लिया था। अलाउद्दीन के आने पर वह हट गया।

अलाउद्दीन की उदारता का भी जायसी ने वर्णन किया है। जब राजा रतनसेन की पाती सब हिन्दू राजाओं के पास पहुँची तो जो हिन्दू राजा अलाउद्दीन की सेवा करते थे, वे

सब होइ एकमते जो सिधारे, बादशाह कहँ आइ जोहारे।
है चितउर हिन्दुन्ह कै माता, गाढ़ परे तजि जाइ न नाता।
रतनसेन तहँ जौहर साजा, हिन्दुन्ह माँझ आहि बड़ राजा।
कृपा करहु चित बाँधहु धीरा, नातरु हमहि देहु हँसि बीरा।
पुनि हम जाइ मरहि ओहि ठाऊँ, मेटि न जाइ लाज सौं नाऊँ।

अलाउद्दीन बुरा नहीं मानता। वह बड़ी उदारता से हँस कर उन्हें बीड़ा देता है और तीन दिन का समय भी चित्तौड़ पहुँचने के लिए देता है—

दीन्ह साह हँसि बीरा और तीन दिन बीच।

और वे रतनसेन की ओर से बादशाह से लड़ने चित्तौड़ जा पहुँचे—

रतनसेन चितउर महं साजा , आइ बजाइ बैठ सब राजा ।

दिल्ली से हरेवों की चढ़ाई की सूचना पाने पर ही वीर अलाउद्दीन राजनीति की कपट-कला का प्रयोग करने पर उद्यत हुआ और उसने उसे आंशिक सफलता भी प्रदान की। उसने पदमावती का प्रतिबिंब देख लिया।

इस प्रकार पदमावती को प्राप्त करने में रतनसेन के प्रतिद्वन्द्वी के रूप में इस काव्य का प्रतिनायक अलाउद्दीन अपने उद्देश्य में सफल नहीं हो सका। वह पदमावती की प्रतिच्छाया मात्र देख सका। उसके लिए पदमावती को देख सकना तक संभव न हो सका, पाना तो दूर की बात रह गई। उसे असफल प्रेमी कहें तो कदाचित् अनुचित न समझा जाय।

गोरा बादल---ये दोनों रतनसेन की सभा के अद्वितीय रत्न थे। दोनों मानो उसकी दो भुजाओं के सदृश थे—**'रावत दुवौ दुवौ जनु बाँहा।'** आचार्य रामचन्द्र शुक्ल ने इनके विषय में लिखा है **"अबलाओं की रक्षा से जो माधुर्य योरप के मध्य युग के नाइटों की वीरता में दिखाई पड़ता था, उसकी झलक के साथ ही स्वामिभक्ति का अपूर्व गौरव इनकी वीरता में देख मन मुग्ध हो जाता है। जायसी की अन्तर्दृष्टि धन्य है जिसने भारत के इस लोकरंजनकारी क्षात्र तेज को पहचाना।"**[१]

ये दोनों राजनीति के दाँव-पेंच खूब समझते थे। जब रतनसेन ने सहज ही शत्रु का विश्वास कर लिया, उसको गढ़ का कोना कोना दिखा दिया और नाचरंग दिखाने में भूल गया था तब अलाउद्दीन के भीतरी भाव को यही दोनों ताड़ सके थे। ये सच्चे स्वामिभक्त थे। इसी से तो इन्होंने तुरन्त ही राजा के कानों में लग कर मन्त्र दिया कि **'मूसि न जाई पुरुष जो जागे।'** और

बाचा परखि तुरुक हम बूझा , परगट मेर गुपुत छल सूझा ।
तुम नाँहि करौ तुरुक सौं मेरू , छल पै करहिं अंत कै फेरू ।

---

१. जायसी ग्रन्थावली, भूमिका, पृष्ठ १२८।

ये दोनों इतने आत्माभिमानी थे कि राजा के न समझने पर रुष्ट हो उसको छोड़ कर अपने घर चले गये। परन्तु मन से उसके भक्त बराबर बने रहे। जब वह बन्दी हो गया और पदमावती इनके पास पहुँच कर सहायतापेक्षिणी हुई तब ये पसीज उठे। इन्होंने रानी को आश्वस्त किया कि हमारे जीते जी तुम्हें जोगिन हो कर राजा को छुड़ाने जाने की आवश्यकता नहीं। हम तो राजा से जिस बात पर रूठे थे वही हो कर रही। दोनों ने प्रण किया कि वर्षा के समाप्त होने और अगस्त्य के उदय होने पर राजा घर आ जायँगे।

ये लोग राजा रतनसेन की 'भला करने से भला होता है' नीति नहीं मानते थे। इन्होंने देखा था कि सुलतान ने छल कर के राजा को बन्दी बनाया है। इसका उत्तर यही है कि—**'जस तुरकन्ह राजा छर साजा, तस हम साजि छोड़ावहिं राजा।'** अतएव इन्होंने कहला भेजा कि पदमावती बादशाह के पास आ रही है। फिर पदमावती के नाम से लोहार को पालकी में बैठाया और सोलह सौ चंडोलों (पालकियों) में पदमावती की सखियों के नाम पर सैनिक चले। उनके साथ तीन सहस्र घुड़सवार ले कर गोरा बादल रतनसेन को बन्धन-मुक्त करने चले।

ये जानते थे कि घूस से असंभव भी संभव हो जाता है। अतः इन्होंने अपना काम निकालने के लिए बन्दीगृह के रक्षक को दस लाख की अंकोर (भेंट) दी और उसे अपनी ओर मिला लिया। उसने जा कर बादशाह से कहा कि

चितउर जेति राज कै पूँजी, लेइ सो आइ पदमावति कूँजी।
बिनती करै जोरि कर खरी, लेइ सौंपों राजा एक घरी।

सुलतान चक्कर में आ गया। उसने जैसे अपने प्रति विश्वास करने वाले को छल से वश में किया था वैसे ही स्वयं विश्वास करने का फल पाया। 'शठैः शाठ्य' नीति में निपुण गोरा-बादल राजा रतनसेन को छुड़ाने में सफल हुए।

कूटनीति-विशारद ये दोनों सामन्त वस्तुतः असाधारण वीर भी थे। युवा बादल का कुछ ही दिन पहले विवाह हुआ था। उसकी नवोढा पत्नी अपनी नारी-सुलभ चेष्टाएँ कर के उसे मोहित न कर सकी। तब उसने लाज छोड़ उसकी फेंट पकड़ कर रोकने की चेष्टा की और कहा—

आजु गवन हौं आई नाहाँ, तुम न कंत गवनहु रन माहाँ।

वह उसके पैरों पर गिर पड़ी, अपनी अलकों के फंदे में फँसाने लगी, पर बादल को उसके कर्त्तव्य-पथ से विमुख न कर सकी। वह बोला कि '**गवन मोर जहँवाँ मोर स्वामी।**' जब उसकी सब चेष्टाएँ विफल हुईं तब उसने भी सती होने को तैयारी की—

कंत धरा मन जूझ रन, धनि साजा सर साज।

बादल के अल्प वय की चर्चा कर के उसकी माँ ने उसे बड़े बड़े दलपतियों को भी परास्त करने वाले अलाउद्दीन के साथ युद्ध करने जाने से रोकना चाहा था किन्तु वह सिंहशावक गरज कर बोला—

मातु न जानसि बालक आदी, हौं बादला सिंघ रनवादी।
सुनि गज-जूह अधिक जिउ तपा, सिंघ क जाति रहै किमि छपा।
तौ लगि गाज न गाज सिंघेला, सौंह साह सौं जुरौं अकेला।

इस प्रकार युद्ध करने के लिए प्रस्तुत बादल निर्भय हो दिल्ली में अपने स्वामी को मुक्त करने में गोरा का दाहिना हाथ हुआ। जब सुलतान की सेना राजा को घेरने के लिए आगे बढ़ी तब गोरा ने बादल के हाथों में राजा की रक्षा का भार सौंप दिया। बादल ने उसे सुरक्षित चित्तौड़ पहुँचा दिया।

और गोरा! वह तो जीवन के सब खेल खेल चुका था। उसे मरने से डर न था। राजा को सकुशल पदमावती के पास पहुँचाने की प्रतिज्ञा पूरी करने का अवसर पा चुकने पर उसने शाही सेना से जम कर लोहा लिया, उसके साथियों ने घमासान युद्ध कर के वीरगति पाई। अकेला

रह जाने पर गोरा ने लोमहर्षण संग्राम किया। उसकी छटा देखते ही बनती है—

लेइ हाँकि हस्तिन कँ ठटा, जैसे पवन बिदारै घटा।
जेहि सिर देइ कोपि करवारू, स्यो घोड़े टूटे असवारू।

इस पर जब सारी सेना ने उसे घेर कर एक साथ आक्रमण कर दिया तब वह

जेहि दिसि उठै सोइ जनु खावा, पलटि सिंघ तेहि ठाँव न आवा।

और उसे '**तुरुक बोलावहिं**' (पर उसकी) '**बोलै बाँहा**'। वह शत्रुओं की बात का उत्तर हाथ के प्रहार से देता था। अन्त में सिंह पर आसीन हो सरजा उस पर झपटा और

मारेसि साँग पेट महँ धँसी, काढ़ेसि हुमुकि आँति भुइँ खसी।

इस प्रकार आँतें निकल आने पर भी गोरा विचलित न हुआ। उसने आँतें समेट कर बाँध लीं और फिर घोड़े पर चढ़ कर सरजा पर वार किया। पहला और दूसरा वार सरजा ने क्रमशः अपनी साँग और ढाल पर रोक लिया। तीसरा वार उसकी गरदन पर रखी गदा को विदीर्ण न कर सका। उधर सरजा ने ऐसा प्रहार किया कि गोरा का पंजर कट गया। यों वीरवर गोरा खेत रहा। कवि ने उसे स्वर्ग-प्राप्ति का प्रमाण यों दिया—

गोरा परा खेत महँ सुर पहुँचावा पान।

सच्चा वीर इसी प्रकार अपना तेज प्रकाशित करता है।

राघव चेतन—वह बड़ा ज्ञानी, सहदेव के सदृश पंडित, व्यास के समान कवि एवं वररुचि की भाँति वेदज्ञ था। उसने सिंहल की (पदमावती की) कथा कविताबद्ध की थी, जिसे सुन कर कवि सिर धुनते। उसमें उन्हें वेद के स्वर सुनाई पड़ते। उसके इस पांडित्य के कारण चौदहों विद्याओं में प्रवीण राजा रतनसेन उसे बहुत चाहता। वह उसकी सभा में पंडित था। परन्तु वेदज्ञ विद्वान् होने के साथ ही वह जादू-टोना

जानता था। उसे यक्षिणी सिद्ध थी। उसकी प्रवृत्ति चमत्कार-प्रदर्शन की ओर उन्मुख थी। वह दूसरों को नीचा दिखाने के लिए तन्त्र का प्रयोग करता था। इसी से उसने प्रतिपदा को ही दूज का चाँद दिखा कर सभा के पंडितों को राजा की आँखों में गिरा दिया। परंतु अब यह विदित हुआ कि उस दिस दूज न थी तब पंडितों ने उसके विरुद्ध राजा को भड़काया। राजा ने उसे देश से बाहर निकाल दिया।

वाममार्गी राघव अपने स्वामी की पत्नी को कुदृष्टि से देखने में नहीं हिचकता था। उसका देश-निकाला सुन कर पदमावती ने उसे झरोखे के नीचे बुला कर अपने हाथ का कंकण दान में दिया कि वह राजा के द्वारा किये गये अपने अपमान से उत्पन्न क्रोध को शान्त करे। परन्तु वह तो ठहरा कामुक। रानी की छवि देखते ही वह वज्राहत जैसा अचेत हो गया। पदमावतो की भेजी सखियाँ उसे सचेत करने पहुँचीं। उसे चेत हुआ। वह सिर धुनने और पागल की नाईं प्रलाप करने लगा कि पदमावती दक्षिणा देने के धोखे झरोखे से मेरे प्राण ले गई। सखियों के समझाने पर कि ऐसा कहने पर तू प्राणों से हाथ धो बैठेगा उसका लोभी एवं कृतघ्न रूप प्रकट हुआ। उसने निश्चय किया कि

अस कंकन जौ पावौं दूजा, दारिद हरै आस मन पूजा।
दिल्ली नगर आदि तुरकानू, जहाँ अलाउदीन सुलतानू।
कँवल बखानौं जाइ तहँ जहँ अलि अलाउदीन।
सुनि कै चढ़ै भानु होइ रतन जो होइ मलीन।

इस प्रकार अपने अपमान का बदला लेने के लिए वह अपने स्वामी की पत्नी के अपहरण और उसके अपमान के लिए जब उद्यत हुआ तब उसका सारा शास्त्र-ज्ञान न जाने कहाँ चला गया। वह मानो नारी-भेद और नखशिख के उत्तेजक वर्णन में सिमट कर रह गया। इतना ही नहीं, पदमावती को देखने पर उसके मन में जो कामोत्तेजना हुई थी उसे भी

कहने में उसे लाज न लगी। वह विद्वान् ब्राह्मण होते हुए भी स्वार्थ-सिद्धि के लिए पृथ्वी पर सिर टेक कर तुर्क बादशाह को अभिवादन करने में न हिचका। वह अलाउद्दीन से अपार धन और दूसरा कंकण पा कर कृतार्थ हुआ।

वह ऐसा हठी था कि राजा रतनसेन को नीचा दिखाने के लिए चित्तौड़ पर आक्रमण के समय अलाउद्दीन के साथ रहा। निर्लज्ज भी वह परले सिरे का था। उसे भोज के समय अलाउद्दीन के साथ चित्तौड़गढ़ में उपस्थित रहने का साहस था। जब पदमावती की प्रतिच्छाया दर्पण में देख कर अलाउद्दीन अपने को सँभाल न सका तब राघव ने अपने पुराने स्वामी से सीधे बातें कीं और उसे उलटा-सीधा पाठ पढ़ा कर धोखा भी दिया। उससे कहा कि यह कुछ नहीं, सुलतान को पान में पड़ी सुपारी लग गई है। इस समय इन्हें विश्राम के लिए ले चलिये। उधर जब अलाउद्दीन ने चेत आने पर प्रसिबिम्ब को नारी का रूपकतिशयोक्ति के द्वारा बखान किया तब पदमावती के प्रत्यक्षदर्शी राघव चेतन ने खोल कर बतला दिया कि **'निहचै तुम पदमावती देखी।'** फिर पदमावती के विविध अंगों का वर्णन कर सुलतान को उभारा कि अब ऐसा उपाय कीजिये कि

अलक जो लटकै अधर पर सो गहि कै रस लीज।

जायसी ने राघवचेतन के रूप में ऐसे पात्र की सृष्टि की है जिसके आचरण में नीचता की पराकाष्ठा है, जिसका सारा ज्ञान और पाण्डित्य स्वार्थ के सामने विलीन हो जाता है और जो मानवता का कलंक कहा जा सकता है।

पदमावत के विशिष्ट चरित्र इतने ही हैं। इनके अतिरिक्त गन्धर्व-सेन, बादल की माँ और पत्नी, देवपाल और अलाउद्दीन की दूतियाँ, सरजा और देवपाल भी कथाप्रवाह में सहायक गौण पात्र हैं।

गंधर्वसेन सिंहल का राजा है। उसे पदमावती के योग्य कोई पुरुष

नहीं जँचता। कन्या सयानी हो जाने पर माँ की चिन्ता बढ़ जाती है। परन्तु पदमावती की माँ अपने पति से इतना डरती है कि उससे कह नहीं सकती कि बेटी का ब्याह कर देना चाहिये। वह रतनसेन के साथी योगी बने राजकुमारों को पकड़वा लेने में समर्थ है। ऐसा है उसका सैन्यबल। और रतनसेन को सूली देने से वह भाट महादेव और हीरामन के समझाने-बुझाने पर तभी विरत होता है जब उसे विश्वास हो जाता है कि वह (रतनसेन) साधारण योगी नहीं प्रत्युत चित्तौड़ का राजा है और पदमावती का सच्चा प्रेमी एवं उसके अनुरूप वर है। फिर तो वह रतनसेन का यथेष्ट आदर-सत्कार कर अपना दामाद बना कर बहुत दिनों तक उसका आतिथ्य कर अपनी सहृदयता और राजोचित व्यवहार करने की क्षमता का परिचय देता है।

बादल की माँ में वात्सल्य स्नेह का स्वाभाविक रूप दिखलाया गया है। वह सुलतान की विशाल वाहिनी के सामने अपने नवयुवक पुत्र के दुःसाहस को अनुपयुक्त समझती है। इसी से उस क्षत्राणी माँ का स्वभाव उसमें नहीं देखा जाता जिसने कृष्ण के हाथ अपने बेटों को सन्देश भेजा था—

यदर्थं क्षत्रिया सूते तस्य कालोऽयमागतः।[1]

बादल की पत्नी में नव-विवाहिता नारी की पति के साथ सुखोपभोग की चाह प्रत्यक्ष है। वह पहले तो पति से बातें करने में लजाती है और उसे अपनी चेष्टाओं के द्वारा ही रणभूमि में जाने से रोकने का प्रयास करती है, किन्तु अन्त में लाज छोड़ने के लिए विवश होती है और बादल की फेंट पकड़ उससे खुल कर मन की बात करती है। परन्तु जब बादल अपने मार्ग से हटने को प्रस्तुत नहीं होता तब वह रो पड़ती

---

१. महाभारत, ५।९०।७५

है। अन्त में उसका वीरनारीत्व सजग होता है। वह सती होने को प्रस्तुत हो जाती है—

रोए कंत न बहुरै, तेहि रोए का काज ?
कंत धरा मन जूझ रन, धनि साजा सर साज।

देवपाल कुंभलनेर का राजा और रतनसेन का शत्रु था। वह नीच वृत्ति का कामुक व्यक्ति था। रतनसेन के बन्दी हो जाने पर उसने कुमुदिनी नाम की बुढ़िया दूती छल के द्वारा पदमावती को ले आने के निमित्त इस विचार से भेजी कि **'सत्रु-साल तब नेवरै सोई, जौ घर आव सत्रु कै जोई।'** परन्तु उसे इस काम में सफलता न मिली। वह युद्ध से पीछे हटने वाला न था। वह अपनी सेना ले कर रतनसेन से भिड़ गया। फिर उसने रतनसेन को द्वन्द्व युद्ध के लिए ललकारा। उसने ऐसी साँग मारी कि रतनसेन की नाभि में घुस कर पीठ से बाहर निकल गई।

देवपाल की दूती वृद्धा ब्राह्मणी कुमुदिनी टोना जानती थी। वह छल-छन्द भी खूब जानती थी। उसने बहुत-सी भेंट की वस्तुएँ ले जा कर पदमावती पर पहले तो यह प्रभाव जमा ही दिया कि मैं तुम्हारे मायके से आई हूँ। वह बातचीत करने में भी प्रवीण थी। परन्तु पदमावती के सतीत्व को जान कर भी उसे उससे विरत करने का प्रयास करते समय उसकी सारी कलई खुल गई। जब उसने पदमावती को देवपाल के प्रति आकृष्ट करने की चेष्टा की तब तो रानी ने उसकी खूब मरम्मत की। किसी सती का धर्म डिगाने की चेष्टा का जो दुष्परिणाम होता है वह उसको भोगना पड़ा। उसके नाक-कान काट डाले गये, सिर मुँड़ा दिया गया, मुँह पर कालिख पोती गई और वह गधे पर चढ़ा कर बिदा कर दी गई। वह कौन-सा मुँह ले कर देवपाल के पास लौटी होगी।

बादशाह की दूती—वह वास्तव में शाही दरबार की वेश्या थी, जो वेश बनाने की कला के साथ ही **'चतुर कला मनमोहन, परकाया परवेस'**

भी जानती थी। वह बात बनाने में चतुर थी। उसने रानी को बतलाया कि रतनसेन दिल्ली में बन्दी है। इस पर पदमावती उसके पैरों पर ि र पड़ी और जोगिन हो कर उसके साथ जाने को तैयार भी हो गई। यदि सखियों ने न सँभाला होता तो सरल-हृदया पदमावती संभवतः उसके जाल में फँस गई होती। इससे प्रकट होता है कि वह बड़ी ही प्रवीण दूती थी।

सरजा—अलाउद्दीन की सेना का योद्धा सरजा ऐसा प्रचंड था कि सिंह पर सवारी करता। उसे अलाउद्दीन दूत की भाँति भी काम में लाता था। इससे सूचित होता है कि वह उसका विश्वासपात्र और चतुर सभासद था। वह चाटुकार भी कम न था। रतनसेन ने जब सन्धि करना स्वीकार कर लिया तब सरजा ने अलाउद्दीन की खुशामद करते हुए राजा को कौवा तक कहा था।

सरजा युद्धक्षेत्र में प्रबल शक्तिशाली था। जब गोरा ने सुलतान की सेना के दाँत खट्टे कर दिये तब वही अकेला उससे लोहा लेने को आगे बढ़ा। गोरा के तीन प्रबल प्रहार सहने की क्षमता उसी में थी। उसी के आघात से गोरा के प्राण पखेरू उड़े थे।

———

पदमावत में रहस्य और अप्रस्तुत की योजना

• •

सूफियों की धारणा है कि सृष्टि के रोम रोम में जो झलक दिखाई दे रही है वह उसी [अर्थात् उस परम आलम्बन] की झाँकी है जो हमें लुभाने के लिए ही हो रही है। सितारे चमक-दमक के साथ उसकी ओर खिंच रहे हैं, चाँद उसी की ओर बढ़ा जा रहा है, सूरज भी उसी के फेर में पड़ कर जल रहा है। संक्षेप में, उसने चारों ओर प्रेम का बीज बखेर दिया है जिसने उग कर सबको आलम्बन से आश्रय बना लिया है और इसी से हम भी उसके वियोग में पड़ गये हैं।[१]

मानव-प्रेम की कहानी के भीतर अपनी सूफी-साधना में मान्य इसी विश्वास[२] के अनुसार आध्यात्मिक प्रेम की व्यंजना ही जायसी का लक्ष्य प्रतीत होता है।

उस परम रूप-निधान प्रियतम के प्रभाव से सारा जगत् उसके लिए घायल की तरह छटपटा रहा है। उन्होंने पदमावती की बरौनियों के वर्णन के द्वारा इसे सुन्दर ढंग से इंगित किया है—

उन्ह बानन्ह अस को जो न मारा, बेधि रहा सगरौ संसारा।
गगन नखत जो जाहिं न गने, वै सब बान ओही के हने।

---

१. चन्द्रबली पांडे, तसव्वुफ अथवा सूफीमत, पृ० ११८

२. तसव्वुफ अथवा सूफीमत, पृ० १४० में 'दी मिस्टिसिज्म ऑव इस्लाम' पृष्ठ ८०-१ के आधार पर जामी का मत यों व्यक्त किया गया है—अल्लाह परम सौन्दर्य है और वह प्रेम चाहता है। प्रेम से प्रभावित हो कर उसने अपने मुख का आदर्श लिया और उसमें अपना रूप अपने आप व्यक्त करने लगा।...देश काल की रचना कर के उसने एक उपवन का डौल डाला, जिसका प्रत्येक पत्ता उसके कमाल को प्रत्यक्ष करता है।

धरती बान बेधि सब राखी, साखी टाढ़ देहिं सब साखी।
रोवँ रोवँ मानुष तन ठाढ़े, सूर्तहिं सूत बेधि सब गाढ़े।

इसीलिए वस्तु एवं भाव के वर्णन के ऐसे अवसर वे हाथ से जाने नहीं देते जिनमें दिव्य सत्ता के सौन्दर्य की व्याप्ति एवं प्रभावोत्पादकता की झलक दिखलाई जा सकती है। जब पदमावती यौवन के भार से झुकी (**भै उनंत पदमावति बारी**) तव '**जग बेधा तेहि अंग-सुबासा**' और '**सुर नर देखि माथ भुईं धारे**' तथा

जग कोइ दीठि न आवै आछहिं नैन अकास।
जोगि जती संन्यासी तप साधहिं तेहि आस॥

यह कह कर जायसी ने काव्य के आरम्भ में स्पष्ट सूचित कर दिया कि पदमावती उसी प्रेमस्वरूपिणी दैवी सत्ता का प्रतीक है जिसके लिए यावत् योगी यही संन्यासी साधना करते हैं और जिसको नर ही नहीं सुर भी सिर झुकाते हैं। इतना ही नहीं, तपस्वी अपना तन आरे से इस आशा से चिरवाते हैं कि हमारे रक्त को ले कर पदमावती अपनी माँग का सिन्दूर बना ले—

करवत तपा लेहिं होइ चूरू, मकु सो रुहिर लेइ देइ सेंदूरू।

पदमावती उसी का प्रतीक है। उसके नखशिख के वर्णन में हीरामन ने रतनसेन को बीच बीच में इसके संकेत दिये हैं। संसार की जितनी ज्योति है सब उसके ही दाँतों की चमक से उत्पन्न है, सब उसी की झलक हैं—

जेहि दिन दसन जोति निरमई, बहुतै जोति जोति ओहि भई।
रवि ससि नखत दिपहिं ओहि जोती, रतन पदारथ मानिक मोती।
जहँ जहँ बिहँसि सुभावहिं हँसी, तहँ तहँ छिटकि जोति परगसी।

उसके चरण-कमल जहाँ जहाँ पड़ते थे देवता उन्हें अपने हाथों पर लेते और वहाँ सिर झुकाते थे—

देवता हाथ हाथ पगु लेहीं, जहँ पगु धरै सीस तहँ देहीं।

राघवसेन ने अलाउद्दीन से पदमावती के सौन्दर्य का जो वर्णन किया है उसमें भी उस अलौकिक सौन्दर्य की सूचना दी है। उसकी माँग के सिन्दूर के ऊपर देवता बलि हो गये और नित्य सबेरे सूर्य उसी की पूजा करता है—

बलि देवता भए देखि सेंदूरू, पूजे माँग भोर उठि सूरू।

और

बेनी कारी पुहुप लेइ निकसी जमुना आइ।
पूज इन्द्र आनन्द सौं सेंदुर सीस चढ़ाइ॥

तथा

इन्द्र चन्द्र रवि देवता सबै जगत मुख चाह।

यह संसार उसी की झलक मात्र है। उसके रूप की प्रतिकृति के अतिरिक्त और कुछ नहीं। तभी पदमावती के प्रभाव से मानसरोवर और पवन कुमुद चन्द्रमा कमल एवं हंस आदि की क्या दशा हुई यह देखिये—

कहा मानसर चाह सो पाई, पारस रूप इहाँ लगि आई।
भा निरमल तिन्ह पायन्ह परसे, पावा रूप रूप के दरसे।
मलय समीर बास तन आई, भा सीतल गै तपनि बुझाई।
बिगसा कुमुद देखि ससिरेखा, भै तहँ ओप जहाँ जोई देखा।
पावा रूप रूप जस चहा, ससि-मुख जनु दरपन होइ रहा।
नयन जो देखा कँवल भा निरमल नीर सरीर।
हँसत जो देखा हंस भा, दसन-जोति नग हीर॥

सूर्य प्रातः सायं उसी की माँग के सिन्दूर की रेखा के प्रभाव से लाल हुआ करता है—

भोर साँझ रवि होइ जो राता, ओहि रेख रात होइ गाता।

"सूफी देखते हैं कि प्रकृति उस (अर्थात् परम आलंबन) के विरह में कहीं सूख रही है, कहीं रो रही है, कहीं चक्कर काट रही है, कहीं

उन्मत्त है, कहीं मूर्च्छित है···उसकी लालसा और उसकी रति यह देख कर तड़प उठती है, लम्बी साँस लेती है और उसके विरह में जल उठती है। कभी कभी उसकी झलक पा उसे कुछ संतोष होता है और वह खिल पड़ती है। किन्तु फिर उसी के वियोग में चक्कर काटने लगती है।"[1]

सूफी साधना की यह प्रवृत्ति भी पदमावत में उपलब्ध है। अपने किनारे पर आ कर पदमावती के खड़े होते ही मानसरोवर उमंग से भर गया। उन चरणों से मिलने का अभिलाष उसके मन में जाग पड़ा। उसमें लहरें उठने लगीं—

सरवर रूप बिमोहा हिये हिलोरहि लेइ।
पावँ छुवै मकु पावौं एहि मिस लहरहि देइ॥

और आकाश में जो एक स्थान पर अटल रह कर ध्रुव निरन्तर डूबता-निकलता रहता है वह किस आशा से ? पदमावती के गाल के तिल को देख कर ही तो वह अडिग हो उसी को देखा करता है—

सो तिल देखि कपोल पर गगन रहा धुव गाड़ि।
खिनहिं उठै खिन बूड़ै डोलै नहिं तिल छाँड़ि॥

फिर उसके कानों की सेवा करने के लिए नक्षत्रगण सदैव एकत्र रहते हैं। जब चाँद और सूरज (सिंहलद्वीपी दो खुंभियाँ बन कर) उसकी सेवा में रहते हैं तब बेचारे नक्षत्र क्यों न रहें—

करहिं नखत सब सेवा स्रवन दिपहिं अस दोउ।
चाँद सुरुज अस गोहने और जगत का कोउ॥

और उसके अनिंद्य सौन्दर्य के भण्डार दिव्य रूप के वियोग में तड़प रही प्रकृति का करुण दृश्य आयसी ने नागमती के विरह-वर्णन के प्रसंग में दिखलाया है। नागमती के विरह की ज्वाला से पेड़ों के पत्ते जल जाते थे और पक्षी भस्म हो जाते थे। साथ ही जब वह रोती थी तब उसके

---

१. तसव्वुफ अथवा सूफीमत, पृ० १२०।

रक्ताश्रुओं से वन की काले मुँह वाली घुँघुची और लाल रंग के बिंबाफल उत्पन्न हो जाते थे। उसकी वेदना से परवल पक गये और गेहूँ का हृदय विदीर्ण हो गया। आज भी मानो वे सब अपना वही रूप लिये दिव्य प्रियतम के विरह में हुई अपनी दशा दिखला रहे हैं—

जेहि पंखी के निअर होइ कहै बिरह कै बात।
सोई पंखि जाइ जरि तरिवर होइ निपात॥

कुहुकि कुहुकि जस कोइल रोई, रकत आँसु घुँघुची बन बोई।
भइ करमुखी नैन तन राती, को सेराव बिरहा दुख ताती।
जहँ जहँ ठाढ़ि होइ बनबासी, तहँ तहँ होइ घुँघुचि कै रासी।
तेहि दुख भए परास निपाते, लोहू बूड़ि उठे होइ राते।
राते बिंब भीजि तेहि लोहू, परवर पाक फाट हिय गोहूँ।

योगी रतनसेन के शरीर पर लगी पदमावती के दृष्टि-बाण की चोट का प्रभाव हीरामन इस प्रकार विश्व भर में व्याप्त बतलाता है—

रोवँ रोवँ वै बान जो फूटे, सूतहि सूत रुहिर मुख छूटे।
नैनहिं चली रकत कै धारा, कंथा भीजि भएउ रतनारा।
सूरज बूड़ि उठा होइ राता, औ मजीठ टेसू बन राता।
भा बसन्त रातीं बनसपती, औ राते सब जोगी जती।
पुहुमि जो भीजि भएउ सब गेरू, औ राते तहँ पंखि पखेरू।
राती सती अगिनि सब काया, गगन मेघ राते तेहि छाया।
ईंगुर भा पहार जौं भीजा, ...।

जायसी वर्ण्य विषय का उल्लेख करते करते कहीं कहीं ऊर्ध्व का संकेत भी करने लगते हैं। वे इस जीवन के परे के जीवन से कभी आँख नहीं मूँद सके। उन्होंने सिंहल के गढ़ का वर्णन करते हुए जब उसमें बजने वाले घंटों की चर्चा की तब जीवन के अन्त की सूचना देने वाले निरन्तर बज रहे घंटों का उल्लेख यों किया—

जबहीं घरी पूजि तेइँ मारा, घरी घरी घरियार पुकारा।
परा जो डाँड़ जगत सब डाँड़ा, का निचिन्त माटी कर भाँड़ा।

तुम्ह तेहि चाक चढ़े हौ काँचे, आएउ रहै न थिर होइ बाँचे।
धरी जो भरी घटी तुम आऊ, का निचिंत होइ सोउ बटाऊ।
पहरहिं पहर गजर निति रोइ, हिया बजर मन जाग न सोई।
मुहम्मद जीवन-जल भरन, रहँट-घरी कै रीति।
घरी जो आई ज्यों भरी, ढरी जनम गा बीति।

इसी प्रकार पदमावती की उस समय की इस वेदना में परलोक की ओर भी संकेत है जिस समय राजा रतनसेन को बन्दी करके अलाउद्दीन दिल्ली ले गया था—

सो दिल्ली अस निबहुर देसू, कोइ न बहुरा कहै सँदेसू।
जो गवनै सो तहाँ कर होई, जो आवै किछु जान न सोई।
अगम पंथ पिय तहाँ सिधावा, जो रे गए उसो बहुरिन आवा।

हीरामन के पिंजरे से उड़ जाने पर पदमावती उसके लिए व्याकुल हुई। उसने सखियों से उसका पता लगाने को कहा। उन लोगों ने जो बातें कहीं उनसे संकेत द्वारा शरीर को छोड़ कर उड़ गये प्राणों का भी अर्थ ग्रहण किया जाना अभिप्रेत है—

चहूँ पास समुझावहिं सखी, कहाँ सो अब पाउब गा पँखी।
जौ लहि पींजर अहा परेवा, रहा बँदि महँ कीन्हेसि सेवा।
तेहि बँदि हुति छुटै जो पावा, पुनि फिरि बंदि होइ कित आवा।
वै उड़ान फर तहियै खाए, जब भा पँखि पाँख तन आए।
पींजर जेहिक सौंपि तेहि गएउ, जो जाकर सो ताकर भएउ।
दस दुवार जेहि पींजर माँहा, कैसे बाँच मँजारी पाँहा।
यह धरती अस केतन लीला, पेट गाढ़ अस बहुरि न ढीला।
जहाँ न राति न दिवस है, जहाँ न पौन न पानि।
तेहि बन सुअटा चलि बसा, कौन मिलावै आनि।।

ऐसे अन्य अनेक स्थलों में जायसी ने प्रस्तुत के द्वारा अप्रस्तुत की योजना करके परोक्ष की ओर संकेत किया है।

अलंकृति

• •

जायसी ने पदमावत में जो वर्णन किये हैं उनमें कुछ ऐसे प्रसंग हैं जिनमें कवित्व का मनोरम रूप प्रदर्शित हुआ है। उनमें वर्ण्य-विषय के सौन्दर्य प्रभाव और रूप का उत्कर्ष बढ़ाने के लिए उपयुक्त उपमानों का प्रयोग किया गया है। इसी से उनके दृश्य व्यापार भाव आदि के वर्णन निखर उठे हैं। इन उपमानों में काव्य में परम्परा से प्रयुक्त हो रहे उपमान हैं और ऐसे भी हैं जिन्हें हम जायसी के देखे और जाने-माने उपमान कह सकते हैं। नारी के शरीर के अंग-प्रत्यंग में जो आकर्षक सुषमा पुरुष की आँख देखती है वह इस सूफी फकीर की आँख से बच नहीं सकी। उसे देख कर लोक-प्रसिद्ध उपमान उनके ध्यान में न आयें यह कैसे हो सकता है। कारण, वह सहृदय और रसिक जो ठहरे। पदमावती के नखशिख के वर्णन के समय उन्होंने उनका बहुत अच्छा प्रयोग किया है। जान पड़ता है जायसी ने काव्य-शास्त्रों से ये उपमान नहीं चुने थे, किन्तु सरस काव्यों के मर्मज्ञ होने के नाते उनसे परिचित हुए थे। इसी से उनके प्रयोग में नितान्त स्वाभाविकता है। कुछ चुने हुए उपमानों का प्रयोग देखिये। ये सब पदमावती के विभिन्न अंगों के सम्बन्ध में प्रयुक्त हुए हैं।

केश—**भौंर केस वह मालति रानी, बिसहर लुरे लेहिं अरघानी।**

माँग (**कुमारावस्था में**)

कंचन रेख कसौटी कसी, जनु घन महँ दामिनि परगसी।

(सौभाग्यवती हो जाने पर)—

सेंदुर रेख जो ऊपर राती, बीरबधूटिन्ह कै जसि पाँती।

नेत्र—**राते कँवल करहिं अलि भवाँ, घूमहिं माति चहहिं अपसवाँ।**

बरौली—**बरुनी का बरनौं इमि बनी, साधे बान जानु दुइ अनी।**
नासिक—

अधर दसन पर नासिक सोभा, दारिउँ बिंब देखि सुक लोभा।

अधर—**अधर सुरंग अभी रस भरे, बिंब सुरंग लाजि बन फरे।**
दशन—**दसन चौक जनु बैठे हीरा।**
ग्रीवा—**बरनौं गीउ कंबु कै रीसी, कँचन तार लागि जनु सीसी।**
कमर—

लंक पुहुमि अस आहि न काहू, केहरि कहौं न ओहि सर ताहू।

अब कुछ ऐसे उपमानों को भी देख लेना चाहिये जो जन-जीवन के मध्य से जायसी की सारग्राहिणी दृष्टि ने ग्रहण किये थे। ये सब नागमती के वियोग-वर्णन से चुने गये हैं—

सावन में—

बाट असूझ अथाह गँभीरी, जिउ बाउर भा फिरै भँभीरी।

भादों में—

बरसै मघा झकोरि झकोरी, मोर दुइ नैन चुवैं जस ओरी।

अगहन में—

अब यहि बिरह दिवस भा राती, जरौं बिरह जस दीपक बाती।

माघ मे—

नैन चुवहिं जस महवट नीरू, तोहि बिनु अंग लाग सर चीरू।
टपटप बूँद परहिं जस ओला, बिरह पवन होइ मारै झोला।

वैशाख में—

लागिउँ जरै जरै जस भारू, फिरि फिर भूंजेसि तजेउँ न बारू।

इन उद्धरणों से यह सूचित होता है कि जायसी सादृश्य-विधान की कला में निष्णात थे। इसी से पदमावत के सादृश्य-मूलक अलंकारों की रमणीकता का समकक्ष ढूँढ निकालना सहज नहीं जान पड़ता। जायसी को उत्प्रेक्षा बहुत ही प्रिय थी। वस्तूत्प्रेक्षा के द्वारा पदमावती के लावण्य की व्यंजना देखिये। उसकी घुंघराली लटों का सौन्दर्य—

कोंवल कुटिल केस नग कारे, लहरन्हि भरे भुअँग बैसारे।
बेधे जनौं मलयगिरि बासा, सीस चढ़े लोटहिं चहुँ पासा।

पदमावती की मोतियों से भरी माँग के लिए अनुक्तविषया वस्तूत्प्रेक्षा देखिये—

तेहि पर पूरि धरे जो मोती, जमुना माँझ गंग कै सोती।

पदमावती की ग्रीवा के विषय में वस्तूत्प्रेक्षाओं की यह माला कितनी सुहावनी है—

बरनौं गीउ कंबु कै रीसी, कँचन तार लाग जनु सीसी।
कुंदै फेरि जानु गिउ काढ़ी, हरी पुछार ठगी जनु ठाढ़ी।
जनु हिय काढ़ि परेवा ठाढ़ा, तेहि तै अधिक भाव गिउ बाढ़ा।
चाक चढ़ाइ साँच जनु कीन्हा, बाग तुरंग जानु गहि लीन्हा।

पदमावती कमर की क्षीणता का आतिशय्य प्रकट करने के लिए जायसी ने वस्तूत्प्रेक्षा की कि

भृंग-लंक जनु माँझ न लागा, दुइ खँड-नलिन माँझ जनु तागा।

पदमावती के मुँह से वचन निकलने पर उसकी शोभा की ये उत्प्रेक्षाएँ अवलोकनीय हैं—

ससि-मुख जबहिं कहै किछु बाता, उठत ओठ सूरुज जस राता।
दसन दसन सौं किरिन जो फूटहिं, सब जग जनहुँ फुलझरी छूटहिं।
जानहुँ ससि महँ बीजु देखावा, चौंधि परै किछु कहै न आवा।
कौंधत अह जस भादौं-रैनी, साम रैनि जनु छलै उड़ैनी।
जनु बसन्त लतु कोकिल बोली, सुरस सुनाइ मारि सर डोली।

हेतु फल और क्रिया की उत्प्रेक्षाओं का प्रयोग भी जायसी ने किया है, किन्तु उनकी वस्तूत्प्रेक्षाओं में ही सबसे अधिक रमणीयता है।

पदमावती के सौन्दर्य-वर्णन में कवि ने व्यतिरेक के द्वारा उपमेय का उत्कर्ष प्रकट करने में अच्छी सफलता पाई है। उसके गौर कान्त शरीर

की तुलना बाहबानी खरे सोने से करने के बाद जायसी व्यतिरेक द्वारा उसको सोने से श्रेष्ठ सिद्ध करते हुए कहते हैं—

वह पदमिनि चितउर जो आनी, काया कुंदन द्वादसबानी।
कुंदन कनक कठोर सो अंगा, वह कोमल रँग पुहुप सुरँगा।

उसके ललाट के सामने उपमानों की हीनता देखिये—

कहौं लिलार दुइज कै जोती, दुइजहि जोति कहाँ जग ओती।
सहस किरिन जो सुरुज दिपाई, देखि लिलार सोउ छपि जाई।
का सरवरि तेहि देउँ मयंकू, चाँद कलंकी वह निकलंकू।
औ चाँदहि पुनि राहु गरासा, वह बिनु राहु सदा परगासा।

पदमावती को जो चाल देख कर राघव चेतन अचेत हुआ था उसका उसने व्यतिरेक के द्वारा अलाउद्दीन के सामने यों वर्णन किया था—

अछरी लाजि छपीं गति ओही, भई अलोप न परगट होहीं।
हंस लजाइ मानसर खेले, हस्ती लाजि धूरि सिर मेले।

जायसी ने सौन्दर्य का वर्णन करने में रूपकातिशयोक्ति का भी सहारा लिया है। मानसरोवर में पदमावती अपनी सहेलियों के साथ जलक्रीड़ा करती थी। उस दृश्य का वर्णन करते हुए कवि ने कहा कि

करिल केस बिसहर बिस-भरे, लहरें लेहिं कँवल मुख धरे।

अलाउद्दीन ने दर्पण में पदमावती का प्रतिबिंब देख कर उस सौन्दर्य के संबन्ध में यह रूपकातिशयोक्ति की थी—

देखि एक कौतुक हौं रहा, रहा अँतरपट पै नहिं अहा।
सरवर देख एक मैं सोई, रहा पानि पै पान न होई।
सरग आइ धरती महँ छावा, रहा धरति पै धरत न आवा।
तिन्ह महँ पुनि एक मंदिर ऊँचा, करन्ह अहा पर कर न पहूँचा।
तेहि मंडप मूरति मैं देखी, बिनु तन बिनु जिउ जाइ बिसेखी।
पूरन चंद होइ जनु तपी, पारस रूप दरस देइ छपी।

अति विचित्र देखा सो ठाढ़ी, चित कै चित्र लीन्ह जिउ काढ़ी।
सिंघ-लंक कुंभस्थल जोरू, आँकुस नाग महाउत मोरू।
तेहि ऊपर भा कँवल बिगासू, फिरि अलि लीन्ह पुहुप मधु-बासू।
दुइ खंजन बिच बैठेउ सूआ, दुइज क चाँद धनुक लइ ऊआ।
मिरिग देखाइ गवन फिरि किया। ससि भा नाग सूर भा दिया।

शब्दालंकारों में पुनरुक्तवदाभास जायसी का प्रिय अलंकार है। इसका प्रयोग जायसी ने इतनी चतुरता से किया है कि इसे पकड़ पाना भी कठिन प्रतीत होता है। दो उदाहरण लीजिए—

जब पदमावती विरह-पीडिता थी और हीरामन रतनसेन का संदेश ले कर आया तो पदमावती बोली—

पुरइनि छाँह कँवल कै करी, सकल बिथा सुनि अस तुम हरी।

यहाँ 'कँवल कै करी' में रूपकातिशयोक्ति अलंकार है और 'पुरइनि' और 'कँवल कै करी' में पुनरुक्तवदाभास। अर्थ है—जैसे पुरइनि (कमल के पत्ते) की छाँह कँवल कै करी (आँख की पुतली) की व्यथा हर लेती है, ऐसे ही तुमने मेरी व्यथा हर ली है। जैसे आजकल आँख दुखने पर हरा कपड़ा बाँधा जाता है, ऐसे ही पहले कमल या केले का हरा पत्ता बाँधते थे। यों यहाँ रूपकातिशयोक्ति से पुष्ट पुनरुक्तवदाभास का प्रयोग हुआ है।

और जब राघव चेतन पर अलाउद्दीन प्रसन्न हो गया तो—

पान दीन्ह राघौ पहिरावा, दस गज हस्ति घोड़ सौ पावा।

अलाउद्दीन ने राघव को पान और सरोपा दिया और उसने [दस + गज (आठ)] अठारह हाथी और सौ घोड़े पाये। यहाँ 'गज' और 'हस्ति' में पुनरुक्तवदाभास अलंकार है।

इसी प्रकार उपमा रूपक आदि के प्रचुर प्रयोग भी कवि ने किये हैं। साथ ही तदगुण, निदर्शना, विनोक्ति, प्रत्यनीक, अर्थान्तरन्यास,

दृष्टान्त, विशेषोक्ति, विरोध, भ्रम, परिणाम, विभावना, परिकरांकुर, विषादन, अनुप्रास, यमक, श्लेष, मुद्रा आदि आलंकार भी पदमावन में प्रयुक्त हुए हैं।

जायसी ने मुहावरों लोकोक्तियों उलटबाँसियों और कूटों का भी प्रयोग किया है। इनका एक एक उदाहरण पर्याप्त होगा—

मुहावरा—घुसि कै सरग सुरँग तिन्ह दीन्हा।

स्वर्ग में घुस कर = जान पर खेल कर।

अर्थात् उन्होंने जान पर खेल कर सुरंग लगा दी।

लोकोक्ति—को अब हाथ सिंघ मुख घालै,
को यह बात पिता सों चालै।

उलटबाँसी—भँवरा ऊपर कँवल भवावौं,
लेइ चलु तहाँ सूर जहँ पावौं।

कूट—हिय कै हरदि बदन कै लोहू,
जिउ बलि देऊँ सो सँवरि बिछोहू।

ये दोनों अर्धालियाँ पदमावती ने गोरा बादल के इस प्रश्न के उत्तर में कहीं हैं—

..........................कहाँ पाँव पदमावति धारा!

उलटि बहा गंगा कर पानी, सेवक बार आइ जो रानी।

साधारणतः भौंरा कमल पर मँडराता है परन्तु पदमावती कहती है मैं भौंरे पर कमल को चक्कर कटवाऊँगी। भौंरा—रतनसेन। कमल—पदमावती। अर्थात्—हे गोरा बादल, तुम पूछते हो मैं यहाँ कहाँ आई? मैं तो रतनसेन के पीछे बड़ी बड़ी दूर का चक्कर काटूँगी; जहाँ वह सूर्य (रतनसेन) है वहाँ तुम मुझे ले चलो।

हल्दी गाँठ होती है; इसलिए हिय कै हरदि = हृदय की गाँठ = दिल को कष्ट देने वाली बात = दुःख।

बदन कै लोहू = चेहरे की लाली = प्रसन्नता, सुख।

जिउ = प्राण ।

अर्थात् उस बिछोही रतनसेन को याद करके मैं दुःख सुख और प्राण सब कुछ बार दूँगी ।

जायसी ने प्रस्तुत का उत्कर्ष बढ़ाने के लिए अलंकारों का प्रयोग अधिक किया है, किन्तु कहीं कहीं उन्होंने ऐसे श्लेष मुद्रा और रूपक गढ़े हैं जो कविता के मर्मज्ञों को अरुचिकर प्रतीत होते हैं। नागमती का बारहमासा सहृदयों का कंठहार है । परन्तु उसे समाप्त करने के पूर्व कवि ने कहा कि नागमती जब अपने पति के संबन्ध में मनुष्यों से पूछ पूछ कर थक गई तब वह पक्षियों से पूछने निकली—"**मानुष घर घर बूझि कै बूझै निसरी पंखि ।**" फिर क्या था, जायसी का सहृदय मन श्लेष और मुद्रा के खेलवाड़ में जा उलझा । देखिये न—

भई पुछार लीन्ह बनबासू , बैरिनि सवति दीन्ह चिलवाँसू ।
होइ खर बान बिरह तनु लागा , जौं पिउ आवै उड़हि तौ कागा ।
हारिल भई पंथ मैं सेवा , अब तहँ पठवौं कौन परेवा ।
धौरी पंडुक कहु पिउ नाऊँ , जौं चित रोख न दूसर ठाऊँ ।
जाहि बया होइ पिउ कँठ लवा , करै मेराव सोइ गौरवा ।
कोइल भई पुकारति रही , महरि पुकारै खेइ लेइ दही ।
पियरि तिलौरी औ जलहंसा , हिरदय पैठि बिरह कटनंसा ।

यहाँ पुछार (मोर), खरबान, हारिल, धौरी (धवल), पंडुक (पड़की, फाख्ता), चितरोख (चितरोखा), बया, लवा गौरवा, महरि (ग्वालिन), पियरि (पीलक), तिलौरी (तेलिया मैना), जलहंस. और कठनंसा (नीलकंठ)—इन पक्षियों के नामों के कारण मुद्रा अलंकार में श्लेष द्वारा चमत्कार का प्रदर्शन मात्र है, कुछ कवित्व का सौन्दर्य नहीं ।

ऐसे ही अलाउद्दीन की सेना के प्रयाण का वर्णन करते समय तोप का नारी के रूप में निम्नांकित वर्णन भी श्लेष-जन्य कुतूहल उत्पन्न करके ही रह जाता है—

चलीं कमानैं जिन्ह मुख गोला, आवहिं चली धरति सब डोला।
सौ सौ मन वै पीर्याहिं दारू, लागहिं जहाँ सो टूट पहारू।
माती रहहिं रथन्ह पर परी, सत्रुन्ह महँ ते होहिं उठि खरी।
कहीं सिंगार जैसि वै नारी, दारू पियहिं जैसि मतवारी।
उठैं आगि जौ छाँड़हिं साँसा, धुआँ जौ लागै जाइ अकासा।
सेंदुर-आगि सीस उपराहीं, पहिया तरिवन चमकत जाहीं।
कुच गोला दुइ हिरदय लाए, चंचल धुजा रहहिं छिटकाए।
रसना लूक रहहिं मुख खोले, लंका जरै सो उनके बोले।
अलक जँजीर बहुत गिउ बाँधे, खींचहिं हस्ती टूटहिं काँधे।
बीर सिंगार दोउ एक ठाऊँ, सत्रुसाल गढ़भंजन नाऊँ।

तिलक पलीता माथे, दसन बज्र के बान।
जेहि हेरहिं तेहि मारहिं, चुरकुस करहिं निदान॥

जायसी जैसे सहृदय कवि के द्वारा पदमावत में इस प्रकार के चमत्कार-प्रदर्शक अलंकारों की योजना ठीक नहीं जान पड़ती। ऐसा लगता है कि चमत्कार-प्रेमी साधारण जनों के मनोरंजन के लिए इनकी अवतारणा हुई होगी।

जायसी की जानकारी

● ●

पं० रामचन्द्र शुक्ल ने 'जायसी की जानकारी' शीर्षक में लिखा है—"......उन्हें भारतीय काव्य-पद्धति और भाषा-साहित्य का अच्छा परिचय था। भिन्न भिन्न अलंकारों की योजना, काव्य-प्रसिद्ध उक्तियों का विस्तृत समावेश..., प्रबंध काव्य के भीतर निर्दिष्ट वर्ण्य विषयों का सन्निवेश......प्रचलित काव्यरीति के परिज्ञान के परिचायक हैं। यह परिज्ञान किस प्रकार का था, यह ठीक नहीं कहा जा सकता। वे बहुश्रुत थे.........यह निश्चय पूर्वक नहीं कहा जा सकता कि उन्होंने काव्यों और रीति-ग्रंथों का क्रमपूर्वक अध्ययन किया था।......संस्कृत-ज्ञान का अनुमान जायसी की रचना से तो नहीं होता। उनका संस्कृत-शब्द-भांडार बहुत परिमित है।......"[1] संस्कृत-साहित्य का जायसी को परिचय न था।[2]

और उनकी भाषा के संबंध में शुक्लजी ने लिखा—"जायसी की भाषा बहुत ही मधुर है, पर उसका माधुर्य निराला है। वह माधुर्य "भाषा" का माधुर्य है, संस्कृत का माधुर्य नहीं। वह संस्कृत की कोमल-कांत-पदावली पर अवलंबित नहीं। उसमें अवधी अपनी निज की स्वाभाविक मिठास लिए हुए है। "मंजु, अमंद" आदि की चाशनी उसमें नहीं है। जायसी और तुलसी की भाषा में यह बड़ा भारी अंतर है। जायसी की पहुँच अवध में प्रचलित लोक-भाषा के भीतर बहते हुए

---

१. जायसी ग्रन्थावली, पंचम संस्करण, सं० २००८, भूमिका पृ० १३४।

२. वही, पृष्ठ ८२

माधुर्यस्रोत तक ही थी, पर गोस्वामीजी की पहुँच दीर्घ-संस्कृत-कवि-परंपरा द्वारा परिपक्व चाशनी के भांडारगार तक भी पूरी थी।...''[१]

जायसी संस्कृत के विद्वान् थे या नहीं, यह प्रश्न उठा ही क्यों? इसीलिए न; कि वे मुसलमान थे! यदि जायसी मुसलमान न होते तो यह प्रश्न ही न उठता और शुक्लजी को उन्हें संस्कृत का विद्वान् मानने में तनिक भी हिचक न होती। टाड के 'कूटनीति काव्य' से प्रभावित होने के कारण प्रत्येक मुसलमान को विदेशी और म्लेच्छ कहा जाने और भारतीय संस्कृति से अपरिचित माना जाने लगा था। शुक्लजी भी टाड से प्रभावित थे। वे पदमावत का अध्ययन कर के इस निष्कर्ष पर न पहुँचे थे। प्रत्युत टाड के प्रभाव से उन्होंने जायसी को विदेशी मान कर पदमावत का अध्ययन किया। तथ्य यह है कि जायसी वैसे ही भारतीय थे जैसे बाबा तुलसीदास या शुक्लजी या मैं। उनकी मातृभाषा अवधी थी, उनकी संस्कृति-शिक्षा-दीक्षा सब भारतीय। उन्होंने संस्कृत और भारतीय काव्यशास्त्र का अध्ययन उसी प्रकार किया होगा जिस प्रकार तुलसीदास ने। कौन जानता है उनके पुरखा कोई शुक्ल मिश्र पांडे अथवा ओझा ही रहे हों! उनके किसी पुरखे ने इसलाम स्वीकार किया था और भारतीय संस्कृति के अनुसार यह कोई पाप न था। आखिर धर्म भी ज्ञान की एक शाखा ही है। हमारे पुरखे ज्ञान और सचाई को कहीं से भी ले लेने को उत्सुक रहते थे। हमारे पंचांग में 'राशितत्त्व' यूनान से लिया गया और आज हमने उसे इस प्रकार पचा लिया है कि सहसा कोई इस बात पर विश्वास भी न करेगा। छठी शताब्दी के ज्योतिषी वराहमिहिर ने लिखा है—'**यवन (यूनानी) लोग म्लेच्छ हैं, पर उनमें यह शास्त्र स्थित है। इस कारण वे ऋषियों की तरह पूजे**

---

१. जायसी ग्रंथावली, पृष्ठ २०५।

जाते हैं ।"[१]

तो जायसी केवल संस्कृत-काव्यों और काव्य-शास्त्र के ही उद्भट विद्वान् न थे, संस्कृत-वाङ्मय की अन्य शाखाओं—ज्योतिष आदि—का भी उन्होंने गहन अध्ययन किया था। जायसी ने पदमावती को वेद अमरकोश, महाभारत, पुराण, गीता, ज्योतिष, व्याकरण और पिंगल की पारंगता बताया; हीरामन को सब विद्याओं का ज्ञाता, सहदेव सा पंडित और व्यास सा कवि कहा और राघव चेतन के लिए कहा कि वह सहदेव सा पंडित, व्यास सा कवि और वररुची के ऐसा वेदों का ज्ञाता था। उसने सिंहल की (पदमावती की) कथा छन्दोबद्ध की थी। परन्तु सिंहल की पदमावती की कथा तो स्वयं जायसी ने ही छन्दोबद्ध की है। इसलिए यह अनुमान करना असंगत न होगा कि जायसी ने अपने ज्ञान का आरोप पदमावती हीरामन और राघव चेतन पर किया, अर्थात् वे स्वयं जिन विद्याओं के ज्ञाता थे, पदमावती हीरामन और राघव चेतन को उन विद्याओं का ज्ञाता उन्होंने कहा। शुक्लजी की यह धारणा भी भ्रान्त है कि जायसी की भाषा में **'संस्कृत का माधुर्य नहीं।'** जायसी ने संस्कृत शब्दों का तत्सम और तद्भव दोनों रूपों में प्रचुर प्रयोग किया है, प्रश्न है उन संस्कृत शब्दों को पहचान पाने का। और सच्ची बात तो यह है कि रतनसेन और अलाउद्दीन के शतरंज खेलने के प्रसंग एवं घोड़ों शस्त्रों आदि के नामों के अतिरिक्त पदमावत में और कहीं अरबी फारसी या उर्दू का कोई तत्सम का तद्भव शब्द खोजने पर भी नहीं मिलता। पदमावत के सभी शब्द संस्कृत के तत्सम अथवा तद्भव शब्द हैं या अवधी के ठेठ शब्द। तुलसी के **'राम गरीबनेवाज'** जैसे प्रयोग पदमावत में नहीं हैं।

---

१. जयचन्द्र विद्यालंकार—भारतीय इतिहास का उन्मीलन, छठा संस्करण, पृष्ठ २६०।

डा० वासुदेवशरण अग्रवाल लिखते हैं—"**पदमावत काव्य का अनुशीलन करते हुए जिस बात की गहरी छाप मन पर पड़ती है वह यह कि इसके कवि ने भारत-भूमि की मिट्टी के साथ अपने को कितना मिला दिया था।**"[१] अर्थात् अग्रवालजी ने भी पहले ही यह मान लिया कि जायसी अभारतीय थे, विदेशी थे। पदमावत का अनुशीलन कर के उन्होंने अपना यह मत न बनाया कि जायसी इसी भारत-भूमि की मिट्टी में से उपजे थे।

आगे अग्रवालजी लिखते हैं—"**जायसी के कुछ समय बाद ही उनकी क्लिष्ट भाषा और गूढ़ अर्थों के कारण लोगों को परेशानी होने लगी थी। उससे बचने के लिए मूल पाठों में फेरफार कर के उनकी जगह सरल शब्द रखने की प्रवृत्ति शुरू हो गई...।**"[२]

पदमावत को अधिकतर प्रतियाँ फारसी लिपि में हैं। उन लिपिकारों में कई संस्कृत से अनभिज्ञ रहे होंगे। वे जायसी के कठिन संस्कृत तत्सम और कठिनतर तद्भव शब्दों के अर्थ न समझ पाये होंगे, तो उन्होंने कुछ पाठ-भेद किया होगा। आज भी पदमावत के संपादक और टीकाकार जायसी द्वारा प्रयुक्त संस्कृत के तत्सम और तद्भव शब्दों का अर्थ समझ नहीं पा रहे। कुछ उदाहरण लीजिए—

(१) दुख बिरिखा अब रहैन राखा, मूल पतार सरग भइ साखा।
छाया रही सकल महि पूरी, बिरह बेलि भइ बाढ़ि खजूरी।
तेहि दुख लेत बिरिछ बन बाढ़े, सीस उघारे रोवहिं ठाढ़े।
पुहुमि पूरि सायर दुख पाटा, कौंड़ी केर बेहरि हिय फाटा।
बेहरा हिये खजूर क बिया, बेहर नाहि मोर पाहन हिया।

---

१. पदमावत (मूल और संजीवनी व्याख्या), प्राक्कथन, पृष्ठ ७।
२. वही पृ० ११।

'तेहि दुख लेत बिरिछ बन बाढ़े' का शुक्लजी ने अर्थ किया है—**'उसी दुःख की बाढ़ को ले कर जंगल के पेड़ बढ़ कर इतने ऊँचे हुए हैं।'** अर्थात् 'लेत' का अर्थ हुआ 'ले कर'। और जब शुक्लजी जैसे विद्वान् इस संस्कृत शब्द को न पहचान सके तो लिपिकारों का भूल कर जाना कुछ आश्चर्यजनक नहीं। उन्होंने 'लेत' को बदल कर 'केत' लिखा और अग्रवालजी ने वही पाठ शुद्ध मन कर अर्थ किया—**'दुःख के उस वृक्ष से निकल कर और भी जंगल में कितने वृक्ष बढ़ गए। हैं!'**। डा० माताप्रसाद गुप्त ने अर्थ किया किया—**'इस दुःख से वन (जीवन) में कितने ही [अन्य] वृक्ष (दुःख) भी बढ़ जाने पर सिर उघाड़ कर खड़े हो रहे हैं।'** अवधी में न 'लेत' का अर्थ 'ले कर' होता है, न 'केत' का 'कितने ही'। जायसी ने 'केत' शब्द का प्रयोग 'केतकी' के लिए किया है—

भौंर न देख केत कर काँटा।
कोइ सु केत करना रस बेली।
फूल फूल फिरि पूछौं जो पहुँचों ओहि केत।

'लेत' शुद्ध संस्कृत शब्द है। अमरकोश में यह शब्द नहीं मिलता, परन्तु आप्टे के 'संस्कृत इंग्लिश कोश' में चतुर्वेदी द्वारकाप्रसाद शर्मा के 'संस्कृत-शब्दार्थ-कौस्तुभ' में तथा नगेन्द्रनाथ वसु के विश्वकोष में इसके 'लेतः' और 'लेतम्' दो रूप दिये गये हैं अर्थात् यह पुँल्लिग और नपुंसक लिंग में है, अर्थ है—'आँसू'। तो जायसी की अर्धाली का अर्थ हुआ—'उसी दुःख के आँसुओं से सिंच कर जंगल के वृक्ष बढ़े हैं···।' व्यंग्यार्थ—आँसुओं और उनके कारणभूत दुःख का आधिक्य।

(२) सुनतहि राजा गा मुरछाई, जानौं लहरि सूरुज कै आई।

पदमावत के सभी टीकाकारों ने 'सुरुज' का अर्थ सूर्य करके अर्धाली का अर्थ किया है—

'नखशिख सुनते ही राजा मूर्च्छित हो गया, मानों सूर्य की लहर आ गई हो।'
—डा० वासुदेवशरण अग्रवाल

'राजा रत्नसेन पद्मावती का नख-शिख-वर्णन सुनकर मूर्छित हो गया। ऐसा मालूम होता था मानो सूर्य की किरण विशेष की लहर ने उसे बेहोश कर दिया हो।' —डा० मुंशीराम शर्मा

राजा [इस वर्णन को] सुनते ही [इस प्रकार] मूर्छित हो गया मानो सूर्य की लहर (लू) आ (लग) गई हो।

—डा० माताप्रसाद गुप्त

'जब राजा रत्नसेन ने पदमावती के नखशिख-वर्णन को सुना तो वह मूर्छित हो गया। ऐसा मालूम होता है मानो सूर्य की कोई लहर आ लगी।' —प्रो० मनमोहन 'गौतम'

किसी भी टीकाकार को अपने अर्थ की असंगति न खटकी। आखिर 'सूर्य की लहर' से उनका अभिप्राय क्या है ? 'लहर' का अर्थ है—वायु की गति और स्पर्श से पानी में होने वाली चढ़ाव-उतारदार हरकत हिलकोर, हिलोर; जोश, उमंग; वेगमयी भावना, मन की मौज; किसी विजातीय द्रव्य के संसर्ग से शरीर में रह-रह कर बेहोशी, पीड़ा आदि का अनुभव करना; आनन्द, हर्ष, उल्लास का वेग; वायु में होनेवाला स्वरकंप, गूँज; मोड़ लेती हुई टेढ़ी चाल; वक्र, कुटिल रेखा; हवा का झोंका, कसीदे की धारी।

(वृहत् हिन्दी कोश)

इनमें किसी भी अर्थ की सूर्य के साथ संगति नहीं बैठती, यह किसी टीकाकार को न सूझा। संस्कृत में रुज का अर्थ है रोग और सुरुज= महारोग। और इसी प्रसिद्ध अर्थ में जायसी ने सुरुज शब्द का प्रयोग किया है। अर्धाली का अर्थ है—हीरामन से पदमावती के नखशिख-वर्णन को सुनते ही राजा मूर्च्छित हो गया, मानो किसी महारोग की लहर (किसी विजातीय द्रव्य के संसर्ग से शरीर में रह रह कर बेहोशी पीड़ा आदि का अनुभव करना) आई हो।

(३) घर आनी गइ खाट।

दुवौ सवति चढ़ि खाट बईठीं, औ सिवलोक परा तिन्ह दीठीं।
बैठो कोइ राज औं पाटा, अंत सबै बैठे पुनि खाटा।
लेइ सर ऊपर खाट बिछाई, पौढीं दुवौ कंत गर लाई।

टीकाकारों ने 'खाट' को संस्कृत शब्द 'खट्वा' का तद्भव रूप माना है। परन्तु 'खाटः'[1] और 'खाटम्' संस्कृत के तत्सम शब्द हैं, जिनका अर्थ है 'वह तख्ता जिस पर शव को श्मशान ले जाते हैं।' ऊपर के चारों उद्धरणों में 'खाट' शब्द तत्सम रूप में प्रयुक्त हुआ है। प्रथम उद्धरण में लक्षणा से इसका अर्थ 'खाट पर ले जाई जाने वाली चीज'—लाश— है।

(४) संस्कृत में 'नामन्' शब्द का प्रथमा एकवचन का रूप 'नाम' होता है, जिसका अर्थ है हिन्दी 'नाम'[2]। इसके अतिरिक्त संस्कृत में 'नाम' अव्यय भी है जिसका अनेक अर्थों में प्रयोग होता है। अमरकोश के अनुसार—**नाम प्रकाश्यसंभाव्यक्रोधोपगमकुत्सने**—अर्थात् प्राकाश्य संभाव्य क्रोध उपगम और कुत्सन इन पाँच अर्थों में 'नाम' का प्रयोग होता है। मेदिनी एवं आप्टे के कोश के अनुसार—

नाम कोपेऽभ्युपगमे विस्मये स्मरणेऽपि च
सम्भाव्यकुत्साप्राकाश्यविकल्पेऽपि च दृश्यते।

अर्थात्—क्रोध उपगम विस्मय स्मरण संभावना कुत्सा प्राकाश्य और विकल्प इन आठ अर्थों में 'नाम' अव्यय का प्रयोग होता है।

इससे केवल मन के भावों को प्रकट किया जाता है, टीका करते समय इसका कुछ अर्थ नहीं किया जाता। कादम्बरी में जहाँ कहीं 'नाम' शब्द आया है, टीकाकारों ने '**नामेति कोमलामन्त्रणे**' कह कर उसकी

---

१. खे ऊर्ध्वे अटति गच्छति अनेन इति खाटः।

२. आख्याह्वे अभिधानं च नामधेयं च नाम च। (अमरकोश)
संज्ञा नामनि गायत्र्यां चेतनारवियोषितो।
अर्थस्य सूचनायाञ्च हस्ताद्यैरपि योषिति। (मेदिनीकोश)

व्याख्या की है। **अपराधी नामाहं प्रसीद रम्भोरु विरम संरम्भात्** (विक्रमोर्वशीयम् २।२०) की टीका में टीकाकार लिखते हैं—'**इह 'नाम' प्राकाश्यरूपेऽर्थे। अहमपराधी नाम इति अपराधित्वं प्रकाश्यते। अथवा यदि नामपदं अहंपदेन 'अहं नामापराधीति' अन्वेति तदा 'नाम' कुत्सारूपेऽर्थे। स्वस्यापराधित्वात् अन्यस्त्रीकामुकत्वाच्च कुत्सितत्वँ विज्ञाप्यते।**'

'नाम' अव्यय के प्रयोग के कुछ उदाहरण देखिए—

उत्तररामचरित में जब लव के कहने से उसके साथी घोड़े को हाँक लेते हैं और अश्वरक्षक शस्त्र दिखा कर उन्हें रोकते हैं तो लव कहता है—**'किं नाम विस्फुरन्ति शस्त्राणि ?'**[1]

आगे जब चन्द्रकेतु लव को पैदल देख कर रथ से उतरना चाहता है तो लव कहता है—**'अतीव नाम शोभसे रथस्थ एव।'**[2] और जब उन दोनों का वार्तालाप धीरे धीरे विवाद बनता जाता है तो लव राम के चरित्र पर आक्षेप करता हुआ कहता है—**'को हि रघुपतेश्चरितं महिमानं न जानाति यदि नाम किञ्चिदस्ति वक्तव्यम्।...'**[3] और चंद्रकेतु उत्तर देता है—

'आः तातापवादिन् भिन्नमर्याद अति हि नाम प्रगल्भसे !'[4]

कालिदास ने भी 'नाम' अव्यय का प्रचुर प्रयोग किया है। शाकुन्तल के प्रथम अंक से उदाहरण लीजिए—

१--४. उत्तररामचरित के कविरत्न सत्यनारायण-कृत हिन्दी-अनुवाद में इन वाक्यों का निम्नलिखित अनुवाद किया गया है—

१. (हँस कर) क्या सचमुच शस्त्र चमका रहे हैं ?

२. आप तो रथ पर बैठे ही अच्छे लगते हैं।

३. अजी रघुपति का चरित्र और उनकी महिमा कौन नहीं जानता, यदि कुछ कहने की बात हो तो कही भी जाय,......

४. अरे तूने तात की निन्दा करके मर्यादा तोड़ दी, और अब भी बकता ही जाता है।

विनीतवेषेण प्रवेष्टव्यानि तपोवनानि नाम,

यथा वनज्योत्स्ना अनुरूपेण पादपेन संगता अपि नामैवमहमप्यात्मनोऽनुरूपं वरं लभयेति।

अपि नाम कुलपतेरियमसवर्णक्षेत्रसंभवा स्यात्।

राजरक्षितव्यानि तपोवनानि नाम।

अनियन्त्रणानुयोगस्तपस्विजनो नाम।

'नाम' अव्यय का प्रयोग हिन्दी में नहीं होता। संस्कृत न जानने वाले 'नाम' अव्यय से अपरिचित होते हैं। जायसी ने 'नाम' अव्यय का प्रयोग इन्हीं अर्थों में किया है। जहाँ कहीं उन्होंने हिन्दी 'नाम' के अर्थ में प्रयोग किया है वहाँ तद्भव रूप में; जैसे—

पहिलै ताकर नावँ लै कथा करौं औगाहि।

ना ओहि ठाउँ, न ओहि बिनु ठाऊँ, रूप रेख बिनु निरमल नाऊँ।

कीन्हेसि पुरुष एक निरमरा, नाउँ मुहम्मद पूनिउँ करा।

जेहि नहिं लीन्ह जनम सो नाऊँ, ता कहँ कीन्ह नरक महँ ठाऊँ।

जगत बसीठ दई ओइ कीन्हें, दोउ जग तरा नावँ जेहि लीन्हें।

चारि मीत जो मुहमद ठाऊँ, चहुँक दुहूँ जग निरमर नाऊँ।

और कुंड बहु ठावँहि ठाऊँ, औ सब तीरथ तिन्ह के नाऊँ।

चतुरबेद हौं पंडित हीरामन मोहिं नावँ।

मोहूँ भावै ऊँचै ठाऊँ, ऊँचै लेउँ पिरीतम नाऊँ।

बैठ जो राज पिता के ठाऊँ, राजा रतनसेन तेहि नाऊँ।

अब धर इहाँ जीउ ओहि ठाऊँ, भसम होउँ बरु तजौं न नाऊँ।

पाती लिखी सँवरि तुम्ह नावाँ, रकत लिखे आखर भए सावाँ।

दूसरि बात न बौलै लेइ पदमावति नावँ।

आवहु सामि सुलच्छना, जीउ बसै तुम्ह नावँ।

परगट गुपुत महँ, पूरि रहा सो नावँ।

भानु नावँ सुनि कँवल बिगासा, फिरि कै भौंर लीन्ह मधु बासा।

दसनहिं नलहिं जो हंस मेरावा, तुम्ह हीरामन नावँ कहावा।
रहै त बूँद बूँद महँ ठाऊँ, परै त सोई लेइ लेइ नाऊँ।
रहा समाइ रूप और नाऊँ, और न सूझ बार जहँ जाऊँ।
बेद पढ़ैं पंडित तेहि ठाऊँ, कन्या तुला राशि लेइ नाऊँ।
जो न सुना तौ अब सुनहि बारह अभरन नावँ।

चित्र किएउँ पुनि लेइ लेइ नाऊँ, नैनहि लागि हिये भा ठाऊँ।
धौरी पंडुक कहु पिउ नाऊँ, जौं चित रोख न दूसर ठाऊँ।
नगर एक हम देखा गढ़ चितउर ओहि नावँ।

लछिमी नावँ समुद्र कै बेटी, तेहि कहँ लच्छि होइ जहँ भेंटी।
केहि नगरी कै नागरी काह नावँ धनि तोर।

मरौं सो लेइ पदमावति नाऊँ, तुइँ करतार करेसि एक ठाऊँ।
सुनि तेहि खन राजा कर नाऊँ, भा हुलास सब ठावहिं ठाऊँ।
नावँ भिखारि जीभ मुख बाँची, अबहुँ सँभारि बात कछु साँची।
उदय अस्त लहि देस जो को जानै तिन्ह नावँ।

सुनि राजा दौराई पाती, हिन्दू नाँव जहाँ लगि जाती।
पुनि हम जाइ मरहिं ओहि ठाऊँ, मेटि न जाइ लाज सौं नाऊँ।
बीर सिंगार दोउ एक ठाऊँ, सत्रुसाल गढ़भंजन नाऊँ।
बिगसै कुमुद कसे ससि ठाऊँ, बिगसै कँवल सुने रवि नाऊँ।
दूती एक बिरिध तेहि ठाऊँ, बाह्मनि जाति कुमोदिनि नाऊँ।
हौं बाह्मनि जेहि कुमुदिनि नाऊँ, हम तुम उपने एकै ठाऊँ।
नावँ पिता कर दूबे बेनी, सोइ पुरोहित गँधरबसेनी।
जोबन बिना बिरिध होइ नाऊँ, बिनु जोबन थाकै सब ठाऊँ।
तौ पावौं बादल अस नाऊँ, जौ मैदान गोइ लेइ जाऊँ।

और जहाँ अव्यय के अर्थ में 'नाम' शब्द का प्रयोग किया है वहाँ तत्सम रूप में; जैसे

तहाँ देखु पदमावति रामा, भौंर न जाइ न पंखी नामा।
अधिक काम दाधे सो रामा, हरि लेइ सुवा गएउ पिउ नामा।
पूछहिं सबै बिहंगम नामा, अहो मीत काहे तुम सामा।
रतन भीजि रस रँग भए सामा, ओही छाज पदारथ नामा।
निरमल जगत नीर कर नामा, जौं मसि परै होइ सो सामा।

'नाम' शब्द का अव्यय रूप में प्रयोग संस्कृत का कोई उद्भट विद्वान् ही कर सकता है। पदमावत के व्याख्याकार 'नाम' शब्द के इस प्रयोग को समझ नहीं पाये।

(व) उआ अगस्त हस्ति घन गाजा, तुरय पलानि चढ़े रन राजा।
चित्रा मित्र मीन घर आवा, पपिहा पीउ पुकारत पावा।

टीकाकार लोग 'चित्रा मित्र मीन घर आवा' की ठीक व्याख्या नहीं कर पाये क्योंकि उनका ध्यान मित्र के 'मित्रम्' (सखा) रूप पर ही रहा गया। परन्तु संस्कृत में 'मित्रः' रूप भी होता है, जिसका अर्थ है सूर्य। और इसी अर्थ में जायसी ने इसका यहाँ प्रयोग किया है। कुछ टीकाकारों के अर्थ देखिए—

मछली अपने मित्र चित्रा को पाकर और पपीहा अपने स्वामी (स्वाति) को पाकर अत्यन्त प्रसन्न हो रहे हैं।

—डा० मुंशीराम शर्मा

चित्रा का नक्षत्र लगा। मछलियों का मित्र भी उनके घर आ गया।

—प्रो० मदनमोहन गौतम

चित्र का मित्र चंद्रमा मीन राशि में आ गया। [उत्तरा, हस्त, चित्रा ये कुआर के नक्षत्र हैं। चित्रा का मित्र चंद्रमा है। वह मीन राशि में कुआर की पूर्णिमा से एक दिन पहले आ जाता है।...चित्रा का मित्र चन्द्रमा, तुलना कीजिए 'काप्यभिख्या तयोरासीत्...चित्राचन्द्रमसोरिव।' (रघु० १।४६)]

—डा० वासुदेवशरण अग्रवाल

चित्रा: नक्षत्र का सूर्य अब मीन राशि में आ गया है।

—डा० माताप्रसाद गुप्त

डा० मुंशीराम मछली को चित्रा का मित्र बताते हैं और डा० अग्रवाल चंद्रमा को। डा० मुंशीराम ने कोई प्रमाण नहीं दिया, डा० अग्रवाल रघुवंश का श्लोक प्रमाण रूप में पेश करते हैं। पूरा श्लोक है—

काप्यभिख्या तयोरासीद् व्रजतो: शुद्धवेषयो:
हिमनिर्मुक्तयोर्योगे चित्राचन्द्रमसोरिव। रघु० १।४६

श्लोक का अर्थ है—**'जैसे चैत की पूनों के दिन चित्रा नक्षत्र के साथ उजला चंद्रमा आँखों को भला लगता है वैसे ही सुन्दरी सुदक्षिणा के साथ मार्ग में जाते हुए उजले वस्त्र पहने राजा दिलीप भी बड़े मनोहर लग रहे थे।'**[1]

इस श्लोक से यह कैसे सिद्ध हुआ कि चंद्रमा चित्रा का मित्र है ?

डा०माताप्रसाद गुप्त 'मित्र' का अर्थ 'सूर्य' तो करते हैं, परन्तु उनकी अर्धाली का अर्थ असंगत है। यह प्रसंग है आश्विन मास का (लाग कुआर नीर जग घटा)। चित्रा नक्षत्र में सूर्य सौर आश्विन २६ से सौर कार्तिक ७ तक रहता है। मीन राशि में वह सौर चैत्र मास में आता है। तो आश्विन महीने में यह कैसे कहा जा सकता है कि सूर्य मीन राशि में आ गया ?

नक्षत्र सत्ताइस हैं। चंद्रमा पृथ्वी की परिक्रमा करता हुआ लगभग एक दिन-रात एक नक्षत्र में रहता है। इनमें से बारह नक्षत्रों में पूर्णिमाओं में रहता है। जिस पूर्णिमा में जिस नक्षत्र में चन्द्रमा रहता है उसी नक्षत्र के नाम से महीने का नाम पड़ा है।[2] चैत्र मास की पूर्णिमा को चन्द्रमा चित्रा नक्षत्र में होता है और आश्विन मास की पूर्णिमा को

---

१. कालिदास ग्रन्थावली (अखिल भारतीय विक्रम-परिषद्) पृ०१०।

२. पुष्पयुक्ता पौर्णमासी पौषी, मासे तु यत्र सा।
नाम्ना स पौषो माघाद्याश्चैवमेकादशापरे। (अमरकोश वार्तिक)

अश्विनी नक्षत्र में। राशियाँ बारह हैं, सो प्रत्येक राशि में सवा दो नक्षत्र पड़ते हैं। चित्रा नक्षत्र कन्या और तुला राशि में पड़ता है। अश्विनी नक्षत्र मेष राशि में पड़ता है। मीन राशि के नक्षत्र पूर्वा भद्रा उत्तरा भद्रा और रेवती हैं। वैसे तो चन्द्रमा प्रत्येक महीने में प्रत्येक राशि में दो दिन कुछ घंटे रहता है, परन्तु पूर्णिमा को मीन राशि में (भद्रा नक्षत्र में) भाद्रपद मास में रहता है। आश्विन मास में पूर्णिमा को चंद्रमा अश्विनी नक्षत्र या मेष राशि में रहता है। शरत् पूर्णिमा और चैत्र की पूर्णिमा की रात को आकाश बिलकुल साफ होता है इसलिए इन दोनों पूर्णिमाओं की रातें पूर्णतया निर्मल होती हैं। चैत्र की पूर्णिमा को चंद्रमा का चित्रा नक्षत्र से योग होता है और सभी नक्षत्र चंद्रमा की पत्नियाँ हैं। यों कालिदास ने शुद्ध वेश वाले सुदक्षिणा और दिलीप की उपमा निर्मल चित्रा और चंद्रमा के योग से दी है। उससे यह कदापि प्रमाणित नहीं होता कि चंद्रमा चित्रा का मित्र है, वह तो उसका तथा अन्य सभी नक्षत्रों का भी पति है। और आश्विन की पूर्णिमा को चंद्रमा मीन राशि में नहीं, मेष राशि में होता है। इसलिए यह कहना भी ठीक नहीं कि चंद्रमा मीन राशि में आ गया। और फिर जायसी ने नक्षत्रों का जो उल्लेख किया है वह चंद्रसंचार के अनुसार नहीं, प्रत्युत सूर्य की गति के अनुसार; इसलिए नक्षत्रों के प्रसंग में चंद्र-संबंधी अर्थ असंगत है।

नक्षत्र २७ हैं और राशियाँ १२। सूर्य एक महीना एक राशि में रहता है, और १२ महीनों में २७ नक्षत्रों में घूमता है। यों प्रत्येक नक्षत्र में १३-१४ दिन रहता है। जिस नक्षत्र में सूर्य जिस दिन पहुँचता है उस दिन उस नक्षत्र का उदय कहा जाता है। ४ महीनों में सूर्य ९ नक्षत्रों को पार करता है। अवध में चान्द्र मास का प्रचलन है, परन्तु वर्षा ऋतु में नक्षत्रों का उल्लेख किया जाता है। उससे अभिप्राय होता है सूर्य का उस नक्षत्र में पहुँचना। यों जायसी के इस वर्णन में नक्षत्र के उल्लेख से चंद्रमा

का कुछ सरोकार नहीं है, वह सूर्य की गति को सूचित करता है। जायसी ने वर्षाऋतु में मृगशिरा से ले कर स्वाती तक नक्षत्रों का उल्लेख किया है। सौर मासों में इन नक्षत्रों में सूर्य के पहुँचने के दिन लगभग यों हैं—

मृगशिरा—सौर ज्येष्ठ २६ या ८ जून

आर्द्रा—सौर आषाढ ६ या २२ जून

पुनर्वसु—सौर आषाढ २३ या ६ जुलाई

पुष्य—सौर श्रावण ५ या २० जुलाई

आश्लेषा—सौर श्रावण १६ या ६ अगस्त

मघा—(सिंह राशि)—सौर भाद्रपद २ या १७ अगस्त

पूर्वा फाल्गुनी—सौर भाद्रपद १६ या ३१ अगस्त

उत्तरा फाल्गुनी—सौर भाद्रपद ३० या १४ सितम्बर

हस्त—सौर आश्विन १२ या २७ सितम्बर

चित्रा—सौर आश्विन २६ या ११ अक्टूबर

स्वाती—सौर कार्तिक ८ या २४ अक्टूबर

६ नक्षत्रों में ४ सौर मास पूरे होते हैं। इसी अवधि में ८ चान्द्र पक्ष होते हैं। इसलिए एक नक्षत्र (सौर) का काल एक पक्ष के ठीक बराबर नहीं होता। सूर्य के सिंह राशि में २४वें अंश पर सौर भाद्रपद २७ या ११ सितम्बर के आस-पास अगस्त्य तारा उदय होता है। ये तिथियाँ संवत् २०२० वि० के पंचांग के अनुसार दी गई हैं। इनमें कभी एक आध दिन का अन्तर हो सकता है।

नक्षत्रों का काल-विभाजन सौर पद्धति पर होता है। मासों का सौर और चान्द्र दोनों पद्धतियों पर। अवध में चान्द्र मासों का प्रचलन है, जायसी ने भी चान्द्र मासों का ही उल्लेख किया है। सौर और चान्द्र वर्षों की अवधि में लगभग दस दिन का अंतर होने से सौर और चान्द्र मासों में भी सदा थोड़ा अन्तर रहता है। चान्द्र वर्ष में ३ वर्ष बाद एक अधिक मल मास जोड़ कर यह अन्तर पूरा किया जाता है। यों सौर

और चान्द्र मासों में अधिकतम अन्तर २०-२१ दिन का हो सकता है।

बरसांत में नदियों-तालाबों में बाढ़ आती है, नदियों-तालाबों का पानी दूर दूर तक खेतों-मैदानों में फैल जाता है; तब मछलियाँ उस बाढ़ के पानी के साथ मैदानों में फैल जाती हैं। बरसात बाद पानी घट कर सिमटता है तो मछलियाँ अपने घरों (तालाबों) में वापस आ जाती हैं। जहाँ कहीं बीच में पानी सूख जाता है, मछलियाँ तालाबों में लौट नहीं पातीं, मैदानों में पकड़ी और मारी जाती हैं।

तो **'चित्रा मित्र मीन घर आवा'** का अर्थ हुआ—मित्र (सूर्य) चित्रा नक्षत्र में (२६ आश्विन, ११ अक्टूबर को) और मछलियाँ अपने घरों में आ गईं।

(६) **पान दीन्ह राघौ पहिरावा, दस गज हस्ति घोड़ सौ पावा।**

डा० अग्रवाल ने इस अर्धाली का अर्थ किया है—**'राघव को शाह ने पान और सरोपा दिया। दस नर हाथी और सौ घोड़े भी उसे मिले।'** अर्थात् 'गज' का अर्थ है 'नर'! कैसे? किस कोश के अनुसार? यह डा० अग्रवाल नहीं बताते।

डा० माताप्रसाद ने अर्थ किया है—'.....**उससे दस हाथी तथा सौ घोड़े भी [बादशाह से] प्राप्त किए।'** इन्होंने 'गज' और 'हस्ती' में से एक का अर्थ किया; दूसरे को छोड़ दिया।

संस्कृत में अंकों के लिए शब्दों के प्रयोग की परिपाटी है। उस परिपाटी के अनुसार गज ८ अंक का सूचक है। दस गज हस्ति का अर्थ हुआ दस और गज (आठ) = १८ हाथी। रामचन्द्र के वनवास की अवधि को **'चतुर्दश हि वर्षाणि'** से **'सप्त सप्त च वर्षाणि'** या **'नव वर्षाणि पञ्च च'** कहने की प्रवृत्ति संस्कृत में अधिक है। उसी प्रवृत्ति के अनुसार पाणिनि की अष्टाध्यायी के १४ माहेश्वर सूत्रों के लिए कहा गया **'नृत्तावसाने नटराजराजो ननाद ढक्कां नव पञ्च वारम्'**, और जायसी ने भी इसी प्रवृत्ति के अनुसार १८ को दस गज कहा और पुनरुक्तवदाभास उनका

प्रिय अलंकार है इसलिए अठारह हाथी को **दस गज हस्ति** कहा। छत्रपति शिवाजी ने भी कवि भूषण को १८ हाथी दिये थे।

(७) **तब उदन्त छाला लिखि दीन्हा, बेगि आउ चाहौं सिध कीन्हा।**

डा० अग्रवाल ने 'उदन्त' स्थान पर 'उड़न्त' पाठ दे कर अर्थ किया है—"**उसने तुम्हारे लिए लिखा है—'उड़न्त छाल पर बैठ कर तुरन्त आओ मैं तुम्हें सिद्ध बनाना चाहती हूँ।'...**"

जैसा कि हम आगे 'पाठ-निर्धारण' में देखेंगे 'उदन्त' ही शुद्ध पाठ है और डा० अग्रवाल का अर्थ असंगत है। 'उदन्त' शुद्ध संस्कृत शब्द है, अमरकोश के अनुसार इसका अर्थ है—'**वार्ता प्रवृत्तिर्वृत्तान्त उदन्तः स्यात्।**'

(८) (क) **कै अस्तुति जब बहुत मनावा, सबद अकूट मँडप महँ छावा।**

(ख) **उतर को देइ, देव मरि गएउ, सबद अकूट मँडप महँ भएउ।**

शुक्लजी ने अकूट के स्थान पर अकूत पाठ दिया है और उसका अर्थ दिया है—

(क) **अकूत—आपसे आप, अकस्मात्**

(ख) **अकूत—परोक्ष, आकाशवाणी**

डा० अग्रवाल ने अकूट पाठ दिया है और अर्थ किया है दिव्य शब्द।

हम आगे पाठ-निर्धारण में देखेंगे कि शुक्लजी का पाठ और अर्थ दोनों अशुद्ध हैं। डा० अग्रवाल का पाठ शुद्ध होने पर भी अर्थ और व्युत्पत्ति अशुद्ध हैं। कूट शुद्ध संस्कृत शब्द है। अमरकोश के अनुसार—

मायानिश्चलयन्त्रेषु कैतवानृतराशिषु
अयोघने शैलशृंगे सीराङ्गे कूटमस्त्रियाम्।

यही 'कूट' शब्द चित्रकूट, हेमकूट, अन्नकूट, सूरदास के कूट; कूट-तुला, कूट-रचना, कूट-मान, कूट-साक्षी, कूट-युद्ध, कूट-नीति, कूट-वचन आदि शब्दों में विभिन्न अर्थों में प्रयुक्त हुआ है। 'नञ्' पूर्वक 'कूट' से 'अकूट' शब्द बना, जिसका अर्थ है—'छल छन्द से रहित सत्य वचन।'

वनवास-काल में भीम के अजगर से मुक्त होने पर कवि ने वर्षा-शरद् वर्णन किया। वर्षा वर्णन में कहा—

स्तोकका: शिखिनश्चैव पुँस्कोकिलगणै: सह।
मत्ता: परिपतन्तिस्म दुर्दुराश्चैव दर्पिता:॥

—महाभारत, १८२, ८

जायसी ने नागमती के बारहमासे में थोड़े से परिवर्तन के साथ महाभारन के इस श्लोक का अवधी में अनुवाद किया—

दादुर मोर कोकिला पीऊ, करहिं बेझ घट रहै न जीऊ।

'स्तोकका:' को उन्होंने छोड़ दिया, शायद चातक नागमती के महल में बोल रहे होंगे। शिखिन:=मोर। दर्दुरा:=दादुर। परिपतन्ति=करहिं बेझ। पुँस्कोकिलगणै: सह=कोकिला पीऊ। 'घट रहै न जीऊ' जायसी ने बढ़ाया; विरहिणी नागमती से कहलवाया। महाभारत में इसकी गुंजाइश ही नहीं थी।

मुर्गी बाँग नहीं देती; मुर्गा बाँग देता है। इसी प्रकार मादा कोकिला नहीं कूजती, नर कोकिल कूजता है। संस्कृत में उसे सदा 'पुँस्कोकिल' कहा जाता है। कालिदास ने कहा था—

चूतांकुरास्वादकषायकण्ठ: पुँस्कोकिलो यन्मधुरं चुकूज।

—कुमारसंभवम्, ३, ३२।

और ऋष्यशृंग ने कहा था—

पुंस्कोकिलस्येव च तस्य वाणी, तां शृण्वतो मे व्यथितोऽन्तरात्मा।

—महाभारत, ३ ११२, ७१।

जायसी ने 'पुँस्कोकिल' का अनुवाद किया—'कोकिलापीऊ'। संस्कृत से अनभिज्ञ टीकाकारों ने इसे न समझ कर यों छापा—कोकिला, पीऊ। और 'पीऊ' का अर्थ किया—पपीहा। किस आधार पर? पपीहे की बोली 'पी पी'[1] अवश्य है; परन्तु 'पपीहे' को कोई कोशकार 'पीऊ'

---

१. पी पी करत पपीहा पापी। —श्री निवासदास

नहीं कहता। 'पीऊ' का अर्थ है—'स्त्री का पति'[1] इसलिए जायसी ने 'पुँस्कोकिल' का अवधी अनुवाद 'कोकिला पीऊ' या 'कोकिला का पति' किया।

जायसी द्वारा प्रयुक्त संस्कृत के कुछ ऐसे तत्सम और तद्भव शब्द हमने देखे हैं, जिनका ठीक अर्थ टीकाकार और भाष्यकार नहीं कर पाये। हमने यह भी देखा है कि जायसी ने तीर्थकल्प, रत्नावली, कादम्बरी, कल्किपुराण आदि संस्कृत-ग्रन्थों से कथा के कुछ सूत्र लिये हैं। कालिदास के कुमारसम्भव एवं अभिज्ञानशाकुंतल तथा वाल्मीकीय रामायण एवं महाभारत के कुछ अंशों के भाव भी जायसी ने ग्रहण किये हैं। इसके अतिरिक्त और भी अनेक संस्कृत-ग्रन्थों के श्लोकों, वाक्यांशों और मुहावरों का जायसी ने अनुवाद और भाव ग्रहण किया है। कुछ उदाहरण लीजिए—

हितोपदेश के श्लोक

गुणिनि गुणज्ञो रमते नागुणशीलस्य गुणिनि परितोषः
अलिरेतिवनात्कमलं न हि भेकस्त्वेकवासोऽपि।

के उत्तरार्ध को जायसी ने यों कहा—

भँवर आइ बनखँड हुति लेइ कँवल कै बास।
दादुर बास न पावई भलेहि जे आछै पास॥[2]

---

१. पिउ पियार सब ऊपर पुनि सो करै दहुँ काह।
दहुँ सुख राखै की दुख दहुँ कस जनम निबाह॥
—आगे मानसरोदक खंड, पृ० ७

सुआ काल होइ लेइगा पीऊ, पिउ नहिं जात जात बरु जीऊ।
—नागमती वियोग खंड, पृ० ४८!

२. सूरदास ने इसी बात को इस प्रकार कहा—
दादुर बसै निकट कमलन के, नेक न रस पहिचाने।

रात्रिर्गमिष्यति भविष्यति सुप्रभातं
भास्वानुदेष्यति हसिष्यति पंकजश्रीः ।
इत्थं विचिन्तयति कोशगते द्विरेफे
हा हन्त ! हन्त ! नलिनीं गज उज्जहार ॥

को जायसी ने यह रूप दिया—

भँवर जो पावा कँवल कहँ, मन चीता बहु केलि ।
आइ परा कोइ हस्ति, कूर कीन्ह सो बेलि ।

चंपावती का परिचय देते हुए जायसी ने कहा—

नित नवरंग सुरंगम सोई, प्रथमै जैस न सरवरि कोई ।

इसके उत्तरार्ध का टीकाकारों ने अर्थ किया है—

अब भी उसकी प्रथम वयस् ही थी और उसकी समानता की कोई नहीं थी ।
—डा० माताप्रसाद गुप्त

प्रथम वयस में वर्तमान उस मुग्धा की तुलना में और कोई नहीं है ।
—डा० अग्रवाल

(वह) प्रथम अवस्था वाली है । उसकी समता कोई नहीं कर सकता ।
—डा० मुंशीराम शर्मा

किसी ने भी 'प्रथम वयस' को स्पष्ट नहीं किया । यह संस्कृत का मुहावरा है । 'प्रथमे वयसि' का अर्थ है—चढ़ती जवानी में और 'पश्चिमे वयसि'—ढलती आयु में ।

कादम्बरी में चांडाल द्वारा वैशंपायन के पकड़े जाने पर और वैशंपायन के छोड़ देने की प्रार्थना करने पर चांडाल उत्तर देता है—

'न च मया त्वमामिषलुब्धेन कुतूहलेन वा बद्धः । मम खलु स्वामी पक्कणाधिपतिरितो नातिदूरे मातङ्गकप्रतिबद्धायां भूमौ कृतावस्थानः । तस्य दुहिता कौतुकमये प्रथमे वयसि वर्तते ।'

हिन्दी में 'प्रथम वयस' का संभवतः और कहीं प्रयोग नहीं मिलता । हाँ विद्यापति ने मैथिली में 'पहिल वयस' का प्रयोग किया है—

पहिल बयस मोर न पूरल साधे
परिहरि गेला पिया केन अपराधे ।

जिनप्रभ सूरि ने तीर्थकल्प की समाप्ति इस श्लोक से की है—

नन्दानेकपशक्तिशीतगुमिते श्रीविक्रमोर्वीपते-
वर्षे भाद्रपदस्य मास्यवरजे सौम्ये दशम्यां तिथौ
श्रीहम्मीरमहम्मदे प्रतपति क्ष्मामंडलाखंडले
ग्रन्थोऽयं परिपूर्णतामभजत् श्रीयोगिनीपत्तने ।

इस श्लोक के तीसरे चरण का उत्तरांश जायसी की इस अर्धाली के उत्तरार्ध में स्पष्ट झाँक रहा है—

सेरसाहि देहली सुलतानू , चारिउ खंड तपै जस भानू ।

सूरि और जायसी द्वारा इस अर्थ में 'तप' धातु का प्रयोग महाभारत के इस श्लोक की याद दिलाता है—

प्रताप्य पृथिवीं सर्वां रश्मिमानिव तेजसा
सोऽयं राज्ञो विराटस्य सभास्तारो युधिष्ठिरः

अति अपार करता कर करना , बरनि न कोई पावै बरना ।
सात सरग जो कागद करई , धरती समुद दुहूँ मसि भरई ।
जावत जग साखा बनढाखा , जावत केस रोंव पँखि-पाखा ।
जावत खेह रहे दुनियाई , मेघबूँद औ गगन तराई ।
सब लिखनी कै लिखु संसारा , लिखि न जाइ गति-समुद्र अपारा ।

और

बन-बन बिरिछ न चंदन होई , तन तन बिरह न उपनै सोई ।

लिखते समय संस्कृत के निम्नलिखित श्लोक जायसी के ध्यान में रहे ही होंगे—

असितगिरिसमं स्यात् कज्जलं सिन्धुपात्रे
सुरतरुवरशाखा लेखनी पत्रमुर्वी ।

लिखति यदि गृहीत्वा शारदा सर्वकालं
तदपि तव गुणानामीश पारं न याति ।

तथा

शैले शैले न माणिक्यं मौक्तिकं न गजे गजे ।
साधवो न हि सर्वत्र चन्दनं न वने वने ।।

संभव है जायसी ने 'आदि एक करतारू' का इसलामी दर्शन के अनुसार निम्नलिखित वर्णन किया हो—

जीउ नाहिं पै जियै गुसाईं, कर नाहीं पै करै सबाईं।
जीभ नाहिं पै सब किछु बोला, तन नाहीं सब ठाहर डोला।
स्रवन नाहिं पै सब किछु सुना, हिया नाहिं पै सब किछु गुना।
नयन नाहिं पै सब किछु देखा, कौन भाँति अस जाइ बिसेखा।

परन्तु श्वेताश्वतर उपनिषद् के इस वचन से भाव-साम्य तो इसमें है ही—

अपाणिपादो जवनो गृहीता, पश्यत्यचक्षुः स शृणोत्यकर्णः ।
स वेत्ति वेद्यं न च तस्य वेत्ता, तमाहुरग्र्यं पुरुषं महान्तम् ।

पदमावती गोरा-बादल की जिन लोक-प्रसिद्ध वीरों से उपमा देती है, उनमें जगदेव और मालकदेव भी हैं—

तुम बलबीर जैस जगदेऊ, तुम संकर औ मालकदेऊ।

ये प्रसिद्ध वीर जगदेव और मालकदेव कौन हैं ? श्री मैथिलीशरण गुप्त ने अपने खंड काव्य 'सिद्धराज' में जगदेव की कहानी दी है और फिर एक और कहानी डा० वासुदेवशरण अग्रवाल की 'पदमावत मूल और संजीवनी व्याख्या' के परिशिष्ट में दी है। यह दूसरी कहानी निरा तोता-मैना का किस्सा है।

शत्रु-सेना से अपनी सेना को आक्रान्त सुन कर भी उस देवमन्दिर से न निकला (धर्मवीर)। उस अवसर पर चरों के मुख से पहले कभी न सुनी जगद्देव की पराजय सुन कर श्रीपरमर्दि ने महारानी से कहा— 'युद्धवीरता के अहंकार को धारण करने वाला तुम्हारा भाई शत्रु से आक्रान्त होने पर भाग भी नहीं सका।' राजा के इस मर्मवेधी व्यंग्य-वचन को सुन कर प्रातःकाल की संध्या के समय रानी पश्चिम दिशा की ओर देखने लगी। 'क्या देख रही हो?' राजा के यह पूछने पर रानी ने उत्तर दिया—'सूर्योदय को देख रही हूँ।' राजा ने कहा—'पगली' क्या कभी सूर्योदय पश्चिम में होता है?' तो रानी ने उत्तर दिया— 'ब्रह्मा के सृष्टि-नियम के विपरीत पश्चिम दिशा में कभी न घट सकने वाला सूर्योदय घट सकता है, परन्तु क्षत्रिय जगद्देव की पराजय नहीं घट सकती।' दंपती के इस प्रकार प्रेमालाप करते करते देवपूजा के अनन्तर जगद्देव ने पाँच सौ सैनिकों के साथ उगते हुए सूर्य द्वारा अंधकार के समान, केशरी-किशोर द्वारा गजयूथ के समान, प्रचंड आँधी द्वारा पानी से भरे काले बादलों के समान शत्रु राजा की उस तुच्छ सेना को खेल खेल में कुचल दिया।] (युद्धवीर)

इस जगदेकवीर जगदेव के शौर्य और दान की प्रशंसा में कई श्लोक भी श्रीमेरुतुंगाचार्य ने दिये हैं।

विद्यापति ने 'पुरुषपरीक्षा' में युद्धवीर के उदाहरण में कर्णाटक-राजकुमार श्रीमल्लदेव और काशीश्वर जयचन्द्र के युद्ध का वर्णन कर लिखा है—

अशीतिवर्षदेशीयश्चिक्कोरः प्रपलायितः।
षोडशाब्दस्तु कार्णाटस्सम्मुखः पतितो रणे॥
तच्छौर्यं मल्लदेवस्य स विवेकश्च भूपतेः।
भूते भाविनि वा काले न जातो न जनिष्यति॥

इन जगद्देव और मल्लदेव वीरों के आख्यान हिन्दी में नहीं मिलते।

इसलिए यह अनुमान करना गलत न होगा कि जायसी ने प्रबन्ध-चिन्तामणि और पुरुषपरीक्षा दोनों ग्रन्थ पढ़े होंगे।

चित्तौड़ के व्यापारियों के सिंहल से लौटने पर राजा रतनसेन के दरबार में चर्चा चली—

ब्राह्मन एक सुआ लेइ आवा, कंचन-बरन अनूप सोहावा।
राते स्याम कंठ दुइ काँठा, राते ढहन लिखा सब पाठा।
औ दुइ नयन सुहावन राता, राते ठोर अमीरस बाता।
मस्तक टीका काँध जनेऊ, कवि बियास पंडित सहदेऊ।
बोल अरथ सौं बोले, सुनत सीस सब डोल।
राज-मंदिर महँ चाहिये, अस वह सुआ अमोल॥

वह सुआ व्यास के ऐसा कवि है और सहदेव के ऐसा पंडित है। राघव चेतन भी '**कवि बियास पंडित सहदेऊ**' है।

महाभारत और पुराणों के कर्ता व्यास कवि को सब जानते हैं, परन्तु सहदेव पंडिताई का लोक-प्रसिद्ध उपमान नहीं है। हिन्दी-वाङ्मय में किसी सहदेव पंडित का उल्लेख नहीं मिलता। संस्कृत-वाङ्मय में सहदेव पंडित का उल्लेख महाभारत में है।

महाभारत में सहदेव की बुद्धिमत्ता के कुछ उल्लेख निम्नलिखित हैं—

धीमतः सहदेवस्य धर्माणामनुशासनात्। २,१३,११।
ततः आज्ञापयामास स राजा राजसत्तमः।
सहदेवं तदा सद्यो मन्त्रिणं पुरुषर्षभः॥ २,३३,३६।
सहदेवश्च पुत्रो से सदावेक्ष्यो वने वसन्।
यथेदं व्यसनं प्राप्य नायं सीदेन्महामतिः। २,७६,८।
सहदेवस्तु कौरव्य समाधास्यति बुद्धिमान्।
कुटुम्बतन्त्रं विधिवत् सर्वमेत्र महायशा॥ १४,२०।

जयद्रथ पांडवों की अनुपस्थिति में द्रौपदी को हर ले गया। शिकार

से लौट कर समाचार पा पांडवों ने उसका पीछा किया। पांडवों को आते देख जयद्रथ ने द्रौपदी से उनका परिचय पूछा जो द्रौपदी ने अपने पतियों युधिष्ठिर भीम अर्जुन और नकुल का परिचय दिया। अन्त में सहदेव परिचय देते हुए बोली—

बुद्धया समो यस्य नरो न विद्यते
वक्ता तथा सत्सु विनिश्चयज्ञः। ३,२७०,१७॥

द्यूत-कीडा में नकुल को हार चुकने के बाद युधिष्ठिर बोले—

अयं धर्मान् सहदेवोऽनुशास्ति
लोके ह्यस्मिन् पण्डितत्ताख्यां गतश्च।
अनर्हता राजपुत्रेण तेन
दीव्यामहं चाप्रियवत् प्रियेण। २, ६५, १५।

सिंहलद्वीप के राजा गंधर्वसेन के साज का वर्णन करते हुए जायसी कहते हैं—

सोरह सहस घोर घोरसरा, स्यामकरन अस बाँक तुखारा।

शिष्या गालव की शुश्रूषा और भक्ति से प्रसन्न हो कर जब ब्रह्मर्षि विश्वामित्र ने उसे शिक्षा-समाप्ति पर घर जाने की अनुमति दी तो गालव ने पूछा—मैं आपको क्या दक्षिणा दूँ? विश्वामित्र ने कहा—दक्षिणा की आवश्यकता नहीं, तुम जाओ। गालव के बार-बार पूछने पर विश्वामित्र ने यही उत्तर दिया। परन्तु गालव गुरु-दक्षिणा देने की ज़िद करता ही रहा तो विश्वामित्र ने कहा—

एकतः श्यामकर्णानां हयानां चन्द्रवर्चसाम्!
अष्टौ शतानि मे देहि गच्छ गालव मा चिरम्॥

—महाभारत ५, १०६, २७।

आठ सौ श्यामकर्ण घोड़े प्राप्त करने के लिए जी जान लड़ा कर भी गालव छह सौ श्यामकर्ण घोड़े ही पा सका। वह सभी राजाओं के पास गया। केवल तीन राजाओं से दो दो सौ श्यामकर्ण घोड़े मिले। श्यामकर्ण घोड़े केवल तीन राजाओं के पास थे, सो भी दो दो सौ।

'पंडित सहदेऊ' और 'स्यामकर्ण घोड़े' लिखने वाले तथा महाभारत के वर्षा-वर्णन संबंधी श्लोक का अनुवाद करने वाले कवि ने महाभारत का गंभीर अध्ययन किया होगा।

पदमावती के नख-शिख का वर्णन करते हुए हीरामन उसकी ग्रीवा का वर्णन इस प्रकार करता है—

बरनौं गीउ कंबु कै रीसी, कंचन तार लागि जनु सीसी।
कुंदै फेर जानु गिउ काढ़ी, हरी पुछार ठगी जनु ठाढ़ी।
जनु हिय काढ़ि परेवा ठाढ़ा, तेहि तैं अधिक भाव गिउ बाढ़ा।
चाक चढ़ाइ साँच जनु कीन्हा, बाग तुरंग जानु गहि लीन्हा।
गिउ मयूर तमचूर जो हारे, उहै पुकारहिं साँझ सकारे।
पुनि तेहि ठाँव परी तिनि रेखा, घूँट जो पीक लीक सब देखा।
घनि ओहि गीउ दीन्ह बिधि भाऊ, दहुँ कासौं लेइ करै मेराऊ।

कंठसिरी मुकुतावली, सोहै अभरन गीउ।
लागै कंठहार होइ, को तप साधा जीउ॥

अमरकोश के अनुसार ग्रीवा के नाम हैं—

कंठो गलोऽथ ग्रीवायाँ शिरोधिः कँधरेत्यपि

कंबुग्रीवा त्रिरेखा सा..................

जिस गरदन में तीन रेखाएँ पड़ी हों उसे कंबु ग्रीवा कहा जाता है। और ग्रीवा के आभरण ये हैं—

ग्रैवेयकं कंठभूषा लंबनं स्याल्लन्तिक्ता,

....

हारो मुक्तावली..................

जायसी ने ग्रीवा को 'कंबु कै रीसी' कहा तो 'तेहि ठाँव परी तिनि रेखा' भी कहा। आभरणों में 'कंठभूषा' को 'कंठसिरी' (कंठश्री) और 'मुक्तावली' को 'मुकुतावली' कहा। यों जायसी का यह वर्णन अमरकोश के अनुसार है।

ततखन एक सखी विहँसानी , कौतुक आइ न देखहु रानी ।१।
पुरुब द्वार मढ़ जोगी छाए , न जनौं कौन देस तें आए ।२।
जनु उन्ह जोग तंत तन खेला, सिद्ध होइ निसरे सब चेला ।३।
उन्ह महँ एक गुरू जो कहावा, जनु गुर दै काहू बौरावा ।४।
कुँवर बतीसौ लच्छन राता, दसएँ लछन कहै एक बाता ।५।
जानौं आहि गोपिचँद जोगी , की सो आहि भरथरी बियोगी ।६।
वै पिंगला गए कजरी आरन , ए सिंघल आए केहि कारन ।७।
यह मूरति यह मुद्रा , हम न देख अवधूत ।
जानौं होहिं न जोगी , कोइ राजा कर पूत ।।

पाँचवीं अर्धाली पर शुक्लजी ने टिप्पणी दी है—'**दसएँ लछन = योगियों के बत्तीस लक्षणों में दसवाँ सत्य है ।**' योगियों के बत्तीस लक्षण कौन कौन से हैं, यह शुक्लजी ने नहीं बताया । '**बत्तीस लच्छन**' का उल्लेख जायसी ने और भी कई स्थलों पर किया है । जब सूली से बच कर रतनसेन ने 'काटर तुखारू' फेर कर दिखा दिया तो सब ने कहा—

कुँवर बतीसौ लच्छना , सहस किरिन जस भान ।
काह कसौटी कसिए , कंचन बारहबान ।।

चंपावती के लिए जायसी ने कहा—

कुँवर बतीसौ लच्छनी अस सब माँह अनूप ।

और जब बोहित टूट जाने पर पदमावती पाटे पर बहती बहती लक्ष्मी के हाथ में पड़ी तो—

लछिमी लखन बतीसौ लखी , कहेसि न मरै सँभारहु सखी ।

तो रतनसेन चंपावती और पदमावती तीनों बत्तीस लक्षण संपन्न थे । स्पष्ट है कि बत्तीस लक्षण योगियों के लक्षण नहीं हैं, और शुक्लजी की व्याख्या—योगियों के बत्तीस लक्षण—ठीक नहीं है ।

डा० अग्रवाल ने इस अर्धाली का अर्थ किया है—'**वह बत्तीसों**

लक्षणों से सुशोभित कोई राजकुमार है। धर्म के दस लक्षणों में से एक— 'सत्य, सत्य' मुँह से निकालता है।' शुक्लजी ने योगियों के बत्तीस लक्षणों में दसवाँ लक्षण 'सत्य' बताया था, तो अग्रवालजी ने धर्म के दस लक्षणों में एक—'सत्य' कहा। धर्म के दस लक्षण अवश्य हैं, परन्तु उनमें से केवल एक और वह भी नौवाँ क्यों ग्रहण किया गया ?

धृतिः क्षमा दमोऽस्तेयं शौचमिन्द्रियनिग्रहः।
धीर्विद्या सत्यमक्रोधो दशकं धर्मलक्षणम् ॥

सत्य धर्म का नौवाँ लक्षण है। फिर जायसी ने यह कहीं नहीं कहा कि योगी रतनसेन 'सत्य सत्य' जप रहा था, न कोई अन्य योगी सत्य सत्य जपता है।

कठिन मरन तें प्रेम बेवस्था, ना लिउ जियै न दसवँ अवस्था।

में 'दसवं अवस्था' का शुक्लजी ने ठीक ही अर्थ किया है—'दशमदशा, मरण।' डा० अग्रवाल ने भी यही अर्थ किया है।

दसवँ दावँ कै गा जो दशहरा......

यहाँ भी 'दसवँ दावँ' का शुक्लजी ने 'दशम दशा, मरण' अर्थ किया है।

कुँवर बतीसौ लच्छन राता दसएँ लछन कहै एक बाता।

में भी 'दसएँ लछन' का ठीक यही अर्थ है। सखी पदमावती से परिहास कर रही है कि वह तो कोई बत्तीसों लक्षणों से युक्त (राता, अनुरक्त) प्रेमी राजकुमार है, उसकी दशवीं अवस्था प्राप्त है, एक ही बात (तुम्हारा नाम) जप रहा है। वह या तो जोगी गोपीचंद है या वियोगी राजा भर्तृहरि है। भर्तृहरि तो अपनी रानी पिंगला के लिए कजरीवन में गये थे, यह किसके लिए सिंहल आया है ? (तुम्हारे लिए, तुम्हारा वर आया है।)

इससे पहले जायसी कह आये हैं—

बैठि सिंघछाला होई तपा, पदमावति पदमावति जपा।

तो योगी रतनसेन 'सत्य सत्य' नहीं जप रहा था, 'पदमावती पदमावती' जप रहा था। और सखी यह बात स्पष्ट न कह कर कहती है—वह तो एक ही बात जप रहा है।

तो यह '**बत्तीसौ लच्छना**' क्या है ?

शूद्रक और वीरवर की कथा में शूद्रक की राजलक्ष्मी ने वीरवर से कहा था--

'यदि त्वमात्मनः पुत्रस्य शक्तिधरस्य द्वात्रिंशल्लक्षणोपेतस्य मस्तकं स्वहस्तेन छित्वा भगवत्याः सर्वमंगलायाः उपहारीकरीषि तदा राजा शतायुर्भविष्यति ।'

तो यह '**बत्तीसौ लच्छना**' '**द्वात्रिशल्लक्षणोपेतः**' का शब्दानुवाद है।

अब ये बत्तीसी लक्षण क्या हैं, यह भी जान लेना चाहिए। ये बत्तीस लक्षण न योगियों के हैं, न राजकुमारों के। कोई भी स्त्री या पुरुष लक्षण-सम्पन्न हो सकता है। और तो और अश्वमेध के लिए जो घोड़ा छोड़ा जाता है, वह भी लक्षणसम्पन्न होता है।

श्रीरूपगोस्वामी और जीवगोस्वामीकृत श्रीहरिभक्तिरसामृतसिन्धु में हरिभक्ति को दसवाँ रस प्रतिपादित किया गया है। हरिभक्ति रस के आलम्बन बताये हैं—

कृष्णश्च कृष्णभक्ताश्च बुधैरालम्बना मताः ।
रत्यादेर्विषयत्वेन तथाऽऽधारतयापि च ॥

आगे इसकी व्याख्या करते हुए कहा है--

तत्र श्रीकृष्ण !—

नायकानां शिरोरत्नं कृष्णस्तु भगवान् स्वयम् ।
यत्र नित्यतया सर्वे विराजन्ते महागुणाः ॥
सोऽन्यरूपस्वरूपाभ्यामस्मिन्नालम्बनो मतः ।

आगे आलम्बन के ६४ गुण बताये हैं—

अथ तद्गुणाः —

अयं नेता सुरम्याङ्गः[१] **सर्वसल्लक्षणान्वितः**[२] ।
रुचिर[३]**स्तेजसा युक्तो**[४]**बलीयान्**[५] **वयसाऽन्वितः**[६] ।

....

चौंसठ गुण बता कर प्रत्येक की व्याख्या की है। पहले गुण 'सुरम्याङ्गः' की व्याख्या करने के बाद दूसरे गुण 'सर्वसल्लक्षणान्वितः' की व्याख्या इस प्रकार की है—

तनौ गुणोत्थमङ्कोत्थमिति सल्लक्षणं द्विधा।

[शरीर में सल्लक्षण दो प्रकार के होते हैं—गुणोत्थ और अंकोत्थ।]

पहले गुणोत्थ सल्लक्षण बताये हैं—

तत्र गुणोत्थम्—

गुणोत्थं स्यात् गुणैर्योगो रक्ततातुङ्गताऽदिभिः। यथा—

[रक्तता (ललाई) तुंगता (ऊँचापन) आदि गुणों का योग होने पर गुणोत्थ लक्षण होते हैं। जैसे—]

रागः सप्तसु हन्त षट्स्वपि शिशोरंगेष्वलन्तुंगता,
विस्तारस्त्रिषु खर्वता त्रिषु तथा गंभीरता च त्रिषु।
दैर्घ्यं पञ्चसु किञ्च पञ्चसु सखे संप्रेक्ष्यते सूक्ष्मता,
द्वात्रिंशद्वरलक्षणः कथमसौ गोपेषु संभाव्यते॥

इस श्लोक पर दुर्गमसंगमनी टीका है—

श्रीमद्व्रजेश्वरं प्रति कस्यचित् सवयसो गोपस्य वाक्यमिदम्—

सप्तसु— नेत्रान्त-पाद-करतल-तालु-अधरोष्ठ-जिह्वा-नखे— रक्तता

[दृगकोर, पैर, हथेली, तालु, अधरोष्ठ, जिह्वा और नख—इस सात में लालिमा]

षट्सु—वक्षः-स्कन्ध-नख-नासिका-कटि-मुखे—तुंगता

[छाती, कंधे, नख, नाक, कटि और मुख—इन छह में तुंगता—ऊँचापन]

त्रिषु—शिरो-ललाट-वक्षसि—विस्तारः

[शिर, ललाट और वक्ष—इन तीन में विस्तार]

त्रिषु—ग्रीवा-जङ्घा-मेहने—खर्वता

[ग्रीवा, जंघा और मेहन—इन तीन में बौनापन]

त्रिषु—नाभि-स्वर-सत्त्वे—गंभीरता

[नाभि, स्वर और स्वभाव—इन तीन में गंभीरता]

पञ्चसु—नासा-भुज-नेत्र हनु-जानुनि—दैर्घ्यम्

[नाक, भुज, नेत्र, ठोड़ी और घुटने—इन पाँच में दीर्घता]

पञ्चसु—त्वक् केश-अंगुलि-दन्त-अंगुलिपर्वणि—सूक्ष्मता

[त्वचा, केश, अंगुलि, दाँत और अंगुलियों के पोर—इन पाँच में सूक्ष्मता]

तथैव महापुरुषलक्षणं सामुद्रिकप्रसिद्धैः द्वात्रिंशद्वराणि तत्तल्लक्षणेभ्यो गोपेभ्योऽपि श्रेष्ठानि लक्षणानि यस्य सः, गोपेषु कथमिति भगवदवतारादिष्वप्येतादृशत्वाश्रवणादिति।

[सामुद्रिक शास्त्र में प्रसिद्ध इन बत्तीस सल्लक्षणों से युक्त भला गोपों में कैसे हो सकता है—वह भगवदवतार है, गोप नहीं।]

आगे अंकोत्थ लक्षण बताये गये हैं—

रेखामयं रथाङ्गादि स्यादंकोत्थं करांघ्रिषु।

यथा—

करयोः कमलं तथा रथांगं स्फुटरेखामयमात्मजस्य पश्य।
पदपल्लवयोश्च बल्लवेन्द्र! ध्वजवज्रांकुशमीनपंकजानि॥

[हाथों में जो कमल चक्र आदि तथा पैरों में ध्वजा, वज्र, अंकुश, मीन, कमल आदि के चिह्न होते हैं उन्हें अंकोत्थ लक्षण कहा जाता है।]

पद्मपुराण में ब्रह्मा ने नारद से कहा है—

श्रृणु नारद वक्ष्यामि पादयोश्चिन्हलक्षणम्।
भगवत्कृष्णरूपस्य ह्यानन्दैकघनस्य च॥

....

षोडशैव तु चिन्हानि मया दृष्टानि तत्पदे।
दक्षिणे चाष्टचिन्हानि इतरे सप्त एव च॥

ध्वजः पद्मं तथा वज्रमंकुशो यव एव च ।
स्वस्तिकं चोद्‌र्ध्वरेखा च अष्टकोणं तथैव च ॥
सप्तान्यानि प्रवक्ष्यामि साम्प्रतं वैष्णवोत्तम ।
इन्द्रचापं त्रिकोणं च कलशं चार्द्धचन्द्रकम् ॥
अम्बरं मत्स्यचिन्हं च गोष्पदं सप्तमं स्मृतम् ।
अंकान्येतानि भो वत्स दृश्यन्ते तु यदा कदा ॥
कृष्णाख्यं तु परं ब्रह्म भुवि जातं न संशयः ।
द्वयं वाऽथ त्रयं वाऽथ चत्वारः पञ्च चैव च ॥
दृश्यन्ते वैष्णवश्रेष्ठ ! अवतारे कथञ्चन ।
षोडशं तु तथा चिन्हं शृणु देवर्षिसत्तम ॥
जम्बूफलसमाकारं दृष्यते यत्र कुत्रचि • त् ।

तो 'द्वात्रिंशल्लक्षण' गुणतथ बत्तीस लक्षण हैं। जिसमें पूरे बत्तीस लक्षण हों वह महापुरुष होता है।

रामायण और महाभारत में बहुत से पात्रों को 'लक्षणसम्पन्न' या 'सर्वलक्षणमम्पन्न' कहा गया है। और जब अज्ञातवास के लिए द्रौपदी सुदेष्णा के पास नौकरी माँगने जाती है तो सुदेष्णा कहती है तुम तो दासी नहीं हो—

नोच्चगुल्फा संहतोरुस्त्रिगंभीरा षडुन्नता ।
रक्ता पंचसु रक्तेषु हंसगद्‌गदभाषिणी ॥

महाभारत, ४ । ९ । १०

अशोकवाटिका में हनुमान् ने सीता को प्रणाम कर पूछा था—आप कौन हैं······

व्यंजनानि हि ते यानि लक्षणानि च लक्षये ।
महिषी भूमिपालस्य राजकन्या च मे मता ॥

वा० रा०, ५ । ३३ । ११

सीता ने तसल्ली करनी चाही कि हनुमान सचमुच राम का दूत है, प्रच्छन्नरूप रावण नहीं । बोलीं—

यदि रामस्य दूतस्त्वमागतो भद्रमस्तु ते ।
पृच्छामि त्वां हरिश्रेष्ठ प्रिया रामकथा हि मे ।। ५ । ३४ । १८
गुणान् रामस्य कथय प्रियस्य मम वानर ।
....
प्रेषितं नाम पश्यामि राघवेण वनौकसम् ।। ५।३४।१९-२०

हनुमान् के राम के गुणों का वर्णन करने पर सीता ने पूछा—

यानि रामस्य चिन्हानि लक्ष्मणस्य च वानर ।
तानि भूयः समाचक्ष्व न मां शोकः समाविशेत् ।। ५३५।३
कीदृशं तस्य संस्थानं रूपं तस्य च कीदृशम् ।
कथमूरू कथं बाहू लक्ष्मणस्य च शंस मे ।। ५।३५।४

तब राम के अंगों का वर्णन करके हनुमान् बोला—

त्रिस्थिरस्त्रिप्रलम्बश्च त्रिसमस्त्रिषु चोन्नतः ।
त्रिताम्रस्त्रिषु च स्निग्धो गम्भीरस्त्रिषु नित्यशः ।।५।३५।१७
त्रिवलीमांस्त्र्यवनतश्चतुर्व्यङ्गस्त्रिशीर्षवान् ।
चतुष्कलश्चतुर्लेखश्चतुष्किष्कुश्चतुः समः ।।५।३५।१८
चतुर्दशसमद्वन्द्वश्चतुर्दंष्ट्रश्चतुर्गतिः ।
महोष्ठहनुनासश्च पञ्चस्निग्धोऽष्टवंशवान् ।। ५।३५।१९
दशपद्मो दशबृहत् त्रिभिर्व्याप्तो द्विशुक्लवान् ।
षडुन्नतो नवतनुस्त्रिभिर्व्याप्नोति राघवः ।। ५।३५,२०

स्कन्दपुराण में पद्मावती के पूछने पर नारद द्वारा उसके शरीर के लक्षण इस प्रकार कहे गये हैं—

शृणु त्वं चारुवदने लक्षणानि वदामि ते ।
पादौ प्रतिष्ठितौ सुभ्रु रक्तपद्मदलान्वितौ ।। २।४।६

पादाङ्गुल्यः समा रक्ता रक्ततुङ्गनखान्विताः ।
गुल्फौ गूढौ समावेतौ जङ्घे चारोमशे शुभे ॥ २।४।१०
जानुनी समसुस्निग्धे समावूरू क्रमादुरू ।
नितम्बौ पृथुलौ पीनौ जघनं चिन्त्यमेव हि ॥ २।४।११
नाभिर्मण्डलवान्निम्नः पार्श्वौ ते मेदुरावुभौ ।
त्रिवलीललितं मध्यं रोमराजिविराजितम् ॥ २।४।१२
स्तनौ पीनौ घनौ स्निग्धावुन्नतौ मग्नचूचुकौ ।
करौ ते रक्तपद्माभौ पद्मरेखासमन्वितौ ।
सुसूक्ष्मौ रक्तसत्पर्वनिरन्तरसमाङ्गुली ॥ २।४।१३
शुकतुण्डसमाकारनखपंक्तिविराजितौ ।
दीर्घौ च कोमलौ भद्रे भुजौ ते पुष्पदंडवत् ॥ २।४।१४
पृष्ठं ते वेदिवद् भाति विलग्नमृजु मध्यमम् ।
कण्ठस्तु रक्तो दीर्घश्च स्कन्धौ चावनतौ शुभे ॥ २।४।१५
मुखं प्रसन्नं सततमकलङ्कशशिप्रभम् ।
कपोलौ कनकादर्शसदृशौ कुण्डलोज्ज्वलौ ॥ २।४।१६
तिलपुष्पसमाकारा नासिका ते शुभानने ।
अकलङ्काष्टमीचन्द्रसदृशोऽतिमनोहरः ॥ २।४।१७
दृश्यतेऽयं ललाटस्ते नीलालकसुशोभितः ।
मूर्धा ते समवृत्तश्च स्निग्धायतकचान्वितः ॥ २।४।१८
स्मितसंशोभिदशनं बिम्बाधरसमन्वितम् ।
मुखं ते विष्णुयोग्यं स्यादिति मे निश्चिता मतिः ॥ २।४।१९
नाभिस्ते दक्षिणावर्त आवर्त इव गाङ्गजः ।
त्वं हि क्षीराब्धिसम्भूता लक्ष्मीरिव हि दृश्यसे ॥ २।४।२०

श्रीमद्भागवतमहापुराण में शुकदेव के लक्षण इस प्रकार गिनाये गये हैं—

अलक्ष्यलिङ्गो निजलाभतुष्टो वृतश्च बालैरवधूतवेषः ॥१।१९।२५

तं द्वयष्टवर्षं सुकुमारपादकरोरुबाह्वंसकपोलगात्रम् ।
चार्वायताक्षोन्नसतुल्यकर्णसुभ्रवाननं कम्बुसुजातकण्ठम् ॥ १।८।२६
निगूढजत्रुं पृथुतुङ्गवक्षसमावर्तनाभिं बलिवल्गूदरं च ।
दिगम्बरंवस्त्रविकीर्णकेशं प्रलम्बबाहुं स्वमरोत्तमाभम् ॥ १।८।२७
श्यामं सदापीच्यवयोऽङ्गलक्ष्म्या स्त्रीणां मनोज्ञं रुचिरस्मितेन ।
प्रत्युत्थितास्ते मुनयः स्वासनेभ्यस्तल्लगज्ञा अपिगूढवर्चसम् ॥ १।१८।२८

पुरुषों की भाँति घोड़े भी लक्षणसम्पन्न होते हैं। अश्वमेध के घोड़े के लक्षण यों गिनाये गये हैं—

गंगाजलसमानेन वर्णेन वपुषा शुभः ।
कर्णे श्यामो मुखे रक्तः पीतः पुच्छे सुलक्षितः ।
मनोवेगः सर्वगतिरुच्चैःश्रवस्समप्रभः ।
वाजिमेधे हयः प्रोक्तः शुभलक्षणलक्षिताः ॥

पद्मपुराण, पातालखंड, ५।८।२-३

'कादम्बरी' का वैशम्पायन शुक 'गजतुरगपुरुषस्त्रीलक्षणाभिज्ञः' था। यों जायसी ने संस्कृत के किसी सामुद्रिक ग्रन्थ से बत्तीस लक्षणों का परिचय प्राप्त किया होगा।

यात्रा के समय दिशाशूल आदि का विचार करना भारतीय परंपरा है। जब रतनसेन जोगी हो कर घर से चलने लगा तो—

गनक कहहिं गनि गौन न आजू , दिन लेइ चलहु होइ सिध काजु ।

रतनसेन ने उत्तर दिया—

पेम पंथ दिन घरी न देखा , तब देखै जब होइ सरेखा ।

रतनसेन दिन घड़ी देखे बिना चल दिया; फिर भी शकुन तो होने ही थे, सो उनका वर्णन जायसी ने किया है।

फिर जब पदमावती को लिवा कर रतनसेन सिंहल से चित्तौड़ की ओर चला, तब तो दिन घड़ी देखना अनिवार्य हो गया। वहाँ जायसी ने वारशूल, वारशूल-दोहद, योगिनी, चंद्र और काल का वर्णन किया है।

ये दोनों वर्णन जायसी के ज्योतिष-ज्ञान के प्रमाण हैं। ज्योतिष के ग्रन्थ आज भी हिन्दी में नहीं हैं, संस्कृत में ही हैं। जायसी ने ज्योतिष का ज्ञान संस्कृत-ग्रंथों से ही प्राप्त किया होगा।

ज्योतिष-ग्रंथों में शकुनों की लंबी सूचियाँ हैं; जायसी ने उनमें कुछ एक का ही उल्लेख 'वसन्तराजशकुन', 'बृहत् संहिता', 'अद्भुतसागर', 'मुहूर्त-चिन्तामणि' आदि ग्रन्थों के आधार पर किया है। यथा—

दहिने माछ रूप के टाँका—

वस्त्रालंकरणानि.........मीनगोरोचने।

भरँ कलस तरुनी जल आई—

पूर्णकलशच्छत्राणि मृत्कन्यका।

दाहिने मिरिग आइ बन धाएँ, प्रतीहार बोला खर बाएँ।

प्रदक्षिणगताः श्रेष्ठा यात्रायां मृगपक्षिणः।

ओजा मृगा ब्रजन्तोऽतिधन्या वामे खरस्वनः॥

बाएँ दिसा चाषु चरि डोला—

चाषस्य दर्शनं वा स्यात् वामांगेऽत्यन्तदुर्लभम्।

रतनसेन के सिंहल से प्रस्थान करने के समय जायसी ने वार-दिक्-शूल, वार-दिक्-शूल-दोहद, योगिनी, चन्द्र और काल—इनका विचार किया है।

वार-दिक्-शूल

अदित सूक पच्छिउँ दिसि राहू, बीफै दखिन लंक-दिसि दाहू।

सोम सनीचर पुरुब न चालू, मंगल बुध उत्तर दिसि कालू।

यह इन संस्कृत श्लोकों का शब्दानुवाद है—

शुक्रादित्यदिने न वारुणदिशं न ज्ञे कुजे चोत्तराँ।

मन्देन्दोश्च दिने न शक्रककुभं याम्यां गुरौ न व्रजेत्॥

[वारुणदिश = पश्चिम दिशा; ज्ञ = बुध; कुज = मंगल; मन्द = शनि; इंदु = चंद्र, सोम; शक्रककुभ = पूर्व दिशा;

यास्या = दक्षिण दिशा; गुरु = बृहस्पति ।]

अथवा

शनौ चन्द्रे त्यजेत् पूर्वां दक्षिणां च दिशं गुरौ ।
सूर्ये शुक्रे पश्चिमां च बुधे भौमें तथोत्तराम् ॥

वार-दिक्-शूल-दोहद--

दोहदों के बारे में मुहूर्त्तचिन्तामणिकार कहते हैं—

दोहेदेषु ग्रन्थान्तरे भेदस्तत्र विकल्पो ज्ञेयः ।

जायसी ने कुछ दोहद शास्त्रीय दिये हैं, कुछ लौकिक ।

जोगिनी चक्र—

ज्योतिष-ग्रन्थों में पहले चार श्लोकों में 'तिथियों में योगिनी का वास' बताया जाता है फिर एक श्लोक में 'योगिनीफल' । यथा—

पूर्वस्यां योगिनी ज्ञेया नवम्यां प्रतिपद्यपि ।
अग्निकोणे तृतीयायामेकादश्यां च सा स्मृता ॥१॥
त्रयोदश्यां च पञ्चम्यां दक्षिणस्यां शिवप्रिया ।
द्वादश्यां च चतुर्थ्यां च नैर्ऋत्ये योगिमी स्थिता ॥२॥
चतुर्दश्यां च षष्ठयां च पश्चिमायां च योगिनी ।
पूर्णिमायां च सप्तम्यां वायुकोणे तु पार्बती ॥३॥
दशम्यां च द्वितीयायामुत्तरस्यां शिवा वसेत् ।
ईशानकोणे चाऽष्टम्यां तथा दश च योगिनी ॥४॥
योगिनी सुखदा वामे पृष्ठे वाञ्छितदायिनी ।
दक्षिणे धनहन्त्री च सम्मुखे मरणप्रदा ॥५॥

मुहुर्त्त चिन्तामणिकार वामगा योगिनी को प्रशस्त नहीं मानते—**'सम्मुखवामगा न शस्ता ।'** जायसी मुहूर्तचिन्तामणिकार के मत को मानते हैं, उन्होंने योगिनी के निवास और उसके फल को मिला कर कहा—

बारह ओन इस चारि सताइस, जोगिनि पच्छिउँ दिसा गनाइस।
नौ सोरह चौबीस औ एका, दक्खिनपुरुब कोन तेइ टेका।
तीन इगारह छबिस अठारहु, जोगिनि दक्खिन दिसा बिचारहु।
दुइ पचीस सत्रह औ दसा, दक्खिनपछिउँ कोन बिच बसा।
तेरह तीस आठ पंद्रहा, जोगिनि उत्तर होंहि पूरुब सामुहा।
चौदह बाइस ओनतिस सांता, जोगिनि उत्तर दिसि कहँ जाता।
बीस अठाइस तेरह पाँचा, उत्तरपछिउँ कोन तेइ नाचा।

एकइस औ छ जोगिनि उतरपुरुब के कोन।
ग्रह गनि चक्रजोगिनि बाँचु जौ चह सिध होन।।

चंद्र (निवास का फल)—

चन्द्र-वर्णन में जायसी ने संस्कृत श्लोकों का अनुवाद ही किया है।

मेषे च सिंहे धनुषीन्द्रभागे, वृषे च कन्यामृगयोश्च याम्ये।
तुले च कुम्भे मिथुने प्रतीच्यां, कर्काऽलिमीनेषु तथात्तरस्याम्।

सम्मुखे त्वर्थलाभः स्याद् दक्षिणे सुखसम्पदः।
पृष्ठे च शोकसन्तापौ वामे चन्द्रे धनक्षतिः।।

को जायसी नें यह रूप दिया

मेष सिंह धन पूरब बसै, बिरिख मकर कन्या जमदिसै।
मिथुन तुला औ कुँभ पछाहाँ, करक मीन बिरछिक उतराहाँ।
गवन करै कहँ उगरै कोई, सनमुख सोम लाभ बहु होई।
दहिन चन्द्रमा सुख सरबदा, बाएँ चंद त दुख आपदा।

काल—

कालवासज्ञापक श्लोक

अर्कोत्तरे वायुदिशां च सोमे भौमे प्रतीच्यां बुधनैॠते च।
याम्ये गुरौ वह्निदिशां च शुक्रे मन्दे च पूर्वे प्रवदन्ति कालम्।।

का जायसी ने अनुवाद किया

अदित होइ उत्तर कहँ कालू, सोम काल बायब नहिं चालू।
भौम काल पच्छिउँ बुध निऋता, गुरु दक्खिन औ सुक अगनइता।
पूरब काल सनीचर बसै, पीठि काल देइ चलै त हँसै।

'पदमावती' नाम रखा जाने का कारण जायसी ने उसका कन्या राशि में जन्म होना कहा है—

कन्यारासि उदय जग कीया, पदमावती नाऊँ अस दीया।

कन्या राशि में उत्तरा फाल्गुनी नक्षत्र के तीन, हस्त नक्षत्र के चार और चित्रा नक्षत्र के दो चरण पड़ते है। अबकहड़ा चक्र के अनुसार

टे टो पा पी उत्तरा फाल्गुनी
पू ष ण ठ हस्त
पे पो रा री चित्रा

के आद्य नामाक्षर हैं। अर्थात् ज्योतिष शास्त्र के अनुसार कन्या राशि में जन्मी कन्या का नाम चरण के अनुसार टो पा पी पू ष ण ठ पे और पो अक्षरों पर रखा जाता है। पदमावती उतरा फाल्गुनी नक्षत्र के तीसरे या कन्या राशि के दूसरे चरण में पैदा हुई होगी इसलिए उसका नाम 'पा' (प) से रखा गया।

जायसी जागरूक भी थे। समकालीन घटनाओं और साहित्य की भी उन्हें पूरी जानकारी थी।

तू राजा जस बिक्रम आदी..................।१६, २, १।

की टिप्पणी में डॉ० वासुदेवशरण अग्रवाल लिखते हैं—

'विक्रम आदी—यह ज्ञातव्य है कि जायसी के समय में विक्रमादित्य के लिये विक्रमादी रूप भी चालू था। राणा संग्रामसिंह के कनिष्ठ पुत्र राणा विक्रमादित्य (१५३२-३६) के सिक्कों पर उन्हें विक्रमादी कहा गया है (जर्नल आव दि न्यूस्मैटिक सोसायटी, भाग १६, अंक २, पृष्ठ

२८४, फलक ५) ।[1]

राणा संग्रामसिंह के द्वितीय पुत्र और उत्तराधिकारी राणा रत्नसिंह और बूंदी के हाड़ा सूरजमल के द्वंद्व की छाया जायसी के रतनसेन-देवपाल-द्वन्द्व में हम ऊपर (पृ० ३६-४४) देख चुके हैं। राणा संग्रामसिंह का तीसरा पुत्र विक्रमादित्य उसी रत्नसिंह की मृत्यु के बाद मेवाड़ का राणा बना था। मेवाड़ राज्य की तत्कालीन घटनाओं से जायसी परिचित थे। वे विक्रमादित्य का विक्रमादी नाम अवश्य जानते होंगे।

---

१. पदमावत मूल और संजीवनी व्याख्या, पृ० ७२१

जायसी की लिपि

जायसी किस लिपि में लिखते थे इस पर विद्वान् एकमत नहीं हैं। कुछ विद्वान् मानते हैं पदमावत की मूल प्रति नागरी लिपि में लिखी गई और कुछ मानते है अरबी लिपि में। 'अखरावट' में वर्णमाला के अक्षरों का क्रम निम्नलिखित है—

का—करतार चहिय अस कीन्हा, आपन दोष आन सिर दीन्हा।
खा—खेलार जस है दुइ करा, उहै रूप आदम अवतरा।
गा—गौरहु अब सुनहु गियानी, कहौं ग्यान संसार लखानी।
घा—घट जगत बराबर जाना, जेहि महँ धरती सरग समाना।
ना—नारद लस पाहरु काया, चारा मेलि फाँद जग माया।
चा—चरित्र जौ चाहहु देखा, बूझहु बिधना केर अलेखा।
छा—छाया जस बुंद अलोपू, ओठइँ सौं आनि रहा करि गोपू।
जा—जानहु अस तन महँ भेदू, जैसे रहै अंड महँ मेदू।
झा—झाँखर तन महँ मन भूलै, काँटन्ह माँह फूल जनु फूलै।
ना—नगरी काया विधि कीन्हा, लेइ खोजा पावा तेइ चीन्हा।
टा—टुक झाँकहु सातौ खंडा, खंडै खंड लखहु बरम्हंडा।
ठा—ठाकुर बड़ आप गोसाइँ, जेइ सिरजा जग अपनिहि नाइँ।
डा—डरपहु मन सरगहि खोइ, जेहि पाछे पछिताव न होई।
ढा—ढारैं जो रकत पसेऊ, सो जानै एहि बात क भेऊ।
ना—निसता जो आपु न भएऊ, सो एहि रसहि मारि विष किएऊ।
ता—तप साधहु एक पथ लागे, करहु सेव दिन राति सभागे।
था—थापहु बहु ज्ञान बिचारू, जेहि महँ सब समाइ संसारू।
दा—दाया जाकहँ गुरु करई, सो सिख पंथ समुझि पग धरई।

धा—धावहु तेहि मारग लागे, जेहि निसतार होइ सब आगे।
ना—नमाज है दीन क थूनी, पढ़ै नमाज सोइ बढ़ गूनी।
पा—पाएउँ गुरु मोहदी मीठा, मिला पंथ सो दरसन दीठा।
फा—फल मीठ जो गुरु हुँत पावै, सो बीरौ मन लाई जमावै।
बा—बिनु जिउ तन अस अँधियारा, जौं नहिं होत नयन उजियारा।
भा—भल सोइ जो सुन्नहि जानै, सुन्नहिं तें सब जग पहिचानै।
मा—मन मथन करै तन खीरू, दुहै सोइ जो आपु अहीरू।
जा—जानहु जिउ बसै सो तहवाँ, रहै कँवल हिय संपुट जहवाँ।
रा—रातहु अब तेहि के रंगा, बेगि लागु प्रीतम के संगा।
ला—लखई सोई लखि आवा, जो एहि मारग आपु गँवावा।
वा—वह रुप न जाइ बखानी, अगम अगोचर अकथ कहानी।
सा—साँसा जौ लहि दिनचारी, ठाकुर से करि लेहु चिन्हारी।
खा—खेलहु खेलहु ओहि भेंटा, पुनि का खेलन खेल समेटा।
सा—साहस जाकर जग पूरी, सो पावा वह अमृत मूरी।
हा—हिय ऐसन बरजे रहई, बूड़ि न जाइ, बूड़ अति अहई।

ङ ञ और ण शब्दों के आरम्भ में नहीं आते, इसलिए जायसी ने इन तीनों के स्थान पर न रक्खा। ऐसा आज भी होता है, रोमक लिपि में ये अक्षर n ñ और ṇ लिखे जाते हैं। य श और ष तद्भव रूप ज स और ख हो ही जाते हैं। ज्योतिष-ग्रंथों में भी स श और ख ष तुल्य माने जाते हैं—

तुल्यावत्र सशौ खषौ यदभिधा बह्वचोऽस्य नामान्तिमम्।

—मुहूर्त्तमार्तण्ड, ४, ५५

यों जायसी उस लिपि में लिखते थे जिसकी वर्णमाला निम्नलिखित है—

क ख ग घ ङ (न)
च छ ज झ ञ (न)

ट ठ ड ढ ण (न)

त थ द ध न

प फ ब भ म

य (ज) र ल व

श (स) ष (ख) स ह

सिंहलनगर की राजसभा का वर्णन करते हुए जायसी कहते हैं—

सबै गुनी औ पंडित ज्ञाता, संसकिरित सबक मुख बाता।

अर्थात् जायसी पढ़े-लिखों की बोलचाल की भाषा संस्कृत मानते थे, अरबी-फारसी नहीं; और नागरी लिपि में लिखते थे।

तुलसी को जायसी की देन

●●

पदमावत के पहले दोहा-चौपाई में आख्यान काव्य प्राकृत और अपभ्रंश में लिखे जाते थे। यह उन्हीं की परम्परा में अवध की जनभाषा में रचा गया है। इससे हिन्दी के प्रबन्ध-काव्यों की गणना में सर्वप्रथम न होते हुए भी श्रेष्ठों में सर्वप्रथम अवश्य है। इसके ३४ वर्ष पीछे संवत् १६३१ वैं० में तुलसी ने अपना रामचरिमानस इसी की शैली में रचा। उसमें यद्यपि दोहा-चौपाई के अतिरिक्त बहुत से अन्य छन्दों का भी प्रयोग हुआ है फिर भी इन दो छन्दों की प्रधानता और प्रचुरता है। अतः दोहा-चौपाई में 'मानस' से पूर्व इतना विशाल और प्रौढ काव्य रचने का श्रेय जायसी को मिलता है। आश्चर्य नहीं कि तुलसी को जैसे विविध छन्दों में विभिन्न काव्यों की रचना करने की प्रेरणा अपने पूर्ववर्ती अन्य कवियों से मिली हो वैसे ही पदमावत से मानस की शैली का सुझाव मिला हो। **'साखी सबदी दोहरा कहि किहनी उपखान'** के द्वारा गोस्वामीजी 'किहनी उपखान'-रचयिता सूफी कवियों की ओर संकेत तो करते ही हैं, आश्चर्य नहीं कि इससे उनका अभिप्राय जायसी से ही हो, जैसे 'साखी सबदी दोहरा' के द्वारा स्पष्ट ही कबीर का निर्देश है। और यह अनुमान भी सम्भव है सच निकले कि तुलसी ने पदमावत का अध्ययन किया था।

हमारे इस अनुमान के लिए कुछ आधार भी मिलता जान पड़ता है। मानस में कुछ ऐसी घटनाएँ और बातें वर्णित हैं जिनका मूल सूत्र पदमावत में हो सकता है। हीरामन से रतनसेन के सिंहल आने की बात सुन कर पदमावती ने कहा कि **'आव बसन्त कुसल जौं पावौं, पूजा मिस मंडप कहँ आवौं।'** वसन्त पंचमी आने पर वह किस प्रकार वहाँ गई और उसने कैसे महादेव की पूजा करके प्रार्थना की और क्या वरदान माँगा, वहाँ आकाशवाणी में क्या सुना तथा अन्त में राजा से कैसे मिली---ये सब बातें

जायसी ने बड़े ब्योरे के साथ कही हैं। उस प्रसंग को थोड़े में यहाँ संकलित करना युक्तियुक्त प्रतीत होता है—

दैउ दैउ कै सिसिर गँवाई, सिरी पंचमी पहुँची आई।
पदमावत सब सखी हँकारी, जावत सिंघलदीप कै बारी।

....

सबै सुरूप पदमिनी जाती, पान फूल सेंदूर सब राती।
करहिं किलोल सुरंग-रँगीली, औ चोवा चन्दन सब गीली।

....

चलीं पउनि सब गोहने फूल डारि लेइ हाथ।
बिस्वनाथ कै पूजा पदमावति के साथ॥

....

बाजहिं ढोल दुंदुभी भेरी, मादर तूर झाँझ चहुँ फेरी।

....

पदमावति गै दैव दुवारा, भीतर मँडप कीन्ह पैसारा।

....

फर फूलन्ह सब मँडप भरावा, चंदन अगर देव नहवावा।
लेइ सेंदुर आगै भै खरी, परसि देव पुनि पायन्ह परी।
और सहेली सबै बियाहीं, मो कहँ देव कतहुँ बर नाहीं।
हौं निरगुनि जेइ कीन्ह न सेवा, गुनि निरगुनि दाता तुम देवा।
बर सँजोग मोहि मेरवहु, कलस जाति हौ मानि।
जेहि दिन हींछा पूजै, बेगि चढ़ावहुँ आनि॥
हींछि हींछि बिनवा जस जानी, पुनि कर जोरि ठाढ़ि भई रानी।
उतरु को देइ देव मरि गएउ, सबद अकूट मँडप महँ भएऊ।

कुछ देर में

ततखन एक सखी बिहँसानी, कौतुक आइ न देखहु रानी।
पुरुब द्वार गढ़ जोगी छाए, न जनौ कौन देस ते आए।

उन्ह महं एक गुरु जौ कहावा, जनु गुर दै काहू बौरावा।
कुँवर बत्तीसौ लच्छन राता, दसएँ लछन कहै एक बाता।
जानौ आहि गोपिचन्द जोगी, की सो आहि भरथरी बियोगी।
वै पिंगला गए कजरी-आरन, ए सिंघल आए केहि कारन।
यह मूरति यह मुद्रा, हम न देख अवधूत।
जानौं होहि न जोगी, कोइ राजा कर पूत।

ओर तब

सुनि सो बात रानी रथ चढ़ी, कहँ अस जोगी देखौं मढ़ी।
लेइ सँग सखी कीन्ह तहँ फेरा,........................।

इसके अनन्तर उसे देखते ही राजा अचेत हो गया—

परा माति गोरख कर चेला,........................।

तब पदमावती ने उसे चेत में लाने के उपाय किये। जब उनमें सफल न हो सकी तब जोगी रतनसेन की छाती पर अपना सन्देह लिख कर चली गई—

मेलेसि चंदन मकु खिन जागा, अधिकौ सूत सीर तन लागा।
तब चंदन आखर हिय लिखे, भीख लेइ तुइ जोग न सिखे।

अब आप देखिये 'मानस' में जनक की फुलवारी का दृश्य। यहाँ राजा योगमार्ग द्वारा सिद्धिरूपिणी पदमावती के लिए शिव-मन्दिर में डेरा डाले था, तो वहाँ गुरु की पूजा के लिए राम अपने अनुज लक्ष्मण के साथ मालियों से पूछ कर वाटिका में फुल चुन रहे थे—

तेहि अवसर सीता तहँ आई, गिरिजा पूजन जननि पठाई।
संग सखीं सब सुभग सयानीं, गावहिं गीत मनोहर बानी।

पदमावती के साथ रूपवती सहेलियाँ थीं और बाजे बज रहे थे तो जानकी के साथ सुभग सखियाँ गीत गाती जा रही थीं। वहाँ पदमावती स्वतः महादेव को पूजने चली थी तो यहाँ सीता महादेव की अर्द्धांगिनी गिरिजा को पूजने अपनी माँ के द्वारा प्रेषित हो कर आई थीं। पदमावती ने महा-

देव को पूज कर अपने लिए खुल कर वरदान माँगते हुए कहा था कि मेरा वर-संयोग मिला दोगे तो तुम्हें कलश चढ़ाऊँगी। परन्तु जानकी मर्यादा की देवी ठहरीं। उन्होंने **'पति देवता सुतीय महँ···प्रथम'** गिरिजा की स्तुति कर के जी खोल कर कुछ नहीं कहा। इतना ही कहा कि **'मोर मनोरथु जानहु नीकें।'** उन्हें भी पति की चाह थी। स्वयंवर के पूर्व वह आगन्तुक राजाओं में अपने मन का पति ही तो चाह सकती थीं। उन्होंने स्पष्ट शब्दों में अपना अभिलाष प्रकट नहीं किया। सगुणोपासक तुलसी की गिरिजा-मूर्ति ने विनय और प्रेम के वश हो कर सीता को आशीर्वाद दिया—

सुनु सिय सत्य असीस हमारी, पूजिहि मन कामना तुम्हारी।
नारद बचन सदा सुचि साचा, सो बरु मिलहि जाहिं मनु रचा।

इसके पहले ही

एक सखी सिय संगु बिहाई, गई रही देखन फुलवाई।
तेहि दोउ बन्धु बिलोके जाई, प्रेम बिबस सीता पहिं आई।

उसने आ कर सीता से राम के सौन्दर्य का वर्णन किया। सीता उन्हें देखने के लिए उत्सुक हुईं। अन्य सखियों ने भी कहा कि **'अवसि देखिअहिं देखन जोगू।'** तब वे राम को देखने के लिए—
'चली अग्र करि प्रिय सखि सोई।'

संभव है यह योजना जायसी के सखी के द्वारा पदमावती के योगी के पास पहुँचने के उपर्युक्त सुझाव से ही तुलसी ने अपनाई हो।

और महादेव के मण्डप का अकूट शब्द ही तो कहीं उस 'मन्दिर माँझ भई नभवाणी' का प्रेरक नहीं है जो रामचरितमानस में कागभुशुण्डि को अपने पूर्वजन्म में उज्जैन के (महाकाल) शिव के मन्दिर में गुरु का अपमान करने पर सुनाई पड़ी?

पदसावत का एक और प्रसंग देखिये। चित्तौड़ पर घेरा डाले अलाउद्दीन पड़ा था। उधर रतनसेन नाचरंग में मग्न था—

तबहूँ राजा हिये न हारा, राज-पौरि पर रचा अखारा।
सोह साह कै बैठक जहाँ, समुहें नाच करावै तहाँ।

पातुरें नाच रही थीं, बाजे बजते थे, गुणीजन राग अलापते थे।

जहँवाँ सौंह साह कै दीठी, पातुरि फिरत दीन्हि तहँ पीठी।
देखत साह सिंघासन गूँजा, कब लगि मिरिग चाँद तोहि भूजा।

इस पर गढ़ के ऊपर बाण चलने लगे। कन्नौज के राजा जहाँगीर का बाण उस वेश्या की जाँघ में लगा। वह गिर पड़ी। और

उड़सा नाच नचनिया मारा, रहसे तुरुक बजाइ कै तारा।

इसी से मिलता जुलता दृश्य रामचरितमानस में अंकित है। रामचन्द्र पुल बना समुद्र पार कर ससैन्य सुवेल पर्वत के ऊपर शिविर बना कर आसीन थे। वे विभीषण से बोले—देखो दक्षिण दिशा में बादल घुमड़ते हैं, बिजली चमकती है, कहीं ओले तो न गिरेंगे।

कहत बिभीषन सुनहु कृपाला, होइ न तड़ित न बारिदमाला।
लंका सिखर उपर आगारा, तहँ दसकंधर देख अखारा।
छत्र मेघडंबर सिर धारी, सोइ जनु जलद घटा अति कारी।
मन्दोदरी श्रवन ताटंका, सोइ प्रभू जनु दामिनी दमंका।
बाजहिं ताल मृदंग अनूपा, सोइ रव मधुर सुनहु सुर भूपा।

यह सुन रामचन्द्र ने रावण का गर्व चूर्ण करने के लिए '**चाप चढ़ाइ बान संधाना**' और

छत्र मुकुट ताटंक तब हते एकहीं बान।
सबकें देखत महि परे मरमु न कोऊ जान॥

तब रावण की सभा में रसभंग उपस्थित हुआ।

अब आप स्वयं देखिये कि क्या इन दोनों अखाड़ों में विचित्र सादृश्य नहीं है? क्या जायसी ने तुलसी को इस प्रसंग की उद्भावना करने की सूझ नहीं दी? हमारे देखने में तो संस्कृत-रामायणों में ये प्रसंग इस रूप में नहीं आये और हम इन्हें तुलसी की मौलिक सूझ ही मानते थे।

परन्तु क्या यह संभव नहीं कि जायसी की उपर्युक्त प्रसंगों की उद्भावना उस कवि के लिए पथ-प्रदर्शक रही हो जिसकी अमर रचना रामचरित-मानस के सामने जायसी की पदमावत को लोग भूल ही गये।

पदमावती के विवाह के समय जिस रंगमहल की रचना हुई थी उसमें खंभों में गढ़ कर बनाई पुतलियों का वर्णन जायसी ने विस्तार से किया है—

पुतरी गढ़ि गढ़ि खंभन काढ़ी, जनु सजीव सेवा सब ठाढ़ी।
कोइ हाथ चंदन कै खोरी, कोइ सेंदुर कोइ गहे सिधोरी।
कोई कुहँकुहँ केसर लिये रहै, लावै अंग रहसि जनु चहै।
कान्हू लिहे कुमकुमा चोवा, धनि कब चहै ठाढ़ि मुख जोवा।
कोई बीरा कोई लीन्हे बीरी, कोइ परिमल अति सुगंध समीरी।
कहु हाथ कस्तूरी मेदू, कोइ किछु लिहे लागु तस भेदू।

जब तुलसी के मानस में गुणियों के द्वारा निर्मित वितान में मणियों के फूल पत्तों बेलों आदि के अतिरिक्त खंभों में बनी देवताओं की प्रतिमाएँ देखिये जो हाथ में मंगल द्रव्य लिए हुए खड़ी की गई थीं।

सुर प्रतिमा खंभन गढ़ि काढ़ीं, मंगल द्रव्य लिएँ सब ठाढ़ीं।

जायसी ने विलास-भवन के उपयुक्त वस्तुएँ पुतलियों के हाथ में रखवाई थीं। यहाँ तुलसी ने विवाह के समय अपेक्षित मांगलिक द्रव्य हाथ में लिये देव-विग्रहों की पच्चीकारी तैयार करवाई।

यदि इन उद्धरणों से जायसी को तुलसी के प्रेरक मानने में किसी को हिचकिचाहट हो तो उसे यह मानने में तो संकोच न करना चाहिये कि जिन प्रसंगों की सृष्टि तुलसी ने रामचरितमानस में की थी उनसे अत्यन्त मिलते-जुलते प्रकरण उनके पहले जायसी पदमावत में कह गये थे।

पदमावत में कुछ खटकनेवाली बातें

• •

तुलसी के रामचरितमानस में कथा-प्रबन्ध की बड़ी भारी विशेषता यह है कि उसमें कोई प्रसंग अवसर उपस्थित होने पर दोहराया नहीं गया। केवल संकेत के द्वारा सूचित करके कथानक का प्रवाह आगे बढ़ाया गया। हनुमान द्वारा परिचय पूछे जाने पर रामचन्द्र ने अपनी सारी कथा तीन अर्द्धालियों में कह सुनाई—हम कोसलेश दशरथ के पुत्र हैं, पिता के वचन मान कर वन आये हैं। राम-लक्ष्मण हमारा नाम है। हमारे साथ सुकुमारी नारी थी। उसे यहाँ राक्षस हर ले गये। हम उसे ही खोजते फिरते हैं। और जब सीताजी से अशोकवाटिका में हनुमान ने अपने को राम का दूत कह कर शपथ खाई और कहा कि यह मुद्रिका मैं लाया हूँ, रामचन्द्र ने तुम्हें सहिदानी (मेरी पहिचान के लिए चिह्न रूप में) दी है तब सीता ने पूछा **'नर बानरहि संग कहु कैसे'** और जिसके उत्तर में वालमीकि ने पुनरुक्ति से बचने के लिए केवल इतना कहा कि हनुमान ने **'कही कथा भइ संगति जैसे'**।

परन्तु तुलसी के पूर्ववर्ती अवधी के इस श्रेष्ठ कवि ने तो अनेक उक्तियाँ और वर्णन ही नहीं, पूरे विवरण तक दोहराने में आनाकानी न की। पदमावती के शिख से नख पर्यन्त सौन्दर्य का निरूपण पदमावत में दो बार हुआ है। प्रयुक्त उपमानों और कल्पनाओं में उन दोनों में कहीं थोड़ा बहुत भेद भले ही हो परन्तु वैसे पूरा सादृश्य है; बात भी वही और उसके कहने का ढंग भी वही, तथा शब्द भी प्रायः वही। उसके जिन जिन अवयवों का वर्णन हीरामन ने रतनसेन को जिस ढंग से सुनाया था राघवचेतन ने अलाउद्दीन को उसी क्रम से उनका परिचय दिया। दोनों वर्णनों में प्रयुक्त उत्प्रेक्षाएँ और अन्य अलंकारोक्तियाँ प्रायः

एक सी हैं। उदाहरण के लिए दो चार स्थलों के कुछ अंश देखिये। हीरामन ने पदमावती की वेणी के विषय में कहा—

बेनी छोरि सार जौं बारा, सरग पतार होइ अँधियारा।
कोंवल कुटिल केस नग कारे, लहरन्हि भरे भुअँग बैसारे।
बेधै जनौं मलयगिरि बासा, सीस चढ़े लोटहिं चहुँ पासा।

यही बात, इन्हीं शब्दों में राघव ने भी कही—

बेनी छोरि छार जौ केसा, रैन होइ जग दीपक लेसा।
सिर हुँत बिसहर परे भुइँ बारा, सगरी देस भएउ अँधियारा।
सकपकाहिं विषभरे पसारे, लहरि-भरे लहकहिं अति कारे।
जानहुँ लोटहिं चढ़े भुअंगा, बेधे बास मलयगिरि-अंगा।

नीचे उन दोनों के किये पदमावती कुछ अन्य अंगों के वर्णन उद्घृत किये जाते हैं, जिनका साम्य स्वतः स्पष्ट है—

हीरामन—

भौंहैं स्याम धनुक जनु ताना, जा सहुँ हेर मार विष बाना

राघव—भौंहैं स्याम धनुक जनु चढ़ा……
जा सहुँ हेर जाइ सो मारा……

हीरामन—

अधर सुरंग अभी रस भरे, बिंब सुरंग लाजि बन फरे।

राघव—

अधर सुरंग पान अस खीने, राते रंग अमिय रस भीने।

हीरामन—

कुंदै फेरि जानु गिउ काढ़ी, हरी पुछार ठगी जनु ठाढ़ी।

राघव—

गीउ मयूर केरि जस ठाढ़ी, कुंहै फेरि कुंदेरै काढ़ी।

इसी प्रकार कुछ अन्य स्थलों में एक ही बात अनेक बार कही गई है। वियोग के कारण हृदय के विदीर्ण होने का बड़ा ही मार्मिक और

प्रभावशाली रूप जायसी ने इस रूपक के द्वारा प्रस्तुत किया है। नागमती कहती है—

सरवर हिया घटत निति जाई, टूक टूक होइ कै बिहराई।
बिहरत हिया करहु पिउ टेका, दीठि दवँगरा मेरवहु एका।

रतनसेन के बन्दी हो जाने पर पदमावती ने भी विलाप करते समय इसी रूपक बा प्रयोग यों किया—

नीर गँभीर कहाँ हो पिया, तुम्ह बिनु फाटै सरवर हिया।

जायसी का इस प्रकार किसी वर्णन को, विशेष कर उपमानों को, दोहराना खटकता अवश्य है; परन्तु संस्कृत के कवि भी ऐसा करते रहे है। पहले महाभारत को ले लीजिए—

त्रिगर्तराज सुशर्मा ने विराट की गौओं का हरण किया। विराट सारी सेना ले कर उससे युद्ध करने गये। विराट के ससैन्य सुशर्मा के पीछे चले जाने पर कौरवों ने शेष गौओं का हरण किया। उस समय विराट का कनिष्ठ पुत्र उत्तर अकेला राजधानी में रह गया था। वह बृहन्नला को सारथि बना कर कौरवों से युद्ध करने चला। कौरव-सेना को देखते ही उसके छक्के छूट गये और वह भाग खड़ा हुआ। बृहन्नला द्वारा पकड़ा जाने पर वह उसका सारथि बनने को राजी हुआ। अर्जुन ने वेश-परिवर्तन कर गांडीव की टंकार की जिसे सुन कर कौरव-सेना में खलबली मच गई। वह सेना विराट की गौएँ चुराने आई थी अर्जुन से युद्ध करने नहीं आई थी। कौरव-सेना में वाद-विवाद आरंभ हो गया। कर्ण बोला—

यद्येष राजा मत्स्यानां यदि बीभत्सुरागतः।
अहमावारयिष्यामि वेलेव मकरालयम्॥ ४, ४८, २॥

ठीक यही बात भीष्म ने भी कही—

मत्स्यं वा पुनरायातमागतं वा शतक्रतुम्।
अहमावारयिष्यामि वेलेव मकरालयम्॥ ४, ५२, १६॥

उसी युद्ध में द्रोण और अर्जुन के युद्ध के वर्णन में

युद्धं समभवत् तत्र सुसंरब्धं महात्मनोः ।
द्रोणपाण्डवयोर्घोरं वृत्रवासवयोरिव ॥ ४, ५८, ४४ ॥

द्रोण के हार कर भाग जाने पर उनका पुत्र अश्वत्थामा अर्जुन के सामने आ डटा । तब कहा गया

तयोर्देवासुरसमः संनिपातो महानभूत् ।
किरतोः शरजालानि वृत्रवासवयोरिव ॥ ४, ५९, २ ॥

यों महाभारत में उपमाएँ बीसियों स्थानों पर दोहराई गई हैं । यह तो हुई साधारण अलंकारों की बात । अब ज़रा बड़े वर्णनों को देखिए । अज्ञातवास समाप्त कर पांडव राजसी वस्त्रालंकार पहन कर विराट की राजसभा में जा कर सिंहासनों पर बैठ गये । विराट के आने पर पहले अर्जुन ने सब का परिचय दिया; उसके बाद उत्तर ने पांडवों का परिचय इस प्रकार दिया—

य एष जाम्बूनदशुद्धगौरस्तनुर्महासिंह इव प्रवृद्धः ।
प्रचण्डघोणः पृथुदीर्घनेत्रस्ताम्रायताक्षः कुरुराज एषः ॥
अयं पुनर्मत्तगजेंद्रगामी प्रतप्तचामीकरशुद्धगौरः ।
पृथ्वायतांसो गुरुदीर्घबाहुर्वृकोदरः पश्यत पश्यतैनम् ।,
यस्त्वेष पार्श्वेऽस्य महाधनुष्मान् श्यामो युवा वारणयूथपोपमः ।
सिंहोन्नतांसो गजराजगामी पद्मायताक्षोऽर्जुन एष वीरः ॥
राज्ञः समीपे पुरुषोत्तमौ तु यमाविमौ विष्णुमहेन्द्रकल्पौ ।
मनुष्यलोके सकले समोऽस्ति ययोर्न रूपे न बले न शीले ॥
आभ्यां तु पार्श्वे कनकोत्तमाङ्गी यैषा मूर्तिमतीव गौरी ।
नीलोत्पलाभा सुरदेवतेव कृष्णा स्थिता मूर्तिमतीव लक्ष्मीः ॥
—४, ७१, ३१-१७ ॥

आश्रमवासिका पर्व में पांडव धृतराष्ट्र से मिलने गये । तब धृतराष्ट्र-आश्रमनिवासी मुनियों को पांडवों का परिचय संजय ने निम्नलिखित

छोटे छोटे परिवर्तनों के साथ ठीक इन्हीं श्लोकों से दिया। वे परिवर्तन हैं—

१. दूसरे श्लोक में भीमसेन को 'गुरुदीर्घबाहुः' के स्थान पर 'पृथुदीर्घबाहुः' कहा।

२. तीसरे श्लोक में अर्जुन को 'वारणयूथपोयमः' के स्थान पर 'वारणयूथपाभः' और 'गजराजगामी' के स्थान पर 'गजखेलगामी' कहा।

३. चौथे श्लोक में नकुल सहदेव को 'राज्ञः समीपे' न कह कर 'कुन्तीसमीपे' कहा।

४. पाँचवें श्लोक का पूर्वार्ध यों बदल दिया—

इयं पुनः पद्मदलायताक्षी मध्यं वयः किंचिदिव स्पृशन्ती।

—१५, २५, ५-६ ॥

महाकवि कालिदास ने कुमारसंभव में शंकर के विवाह के लिए हिमालय की राजधानी पहुँचने पर और रघुवंश में अज के विवाहोपरान्त विदर्भ-राजधानी में प्रवेश करने पर वर को देखने के लिए पुर-सुन्दरियों की चेष्टाओं का वर्णन किया है। इस संबंध के रघुवंश के सातवें सर्ग के छठे से ग्यारहवें तक छह श्लोक बिलकुल वही हैं जो कुमारसंभव के सातवें सर्ग के ५७ से ६२ तक के छह श्लोक। अर्थात् शंकर को देखने के लिए हिमालय की पुर-सुन्दरियों ने जो चेष्टाएँ की थीं, अज को देखने के लिए विदर्भ की पुर-सुन्दरियों ने ठीक वही चेष्टाएँ कीं और कालिदास ने ठीक उन्हीं शब्दों में दोनों का वर्णन किया।

पदमावत में कुछ ऐसे विस्तृत वर्णन आते हैं जो कथा-प्रसंग में केवल अनावश्यक विस्तार और भरती के कहे जा सकते हैं। जैसे, रतनसेन सिंहल से बिदा होते समय यात्रा-विचार के विस्तृत वर्णन में फलित ज्योतिष के अनुसार दिक्-शूल और उसके निवारण के सम्बन्ध की बातों के अतिरिक्त, तिथि, लग्न, राशि, नक्षत्र आदि के लम्बे चौड़े व्योरे का समावेश कवि ने केवल अपनी विज्ञता जनाने के लिए किया है। इसी

प्रकार हस्तिनी, शंखिनी, चित्रिणी और पद्मिनी नारियों के विबरण से इतना ही तो जाना जाता है कि जायसी उनके भेदोपभेद से परिचित थे। अलाउद्दीन के भोज के लिए रतनसेन ने जो नाना प्रकार के भोजन बनवायें थे पदमावत में उनका बहुत ही विस्तृत वर्णन है। जायसी कोरे फकींर न थें, पाकशास्त्र के ज्ञाता थे; संभवत: विविध व्यंजनों के प्रस्तुत कर सकने में भी प्रवीण थे; यही तो उनके इस ब्योरे से सूचित होता है। ऐसे हो घोड़ों तलवारों आदि की लंबी सूची प्रस्तुत करके जायसी ने अपनी जानकारी ही प्रकट की है। परन्तु यह सब अरोचक वर्णन हैं। पदमावत प्रेम-काव्य है, विविध प्रकार की जानकारी को पोथी नहीं।

पदमावत में निरर्थक और प्रसंग से बाहर के वाद-विवाद भी बहुधा रस-भंग में सहायक हुए हैं। पदमावती और नागमती एक दूसरे के प्रति क्रुद्ध थीं सौतिया डाह के कारण। जब उनमें लड़ाई-झगड़ा हुआ तब पदमावती फुलवारी के विविध पेड़-पौधों और फूलों के नाम ले कर श्लेष के द्वारा उसकी निन्दा करने लगी। मुद्रा अलंकार के इन बहुत ही विस्तृत प्रयोग को पढ़ते समय जी ऊब जाता है। इसी प्रकार राजा रतनसेन जब सिंहल में विवाह के अवसर पर भोजन करने बैठा तब सब कुछ परोसा जा चुकने पर भी चुप बैठा रहा। उसे भोजन करने से विरत देख जब ऐसा करने का कारण पूछा गया तब पता चला कि बीन नहीं बजी, इसी से राजा भोजन नहीं करता। पंडितों ने उससे भोजन करने का अनुरोध किया। बस फिर क्या था—नाद और वेद की सापेक्ष श्रेष्ठता के सम्बन्ध में शास्त्रार्थ छिड़ गया। पंडित वेद के समर्थक थे और राजा नाद का। बड़ी देर तक यह ची-चों होती रही। तब तक ज्योनार रुकी रही। ज्योनार भले ही रुकी रहे, लोग सामने परोसा भोजन भले ही न कर पायें, परन्तु वेदमार्ग से योग-मार्ग की श्रेष्ठता प्रतिपादित करने का अवसर हाथ लग जाने पर कैसे छोड़ा जाय !

यह तो हुई पदमावत में वर्णित काव्य के रसास्वादन में बाधा पहुँचाने

वाले कुछ प्रसंगों की बात। अब दो एक ऐसी त्रुटियों को देखते चलिये जो कवि की असावधानता सूचित करती हैं। जिस समय रतनसेन योगी हो कर सिंहल के लिए निकला था उस समय उसके साथ सोलह सहस्त्र राजकुमार भी योगी हो कर चल पड़े—"**राय रान सब भए बियोगी, सोरह सहस कुँवर भए जोगी**', और '**सोरह सहस कुँवर भए चेला**'; परन्तु जब राजा सिंहलद्वीप पहुँच कर महादेव के मंदिर में डेरा लगाता है तब ये '**सोरह सहस कुँवर**' '**तीस सहस**' हो जाते हैं—'**राजा बाउर बिरह-बियोगी, चेला सहस तीस संग जोगी। पदमावति के दरसन आसा, दडवत कीन्ह मँडप चहुँ पासा।**'

राजा गजपति से रतनसेन ने कहा था कि बीच में '**सात समुद्र असूझ अपारा**' होने से सिंहलद्वीप वही पहुँचा सकता है जो अपने प्राण हथेली में लिये हो। उसने फिर उन सात समुद्रों के नाम गिनाये जिन्हें पार कर के वहाँ पहुँचना बड़े बूते का काम है। उसने कहा—

खार, खीर, दधि, जल उदधि, सुर, किलकिला अकूत।
को चढ़ि नाँघै समुद ए, है काकर अस बूत॥

इसमें सातवें समुद्र मानसर का नाम देना कवि भूल गये हैं, परन्तु उसका वर्णन किया है।

जायसी से एक भूल ऐसी हुई जान पड़ती है जो उनके जैसे जानकार से न होनी चाहिये थी। हीरामन ने रतनसेन से पदमावती के नख-शिख का वर्णन कर के अन्त में उसके चरणों के विषय में कहा कि—

अनवट बिछिया नखन तराईं, पहुँच सकै को पायँन ताईं।

अँगूठे में पहने जाने वाला छल्ला अनवट (औंठा) और अँगुलियों के छल्ले बिछिया विवाह के बाद ही नारी पहनती है। ये आभूषण सधवा के हैं। कुमारी पदमावती के अंगूठे और अंगुलियों में नक्षत्र और तारे बन कर कैसे चमके होंगे?

प्रकृति-निरोक्षण की छोटी सी भूल देखिये। 'राजा रतनसेन सती खंड' में कहा गया है—'**कहाँ सो देस दरस जेहि लाहा, जौ सुबसंत**

करीलहि कहा।' ऐसा मालूम होता है कि जायसी ने करीर का जंगल कभी देखा न होगा। यदि देखा होता तो यह अर्धाली न लिखते और **'औ मजीठ टेसू बन राता'** के स्थान पर शायद 'और करीर टेसू बन राता' लिखते। टेसू के वन को देख कर मुग्ध होने वाला कवि वसंत में 'बाटें'[१] से लाल हुई करीर की झाड़ियों को देख कर मुग्ध हुए बिना न रहता। जायसी ने जहाँ तहाँ संस्कृत-कवियों का अनुसरण किया है। हो सकता है यह भूल संस्कृत के इस प्रसिद्ध भ्रामक वाक्य के कारण हुई हो—

पत्रं नैव यदा करीरविटपे दोषो वसन्तस्य किम्।

जिस कवि ने यह चरण रचा होगा उसे करीर से तो परिचय होगा ही नहीं, शायद यह ध्यान भी न रहा हो कि वसन्त का नाम 'कुसुमाकर' है, उसका काम पतझड़ में ठूँठ हुए वृक्षों को फूल देना है, पत्ते देना नहीं। पलाश की पत्रहीन डालों को वसन्त फूल ही देता है; पत्ते नहीं। पत्ते तो उसे ग्रीष्म की कृपा से प्राप्त होते हैं।

फूलों फलों और वृक्षों का देश-काल-विरुद्ध वर्णन तो संस्कृत और हिन्दी-काव्य की विशिष्टता है। जायसी भी उसका पालन करने में चूके नहीं। उन्होंने वसन्त के फूलों में केवड़ा, चंपा, चमेली, सिंगारहार, कदम सब गिनवा दिये हैं। देशकाल के अनुसार वृक्षों का ठीक ठीक और बिलकुल सच्चा वर्णन तो शायद वाल्मीकि कालिदास और हर्ष इन तीन ही ने किया है। कालिदास के इस विषय के वर्णन कितने सच्चे हैं यह निम्न-

---

१. जैसे पलाश के फूल को 'टेसू' कहते हैं ऐसे ही करीर के फूल को 'बाटा' कहते हैं। पलाश के फूल तने के ऊपर शाखाओं पर लगते हैं। करीर की झाड़ियाँ पृथ्वी पर फैली होती हैं। बाटे का रंग गहरा लाल होता है। करीर में पलाश से बहुत अधिक फूल आते हैं। जब समूची झाड़ी बाटे से लद जाती है तो ऐसा मामूम होता है मानो पृथ्वी पर थोड़ी-थोड़ी दूर पर बहुत बड़े बड़े लाल लाल गुलदस्ते रक्खे हों या जहाँ तहाँ दहकते अंगारों के बड़े बड़े ढेर पड़े हों।

लिखित विवरण से स्पष्ट हो जायगा—कंबोज देश की शनाख्त पर डा० रायचौधरो और श्रीजयचन्द्र विद्यालंकार में मतभेद है। डा० रायचौधरी राजौरी के इलाके (अभिसार देश, कश्मीर के दक्षिण में) को कंबोज कहते हैं और जयचन्द्र विद्यालंकार पामीर-बदख्शाँ को। विद्यालंकारजी ने अपने पक्ष की स्थापना में जो तर्क दिये उनमें एक यह भी था कि कालिदास ने कंबोज में रघु के हाथी अखरोट के पेड़ों से बँधवाये हैं। कश्मीर के दक्षिण में अखरोट के पेड़ नहीं होते इसलिए राजौरी प्रदेश कंबोज नहीं हो सकता।

कालिदास के परवर्ती संस्कृत-कवियों (रत्नावली के रचयिता हर्ष अपवाद हैं) और हिंदी के प्राय: सभी कवियों ने वृक्षों फलों और फूलों का वर्णन करते समय देश और काल का ध्यान नहीं रखा।

बाण भट्ट ने हेमकूट में कादम्बरी से चन्द्रपीड को पान दिलवाया था, यह भूल कर कि हिमालय में पान नहीं उपजता।

श्रीहर्ष के नैषधमहाकाव्य में नल ने उद्यान में जाने पर निम्नलिखित फूल-फल देखे—केतकी, पलाश, चम्पक-कलिका, आम्रमंजरी, पके हुए बिल्वफल...। आम में मंजरी और पलाश में फूल वसन्तारंभ में आते हैं, बेल फल ग्रीष्म में पकते हैं और केतकी और चम्पक वर्षा में फूलते हैं। परन्तु नल ने इन विभिन्न ऋतुओं के फूलों-फलों को एक साथ देख लिया।

पृथ्वीराजरासो में पृथ्वीराज वसंतऋतु में इंछिनी से विदा लेने जाता है तो वह वसंत-वर्णन करती है—**'मबरी अंब फुल्लिग कदंब...'**। अब या तो कवि ने अंब और कदंब का अनुप्रास मिलाने के उद्देश्य से यह बात कही हो, या शायद उस समय कदंब वसंतारंभ में आम के साथ फूलता रहा होगा; मेरे घर के फाटक पर लगा कदंब तो तभी फूलता है जब भादों में गंगा-यमुना का पानी खतरे की रेखा को लाँघ जाता है।

कालिदास ने शिव पर आक्रमण करने को आये कामदेव को नमेरु की संसक्त शाखाओं में छिपाया था, तो भी तुलसीदास ने स्कन्दपुराण के आधार पर काम को सौरभ-पल्लवों में बैठाया—उन्हें यह ध्यान तो रहा कि कामदेव के पाँच बाणों में आम्रमंजरी भी एक है, परन्तु यह

जानने की परवाह उन्होंने नहीं की कि कैलाश पर आम का पेड़ होता है या हो भी सकता है या नहीं।

कागभुशुंडि के आश्रम का वर्णन तुलसीदास ने इस प्रकार किया है।

गिरि सुमेर उत्तर दिसि पूरी, नील सैल एक सुन्दर भूरी।
तासु कनकमय सिखर सुहाए, चारि चारु मोरे मन भाए।
तिन्ह पर एक एक बिटप बिसाला, बट पीपर पाकरी रसाला।
तेहिं गिरि रुचिर बसइ खग सोई, तासु नास कल्पांत न होई।
पीपर तरु तर ध्यान सो धरई, जाप जाय पाकरि तर करई।

बाबा ने अयोध्या और काशी में जो वृक्ष देखे थे, भुशुंडिरामायण के आधार पर हिमालय के ऊँचे शिखरों पर कागभुशुंडि के आश्रम में वही वृक्ष उगा दिये !

और बीसवीं शताब्दी में 'प्रसाद' ने 'हिमगिरि के उत्तुंग शिखर पर' महावट से मनु की नौका बँधवाई ! पन्त ने वसन्त में बेला और चम्पा के फूल खिला दिये !

जायसी ने भी इसी परंपरा का पालन किया; कालिदास का सा पर्यटन अन्वीक्षण और तज्जन्य मौलिकता उनमें न थी।

जायसी के प्रबन्ध में सबसे अधिक खटकने वाली बात यह है कि जब अलाउद्दीन की सेना के चित्तौड़ की ओर प्रयाण की सूचना राजा रतनसेन को दूतों से मिली तब

सुनि राजा दौराई पाती, हिन्दू नाँव कहाँ लगि जाती।
चितउर हिन्दुन कर अस्थाना, सत्रु तुरुक हठि कीन्ह पयाना।
आव समुद्र रहै नहिं बाँधा, मैं होइ मेड़ भार सिर काँधा।
पुरवहु साथ तुम्हारि बड़ाई, नाहिं त सत को पार छड़ाई।
जौ लहि मेड़ रहै सुख साखा, टूटे बारि जाइ नहिं राखा।

परन्तु यह 'पाती' रतनसेन के सबसे निकट आत्मीय चक्रवर्ती राजा गंधर्वसेन के पास नहीं भेजी जाती। आठ वर्ष तक घिरा रहने पर भी राजा रतनसेन और सब हिन्दू राजाओं से सहायता माँगता है पर गंधर्व-

सेन से सहायता नहीं माँगता। चित्तौड़ के व्यापारी प्रतिवर्ष सिंहल जाते थे, वे सूचना पहुँचा सकते थे, या हीरामन ही चित्तौड़ के घेरे की खबर पहुँचा सकता था। परन्तु जोगी रतनसेन की शनाख्त के बाद जायसी को हीरामन की आवश्यकता न रही थी, वह काव्य से लुप्त हो जाता है।

इसी प्रकार का एक और भी प्रबंध-दोष है। जब भाट (महादेव) ने ज़ोगी रतनसेन को चित्तौड़ का राजा बताया और कहा

हीरामन जो तुम्हार परेवा, गा चितउर औ कीन्हेसि सेवा।
तेहि बोलाइ पूछहु वह देसू, दहुँ जोगी की तहाँ नरेसू।
हमरे कहत न जौं तुम्ह मानहु, जो वह कहै सोइ परवाँनहु।

राजे जब हीरामन सुना, गएउ रोस हिरदय महुँ गुना।
अज्ञा भई बोलावहु सोई, पंडित हुतें धोख नहि होई।
एकहि कहत सहस्रक धाए, हीरामनहि बेगि लेइ आए।
खोला आगे आनि मंजूसा, मिला निकसि बहु दिन कर रूखा।
अस्तुति करत मिला बहु भाँती, राजै सुना हिये भइ साँती।

परन्तु हीरामन तो रतनसेन और पदमावती के पत्र एक दूसरे के पास पहुँचा रहा था, वह मंजूषा (पिंजरे) में बन्द न था। असावधानतावश जायसी 'खोला आगे आनि मंजूसा' कह गये। और इसके आधार पर डा० माताप्रसाद गुप्त ने 'रतनसेन सूली खंड' के कुछ छन्दों को प्रक्षिप्त माना है। जिन छंदों के प्रक्षिप्त होने के अन्य प्रमाण भी हों उन्हें भले ही प्रक्षिप्त माना जाय। परन्तु यदि केवल इस तर्क पर कि हीरामन को मंजूषा में से गंधर्वसेन के सामने निकाला गया इसलिए इससे पहले जिन छंदों में उसके मंजूषा से बाहर होने का उल्लेख है उन्हें प्रक्षिप्त माना जायगा तो 'गंधर्वसेन मंत्री खंड' के अधिकांश भाग को प्रक्षिप्त मानना पड़ेगा। यह जायसी की चूक मात्र है और कुछ नहीं।

परन्तु इन दोषों के कारण पदमावत के सरस कथा-प्रवाह में विशेष बाधा सहीं पड़ती।

पदमावत से उपलब्ध कुछ विशेष जानकारी

● ●

पदमावत में राजा रतनसेन और बादशाह अलाउद्दीन में मेल हो जाने पर बादशाह ने कहला भेजा कि कल मैं चित्तौड़ गढ़ देखने आऊँगा। इस पर राजा ने बादशाह के स्वागत की तैयारी की, उसके भोजन का प्रचुर आयोजन किया।

भा आयसु अस राज कर बेगहि करहु रसोइ।
ऐस सुरस रस मेरवहु जेहि सौं प्रीति रस होइ॥

आज सामान्यतः हिन्दू मुसलमान के साथ खाना नहीं खाता, जो खाता भी है वह व्यक्ति के रूप में, सामाजिक चलन के रूप में नहीं। परन्तु जायसी के वर्णन में हम ऐसी बात नहीं पाते। उलटे राजा रसोई में प्रीति रस मिलाने का आदेश देता है। दूसरे दिन बादशाह गढ़ में आता है। उसके साथ सरजा और राघवचेतन भी है। राजा बादशाह का गढ़ के फाटक पर स्वागत कर उसे अपने साथ राजमहल में लाता है। गोरा-बादल रूठ कर अपने घर चले जाते हैं, परन्तु अन्य सब सरदार राजा के साथ हैं। फिर शाह खाने बैठना है। राजा की चौरासी दासियाँ खाना परोसती हैं।

सेव करैं दासी चहुँ पासा, अछरी मनहुँ इंद्र कविलासा।
कोउ परात कोउ लोटा लाई, साह सभा सब हाँथ धोवाई।

शाह के और सारी सभा के हाथ धुलाये जाते हैं। फिर

भइ जेवनार फिरा खँडवानी, फिरा अरगजा कुँहकुँह पानी।
नग अमोल जो थारहि भरे, राजै सेव आनि कै धरे।

और पहले अधीनता मानने की जो प्रार्थना उसने दूतों द्वारा की थी अब वह स्वयं उपस्थित की—

बिनती कीन्ह घालि गिउ पागा, ए जगसूर सीउ मोहि लागा।
ऐगुन-भरा कांप यह जीऊ, जहाँ भानु तहँ रहै न सीऊ।
चारिउ खंड भानु अस तपा, जेहि के दिस्टि रैनि-मसि छपा।
औ भानुहि निरमल कला, दरस जो पावै सो निरमला।
कँवल भानु देखे पै हँसा, औ भा तेहु चाहि परगसा।
रतन साम हौं रैनि-मसि, ए रवि तिमिर संधार।
करु सो कृपा-दिस्टि अब, दिवस देहि उजियार।
सुनि बिनती बिहँसा सुलतानू, सहसौ करा दिया जस भानू।
ए राजा तुइ साँच जुड़ावा, भइ सुदिस्टि अब सीउ छुड़ावा।
भानु क सेवा जो कर जीऊ, तेहि मसि कहाँ कहाँ तेहि सीऊ।
खाहु देस आपन करि सेवा, और देऊँ माँडौ तेहि देवा।
ली-पखान पुरुष कर बोला, धुव सूमेरु ऊपर नहिं डोला।
फरि पसाउ दीन्ह नग सूरू, लाभ देखाइ लीन्ह चह मूरू।
हँसि हँसि बोलै टेकै काँधा, प्रीति भुलाइ चहै छल बाँधा।
माया-बोल बहुत कै, साह पान हँसि दीन्ह।
पहिले रतन हाथ कै, चहै पदारथ लीन्ह॥
मया सूर परसन भा राजा, साहि खेल सतरँज कर साजा।
राजा है जौ लगि सिर घामू, हम तुम घरिक करहिं बिसरामू।

शाह राजा को पान देता है, फिर कहता कि जब तक धूप है जरा विश्राम कर लें और दोनों शतरंज खेलने बैठ जाते हैं। राजा लगातार शाह के साथ है, उसने शाह के हाथ से पान तो खाया ही है, खाना भी साथ ही बैठ कर खाया होगा। शाह के साथ केवल सरजा और राघव-चेतन आये हैं, राजा के साथ उसके दरबारी भी खाने बैठे होंगे, शिष्टाचार के खयाल से भी और चौरासी दासियाँ परोसने को चुनी गईं तो खाने वाले पन्द्रह बीस तो होंगे ही। यहाँ हम हिन्दू-मुसलमान को एक साथ बैठ कर खाना खाते देखते हैं।

जायसी से लगभग एक शताब्दी पहले के इतिहास-लेखक जोनराज एक कदम आगे बढ़े हुए हैं। जायसी कथाकार थे, जोनराज इतिहास-लेखक। दूसरी राजतरंगिणी में कश्मीर के सुलतान दिग्विजयी शहाबुद्दीन के प्रशासन का आख्यान जोनराज ने यों शुरू किया है—

मन्दराजकथाख्यानाज्जाड्यं मद्वाचि संस्तुतम्।
तीक्ष्णप्रतापशाहाबदीनाख्याद्विनश्यतु ॥ ४१४ ॥
राज्ञि शाहाबदीनेऽथ स्मरणं क्षितिरत्यजत्।
ललितादित्यसंपत्तिविपत्ति-सुख-दुःखयोः ॥ ४१५ ॥
श्रीमान् शाहाबदीनोथ प्राज्यं साम्राज्यमग्रहीत्।
येन राजन्वती भूर्व्योमहसत्तशोभिषात् ॥ ४१६ ॥

इन श्लोकों का श्रीजयचन्द्र विद्यालंकार ने यह अर्थ किया है—

"मन्द राजाओं की कथा कहने से मेरी वाणी में जडता आ गई है, तीक्ष्ण-प्रताप शहाबुद्दीन के आख्यान से वह नष्ट हो जाय। राजा शाहाबदीन के समय (इस) भूमि ने ललितादित्य (के समय) की संपत्ति विपत्ति और सुख दुःख का स्मरण (कर तरसना) छोड़ दिया। श्रीमान् शाहाबदीन ने भरपूर साम्राज्य को हाथ में लिया, तब राजन्वती (अच्छे राजा वाली) भूमि अन्तरिक्ष पर हँसने लगी—वह हँसी उस (राजा) का यश था।"[१]

यह तीक्ष्ण-प्रताप शहाबुद्दीन जब युवराज था तब उसका नाम शीराशामक था शिरःशाटक था।

राजपुत्रः स वाक्पुष्टाटवीं लीलारसादटन्।
योगिनीचक्रमद्राक्षीत् कदाचिद्गिरिगह्वरे ॥ ३८३ ॥
उदयश्रीस्तथा चन्द्रडामरश्चास्य वल्लभौ।

---

१. भारतीय इतिहास की मीमांसा पृ० ४४२।

....

इति तेऽश्वादवारोहन्..............................॥ ३९७ ॥
शनैः शनैस्ततो यान्तो मौनपूर्वं महाशयाः ।
योगिनीनिकटं प्रापु...............................॥ ३९८ ॥
योगिनीनायिका दूरात् परिज्ञाय नृपात्मजम् ।
साशिषं सीधुचषकं प्राहिणोन्मन्त्रितं ततः ॥ ३९९ ॥
चन्द्रस्तदमृतं तृप्तिभाजा राज्ञावशेषितम् ।
उदयश्रीमुखापेक्षी न संतृप्तस्त्वशेषयत् ॥ ४०० ॥
भवितव्यबलादश्वपालं सपदि विस्मरन् ।
उदयश्रीरशेषं तत्पीत्वा तृप्तिं परामगात् ॥ ४०१ ॥
आश्चर्यातृप्तनेत्रेषु तेषु तृप्तेषु योगिनी ।
निमित्तज्ञावदद्राजपुत्रं बद्धांजलिं ततः ॥ ४०२ ॥
अखण्डं भावि ते राज्यं चन्द्रस्तद्विभवांशभाक् ।
आजीवमुदयश्रीश्च मण्डितोखण्डया श्रिया ॥ ४०३ ॥
अश्वपालस्त्वसावस्मदनुग्रहविवर्जितः ।
अचिरेणैव कालेन नूनं प्राणैर्वियुज्यते ॥ ४०४ ॥
भविष्यत्सूचयित्वैवं योगिनीभिः समन्विता ।
सान्तर्दधे पुरः प्राणाः पश्चात्तुरगपालिनः ॥ ४०५ ॥

श्रीजयचन्द्र विद्यालंकार ने इन श्लोकों की व्याख्या यों की है—

" 'उस राजपुत्र ने कभी लीलारस से वाक्पुष्टा वन में घूमते हुए पहाड़ की गुफा में योगिनीचक्र देखा। उदयश्री और चन्द्र डामर उसके प्रिय (साथी)......' भी उसके साथ थे। वे घोड़ों से उतर कर धीरे धीरे मौन-पूर्वक योगिनियों के पास पहुँचे। तब योगिनी नायिका ने दूर से ही राजा के बेटे को पहचान कर असीस सहित मंत्र फूँका हुआ शराब का प्याला भेजा। राजा (=राजपुत्र) ने तृप्त होकर जो बचाया उसे चन्द्र ने तृप्त हुए बिना उदयश्री को देखते हुए कुछ बचा दिया (अर्थात्

कुछ पिया कुछ बचा दिया)। भवितव्य के बल से उदयश्री अश्वपाल को एकदम भूल कर वह सारा पी कर बहुत तृप्त हुआ। वे तृप्त हो गये, पर उनके नेत्रों में आश्चर्य और अतृप्ति थी; निमित्त पहचानने वाली योगिनी ने हाथ जोड़े खड़े राजपुत्र को तब कहा—तेरा राज्य अखंड होगा, चंद्र तेरे वैभव का अंश पायगा, उदयश्री भी जीवन भर अखंडश्री से भूषित होगा, यह अश्वपाल हमारे अनुग्रह से वर्जित है, इसके प्राण जल्दी ही छूटने को हैं। यों भविष्य की सूचना देकर योगिनियों के साथ वह अन्तर्धान हो गई और उसके पीछे पीछे अश्वपाल के प्राण पखेरू उड़ गये।'

"वाश्पुष्टा कश्मीर के राजा तुंजीन की रानी थी। अपने पति के पीछे जिस वन में वह सती हुई उसका नाम वाक्पुष्टाटवी पड़ा (कल्हण, राजतरङ्गिणी २, ५७)। उस वन की पहचान नहीं हो सकी। शाहमेर वंश के सुलतानों के मन्त्री और प्रमुख राज्याधिकारी हिन्दू होते रहे। उदयश्री और चन्द्र डामर शीराशामक के प्रिय साथी रहे। और हमने देखा कि मुस्लिम राजा के साथ एक ही प्याले में पीने में वे विशेष जूठसुच नहीं मानते रहे।"[१]

हिन्दू-मुसलमानों का एक साथ खानपान उस युग में क्या अभिजात वर्ग में ही सीमित था या जन-साधारण में भी प्रचलित था?

आचार्य रामचन्द्र शुक्ल ने जायसी ग्रन्थावली की भूमिका में 'पदमावत की कथा' देते हुए लिखा है—

'उन्होंने (गोरा बादल ने) सोलह सौ ढकी पालकियों के भीतर तो सशस्त्र राजपूत सरदारों को बिठाया और जो सबसे उत्तम और

---

१. भारतीय इतिहास की मीमांसा, पृष्ठ ४४१-२

बहुमूल्य पालकी थी, उसके भीतर औजार के साथ लोहार को बिठाया।'[1]

परन्तु पदमावत में 'राजपूत' शब्द कहीं नहीं है। शुक्लजी ने प्रचलित धाराणावश यह भूल की है। श्रीजयचन्द्र विद्यालंकार ने लिखा है—

"प्रचलित धारणा है कि राजपूत जात छठी शताब्दी से थी जब से कि हम चालुक्य गुर्जर आदि नाम सुनते लगते हैं, और कि १२वीं शताब्दी तक उसके ३६ कुल बन चुके थे जैसा कि पृथ्वीराजरासो में लिखा है : पर रासो १६वीं शताब्दी की रचना है। यदि १२वीं शताब्दी में राजपूतों के ३६ कुल गिने गये होते तो गाहड्वाल सेन पाल चोल गंग आदि के नाम उनमें होते। प्रकट है कि रासो जब लिखा गया तब इन राजवंशों की याद भी मिट चुकी थी।'......

"राजपूत इतिहास के सबसे बड़े विद्वान् पं० गौ० ही० ओझा ने, 'जिनसे बढ़ कर' (जर्मन विद्वान् कीलहार्न के शब्दों में) 'कोई अपने देश के इतिहास को नहीं जानता' था, दिखाया है कि गुर्जर प्रतिहारों की तरह ब्राह्मण प्रतिहार भी थे, कि गुर्जर प्रतिहार का अर्थ गुर्जर देश के प्रतिहार था। प्रतिहार का अर्थ है द्वारपाल। प्रतिहार वंश का स्थापक पहले किसी राजा का प्रतिहार रहा होगा; उसका उपनाम वंश का नाम हो गया। इसी प्रकार राष्ट्रकूट (राठोड) जिसका अर्थ था प्रदेश-शासक। केवल इन उपनामों के प्रयोग से कुछ सिद्ध नहीं होता। असल प्रश्न यह है कि इन उपनामों वाले वंश जात कब से बने। राजपूत शब्द जाति के अर्थ में १६ीं शताब्दी तक हमारे इतिहास या वाङ्मय में कहीं नहीं मिलता। अल्बरूनी या कल्हण उसे कहीं नहीं बर्तते। पर चौथी राजतरंगिणी में, जो अकबर के प्रशासन में लिखी गई, उसका

---

१. पृष्ठ २०।

उस अर्थ में प्रयोग है। 'यह शब्द जाति-सूचक हो कर मुगलों के समय अथवा उसके पूर्व सामान्य रूप से प्रचार में आने लगा[१]।' "[२]

पहले दो मुगल बादशाहों (बाबर और हुमायूँ) के समकालीन कवि जायसी की कृति पदमावत में भी 'राजपूत' शब्द हमें नहीं मिलता। इसके द्वारा ओझाजी की स्थापना की पुष्टि होती है।

रतनसेन के सहायक हिन्दू राजाओं के नाम जायसी ने इस प्रकार गिनाये हैं—

रतनसेन चितउर महँ साजा, आइ बजाइ बैठ सब राजा।
तोंवर बैंस पँवार सो आए, औ गहलौत आइ सिर नाए।
पत्ती औ पंचबान बघेले, अगरपार चौहान चँदेले।
गहरवार परिहार जो कुरे, औ कलहंस जो ठाकुर जुरे।
आगे ठाढ़ बजावहिं ढाढ़ी, पाछै धुजा मरन कै काढ़ी।

गाहड़वालों (गहरवारों) और कुरुदेश के बैस राजवंश की भी याद जायसी के काल तक बनी हुई थी।

---

१. गौ० ही० ओझा (१९२५)—राजपूताने का इतिहास १, १ पृष्ठ ३६-३७।

२. जयचंद्र विद्यालंकार (१९५५) भारतीय कृष्टि का क ख, पृष्ठ २२८, २२९-२३०।

पदमावत का सिंहलद्वीप

सिंहलद्वीप भारत के दक्षिण में है। आजकल इसका नाम श्रीलंका है। प्रचलित विश्वास के अनुसार इसे रावण की लंका भी माना जाता है यद्यपि वाल्मीकीय रामायण के अनुसार सिंहल रावण की लंका नहीं है।

रतनसेन ने सिंहल द्वीप जा कर महादेव के मंदिर के पूर्व द्वार पर तप किया था। जब वह अपने तन में आग लगा कर जलने को प्रस्तुत हुआ तब

हनुवँत बीर लंक जेइँ जारी, परबत ओहि रहा रखवारी।
बैठि तहाँ होइ लंका ताका, छठएँ मास देइ उठि हाँका।
तेहि कै आगि उहौ पुनि जरा, लंका छाड़ि पलंका परा।

यहाँ जायसी ने लंका और सिंहल को एक कर दिया है; परन्तु अन्यत्र सर्वत्र ही उन्होंने लंका और सिंहल को भिन्न भिन्न द्वीप माना है। 'सिंहल द्वीप वर्णन खंड' में कहा है—

जम्बू द्वीप कहौं तस नाहीं, लंक दीप सरि पूज न छाहीं।

लंक दीप कै सिला अनाई, बाँधा सरवर घाट बनाई।

लंका चाहि ऊँच गढ़ ताका, निरखि न जाइ दीठि तन थाका।

आगे चल कर जब राजा सिंहल को प्रस्थान करता है तब—

एक बाट गइ सिंघल दुसरि लंक समीप।
हैं आगे पथ दूऔ, दहुँ गौनब केहि दीप॥

और जब राजा पदमावती को ले कर सिंहल से लौटता है तब—

बोहित चले जो चितउर ताके , भए कुपंथ लंक दिसि हाँके ।

इस प्रकार जायसी का सिंहल लंका से भिन्न है, वह आज का श्रीलंका या सिंहल नहीं है। वह कोई कल्पित द्वीप है और पूर्व समुद्र में कहीं है। सिंहल जाने के लिए राजा उड़ीसा में किसी घाट पर जहाज में चढ़ा था और वहाँ से लौटते हुए जगन्नाथ पुरी आ कर उतरा था।

पदमावती की सखी ने उसके स्वप्न का विचार कर के कहा था—

पच्छिउँ खँड कर राजा कोई , सो आवा बर तुम्ह कहँ होई ।

और रतनसेन के योगी वेश छोड़ने पर

पच्छिउँ कर बर पुरुब क बारी , जोरी लिखी न होइ निनारी ।

आज का सिंहल चित्तौड़ से ५° देशान्तर पूर्व में होने पर भी चित्तौड़ के दक्षिण में कहा जायगा, पूर्व में नहीं। चित्तौड़ की स्थिति ७४.४२° पू० (देशान्तर) और २४·५४° उ० (अक्षांश) है। ८०° पू० देशान्तर रेखा सिंहल के पच्छिमी भाग में से और १०° उ० अक्षांश रेखा सिंहल की उत्तरी नोक के ठीक ऊपर से गुजरती है। इस प्रकार सिंहल को चित्तौड़ के दक्षिण में कहा जा सकता है, पूर्व में नहीं। परन्तु जायसी का सिंहल पूर्व में कहीं है, वह कोई कल्पित द्वीप है।

चित्तौड़ से उड़ीसा में समुद्र तट तक जाने का जायसी का रास्ता बिलकुल ठीक है। यह चित्तौड़ से उज्जैन खँडवा जबलपुर बिलासपुर हो कर जाने वाले आजकल के रेल-पथ के दायें बायें हो कर जाता है। जायसी ने रतनपुर हो कर जाने की बात लिखी है। रतनपुर बिलासपुर से २५-३० किलोमीटर उत्तर-पूर्व है।

जायसी के संबंध में प्रचलित भ्रम

जायसी के संबंध में काव्य-प्रेमियों में कई भ्रान्त धारणाएँ प्रचलित हैं। यथा—

१. पदमावत के कथानक का ऐतिहासिक आधार,

२. जायसी की संस्कृत-साहित्य से अनभिज्ञता,

३. पदमावत पर फारसी मसनवी शैली का प्रभाव आदि।

इनमें से पहली दो भ्रान्त धारणाओं का विवेचन ऊपर 'कथा के सूत्र' एवं 'जायसी की जानकारी' तथा आगे 'पदमावत का ऐतिहासिक आधार' में किया गया है।

पदमावत पर फारसी मसनवी के प्रभाव के सम्बन्ध में कहा जाता है कि—

(क) भारतीय साहित्य में नायिका के नखशिख-वर्णन की परिपाटी है, पदमावत में नायिका का शिखनख-वर्णन हुआ है।

(ख) पदमावत में पैगंबर, गुरु और शाहे-वक्त की प्रशंसा एवं ग्रंथ-प्रणयन-काल का उल्लेख फारसी मसनवी के प्रभाव से हुआ है, भारतीय साहित्य में इनका वर्णन नहीं होता।

(ग) प्रेम-वर्णन (फारस के प्रेम में नायक का प्रेम का वेग अधिक तीव्र दिखाई पड़ता है और भारत के प्रेम में नायिका के प्रेम का।)

(घ) पदमावत में कार्य का आरम्भ नायिका की ओर से हुआ है; भारतीय साहित्य में कार्य का आरम्भ नायक की ओर से होता है।

(क) **नखशिख-वर्णन की परिपाटी**—सबसे पहला और सबसे सुन्दर नखशिख-वर्णन हमें महाभारत के वन पर्व के ११२वें अध्याय में मिलता

है। यद्यपि यह नायिका का नखशिख वर्णन न हो कर ऋष्यशृंग द्वारा अपने पिता को दिया उस वेश्या का परिचय है जो उसे लुभा कर लिवा लाने के लिए भेजी गई थी, तो भी यह परिचय ऐसा सुन्दर नखशिख-वर्णन है कि उसको टक्कर का नखशिख-वर्णन हमारे साहित्य में शायद और नहीं है। यह वर्णन

नीलाः प्रसन्नाश्च जटाः सुगन्धाः
हिरण्यरज्जुग्रथिताः सुदीर्घाः ।

से आरम्भ हो कर

अन्यच्च तस्याद्भुतदर्शनीयं
विकूजितं पादयोः सम्प्रभाति ।

पर समाप्त होता है। यों यह शिखनख-वर्णन है।

महाभारत में ही अर्जुन के पास जाती हुई उर्वशी का भी शिखनख-वर्णन है (वनपर्व, ४६, ६—१२)।

कुमारसंभव में उमा का नखशिख-वर्णन है।

नैषधमहाकाव्य में दूसरे सर्ग में हंस दमयन्ती के नखशिख-वर्णन में २१वें श्लोक से ३९वें श्लोक तक चिकुर-प्रकर से आरम्भ कर पैरों तक पहुँचता है। फिर सातवें सर्ग में तीसरे श्लोक से आठवें श्लोक तक नल की दृष्टि दमयन्ती के केश मुख उर नितंब और ऊरू को देखने के बाद पैरों पर पड़ी। यों नैषधमहाकाव्य में दमयन्ती का शिखनख-वर्णन है।

ऊपर पृष्ठ २६४-५ पर स्कन्दपुराण से उद्धृत पद्मावती का वर्णन नखशिख-वर्णन है।

तो हमारे साहित्य में दोनों प्रकार का वर्णन मिलता है। नियम यह है—

मानवा मौलितो वर्ण्या देवाश्चरणतः पुनः ![1]

---

१. देवेश्वरकृत कविकल्पलता, १।३।४४।

(मानवों का वर्णन सिर से आरम्भ किया जाता है और देवों का चरण से।)

महाभारत की वेश्या एवं उर्वशी अप्सरा और नैषध की दमयन्ती मानवी है, उनका वर्णन सिर से आरम्भ किया गया। कुमारसंभव की उमा और स्कन्दपुराण की पद्मावती देवी हैं, उनका वर्णन पैर से आरंभ किया गया। पदमावत की पदमावती भी मानवी है, उसका शिखनख-वर्णन करने में जायसी ने भारतीय परंम्परा का पालन किया है, फारसी मसनवी पद्धति का नहीं।

(ख) **पैगंबर, गुरु और शाहे-वक्त की प्रशंसा एवं ग्रंथ-प्रणयन-काल**—हमारे प्राचीन साहित्य में महाभारत और सब पुराण वेदव्यासकृत माने जाते हैं, रामायण वाल्मीकि-कृत, मनु-कृत, नाट्यशास्त्र भरत-कृत आदि। वेदव्यास के लिए कहीं भी उत्तम पुरुष का प्रयोग नहीं हुआ, सर्वत्र प्रथम पुरुष का प्रयोग हुआ है। महाभारत कई सौ वर्षों में पूरा हुआ और प्रत्येक कवि जो उसमें अपनी कृति मिलाता गया वेदव्यास के नाम पर मिलाता गया। केवल एक स्थान पर कवि ने अपने लिए उत्तम पुरुष का प्रयोग किया है और अपने को व्यासशिष्य कहा है।[1] और सभी पुराण वेदव्यास-कृत कहे जाते हैं, भले ही उनमें से कई बारहवीं शताब्दी तक बनते रहे। वाल्मीकी रामायण का युद्धकांड तक का अंश शुंग-सातवाहन-युग में बन चुका था और उत्तर (बाद में, गुप्तकाल में) बना होने के कारण अन्तिम कांड उत्तरकांड कहलाया। वैसे युद्ध पर राम-कथा समाप्त हो जाती है और युद्ध कांड के अन्त में कहा गया है—

---

१. युधिष्ठिर की सभा में आये सभासदों महर्षियों और राजाओं का वर्णन—

बको दाल्भ्यः स्थूलशिराः कृष्णद्वैपायनः शुकः
सुमन्तुर्जैमिनिः पैलो व्यासशिष्यास्तथा वयम्। महा० २।४।११

दशवर्षसहस्राणि दशवर्षशतानि च
भ्रातृभिः सहितः श्रीमान् रामो राज्यमकारयत् ।

वा० रा० ६।१२८।१०६

[भाइयों सहित श्रीमान् राम ने ग्यारह हजार वर्ष राज्य किया ।]

धर्म्यं यशस्यमायुष्यं राज्ञां च विजयावहम्
आदिकाव्यमिदं चार्षं पुरा वाल्मीकिना कृतम् ।

वा० रा०।६।१२८।१०७

[यह ऋषि प्रोक्त आदिकाव्य रामायण है, जिसे पूर्वकाल में महर्षि वाल्मीकि ने बनाया था ।······]

शृणोति य इदं काव्यं पुरा वाल्मीकिना कृतम् ।

वा० रा०।६।१२८।११२

शृण्वन्ति य इदं काव्यं पुरा वाल्मीकिना कृतम् ।
ते प्रार्थितान् वरान् सर्वान् प्राप्नुवन्तीह राघवात् ।

वा० रा०।६।१२८।११४

यों यहाँ तीन बार स्पष्ट कहा गया है कि इस काव्य को पूर्वकाल में महर्षि वाल्मीकि ने रचा था—और यह कहने वाला वाल्मीकि से इतर व्यक्ति है और उनके बहुत बाद के काल में वह यह बात कह रहा है ।

मनुस्मृति का पहला श्लोक है—

मनुमेकाग्रकासीनमभिगम्य महर्षयः
प्रतिपूज्य यथान्यायमिदं वचनमब्रुवन् । मनु० १।१

[एकाग्रचित्त से बैठे हुए मनु के सम्मुख जा कर न्यायपूर्वक उनका सत्कार कर महर्षि लोग यह वचन बोले ।]

भगवन् सर्ववर्णानां यथावदनुपूर्वशः
अन्तरप्रभावानाञ्च धर्मान्नो वक्तुमर्हसि । मनु० १।२

[भगवन्, सब वर्णों तथा अन्तरप्रभवों के धर्मों को यथावत् क्रम से हमें बताइए ।]

स तैः पृष्टस्तथा सम्यगमितौजा महात्मभिः
प्रत्युवाचार्च्य तान् सर्वान् महर्षीञ्छ्रू यतामिति । मनु० १।४

[उनसे इस प्रकार पूछे जाने पर उनका सत्कार कर मनु बोले—]

इदं शास्त्रन्तु कृत्वाऽसौ मामेव स्वयमादितः
विधिवद् ग्राहयामास मरीच्यादींस्त्वहं मुनीन् । मनु० १।५८

[उस (ब्रह्मा) ने इस शास्त्र को रच कर पहले मुझे पढ़ाया और मैंने मरीचि आदि ऋषियों को पढ़ाया ।]

एतद्वोऽयं भृगुः शास्त्रं श्रावयिष्यत्शेषतः
एतद्धि मत्तोऽधिजगे सर्वमेषोऽखिलं मुनिः । मनु० १।५९

[इन भृगुमुनि ने मुझसे यह समूचा शास्त्र पढ़ा है; इसलिए ये आपको सुनाएँगे ।]

ततस्तथा स तेनोक्तो महर्षिर्मनुना भृगुः
तानब्रवीद् ऋषीन् सर्वान् प्रीतात्मा श्रूयतामिति । मनु०१।६०

[मनु के ऐसा कहने पर भृगु प्रसन्न हो कर उन ऋषियों से बोले कि सुनिए ।]

यथेदमुक्तवाञ्च्छास्त्रं पुरा पृष्ठो मनुर्मया
तथेदं यूयमप्यद्य मत्सकाशन्निबोधत । मनु० १।११९

[पूर्वकाल में मेरे पूछने पर मनु ने मुझे यह शास्त्र जिस प्रकार कहा था, उसी प्रकार आप मुझसे सुनिए ।]

और आगे भृगु समूची मनुस्मृति उन लोगों को सुनाते हैं । मनुस्मृति के प्रत्येक अध्याय के अन्त में '**इति मानवे धर्मशास्त्रे भृगुप्रोक्तायां संहितायां······अध्यायः**' पाठ मिलता है ।

भरत ने नाट्य-शास्त्र सूत्रों में लिखा होगा । परन्तु आजकल उपलब्ध भारत का नाट्य-शास्त्र कारिकाओं मे है । यह १२वीं-१३वीं शताब्दी

की रचना है।[1] आजकल उपलब्ध भरत के नाट्यशास्त्र में डिम के उदाहरण में जिस त्रिपुर-दाह[2] का उल्लेख है वह जझौती के राजा परमर्दी चंदेल (११६३-१२०३ ई०) और उसके बेटे त्रैलोक्य वर्मा (१२१२-६१ ई०) के अमात्य वत्सराज ने रचा था।

आदि कवि वाल्मीकि ने राम-कथा कुछ सौ श्लोकों में रची थी।[3] पीछे के कवि उसमें अपनी रचना यह कह कर मिलाते रहे कि वह प्राचीन काल में वाल्मीकि द्वारा कही राम-कथा है। इसलिए वह समूचा संग्रह, जो कई शताब्दियों में तैयार हुआ, वाल्मीकीय रामायण कहलाया। इसी प्रकार कई शताब्दियों में 'जय' से 'भारत' और 'भारत' से 'महाभारत' बना। भृगुवंशी ब्राह्मण ने अपने शास्त्र का प्रचार मनु के नाम से किया। १२वीं-१३वीं शताब्दी के किसी कवि ने भरत के नाम पर नाट्य-शास्त्र रचा। और अगणित कवियों ने पुराणों का संकलन कर वेदव्यास को उसका कर्तृत्व सौंपा। यों जिन कवियों ने अपना नाम तक छिपाया वे अपना काल भी क्यों देते ? अतः उनकी रचनाओं में समकालिक राजाओं के नाम का उल्लेख हो ही नहीं सकता।

---

१. 'आज भरत-नाट्य के नाम से जो वस्तु पेश की जाती है उसमें उसकी परम्परा में उत्पन्न मध्यकालिक और पिछले नृत्य भी मिले हैं।' जयचन्द्र विद्यालंकार (१९५५), भारतीय कृष्टि का क ख, पृ० १५९।

२. 'तथा त्रिपुरदाहश्च डिमसंज्ञः प्रकीर्तितः'—नाट्यशास्त्र ४।१०

३. समाक्षरैश्चतुर्भिर्यः पादैर्गीतो महर्षिणा
सोऽनुव्याहरणाद् भूयः शोकः श्लोकत्वमागतः।
तस्य बुद्धिरियं जाता महर्षेर्भावितात्मनः
कृत्स्नं रामायणं काव्यमीदृशैः करवाण्यहम्।
उदारवृत्तार्थपदैर्मनोरमैस्तदास्य रामस्य चकार कीर्तिमान्
समाक्षरैः श्लोकशतैर्यशस्विनो यशस्करं काव्यमुदारदर्शनः।
वा० रा० १।२।४०-४२

परन्तु नाटक राज-सभाओं में खेले जाते थे। राजाओं का उल्लेख संस्कृत-नाटकों में प्रायः मिलता है। कालिदास के विक्रमोर्वशीय नाटक का नायक राजा पुरूरवा है, परन्तु नाटक का नाम कालिदास ने अपने समकालिक गुप्त राजा चंद्र विक्रमादित्य के नाम पर विक्रमोर्वशीय रखा। यही कालिदास की शाहे-वक्त की प्रशंसा है। ऊपर हम देख चुके हैं कि मुद्राराक्षस नाटक का नायक चंद्रगुप्त मौर्य है, परन्तु उसके भरत-वाक्य में 'शाहे-वक्त' चन्द्रगुप्त विक्रमादित्य के लिए प्रार्थना की गई है। पंचतन्त्र-कार 'शाहे-वक्त' की प्रशंसा इन शब्दों में करते हैं—

अस्ति दाक्षिणात्ये जनपदे महिलारोप्यं नाम नगरम्। तत्र सकलार्थिकल्पद्रुमः प्रवरमुकुटमणिमरीचिमञ्जरीचर्चितचरणयुगलः सकलकलापारंगतोऽमरशक्तिर्नाम राजा बभूव।

यों समकालीन राजा की प्रशंसा उन संस्कृत-ग्रन्थों में होती थी जिनमें कवि अपना नाम देते थे; परन्तु जो ग्रन्थ पुराने ग्रन्थकारों के नाम पर रचे जाते थे, जिनमें कवि का नाम और काल गुप्त रखा जाता था, उनमें राजा के नाम के उल्लेख का प्रश्न ही न उठता था। देवता और गुरु को प्रणाम तो प्रायः सभी ग्रन्थों में होता था। महाभारत का प्रारम्भ इस प्रकार होता है—

नारायणं नमस्कृत्य नरं चैव नरोत्तमम्
देवीं सरस्वतीं व्यासं ततो जयमुदीरयेत्।
ॐ नमो भगवते वासुदेवाय। ॐ नमः पितामहाय।
ॐ नमः प्रजापतिभ्यः। ॐ नमः कृष्णद्वैपायनाय।
ॐ नमः सर्वविघ्नविनायकेभ्यः।

तदनन्तर कथा प्रारंभ होती है।

वाल्मीकीय रामायण के महात्म्य के प्रथम अध्याय के प्रथम तीन श्लोक निम्नलिखित हैं—

श्रीरामः शरणं समस्तजगतां रामं विना का गती
रामेण प्रतिहन्यते कलिमलं रामाय कार्यं नमः।

रामात् त्रस्यति कालभीमभुजगो रामस्य सर्वं वशे
रामे भक्तिरखण्डिता भवतु मे राम त्वमेवाश्रयः ।१।
चित्रकूटालयं रामभिन्दिरानन्दमन्दिरम् ।
वन्दे च परमानन्दं भक्तानामभयप्रदम् ॥२॥
ब्रह्मविष्णुमहेशाद्या यस्यांशा लोकसाधकाः ।
नमामि देवं चिद्रूपं विशुद्धं परमं भजे ॥३॥

और इन श्लोकों के बाद कथा आरम्भ होती है।

श्रीमद्भागवत-माहात्म्य के प्रथम दो श्लोक निम्नलिखित हैं—

सच्चिदानन्दरूपाय विश्वोत्पत्यादिहेतवे ।
तापत्रयविनाशाय श्रीकृष्णाय वयं नुमः ॥ १ ॥
यं प्रव्रजन्तमनुपेतमपेतकृत्यं द्वैपायनो विरहकातर आजुहाव ।
पुत्रेति तन्मयतया तरवोऽभिनेदुस्तं सर्वभूतहृदयं मुनिमानतोऽस्मि ॥२॥

और स्कन्दपुराण का मंगलाचरण इस लोक से हुआ है—

यस्याज्ञया जगत्स्रष्टा विरञ्चिः पालको हरिः ।
संहर्ता कालरुद्राख्यो नमस्तस्मै पिनाकिने ॥

कादम्बरीकार बाणभट्ट ने पहले तीन श्लोकों में शिव और विष्णु को नमस्कार कर इस चौथे श्लोक में अपने गुरु भत्सु को नमस्कार किया है—

नमामि भत्सोश्चरणाम्बुजद्वयं सशेखरैर्मौखरिभिः कृतार्चनम् ।
समस्तसामन्तकिरीटवेदिकाविटङ्कपीठोल्लुठितारुणाङ्गुलिः ॥

कालिदास ने भी रघुवंश के प्रारम्भ में पार्वती-परमेश्वर की वन्दना की है—

वागर्थाविव संपृक्तौ वागर्थप्रतिपत्तये ।
जगतः पितरौ वन्दे पार्वतीपरमेश्वरौ ॥

संस्कृत नाटकों में नान्दी का भी यही प्रयोजन है। उपनिषदों के प्रारंभ में ॐ तत्सत् कहा जाता है। प्राचीन जैन साहित्य के प्रारंभ में

महावीर जिन की स्तुति अवश्य होती थी। और जब से जैन कवियों ने संस्कृत में रचना आरम्भ की तो वे महावीर जिन के अतिरिक्त सभी जैन तीर्थंकरों एवं आचार्यों की स्तुति, 'गुरु-परंपरा' ग्रन्थ-रचना-काल, स्थान, एवं समकालिक राजा का उल्लेख अनिवार्य रूप से करने लगे। श्री जिन-सेन सूरि कृत हरिवंशपुराण के प्रथम सर्ग के दूसरे श्लोक—

शुद्धज्ञानप्रकाशाय लोकालोकैकमानवे।
नमः श्रीवर्द्धमानाय वर्द्धमानजिनेशिने॥

में वर्द्धमान महावीर को प्रणाम करने के बाद २५ वें श्लोक तक अन्य तीर्थंकरों एवं जिन मुनियों को प्रणाम किया गया है। तदनन्तर कवि ने अपना एवं अपनी गुरु-परंपरा का उल्लेख ६५वें श्लोक तक कर के सर्ग के अन्तिम १२८ वें श्लोक तक हरिवंशपुराण की कथा संक्षेप में दी है। कवि ने हरिवंशपुराण के रचना-स्थान का परिचय निम्नलिखित दिया—

कल्याणैः परिवर्द्धमानविपुलश्रीवर्द्धमान पुरे,
श्रीपार्श्वालयनन्नराजवसतौ पर्याप्तशेषः पुरा।
पश्चाद्दोस्तटिकाप्रजाप्रजनितप्राज्यार्चनावर्चने,
शान्तेः शान्तगृहे जिनस्य रचितो वंशोहरीणामयम्॥

ग्रन्थ-समाप्ति-काल और तत्कालीन राजाओं का परिचय इस प्रकार दिया—

शाकेष्वब्दशतेषु सप्तसु दिशं पञ्चोत्तरेषूत्तरां,
पातीन्द्रायुधनाम्नि कृष्णनृपजे श्रीवल्लभे दक्षिणाम्।
पूर्वां श्रीमदवन्तिभूभृति नृपे वत्सादिराजेऽपरां,
सौराणामधिमण्डलं जययुते वीरे वराहेऽवति॥

अर्थात् ७०५ शकाब्द में जब उत्तर दिशा (कन्नौज) में इन्द्रायुध, दक्षिण दिशा (कर्णाटक) में कृष्ण राष्ट्रकूट के बेटे श्रीवल्लभ (ध्रुव धारावर्ष), पूर्व दिशा (गौड़) में अवन्तिपति (धर्मपाल), पश्चिम दिशा (गुर्जर देश) में वत्सराज प्रतिहार और सौरों के देश में जयवराह का राज्य था, यह ग्रन्थ समाप्त हुआ।

श्रीवादिराजसूरि द्वारा शकाब्द ९४७ में रचित श्रीपार्श्वनाथ-चरितम् की प्रशस्ति के दो श्लोक निम्नलिखित हैं—

शाकाब्दे नगवार्धिरन्ध्रगणने संवत्सरे क्रोधने ,
मासे कार्तिकनाम्नि बुद्धिमहिते शुद्धे तृतीयादिने ।
सिंहे पाति जयादिके वसुमतीं जैनी कथेयं मया ,
निष्पत्तिं गमिता सती भवतु वः कल्याणनिष्पत्तये ॥५॥
लक्ष्मीवासे वसति कटके कट्टगातीरभूमौ ,
कामावाप्तिप्रमदसुभगे सिंहचक्रेश्वरस्य ।
निष्पन्नोऽयं नवरससुधास्यंदसिंधुप्रबंधो ,
जीयादुच्चैर्जिनपतिभवप्रक्रमैकान्तपुण्यः ॥६॥

श्री अमितगतिसूरि-रचित सुभाषितरत्नसंदोह धर्मपरीक्षा और पञ्च-संग्रह का रचना-काल क्रमशः इन श्लोकों में कहा गया है—

सुभाषितरत्नसंदोह—

समारूढे पूतत्रिदशवसतिं विक्रमनृपे ,
सहस्रे वर्षाणां प्रभवति हि पंचाशदधिके ।
समाप्तं पंचम्यामवति धरणीं मुंजनृपतौ ,
सिते पक्षे पौषे बुधहितमिदं शास्त्रमनघम् ॥
(वि० सं० १०५० में, राजा मुंज के राज्य-काल में)

धर्मपरीक्षा—

संवत्सराणां विगते सहस्रे ससप्ततौ विक्रमपार्थिवस्य ।
इदं निषिध्यान्यमतं समाप्तं जैनन्द्रधर्मामितयुक्तिशास्त्रम् ॥
(वि० सं० १०७० में)

पंचसंग्रह—

त्रिसप्तत्यधिकेऽब्दानां सहस्रे शकविद्विषः ।
मसूतिकापुरे जातमिदं शास्त्रं मनोरमम् ॥
(वि० सं० १२७३ में)

श्रीसोमदेवसूरि के यशस्लिकचम्पू की प्रशस्ति में कहा गया है—

शकनृपकालातीतसंवत्सरशतेष्वष्टस्वेकाशीत्यधिकेषु गतेषु अङ्कतः (८८१) सिद्धार्थसंवत्सरान्तर्गतचैत्रमासमदनत्रयोदश्यां पाण्डयसिंहलचोल-चेरप्रभृतीन्महीपतीन्प्रसाध्य मेलपाटीप्रवर्धमानराज्यप्रभावे श्रीकृष्णराजदेवे सति तत्पादपद्मोपजीविनः समधिगतपञ्चमहाशब्दमहासामन्ताधिपतेश्चा-लुक्यकुलजन्मनः सामन्तचूडामणेः श्रीमदरिकेसरिणः प्रथमपुत्रस्य श्रीमद्व-द्यगराजस्य लक्ष्मीप्रवर्धमानवसुधारायां गंगाधारायां विनिर्मापितमिदं काव्यमिति।

श्रीसोमदेवसूरि-कृत नीतिवाक्यामृत के टीकाकार ने लिखा है—

अत्र तावदखिलभूपालमौलिलालितचरणयुगलेन रघुवंशावस्थायि-पराक्रमपालितकृत्स्नकर्णकुब्जेन महाराजश्रीमहेन्द्रदेवेन पूर्वाचार्यकृतार्थ-शास्त्रदुरवबोधग्रंथखिन्नमानसेन सुबोधललितलघुनीतिवाक्यामृतरचनासु प्रवर्तितः सकलपारिषदत्वान्नीतिग्रन्थस्थनानादर्शनप्रतिबद्धश्रोतृणां तत्तद-भीष्टश्रीकण्ठाच्युतविरंच्यर्हतां वाचनिकनमस्कृतिसूचनं तथा स्वगुरोः सोमदेवस्य च प्रणामपूर्वकं शास्त्रस्य तत्कर्तृत्वं ख्यापयितुं सकलसत्त्व-कृताभयप्रदानं मुनिचन्द्राभिधानः क्षपणकव्रतधर्ता नीतिवाक्यामृतकर्ता निर्विघ्नसिद्धिकरं···श्लोकमेकं जगाद··· ।

और नीतिवाक्यामृत के पुस्तकदाता की प्रशस्ति के प्रारंभिक शब्द निम्नलिखित हैं—

जिनं नत्वा गिरं स्मृत्वा गुरुं नत्वानुरागतः।
प्रशस्तिं पुस्तकस्याहं दायकस्यास्य कीर्तये ॥

अथ संवत्सरेऽस्मिन् विक्रमादित्यराज्यात् संवत् १५४१ वर्षे कार्तिक सुदि ५ शुभदिने श्रीचन्द्रप्रभचैत्यालयविराजमाने श्रीहिसारपेरोजाभि-धानपत्तने सुलतानबहलोलसाहिराज्यप्रवर्तमाने श्रीमूलसंघे नन्द्याम्नाये सारस्वतगच्छे बलात्कारगणे······

श्रीवट्टेरकस्वामिकृत मूलाचार की ७० श्लोकों की लंबी प्रशस्ति के आरंभ के श्लोक निम्नलिखित हैं—

प्रणमामि महावरं सिद्धं शुद्धं जिनेश्वरं।
यस्य ज्ञानाम्बुधौ भाति जगद्बिन्दूपमं स्थितम्॥१॥
कृतात्मनो जना यत्र कर्म प्रक्षिप्य हेलया।
रमन्ते मुक्तिलक्ष्मीं तज्जैनं जयति शासनम्॥२॥
जयन्तु गौतमस्वामिप्रमुखा गणनायकाः।
सूरयो जिनचन्द्रान्ताः श्रीमन्तः क्रमदेशकाः॥३॥
वर्षे षडेकपंचैकपूरणे विक्रमे नतः (१५१६ वि०)।
शुक्ले भाद्रपदे मासे नवम्यां गुरुवासरे॥४॥
श्रीमद्वट्टेरकाचार्यकृतसूत्रस्य सद्विधेः।
मूलाचारस्य सद्वृत्तेर्दातुर्नामावलीं ब्रुवे॥५॥

अथ

श्रीजंबूपपदे द्वीपे क्षेत्रे भरतसंज्ञके।
कुरुजांगलदेशोऽस्ति यो देशः सुखसंपदाम्॥६॥
तत्रास्ति हस्तिना नाम्ना नगरी भागरीयसी।
शान्तिकुंथ्वरतीर्थेशा यत्रासन्निन्द्रवंदिता॥७॥
विद्यते तत्समीपस्था श्रीमती योगिनीपुरी।
यां पाति पातिसाहिर्श्रीबहलोलाधिपो नृपः॥८॥
तस्याः प्रत्यग्दिशि ख्यातं श्रीहिसारपिरोजकं।
नगरं नगरंभादिवल्लीराजिविराजितम्॥९॥
तत्र राज्यं करोत्येष श्रीमान् कुतबखानकः।
तथा हैबतिखानश्च दाता भोक्ता प्रतापवाम्॥१०॥
अथ श्रीमूलसंघेऽस्मिन्नन्दिसंघेऽनघेऽजनि।
बलात्कारगणस्तत्र गच्छः सारस्वतस्त्वभूत्॥११॥

श्रीजिनप्रभसूरिकृत तीर्थकल्प का प्रशस्ति-श्लोक निम्नलिखित है—

नन्दानेकपशक्तिशीतगुमिते श्रीविक्रमोर्वीपते-
र्वर्षे भाद्रपदस्य मास्यवरजे सौम्ये दशम्यां तिथौ।
श्रीहम्मीरमहम्मदे प्रतपति क्ष्मामंडलाखंडले,
ग्रन्थोऽयं परिपूर्णतामभजत् श्रीयोगिनीपत्तने॥

[नन्द = ९, अनेक = ८, शक्ति = ३, शीतगु = १; अर्थात् मुहम्मद तुगलक के राज्यकाल में सं० १३८९ वि० में]

विद्यापति-कृत पुरुषपरीक्षा का आरंभ इस प्रकार होता है—

श्रीगणेशाय नमः।

ब्रह्माऽपि याप्नोति नुतस्स्मरण्यां
यामर्च्चितोप्यर्च्चयतीन्दुमौलिः।
यां ध्यायति ध्यानगतोऽपि विष्णु-
स्तामादिशक्तिं शिरसा प्रपद्ये॥१॥
वीरेषु मान्यस्सुधियां वरेण्यो
विद्यावतामादिविलेखनीयः।
श्रीदेवसिंहक्षितिपालसूनु-
र्जीयाच्चिरं श्रीशिवसिंहदेवः॥२॥
शिशूनां सिध्यर्थं नयपरिचितेर्नूतनधियां,
मुदे पौरस्त्रीणां मनसिजकलाकौतुकजुषाम्।
निदेशान्निश्शंकं सदसि शिवसिंहक्षितिपतेः,
कथानां प्रस्तावं विरचयति विद्यापतिकविः॥३॥

और ग्रन्थ का उपसंहार इस प्रकार होता है—

भुक्त्वा राज्यसुखं विजित्य हरितो हत्वा रिपून् संगरे,
हुत्वा चैव हुताशनं मखविधौ भृत्वा धनैरर्थिनः।
वाग्वत्यां भवदेवसिंहनृपतिस्त्यक्त्वा शिवाग्रे वपुः,
पूतो यस्य पिताम्बहस्स्वरगमद्दारद्वयालंकृतः॥१॥

सक्कुरीपुरसरोवरकर्ता हेमहस्तिरथदानविदग्धः ।
भाँति तस्य जनको रणजेता देवसिंहनृपतिर्गुणराशिः ॥३॥
यो गौडेश्वरगज्जनेश्वररणक्षोणीषु लब्ध्वा यशो,
दिक्कान्ताचयकुन्तलेषु नयते कुन्दस्त्रजामास्पदम् ।
तस्य श्रीशिवसिंहदेवनृपतेर्विज्ञप्रियस्याज्ञया,
ग्रन्थं ग्रन्थिलदण्डनीतिविषये विद्यापतिर्व्यातनोत् ॥३॥

और विद्यापति के पदों में तो जहाँ तहाँ **'राजा सिवसिंघ रूपनारायण लखिमा देइ रमाने'** आता ही है।

जायसी के समकालिक श्रीरूपगोस्वामी और श्रीजीवगोस्वामी-कृत श्रीहरिभक्तिरसामृतसिन्धु की प्रशस्ति निम्नलिखित है—

रामाङ्गशक्रगणिते शाके गोकुलमधिष्ठिते ।
भक्तिरसामृतसिन्धुर्विटंकितः क्षुद्ररूपेण ॥

[राम = ३, अंग = ६, शक्र = १४; १४६३ शकाब्द]

यों हम देखते हैं कि जायसी से पहले देव-स्तुति, जिन (पैगम्बर)-स्तुति, गुरु-वंदना, राजा (शाहे-वक्त)-प्रशस्ति ग्रन्थ-समाप्ति-काल आदि का उल्लेख करने की प्रथा संस्कृत-साहित्य में वर्तमान थी। जायसी के बाद भी यह प्रथा संस्कृत-साहित्य में जारी रही। अकबर के समकालिक कवि राजमल्ल की चार कृतियाँ प्रकाश में आ चुकी हैं—पंचाध्यायी, लाटी संहिता, जम्बूस्वामि-चरित और अध्यात्मकमलमार्त्तण्ड। लाटी संहिता में ३९ श्लोकों की प्रशस्ति है। प्रथम श्लोक में कवि स्वयं प्रश्न करता और अगले चार श्लोकों में उत्तर देता है—

किमिदमिह किलास्ते नाम संवत्सरादि,
नरपतिरपि कः स्यादत्र साम्राज्यकल्पः ।
कृतमपि केनेदं केन कारायितं यत्,
शृणु तदिति वदद्भिः स्तूयतेऽद्य प्रशस्तिः ॥१॥

श्रीनृपतिविक्रमादित्यराज्ये परिणते सति।
सहैकचत्वारिंशद्भिरब्दानां शतषोडश ।।२।।
[१६४१ वि०]
तत्रापि चाश्विने मासे सितपक्षे शुभान्विते।
दशम्यां च दशरथे: शोभने रविवासरे ।।३।।
अस्तिसाम्राज्यतुल्योऽसौ भूपतिश्चाप्यकब्बर:।
महद्भिर्मण्डलेशैश्च चुम्बितांह्रिपदाम्बुज: ।।४।।
अस्ति दैगम्बरो धर्मो जैन: शर्मैककारणम्।
तत्रास्ति काष्ठासंघश्च क्षालितांह: कदाम्बक: ।।५।।

जम्बूस्वामिचरितम् के कथामुखवर्णनम् नामक प्रथम सर्ग का पाँचवाँ श्लोक है—

अथास्ति दिल्लीपतिरद्भुतोदयो दयान्वितो बब्बरनन्दनन्दन:।
अकब्बर: श्रीपदशोभितोऽभितो न केवलं नामतयार्थतोऽपि य: ।।

और उसके बाद ५ श्लोकों में बाबरऔरहुमायूँ की प्रशंसा करने के बाद ३०वें श्लोक तक जजिया कर उठा देने एवं मद्यनिषेध आदि अकबर के कार्यों और विजयों की प्रशंसा कर ३१ वें श्लोक में कवि मुक्तकंठ से उसे आशीर्वाद देता है—

चिरं चिरंजीव चिरायुरायतौ प्रजाशिव: संतसमग्रिमाग्रिमम्।
यथाभिनन्दुर्वसुधासुधाधिपं कलाभिरेनं परया मुदा मुदे ।।

उसके बाद आगरा शहर के विस्तृत वर्णन और उसके स्थानीय शासक की प्रशंसा के बाद कवि के आश्रयदाता साधु टोडर की प्रशंसा आदि है। १६३० वि० में साधु टोडर ने कवि से जम्बूस्वामिचरित सुनाने की प्रार्थना की और कवि ने १६३२ में ग्रन्थ समाप्त किया।

तो जायसी द्वारा जगत्कर्ता, पैगम्बर और शाहे-वक्त की प्रशंसा संस्कृत-काव्य-परिपाटी के अनुसार है। संस्कृत में ग्रन्थ-समाप्ति काल देने की परिपाटी है, जायसी ने ग्रन्थारम्भ-काल दिया है। जायसी के

पूर्ववर्ती हिन्दी-कवि ग्रन्थारंभ-काल देने की परिपाटी को अपना चुके थे। ईश्वरदास ने 'सत्यवती-कथा' प्रेमाख्यान रचा था। उसमें वे कहते हैं—

भादौं मास पाख उजियारा, तिथि नौमी औ मंगलवारा।
नखतअस्विनी मेष क चंदा, पंच जन्म सो सदा अनंदा।
जोगिनपुर दिल्लीबड़ थाना, साहसिकंदर बड़ सुलताना।
कंठे बैठ सरसुती विद्या गनपति दीन्ह।
ता दिन कथा अरंभ यह इसरदास कवि कीन्ह॥

ईश्वरदास ने शाहे-वक्त का उल्लेख किया और ग्रन्थारंभ-काल दिया, समाप्ति-काल नहीं। सिकन्दर लोदी का राज-काल १४८८-१५१७ ई० था। इस अवधि में ईश्वरदास ने सत्यवती-कथा की रचना की। जायसी ने पदमावत की रचना १५४० ई० में आरंभ की। इसी परंपरा में जायसी ने ग्रन्थारंभ-काल का उल्लेख किया और तुलसीदास ने भी राम-चरितमानस का आरंभ-काल 'संवत सोरह सै इकतीसा' दिया है, परन्तु उसे कोई फारसी मसनवी नहीं कहता।

(ग) **प्रेम-वर्णन**—पं० रामचन्द्र शुक्ल ने जायसी के प्रेमवर्णन को यह कह कर फारसी कहानियों से मिलता जुलता बताया है कि फारस के प्रेम में नायक के प्रेम का वेग अधिक तीव्र दिखाई पड़ता है और भारत के प्रेम में नायिक के प्रेम का। परन्तु फारस के नायकों और भारत की नायिकाओ का प्रेम वेग में विक्रमोर्वशीय के राजा और कादम्बरी के पुंडरीक और चंद्रापीड के प्रेम की तुलना नहीं कर सकता।

(घ) पदमावत में कार्य का आरंभ नायिका की ओर से हुआ है,

भारतीय साहित्य में कार्य का आरंभ नायक की ओर से होता है—महाभारत में कच-देवयानी, ययाति-देवयानी और ययाति-शर्मिष्ठा तीनों प्रसंगों में कार्य का आरंभ नायिकाओं की ओर से हुआ है। कुमार-संभव में कार्य का आरंभ उमा की ओर से, कादंबरी में महाश्वेता और कादंबरी की ओर से, रत्नावली नाटिका में सागरिका की ओर से मृच्छ-

कटिक में वसन्तसेना की ओर से एवं कल्कि पुराण में पद्मा की ओर से कार्य का आरंभ हुआ है।

यों हम देखते हैं कि जायसी ने पूर्णतया भारतीय काव्य-परंपरा का पालन किया है। और तो और, कोई इतिहास-कार शेरशाह के अश्वमेघ यज्ञ करने की बात नहीं कहता। परन्तु भारतीय काव्य-परंपरा में राजा के अश्वमेघ करने की बात कही जाती है; तुलसीदास ने रात से 'कोटिन बाजिमेघ' करवाये, जायसी ने भी उसी परंपरा-पालन में शेरशाह से 'दस असमेघ' कराये और उसके प्रताप और दान आदि का उल्लेख किया। मनुष्य-शरीर में उन्होंने जो नाक मुँह आदि नवद्वारों (नौ पौरी) का उल्लेख किया वह भी श्वेताश्वतर उपनिषद् के **'नवद्वारे पुरे देही'** के आधार पर। एवं

लेइ सेंदुर आगे भै खरी, परसि देव पुनि पायन्ह परी।

में सिंदूर हाथ में ले कर वर-प्राप्ति की प्रार्थना भारतीय महिलाओं में प्रचलित परिपाटी के अनुसार की गई है। आज भी बिहार में कुमारी कन्याएँ पति-कामना के लिए देवताओं की पूजा करती हैं तो उन्हें हाथ में सिन्दूर लेना प्रायः आवश्यक ही होता है। सधवा पत्नी भी अपने असाध्य रोगी पति के स्वास्थ्य तथा दीर्घ जीवन की याचना करते समय हाथ में सिन्दूर ले कर देवता की पूजा करती है। कुमारी कन्याएँ प्रायः गौरी की पूजा करती हैं, इसके लिए वे गौरी की जो प्रतिमा बनाती हैं वह सिंदूर की ही बनाई जाती है। सिंदूर का चलन तो शायद भारत में ही है, फारस में नहीं।

जायसी ने सिंहल की कुमारी कन्याओं के गंधर्वों द्वारा भोग की बात भी कही है—

चलीं सबै मालति संग फूलीं कँवल कुमोद।
बेधि रहे गन गंधरब बास परमदामोद॥

मुझे नहीं मालूम फारस में गंधर्वों द्वारा कन्याओं का भोग कवि-सत्य

है या नहीं; परन्तु भारतीय साहित्य में अवश्य है और जायसी ने उसी का अनुसरण किया है—

स्त्रियः पूर्वं सुरैर्भुक्ताः सोमगन्धर्ववह्निभिः ।
भुञ्जते मानुषाः पश्चात्तस्माद्दोषो न विद्यते ॥
सोमस्तासां ददौ शौच गन्धर्वाः शिशितां गिरम् ।
पावकः सर्वमेधात्वं तस्मान्निष्कलमषाः स्त्रियः ॥
व्यञ्जनैस्तु समुत्पन्नैः सोमो भुंकते हि कन्यकाम् ।
पयोधराभ्यां गन्धर्वा रजस्यग्निः प्रतिष्ठितः ॥

—पंचतंत्र, ३; १२; २१०, २११, २१३

आजकल हिन्दी के प्रायः सभी विद्वान् अँगरेजीदाँ हैं। अँगरेजी भाषा साहित्य और अँगरेजी चाल-ढाल उनके दिमागों पर छाई हुई है। किसी के मरने पर वे 'उसकी आत्मा को शान्ति देने' की प्रार्थना भगवान से करते हैं। अँगरेजों के आने के पहले हमारे यहाँ 'मृत व्यक्ति की आत्मा के लिए शान्ति' न माँग कर 'मृत व्यक्ति के लिए सद्गति' माँगी जाती थी। आज भी शव को श्मशान ले जाते समय 'राम नाम सत्त है; सत्त बोलो गत्त (गति) है' कहा जाता है। केकय से अयोध्या लौट कर भरत ने अपनी माता से पूछा—पिता कहाँ हैं? तो कैकेयी ने उत्तर दिया—

या गतिः सर्वभूतानां तां गतिं ते पिता गतः ।

राजा रतनसेन के मरने पर जायसी ने भी भारत के आदि कवि का अनुसरण करते हुए कहा—

तू सपूत माता कर, अस परदेस न लेहि ।
अब ताईं मुइ होइहि, मुएउँ जाइ गति देहि ॥

....

चंदन अगर काठ सर साजा, औ गति देइ चले लेइ राजा ।

प्राचीन भारतीय साहित्य में ग्रन्थारम्भ में ग्रन्थ का कथानक संक्षिप्त रूप में देने की प्रथा है। महाभारत में, वाल्मीकीय रामायण में, पुराणों

आदि में इस प्रथा का पालन हुआ है। जायसी ने इस प्रथा का पालन इस प्रकार किया—

सन नौ सै सैंतालिस अहै, कथा अरंभ बैन कवि कहै।
सिंघल दीप पदमिनी रानी, रतनसेन चितउर गढ़ आनी।
अलाउदीं दिल्ली सुलतानू, राघौ चेतन कीन्ह बखानू।
सुना साहि गढ़ छेंका आई, हिंदू तुरकहिं भई लराई।
आदि अंत जस गाथा अहै, लिखि भाखा चौपाई कहै।

और मन्दिर में आकाशवाणी होने में भी जायसी ने संस्कृत की परिपाटी का अनुसरण किया है। संस्कृत का शायद ही कोई ऐसा काव्य या नाटक हो, जिसमें आकाशवाणी का प्रयोग न हुआ हो। महाभारत में बीसियों स्थलों पर **'वागुवाचशरीरिणी'** आता है। रामायण में ब्रह्मा शिव इन्द्र अग्नि आदि दिव्य पात्र स्वयं ही उपस्थित हो जाते हैं; और तो और, रावण के मरने पर पितृ-लोक से आ कर दशरथ राम को गोद में बैठा कर अपना संदेश दे जाते हैं, सतः आकाशवाणी की वहाँ गुंजाइश ही नहीं है। फिर भी सीता अनसूया को अपना जन्मवृत्तान्त सुनाते हुए कहती है—

अन्तरिक्षे च वागुक्त प्रतिमामानुषी किल।
एवमेतन्नरपते धर्मेण तनया तव।

अभिज्ञानशाकुन्तल में अशरीरिणी छन्दोमयी वाणी ने कण्व से कहा था—

दुष्यन्तेनाहितं तेजो दधाना भूतये भुवः
अवेहि तनयां ब्रह्मन्नग्निगर्भां शमीमिव। ४, ४

रघुवंश और उत्तररामचरित में राम को शम्बूक का पता इसी अशरीरिणी वाक् ने दिया। कादम्बरी में चंद्रापीड़ के मरने पर उसके शरीर की रक्षा करने को 'अशरीरिणो वाक्' ने ही महाश्वेता से कहा था। 'वेणीसंहार' में 'अशरीरिणी वाक्' ने अश्वत्थामा को दुःशासन की रक्षा के लिए शस्त्र

ग्रहण से रोका था। बादके ग्रन्थों में तो पग पग पर आकाशवाणी दखल देती है। काव्यों नाटकों और पुराणों में तो अशरीरिणी वाक् दखल देती ही है, इतिहास-ग्रंथ राजतरंगिणी में भी इसका अभाव नहीं है—

अथोच्चचार नभसो वागेवमशरीरिणी
सृष्टः सागरमध्येस्ति सालिरेव यमोपमः।

—चौथी राजरंगिणी, ४८७

तो जायसी ने आकाशवाणी का प्रयोग करने में भी संस्कृत काव्य-परिपाटी का अनुसरण किया है।

'पदमावत' के पात्र—रतनसेन (नायक), पदमावती (नायिका) और चंपावती (नायिका की माता)—'लखन बतीसौ राता' हैं। यह भी भारतीय संस्कृत साहित्य के 'द्वात्रिंशल्लक्षणोपेत' के आधार पर है, फारसी मसनवी शैली के आधार पर नहीं।

'मसनवी का शाब्दिक अर्थ दो होता है। यह काव्य का ऐसा रूप है जिसके हर शेर के दोनों मिसरे एक ही रदीफ और काफिये में होते हैं।'[1] अर्थात् जो काव्य ऐसे छन्द में लिखा गया हो जिसके पहले और दूसरे चरण की तुक मिलती हो, वह मसनवी है। हिन्दी में चौपाई और चौपाई में पहले और दूसरे चरण की तुक मिलती है। दोहे के दूसरे और चौथे चरण की तुक मिलती है, परन्तु दोहे के चरण बहुत छोटे होने के कारण दो दो चरण एक ही पंक्ति में लिखे जाते हैं। यों दोहे में भी पहले और दूसरे दल की तुक मिलने से वह भी मसनवी में आ जाता है। इस प्रकार वे सभी काव्य जो चौपई या चौपाई और दोहा छन्द में लिखे जायँ मसनवी कहलाएँगे। इस दृष्टि से पदमावत मसनवी है, रामचरित-मसनवी है, और जवदेव की शंकराचार्य की चर्पट-पंजरिका मसनवी है और जयदेव का गीतगोविन्द भी मसनवी है।

१, हिन्दी साहित्य कोश (प्रथम संस्करण), पृ० ५७६

चर्पटपंजरिका और गीतगोविन्द के श्लोक उदाहरण के लिए यहाँ दिये जाते हैं—

अंग गलितं पलितं मुंडं , दशनविहीनं जातं तुंडम् ।
करधृतकंपितशोभितदंडं , तदपि न मुंचत्याशाभांडम् ।।

ललितलवंगलतापरिशीलनकोमलमलयसमीरे ,
मधुकरनिकरकरंबितकोकिलकूजितकुंजकुटीरे ।
उन्मदमदनमनोरथपथिकवधूजनजनितविलापे
अलिकुलसंकुलकुसुमसमूहनिराकुलबकुलकलापे ।।

छन्द के विचार से पदमावत मसनवी होने पर भी फारसी-साहित्य से प्रभावित नहीं है; वह भारतीय काव्य-परंपरा पर आश्रित है, यह हम ऊपर देख चुके हैं । स्वयं जायसी ने पदमावत के छन्द को चौपाई कहा है, मसनवी नहीं—**लिखि भाषा चौपाई कहै** । अब प्रश्न यह है कि पदमावत के प्रत्येक आलोचक ने उसे फारसी-मसनवी से प्रभावित क्यों माना । इसके दो कारण हैं । एक तो यह कि पदमावत के अधिकांश आलोचक संस्कृत से अनभिज्ञ थे, संस्कृत-साहित्य का उनका ज्ञान और अध्ययन न के बराबर था और उन्होंने गहरे पैठ कर पदमावत का अध्ययन नहीं किया; उनका अध्ययन पल्लवग्राही था । उदाहरण के लिए देखिए डा० कमल कुलश्रेष्ठ-कृत हिन्दी प्रेमाख्यानक काव्य । इस अध्ययन में डा० कुलश्रेष्ठ ने पदमावत की दो अर्धालियों का अर्थ किया है—

१. नागमती चित्तउर पथ हेरा , पिउ जो गए पुनि कीन्ह न फेरा ।
२. भलेंहि रंग अछरी तोर राता , मोंहि दुसरे सौं भाव न बाता !

पहली अर्धाली का वे अर्थ करते हैं—"**नागमती एकटक चित्तौड़ का पथ देख रही है । प्रियतम गए तो लौटे नहीं ।**"[1]

इस अर्धाली से पहले जायसी सिंहल में रतनसेन और पदमावती के विवाह और तदनन्तर छहों ऋतुओं में उनके विहार की बात कह रहे

---

१. हिन्दी प्रेमाख्यानक काव्य, पृ० ३१५

थे। अब उन्हें नागमती की याद आई, जिसे रतनसेन चित्तौड़ में छोड़ आया था, और बोले—(और उधर) चित्तौड़ में, नागमती (प्रियतम का) पथ देख रही है' ··और डा० साहब लिखते हैं; 'नागमती चित्तौड़ का पथ देख रही है।' चित्तौड़ में तो वह थी ही, फिर चित्तौड़ का पथ कैसे देख रही थी ? यह उनके पल्लवग्राही अध्ययन का उदाहरण है।

दूसरी अर्धाली का अर्थ वे करते हैं—**'अप्सरे ! भले ही तुम्हारा रंग सुन्दर है परन्तु मुझे तो पदमावती ही चाहिए।'**[1]

'अप्सरे !' संबोधन उनके संस्कृत-ज्ञान का परिचायक है। और इस पर वे फतवा देते हैं—:**इन प्रेमाख्यानकों की परंपरा संस्कृत से सीधी नहीं ली गई थी। विश्वास तो ऐसा है कि ये कवि संस्कृत जानते भी नहीं थे।**[2]

यह विश्वास कितना भ्रान्त है यह हम ऊपर देख चुके हैं। सच्ची बात तो यह है कि बिना संस्कृत-वाङ्मय का अनुशीलन किये पदमावत का अध्ययन करना बालू की नींव पर कुतुबमीनार को खड़ा करने का प्रयास करना है।

दूसरा कारण है अँगरेज के प्रचार का प्रभाव। अँगरेज ने हिन्दू-मुसलमानों को आपस में छोड़ने के लिए और भी बहुत सी मिथ्या बातों के प्रचार के साथ साथ यह भी प्रचार किया कि हिन्दुओं की भाषा संस्कृत-हिन्दी और मुसलमानों की भाषा अरबी फारसी-उर्दू। और इस मिथ्या प्रचार के प्रभाव से हमारा अँगरेजी-शिक्षित वर्ग प्रत्येक मुसलमान को संस्कृत से अनभिज्ञ और संस्कृत का विरोधी मानने लगा। जायसी के संस्कृत-ज्ञान और संस्कृत-वाङ्मय के अध्ययन की कुछ थाह हम ऊपर

---

१. हिन्दी प्रेमाख्यान काव्य, पृ० ३८१

२. वही, पृ० ३६७

के पृष्ठों में ले चुके हैं। यह भी तथ्य है कि आज की कई भारतीय आर्य भाषाओं के आदि कवि मुसलमान थे।[1]

कश्मीर के सुलतान जैनुलाबिदीन, बंगाल के हुसेनशाह (जिसे बंगाली कवियों ने अपने गीतों में 'श्रीयुत हसन जगतभूषण' के नाम से चिरस्थायी कर दिया) एवं शेरशाह आदि ने संस्कृत के अनुशीलन को खूब प्रोत्साहन दिया। जोनराज की दूसरी राजतरंगिणी जैनुलाबिदीन के संरक्षण में लिखी गई। जौनपुर के **'इब्राहीम शर्की तथा उसके पोते हुसैनशाह शर्की के प्रशासन (१४५७-७६) में भारतीय संगीत की विशेष उन्नति हुई। इब्राहीम के अधीन कड़ा-मानिकपुर के बहादुर मलिक नामक व्यक्ति ने दूर दूर के गायकों का एक सम्मेलन जुटा कर संगीत के पुराने संस्कृत-ग्रंथों का संग्रह करवाया, विवादास्पद बातों का निर्णय करवाया और संगीत-शिरोमणि नामक ग्रंथ तैयार करवाया (१४२८ ई०)।'**[2] अकबर से संस्कृत-कवियों को विशेष प्रोत्साहन मिला। कादम्बरी की संस्कृत टीका अकबर ने ही करवाई। टीकाकार महोपाध्याय भानुचन्द्र और सिद्धचन्द्र लिखते हैं—

> **श्रीवाचकः संप्रति भानुचन्द्रो ह्यकब्बरक्ष्मापतिदत्तमानः**
> **श्रीशाहिचेतोऽब्जषडंघ्रितुल्यः श्रीसिद्धचन्द्रोऽस्ति मदीयशिष्यः**
> **कादम्बरीवृत्तिरियं तदीयमनोमुदे तेन मया प्रतन्यते।**

तुलसीदास 'स्वान्तःसुखाय' रघुनाथ-गाथा तनते हैं (आतनोति) तो भानुचन्द्र और सिद्धचन्द्र द्वारा अकबर के 'मनोमुदे' (मनोविनोद के लिए) कादम्बरी की वृत्ति (व्याख्या) तनी जाती है (प्रतन्यते)।

---

१. जयचन्द्र विद्यालंकार, दी लेंग्वेज ऐंड स्क्रिप्ट प्रौब्लम इन दी पंजाब (पंजाब में भाषा और लिपि समस्या), पृ० ४१

२. जयचन्द्र विद्यालंकार, भारतीय इतिहास का उन्मीलन, छठा संस्करण पृ० ४८१

मुसलमानों द्वारा संस्कृत-वाङ्मय के अनुशीलन में योगदान अकबर के साथ ही समाप्त नहीं हो गया। पंडितराज हिन्दी न जानते थे; संस्कृत में कविता करते थे। शाहजहाँ के दरबार में थे। शाहजहाँ उनकी कविता समझता था। उनकी कविता से प्रसन्न हो शाहजहाँ ने उनसे कुछ माँगने को कहा तो पंडितराज ने संस्कृत में ही कहा था—

न याचे गजालिं न वा वाजिराजिं, नवित्तेषुचित्तं मदीयं कदाचन।
इयं सुस्तनी मस्तकन्यस्तहस्ता, लवंगी कुरंगीदृगंगीकरोतु॥

और १९वीं-२०वीं शताब्दी में संस्कृत के अनुशीलन में सबसे बड़ी देन मुसलमान महापंडित गुलाम यज़दानी की है। श्रीयज़दानी हैदराबाद पुरातत्त्व पर्यवेक्षा (सर्वे) के निदेशक थे। १९१६ ई० में उन्हें नलगोंडा ज़िले के रायगीर नामक कस्बे में '**शव दफनाने के कुछ पत्थर के मटके मिले जिनपर ब्राह्मी अक्षर दर्ज थे। उस मटकों के पत्थर भुरभुरे हो गये, हाथ लगाने से टूटते थे, इसलिए श्रीयजदानी ने उनपर के अक्षरों को सावधानी से नकल कर के उन्हें प्रकाशित कर दिया।[1] उन पत्थरों की उस दशा को देखते भूगर्भशास्त्रियों ने निर्णय किया कि ये मटके १००० ई० पू० से पहले के बने होने चाहिएँ।**'[2] आधुनिक विद्वान् अशोक के शिलालेखों को ब्राह्मी लिपि के सबसे पुराने लेख मानते थे। यज़दानी की कृपा से हमें उनसे लगभग हजार वर्ष पहले के ब्राह्मी अक्षर मिल गये। परन्तु अँगरेज के मिथ्या प्रचार से प्रभावित हिन्दी-साहित्य के हमारे अँगरेज़ी-दाँ इतिहास-लेखक यज़दानी के नाम तक से

---

१. जर्नल औफ दि हैदराबाद आर्कियोलौजिकल सोसाइटी। हैदराबाद पुरातत्त्व-सभा की पत्रिका) १९१७, पृ० ५६-७६।

२. जयचन्द्र विद्यालंकार—भारतीय इतिहास का उन्मीलन, छठा संस्करण, पृ० ६५; दी लैंग्वेज ऐंड स्क्रिप्ट प्रौब्लम इन दी पंजाब (पंजाब में भाषा और लिपि समस्या), पृ० ४५।

अपरिचित रहे। यद्यपि यज़दानी द्वारा उन मटकों के ब्राह्मी अक्षर १९१७ ई० में जर्नल औफ दी हैदराबाद आर्कियालौजिकल सोसाइटी में प्रकाशित किये जा चुके थे, काशी नागरी प्रचारिणी सभा द्वारा ४० वर्ष बाद १९५७ ई० में प्रकाशित और बनारस हिन्दू युनिवर्सिटी के इंडौलोजी कालेज के प्रिंसिपल डा० राजबली पांडेय द्वारा संपादित हिन्दी साहित्य के बृहत् इतिहास (प्रथम भाग) के पाँचवें खंड के लेखक डा० भगवतशरण उपाध्याय लिखते हैं—

"अत्यन्त प्राचीनकाल (सैंधव सभ्यता ३२५० वि० पू०—२०५० वि० पू०) के अतिरिक्त अशोक (ल० २१५-१७५ वि० पू०) से पहले प्रायः हजार वर्ष तक भारत में उत्कीर्ण लेखों के प्रमाण नहीं मिलते। उससे तीन सौ वर्ष पहले के लेख तो मिलते ही नहीं……"[१]

और अँगरेज़ के इस विषाक्त प्रचार का प्रभाव भारत में ही सीमित नहीं रहा, पाकिस्तान भी इसका शिकार बना। भारत और पाकिस्तान का विभाजन ही इस प्रचार का फल था। फिर इसी प्रचार के प्रभाव से पाकिस्तानी सरकार ने उर्दू को अपनी राष्ट्रभाषा घोषित किया और पूर्वी बंगाल के बँगला-भाषी मुसलमानों पर उसे थोपना चाहा, जिसके फलस्वरूप १९५२ में वहाँ दंगे हुए, गोलियाँ चलीं और गिरफ्तारियाँ हुईं। और १९७१ में 'पूर्वी पाकिस्तान' स्वतंत्र बाँगलादेश बन गया। आज बँगला वहाँ की राष्ट्रभाषा है। आज भी पाकिस्तानी सरकार सिंधियों पर उर्दू थोपने में सचेष्ट है और सिंधी उसका विरोध कर रहे हैं।

पदमावत के मेरे इस अनुशीलन से यदि यह भ्रान्त धारणा किसी हद तक दूर हो सकी तो मैं अपना श्रम सफल मानूँगा।

---

२. हिंदी साहित्य का बृहत् इतिहास, प्रथम भाग, पृ० ६८९

पाठ-निर्धारण

हिन्दी-भाषी प्रदेश में तुलसीदास के रामचरितमानस का घर घर प्रचार है। मानस का प्रचार होने पर पूर्ववर्ती साहित्य के अध्ययन-अध्यापन की परंपरा उठ गई, परवर्ती साहित्य उसके सामने टिक न सका। मानस के सामने टिकी रह सकीं या तो कालिदास की कृतियाँ या श्रीमद्भगवद्गीता। अन्य सभी ग्रन्थ—क्या वेद और क्या उपनिषद; क्या महाभारत और क्या वाल्मीकीय रामायण—लुप्तप्राय हो गये। और सबके साथ जायसी की पदमावत भी मानस के सामने टिक न सकी।

१६२०ओं में विश्वविद्यालयों में हिन्दी को स्थान मिला। तब बी० ए० एम०ए० के विद्यार्थियों के लिए पाठ्यग्रन्थों की खोज हुई। हिन्दू विश्वविद्यालय में बी० ए० और एम० ए० दोनों परीक्षाओं के लिए पदमावत पाठ्य पुस्तक नियत की गई। विद्यार्थियों के पाठ्य-ग्रन्थ रूप में १६२४ में पं० रामचन्द्र शुक्ल ने 'जायसी-ग्रन्थावली' का पहला संस्करण प्रकाशित किया। यद्यपि इसके पूर्व 'पदमावत' के कुछ संस्करण छप चुके थे किन्तु वे भ्रष्ट अथवा अधूरे थे। यों पदमावत को हिन्दी जगत् के सम्मुख सुसम्पादित रूप में लाने का श्रेय शुक्लजी को है। शुक्लजी द्वारा निर्धारित पाठ ही लगभग तीन दशकों तक प्रामाणिक माना जाता रहा। १६५२ में डा० माताप्रसाद गुप्त ने जायसी-ग्रन्थावली का संस्करण प्रकाशित किया। उसमें एक प्रकार से शुक्लजी के पाठ को चुनौती दी गई। उसके प्रकाशकों ने लिखा—"**डा० माताप्रसाद गुप्त वैज्ञानिक पद्धति के अनुसार पाठ निर्धारण के क्षेत्र में प्रतिष्ठा प्राप्त कर चुके हैं।……उन्होंने अनेकानेक दुर्लभ प्राचीन प्रतियों के आधार पर**

बड़े ही परिश्रम के साथ जायसी की समस्त रचनाओं का पाठ स्थिर किया है।" १९५५ में डा० वासुदेवशरण अग्रवाल की 'पदमावत (मूल और संजीवनी व्याख्या) प्रकाशित हुई। अग्रवालजी ने गुप्तजी के पाठ को प्रामाणिक माना। उन्होंने लिखा—'**पदमावत के मूल पाठ पर जमी हुई काई को पाठ-संशोधन की वैज्ञानिक युक्ति से हटा कर श्री माताप्रसाद जी गुप्त ने हिन्दी साहित्य के क्षेत्र में महत्वपूर्ण कार्य किया है।…… उन्होंने उपलब्ध हस्तलिखित प्रतियों की छानबीन करके पाठ शोधन की वैज्ञानिक प्रणाली से पाठ का निर्णय किया है।……'**[1]

इस प्रकार इस समय पदमावत के दो पाठ मिलते हैं; एक शुक्लजी का, दूसरा गुप्तजी का। डा० मुंशीराम शर्मा ने पहले पाठ के अनुसार १९४७ ई० में 'पदमावत का भाष्य' प्रकाशित किया और डा० वासुदेव-शरण अग्रवाल ने दूसरे पाठ को स्वीकार किया।

हमने इस संग्रह के संपादन में आँख मूँद कर किसी एक पाठ को नहीं लिया। अर्थ की दृष्टि से जो पाठ उत्कृष्ट मालूम हुआ उसी को ग्रहण किया है। हमारी पाठ-निर्धारण की एकमात्र कसौटी अर्थ-सौष्ठव रही है। दोनों पाठों के कुछ स्थलों के मिलान से यह बात स्पष्ट हो जायगी।

१. शुक्लजी—

एक दिवस पून्यो तिथि आई, मानसरोदक चली नहाई।

४।१।१

गुप्तजी—

एक देवस कौनिउँ तिथि आई। मानसरोदक चली अन्हाई।

५६।१

१- वासुदेवशरण अग्रवाल, पदमावत (मूल और संजीवनी व्याख्या), प्राक्कथन, पृष्ठ ६।

गुप्तजी को दो प्रतियों में 'कौनिउं' के स्थान पर 'पून्यो' पाठान्तर मिला, फिर भी उन्होंने 'वैज्ञानिक पद्धति' से 'कौनिउँ' पाठ निर्धारित किया।

'एक दिवस कौनिउँ तिथि आई' कहने की कवि को क्या आवश्यकता थी ? स्पष्ट है कि पाठ-निर्धारण की जिस वैज्ञानिक पद्धति का गुप्तजी ने प्रयोग किया है या तो उसी में कोई दोष है या उसका प्रयोग करने के तरीके में।

२. **शुक्लजी**—

अस फँदवार केस वै परा सीस गिउ फाँद।
अस्टौ कुरी नाग सब अरुझ केस के बाँद॥

१०।१।८-९

गुप्तजी—

अस फँदवारे वै राजा परा सीस गियँ फाँद।
अस्टौ कुरी नाग ओरगाने भै केसन्हि के बाँद॥

९९।८-९

डा० अग्रवाल ने उत्तरार्ध का अर्थ किया है :—

"अष्ट कुल के नागों के अधिपति मानों उन्हीं केशों में बंदी वने हुए थे।"

शुक्लजी के पाठ का अर्थ है 'उसके केशों के फंदे में आठों कुलों के सभी नाग (अगणित) फँसे हुए थे।' अर्थात् पदमावती के केश बहुत घने थे। गुप्तजी के पाठ से केशों की गिनती हो गई; कुल आठ केश थे, यह कहना कवि को कदापि अभीष्ट न था।

३. **शुक्लजी**—

बरनौं गीउ कंबु कै रीसी, कंचन-तार-लागि जनु सीसी।१
चाक चढ़ाई साँच जनु कीन्हा, बाग तुरंग जानु गहि लीन्हा।४
पुनि तेहि ठाँव परी तिनि रेखा, घूँट जो पीक लीक सब देखा।६

कंठसिरी मुकुतावली सोहे अभरन गीउ ।८
लागै कंठहार होइ को तप साधा जीउ ।।९
१० । १३ । १, ४, ६, ८, ९

गुप्तजी—

बरनौं गीवँ कूंज कै रीसी, कंज नार जनु लागेउ सीसी ।१
चाक चढ़ाइ साँच जनु कीन्हा, वाँक तुरंग जानु गहि लीन्हा ।४
पुनि तिहि ठाँव परी तिरि रेखा, घूँटतपीक लीक सब देखा ।६
कंठ सिरी मुकुताहल माला सोहै अभरन गीवँ ।८
को होइ हार कंठ ओहि लागै केइँ तपु साधा जीवँ ।९
१११ । १, ४, ६, ८, ९

शुक्लजी के पाठ का अर्थ है—(१) अब मैं उसकी शंख को भी ईर्ष्यालु कर देने वाली ग्रीवा का वर्णन करता हूँ। वह ऐसी है मानो किसी शीशी में स्वर्ण-तार लगे हुए हों। (४) चाक पर चढ़ा कर उसको (गोलाई) सच्ची की गई है अथवा जैसे घोड़े की लगाम खींच ली गई हो (लगाम खींचने पर घोड़ा गरदन ऊँची कर लेता है)। (६) और उनकी गरदन पर जो तीन रेखाएँ पड़ी हुई हैं वे ऐसी प्रतीत होती हैं जैसे कि जब वह पान की पीक घूँटती है तो वे रेखाएँ उस पीक के अन्दर जाने की लीक सरीखी सबको दिखाई देती हैं। (८) कंठश्री और मुक्तावली जैसे आभूषण उसको ग्रीवा में शोभा दे रहे हैं। (९) किस प्राणी ने ऐसी तप-साधना की है जो उनके कंठ में हार बन कर लगेगा।

"कंब्रु = शंख, रीसी = ईर्ष्या (उत्पन्न करने वाली)।"

गुप्तजी ने अर्थ किया है—"(१) [अब] उसकी ग्रीवा का वर्णन करता हूँ जो क्रौञ्च (की ग्रीवा) के सदृश है, अथवा जो मानो स्तबक (के रूप) में लगा हुआ कंज-नाल है। (४) वह ग्रीवा मानो चक्र पर चढ़ा कर सच्ची (सुडौल) की हुई है, अथवा वह ऐसी लगती है मानो उस बाँके (घोड़े) तुरंग की हो जो पकड़ लिया गया

हो। (६) पुनः उसी स्थान (ग्रीवा) में [एक[तिर्यक् रेखा पड़ी हुई है और जब वह पान [का लाल रस] गले से उतारती है, उसकी समस्त लीक दिखाई पड़ती है। (८) उस ग्रीवा में कंठश्री तथा मुक्तहार के आभरण शोभा देते हैं। (९) [पता नहीं] कौन हार हो कर उस कंठ से लगेगा, और किस जीव ने [उसके लिए आवश्यक] तप की साधना की है।

कूंज < कुंच < क्रौञ्च। रीसि < सदृश। नार < नाल। सोस < शीर्ष = स्तबक। बाँक < बंक < वक्र। तिरि < तिरिअ < तिर्यक् = तिरछी, बाँकी। मुकताहल < मुक्ताफल = मोती।"

इसमें मुख्य पाठ-भेद निम्नलिखित हैं—

शुक्लजी	गुप्तजी
१. कंबु	कूंज
२. कंचन-तार	कंज नार
३. बाग	बाँक
४. तिनि रेखा	तिरि रेखा
५. मुकुतावली	मुकताहल माला
६. दोहे में १३-११ मात्राएँ	दोहे में १६-११ मात्राएँ

१. **कंबु-कूंज**—साहित्य में ग्रीवा का मान्य उपमान कंबु है या क्रौंच? क्रौंच की ग्रीवा लंबी होती है और कम्बु की नाटी। ऊपर दिये बत्तीस गुणोत्थ सल्लक्षणों के अनुसार नाटी ग्रीवा सुन्दर होती है—जैसे मुर्गे मोर कबूतर घोड़े और कम्बु (शंख) की। लंबी ग्रीवा सुंदर नहीं होती—जैसे ऊँट कंगारू जिराफ शुतुरमुर्ग और क्रौंच की। देवर्षि नारद ने आदि कवि को राम के गुण बताते हुए कहा था—

बुद्धिमान् नीतिमान् वाग्मी श्रीमाञ्छत्रुनिवर्हणः।
विपुलांसो महाबाहुः कम्बुग्रीवो महाहनुः॥

वाल्मीकीय रामायण १,१,९

हमारे साहित्य में ग्रीवा का उपमान कंबु है, क्रौंच नहीं।

२. **कंचन-तार—कंजनार**—जिस शीशी में स्वर्ण-तार लगे हों, वह ग्रीवा का सुन्दर उपमान है। स्तबक के रूप में लगा हुआ कंच-नाल तो ग्रीवा के सदृश हो ही नहीं सकता। फिर गुप्तजी ने 'सीस' का तत्सम 'शीर्ष' बता कर उसका अर्थ 'स्तबक' किया है। परन्तु जायसी का पाठ 'सीसी' है। 'सीसी' का तत्सम 'शीर्ष' नहीं होता। 'शीर्ष' का अर्थ 'स्तबक' नहीं है। वृहत् हिन्दी कोश के अनुसार शीर्ष का अर्थ है—सिर, मस्तक, माथा, ललाट; किसी वस्तु का सिरा, सबसे ऊपरी हिस्सा; और 'स्तबक' का अर्थ है—स्तुति; स्तुतिपाठक, बंदी; फूलों का गुच्छा, गुलदस्ता; अध्याय, परिच्छेद। गुलदस्ता ग्रीवा का उपमान हो ही नहीं सकता—कालिदास ने पुष्पस्तबक को स्तन का उपमान माना था—

पर्याप्तपुष्पस्तबकस्तनाभ्यः स्फुरत् प्रवालौष्ठमनोहराभ्यः।
लतावधूभ्यस्तरवोऽप्यवापुर्विनम्रशाखा भुजबन्धनानि॥

—कुमारसंभवम्, ३३९

और डा० माताप्रसाद स्तबक को ग्रीवा का उपमान मानते हैं। हम किसे प्रमाण मानें? कवि कालिदास को या डा० माताप्रसाद को?

३. **बाग—बाँक**—गुप्तजी का अर्थ हास्यास्पद है। (सवार के) बाग (लगाम) पकड़ने पर घोड़ा गरदन ऊँची कर लेता है, जो सुन्दर लगती है।

४. **तिनि रेखा—तिरि रेखा**—अमरकोश में ग्रीवा के नाम हैं—

कण्ठो गलोऽथ ग्रीवायां शिरोधिः कन्धरेत्यपि
कम्बुग्रीवा त्रिरेखा सा

अर्थात् जिस ग्रीवा में तीन रेखाएँ पड़ती हों उसे कम्बुग्रीवा कहते हैं। शंख की ग्रीवा में तीन रेखाएँ होती हैं। इसलिए 'तिनि रेखा' ही शुद्ध पाठ है। 'तिरि रेखा' भी शुद्ध हो सकता है यदि 'तिरि' को संस्कृत 'त्रि' का तद्भव मान कर इसका अर्थ 'तीन' किया जाय। परन्तु गुप्तजी तो इसका अर्थ 'एक तिर्यक् रेखा' करते हैं।

५. **मुकुतावली—मुकताहल माला**—अमरकोश के अनुसार ग्रीवा के आभूषणों के नाम हैं—

ग्रैवेयकं कण्ठभूषा लम्बनं स्याल्लन्तिका
स्वर्णैः प्रालम्बिकाथोरः सूत्रिकाः मौक्तिकैः कृता
हारो मुक्तावली देवच्छन्दोऽसौ शतयष्टिका

कंठभूषा (कंठश्री) और मुक्तावली ग्रीवा के आभूषणों के शुद्ध नाम हैं, मुक्ताहल माला नहीं।

६. **दोहे की मात्राएँ**—दोहे में १३-११ मात्राएँ होती हैं। जायसी ने १३-११ मात्राओं का दोहा ही रचा होगा; १६-११ मात्राओं का नहीं।

इस छन्द का शुक्लजी का पाठ अमरकोश के अनुसार है और अत्यन्त उत्कृष्ट पाठ है।

४. शुक्लजी—

टूटे मन नौ मोती, फूटे मन दस काँच।
लीन्ह समेटि सब अभरन, होइगा दुख कर नाच॥

१२। ८ ८-९

गुप्तजी—

टूट मनै नव मोती, फूट मनै दस काँच।
लीन्ह समेटि ओबरिन, होइगा दुख कर नाँच॥

१३३। ८-९

डा० अग्रवाल ने इसका अर्थ किया है—

"नौ मन मोती टूट गए और दस मन काँच की चूड़ियां फूट कर बिखर गईं। सब कोठरियों में समेट कर बहार दिया गया। दुःख का नाच समाप्त हो गया।"

और टिप्पणी दी है—

"ओबरिन=रनिवास की कोठरियाँ, कमरे। यह कठिन पाठ था,

जिसे कई प्रकार से सरल किया गया—·········किन्तु ये पाठान्तर मूल की अपेक्षा निकृष्ट हैं। सं० अपवरक (= बैठने का भीतरी कमरा मोनियर विलियम्स संस्कृत कोष, पृ० ५२) >प्रा० अपवरक, अववरक (पासद्द० पृ० १०४)।"

डा० अग्रवाल ने 'क्लिष्ट पाठ' का हौआ खड़ा किया है और उसके लिए बड़े बड़े कोशों के बीच में घसीटना उनकी कला है। 'ओबरी' कोई कठिन शब्द नहीं है, जिसका अर्थ शुक्लजी या पदमावत के अन्य संपादक न जानते हों। उसके लिए मोनियर विलियम्स के कोश के प्रमाण की आवश्यकता भी नहीं है। हिन्दी के किसी भी साधारण से कोश में इसका अर्थ मिल सकता है। रनिवास के कमरे या बैठने के भीतरी कमरे को ही नहीं, किसी भी छोटी कोठरी को ओबरी कहते हैं। स्वयं जायसी ने जेल की अँधेरी कालकोठरी को ओबरी कहा है—

घालि निगड़ ओबरी लेइ मेला, साँकरि औ अँधियार दुहेला।

आधुनिक साहित्य में भी इसका प्रयोग मिलता है—

"रोती रोती सूबेदारनी ओबरी में चली गई। लहना भी आँसू पोंछता हुआ बाहर आया[1]।"

और इसका संस्कृत मूल 'अपवरक' न हो कर 'विवर' होना अधिक संभव है। यह तो हुई डा० अग्रवाल के क्लिष्ट पाठ के हौए की समीक्षा। अब उनके अर्थ पर गौर कीजिए। मोती टूटे और चूड़ियाँ फूट गईं, सब कोठरियों में समेट कर बहार दिया गया।—'बहार दिया गया' किसका अर्थ हुआ ? कोठरियों में समेट कर बहारा क्या जायगा ? कोठरियों में तो समेट कर रखा जायगा। 'ओबरी' लाने के लिए 'बहारना' भी ऊपर से लाया गया। और 'दुःख का नाच समाप्त हो गया' तो हास्यास्पद अर्थ है; 'समाप्ति'-सूचक कोई शब्द जायसी के दोहे में है ही नहीं। वस्तुस्थिति यह है कि दुःख तो अब आरंभ ही हुआ है।

---

१. चन्द्रधर शर्मा गुलेरी—'उसने कहा था'।

जायसी ने सीधी सी बात कही थी कि (रानियाँ छाती पीट पीटकर रोईं जिससे) मोती टूट गये और चूड़ियाँ फूट गईं, उन्होंने गहने उतारकर रख दिये (स्त्रियाँ दुःख के समय गहने उतार देती हैं।)

शुक्लजी का पाठ अर्थ की दृष्टि से उत्तम पाठ है।

५. शुक्लजी—

कोइ बोहित जस पौन उड़ाहीं , कोई चमकि बीजु अस जाहीं ।

१५।६।१

गुप्तजी—

कोइ बोहित जस पवन उड़ाहीं, कोई चमकि बीजु बर जाहीं ।

१५७।१

डा० अग्रबाल ने इसका अर्थ किया है :—

"कोई जहाज हवा की तरह उड़े जाते थे। कोई चमक कर मानो बिजली की शक्ति से चले जाते थे।"

आज भी जहाज बिजली की शक्ति से नहीं चलते, अणु शक्ति से भले ही चलते हैं। हाँ, आज का कबि बिजली की शक्ति से जहाज चलने की कल्पना कर सकता है। परन्तु फैराडे (१७९१-१८६७ ई०) के १८३१ के आविष्कार से पहले बिजली की शक्ति से जहाज चलने की कल्पना कवि न कर सकते थे, जायसी ने भी न की होगी। 'बीजु अस जाहीं' इतनी उत्प्रेक्षा तो जायसी कर पाये होंगे, 'बीजु बर जाहीं' यह उत्प्रेक्षा उन्होंने न की होगी।

६. शुक्लजी—

(क) कै अस्तुति जब बहुत मनावा , सबद अकूत मँडप महँ आवा ।

१७।२।१

(ख) उतरु को देइ, देव मरि गएउ , सबद अकूत मँडप महँ भएउ ।

२०।१०।२

गुप्तजी—

(क) कै अस्तुति जौं बहुत मनावा , सबद अकूट मँडप महँ आवा ।
१६६।१

(ख) उतर को देइ देव मरि गएऊ , सबद अकूट मँडप महँ भएउ ।
१६२।२

शुक्लजी ने 'अकूत' का अर्थ किया है :—

(क) 'अकूत=आप से आप, अकस्मात्'

(ख) 'अकूत=परोक्ष, आकाशवाणी'

और डा० अग्रवाल ने अर्थ किया है :—

(क) "जब उसने इस प्रकार स्तुति कर के देवता को बहुत मनाया तब मंडप में दिव्य शब्द सुनाई दिया—

टिप्पणी :—अकूट—यह क्लिष्ट पाठ था (और भी, १६२।२) जिसे सरल करके अकूत (=अज्ञात) किया गया । अकूट <प्रा० अकुट्ट (प्रा० धातु कुट्ट=छेदन करना, काटना) । व्यक्ति के मुख से निकला हुआ शब्द खंडित या परिमित होता है किन्तु महाकाश का शब्द दिव्य और अखंड होता है । अथवा, कूट=भौतिक शरीर; अकूट=अभौतिक, दिव्य !"

(ख) " 'उत्तर कौन दे, देवता तो मर गया है,' यह दिव्य शब्द मंडप में उत्पन्न हुआ ।"

शुक्लजी ने 'अकूत' पाठ दिया है और गुप्तजी ने 'अकूट' । और डा० अग्रवाल ने उसके समर्थन में वही क्लिष्ट पाठ का हौआ खड़ा किया है । 'अकूट' शुद्ध पाठ होने पर भी डा० अग्रवाल उसका शुद्ध अर्थ नहीं कर पाये और न उसकी ठीक व्युत्पत्ति ही खोज पाये हैं । 'कूट' शुद्ध संस्कृत शब्द है :

मायानिश्चलयन्त्रेषु कैतवानृतराशिषु ।
अयोघने शैलशृंगे सीराङ्गे कूटमस्त्रियाम् ।।[1]

---

१. अमरकोश, ३, ५, ३६ ।

"कूट (वि०)—मिथ्या।

कूटः, कूटम्—१. कपट, छल, माया, धोखा। २. चालाकी, जालसाजी। ३. विषम प्रश्न, क्लिष्ट रचना। ४. झूठ, मिथ्या। ५. पर्वत की चोटी का शिखर। ६. निकास, ऊँचाई। ७. माथे की हड्डी, शिखा। ८. सींग। ९. कोना, छोर। १०. प्रधान, मुख्य। ११. ढेर, समूह। १२. हथौड़ा, घन। १३. हल का फल। १४. हिरन फँसाने का जाल। १५. गुप्ति। १६. कलसा, घड़ा। (पुं०) १७. घर, आवास-स्थल। १८. अगस्त्य का नाम।"[१]

"कूट—पु० (सं०) छल, धोखा, कपट, बनावट; म्यान आदि में छिपाया हुआ हथियार; जटिल प्रश्न: पहाड़ की चोटी; सींग; राशि, ढेर लोहे का मुँगरा; फाल; असत्य; व्यंग्य; निहाई; कोना; नगर-द्वार; गृह; अगस्त्य मुनि; ललाट की अस्थि; शीर्ष; हिरन फँसाने का जाल; घड़ा; वह बैल जिसके सींग टूटे हों। वि०अचल; बनावटी; घृणित; असत्य।"[२]

यही 'कूट' शब्द चित्रकूट, हेमकूट, अन्नकूट, सूरदास के कूट, कूट-तुला, कूट-रचना, कूट-मान, कूट-साक्षी, कूट-युद्ध, कूट-नीति, कूट-प्रश्न, कूट-मुद्रा आदि शब्दों में विभिन्न अर्थों में आया है।

'नञ्' पूर्वक 'कूट' से 'अकूट' शब्द बना है, जिसका अर्थ है 'छल छन्द से रहित सत्यवचन'। इन दोनों स्थलों पर 'अकूट' पाठ ही जायसी को अभिप्रेत था।

७. शुक्लजी

नैन ज्यों चक्र फिरैं चहुँ ओरा, बरजै धाय समाहिं न कोरा।

१८।६।१

गुप्तजी

---

१. संस्कृत-शब्दार्थ-कौस्तुभ।

२. बृहत् हिन्दी कोश।

नैन जो चक्र फिरैं चहुँ ओराँ , चरचै धाइ समाइ न कोराँ।

१७३।१

डा० अग्रवाल ने इसका अर्थ किया है—

"नेत्र चक्र की तरह चारों ओर घूमते थे। धाय चरचती (वर्जित करती) पर वे अपनी कोर में न समाते थे।"

यद्यपि 'बरजै' और 'चरचै' दो भिन्न भिन्न पाठ हैं, डा० अग्रवाल ने 'चरचै' का अर्थ 'बरजै' ही कर दिया है। परन्तु 'चरचै' का यह अर्थ नहीं है। चरचना का अर्थ है—पहचानना; ताड़ना, भाँपना[1]। इस अर्धाली का अर्थ है—पदमावती के नेत्र चक्र की तरह चारों ओर फिरते हैं, अपनी कोरों में नहीं समाते—धाय इस बात को भाँप लेती है।

यहाँ 'चरचै' उत्तम पाठ है।

८. शुक्लजी

अगिनि साँस सँग निसरै ताती , तरुवर जरहिं ताहि कै पाती।

२३।१४।३

गुप्तजी

अगिनि स्वाँस सँग निकसै ताती, तरिवर जरहिं तहाँ का पाती।

२३०।३

गुप्तजी के पाठ का डा० अग्रवाल ने अर्थ किया है—

'साँसों के साथ अग्नि की जलती लपटें निकल रही थीं जिसकी झार से वृक्ष भी जल रहे थे, पत्रिका (पाती = पत्ती या पत्रिका) का तो कहना ही क्या ?

'पाती' का अर्थ पत्ती है या पत्रिका यह अग्रवालजो निश्चय से नहीं कह पाते और गोलमाल करते हैं। फिर जब 'वृक्ष जल रहे हैं' कहा तो पत्तियों की बात अलग क्यों कही जायगी ? पत्तियाँ तो वृक्ष का भाग ही हैं।

---

१. बृहत् हिन्दी कोश।

'पाती' संस्कृत शब्द पतत्रि, पतत्त्री या पत्त्री[1] का तद्भव रूप है, जिसका अर्थ है पक्षी। और शुक्लजी के पाठ का अर्थ है—सुए की गरम साँस के साथ आग निकल रही थी, उससे वृक्ष जल कर भस्मावशेष हो गये और उन पर बैठे पक्षी भी। अग्नि इतनी विकराल थी कि पक्षियों को उसका ज्ञान होने से पहले ही पेड़ और उन पर बैठे पक्षी जल कर भस्मावेश हो गये, उन्हें उड़ जाने का मौका ही न मिला। अग्नि का प्रचंड वेग और विकरालता व्यंग्य है जो 'ताहि कै पाती' द्वारा कहा गया है।

शुक्लजी के पाठ में व्यंग्यार्थ प्रधान होने से वह अत्युत्तम पाठ है।

९. शुक्लजी

तब उदंत छाला लिखि दीन्हा, बेगि आउ चाहै सिध कीन्हा।

२२।२०।७

गुप्तजी—

तब उड़ंत छाला लिखि दीन्हा, बेगि आउ चाहौं सिध कीन्हा।

२३३।७

शुक्लजी के पाठ का डा० मुंशीराम ने अर्थ किया है—

"तब उन्होंने सब वृत्तान्त इस पत्र में लिख दिया है और कहा है कि यदि सिद्धि प्राप्त करना चाहते हो तो शीघ्र आओ। (छाला=पत्र। उदंत=समाचार)"

और गुप्तजी के पाठ का डा० अग्रवाल ने अर्थ किया है—

"उसने तुम्हारे लिए लिखा है—'उड़ंत छाल पर बैठ कर तुरन्त आओ में तुम्हें सिद्ध बनाना चाहती हूँ ......

उड़ंत छाला—उड़ने वाली मृगछाला। मध्यकालीन विश्वास के अनुसार सिद्धि प्राप्त योगी मृगछाला पर बैठ कर आकाश मार्ग से चाहे जहाँ जा सकता था।"

---

१. शकुन्तिपक्षिशकुनिशकुन्तशकुनद्विजाः
पतत्त्रिपत्त्रिपतगपतत्पत्त्ररथाण्डजाः
नगौकोवाजिविकिरविविष्किरपतत्त्रयः।—अमरकोश, २,६,३२-३३

इसका अर्थ यह हुआ कि हीरामन ने पदमावती का पत्र पढ़ कर सुनाया। भला हीरामन उस पत्र को क्यों पढ़ेगा ? और उस पत्र में क्या लिखा है यह भी ऊपर आ चुका है, उसमें यह कहीं नहीं लिखा कि उडंत छाल पर बैठ कर तुरन्त आओ। इससे पहले यह भी कहा है—

देखेसि जागि सुआ सिर नावा , पाती देइ मुख बचन सुनावा।

जब सुए ने पाती दे दी तो राजा स्वयं उसे पढ़ लेगा, सुआ क्यों बतायेगा कि इसमें क्या है। और यदि राजा छाल पर बैठ कर उड़ कर पदमावती के पास पहुँच सकता था तो वह सेंध लगा कर गढ़ में क्यों घुसा और पकड़ा क्यों गया ?

शुक्लजी का उदंत पाठ बहुत सुन्दर है। इसका अर्थ है—संवाद, वृत्तान्त। '**वार्त्ता प्रवृत्तिर्वृत्तान्त उदन्तः स्यात्।**'[१] वृक्ष की छाल[२] पर पत्र लिखने की पुरानी प्रथा थी। और पत्र के साथ मौखिक संदेश भी दिया जाता है। राजा ने हीरामन को पत्र लिख कर दिया था तो कहा था—'**औ मुख बचन सो कहेसु परेवा**.........' अब पदमावतीं ने भी पत्र के साथ मौखिक संदेश भी दिया। वही हीरामन कह रहा है कि पदमावती ने सब वृत्तान्त पत्र में लिख दिया है, वह तुम्हें सिद्ध करना चाहती है, जल्दी चलो। 'उड़ंत' से 'उदंत' उत्कृष्ट पाठ है।

१०. शुक्लजी

बिरह बान तस लाग न डोली , रकत पसीज भीजि गइ चोली।
सूखा हिया हार भा भारी , हरे हरे प्रान तर्जाहं सब नारी ॥

३०। २। ३-४।

---

१. अमरकोश, १, ६, ७।

२. 'छाल—पुं० चिट्ठी या पत्र (जो पहले छाल पर लिखा जाता था।)'—प्रामाणिक हिन्दी कोश।

अर्थ—······उसका रक्त पसीज गया (जिससे) चोली भीग गई। (रक्त निकल जाने से) हृदय सूख गया, हार (=हाड़ (अस्थिपंजर) सँभालना भी) उसे भारी हो गया (शरीर में शक्ति न रही, शक्ति का स्रोत रक्त है, जब शरीर में रक्त ही न रहा तो शक्ति कैसे रहेगी), उसकी सब नारी (नाड़ियाँ) धीरे धीरे प्राण छोड़ने लगीं।

गुप्तजी

बिरह बान तस लाग न डोली, रकत पसीज भीजि तन चोली।
सखि हिय हेरि हार मैन मारी, हहरि परान तजै अब नारी॥
३४२। ३-४।

अर्थ—"रक्त के पसीजने से शरीर की चोली भीज गई। सखी ने मन में विचार कर देखा कि मदन की सताई हुई यह बाला अब हार गई है और काँप काँप कर प्राण छोड़ देना चाहती है।"

"सूखा हिया हार भा भारी' जायसी के सबसे सुन्दर चित्रों में से है। 'सखि हिय हेरि हार मैन मारी' पाठ में अर्थ का वह सौंदर्य जाता रहा। इतना ही नहीं, इसमें चौपाई की १६ के स्थान पर १७ मात्राएँ हैं और गति का अभाव है।

११. शुक्लजी

दहिने फिरै सो अस उजियारा, जस जग चाँद सुरुज मनियारा।
३१। ६। ७

गुप्तजी

दहिनें फिरै सो अस उँजियारा, जस जग चाँद सुरुज औ तारा।
३६७। ७

गुप्तजी के पाठ का डा० अग्रवाल ने अर्थ किया है—'**जो दाहिने चलता है, वही ऐसा उज्ज्वल होता है, जैसे संसार में चाँद, सूर्य, और तारे हैं।**'

क्या चन्द्रमा सूर्य और तारे सदा दाहिने चलते हैं? और क्या वे

सदा उज्ज्वल होते हैं ? चन्द्रमा के घटने-बढ़ने की व्याख्या क्या अग्रवालजी के अर्थ से होती है ?

शिव-मन्दिर और हनुमान-मन्दिर में प्रवेश कर बायें घूम कर देवता की प्रदक्षिणा की जाती है; देवता सदा दाहिने हाथ रहते हैं, इसलिए इस घूमने को प्रदक्षिणा कहा जाता है; परन्तु यह बायें चलना होता है। विवाह में अग्नि की प्रदक्षिणा की जाती है। विष्णु-मन्दिर में देवता की प्रदक्षिणा नहीं की जाती, मन्दिर में प्रवेश कर दाहिने हाथ घूमते हैं। परिक्रमा में देवता सदा बायें हाथ रहते हैं। प्रयाग में अक्षयवट की परिक्रमा होती है। प्रदक्षिणा में बायें चलना होता है, परिक्रमा में दायें चलना।

चक्की और रहट दाहिने चलते हैं, घड़ी की सुइयाँ बायें चलती हैं। कुम्हार का चाक और तेली का बैल भी बायें चलते हैं (पर कहीं कहीं तेली का बैल दाहिने भी चलता है।) चन्द्रमा शुक्ल पक्ष की द्वितीया को पश्चिम में उदय हो कर दक्षिण होता हुआ पूर्णिमा की रात को पूर्व में जा पहुँचता है, यह दाहिने घूमना हुआ। वही फिर कृष्ण पक्ष में पूर्व से पश्चिम जाता है दक्षिण हो कर, यह बायें घूमना हुआ। इस प्रकार चन्द्रमा दाहिने घूमता है तो क्रमशः मनियारा (उज्ज्वल) होता जाता है और बायें घूमता है तो क्रमशः उसका क्षय होता है। सूर्य सदा पूर्व से पश्चिम में अस्त होता है। माघ से आषाढ तक उत्तर हो कर पूर्व से पश्चिम जाता है, यह दाहिने घूमना हुआ; इस अवधि में दिन क्रमशः बड़ा होता जाता है। श्रावण से पौष तक सूर्य दक्षिण हो कर पूर्व से पश्चिम जाता है, यह बायें घूमना हुआ। इस काल में दिन क्रमशः छोटा होता जाता है।

'मनियारा' के व्यंग्यार्थ का 'औ तारा' ने गला घोंट दिया ! शुक्लजी का पाठ अत्यन्त चमत्कारपूर्ण है।

१२. शुक्लजी—
छेंका कोट जोर अस कीन्हा, घुसि कै सरग सुरँग तिन्ह दीन्हा।
४६।१०।१

गुप्तजी—
छेंका गढ़ जोरा अस कीन्हा, खसिया मगर सुरँग तेईं दीन्हा।
५२५।१

डा० अग्रवाल का अर्थ—"शाह ने गढ़ छेक लिया और उसे तोड़ने के लिये इस प्रकार जोर लगाया। खसिया और मगर जाति के लोगों को गढ़ में सुरंग लगाकर उड़ाने का काम सौंपा।

टिप्पणी—जोरा अस कीन्हा—गढ़ तोड़ने के लिये शाह ने दो उपाय किए, एक सुरंग लगा कर उड़ाना और दूसरे गरगज बाँध कर तोपों से कोट तोड़ना।

खसिया—कुमायूँ-गढ़वाल की लड़ाकू खस जाति थी। श्रीशंभुप्रसादजी बहुगुणा ने मुझे सूचित किया है कि 'खस जाति युद्ध प्रिय रही है। ये सुरंगों से ही नहीं अन्य आसान तरीकों से चट्टानों को तोड़ देते हैं।'

मगर-जाति नेपाल में मिलती है।'

गुप्तजी का अर्थ—"[बादशाह ने] गढ़ को छेंककर [उसके घेरे को] बेड़ी सा कर दिया और उसने खसिया तथा मगर [के पर्वतीय] जैसी सुरँगें लगाते हैं, उस प्रकार की सुरंगें [गढ़ तक] लगवाईं।

जोरा < जौलाँ [फ़ा०] = बेड़ी। खसिया = खस जाति के निवास का हिमालय का प्रदेश। मगर = मगर जाति के निवास का हिमालय का प्रदेश।"

अलाउद्दीन के काल में तोपें न थीं। तोपें पहलेपहल ईसवी १६वीं शताब्दी के आरम्भ में पुर्तगाली (फिरंगी) और बाबर (तुर्क, रूमी) भारत में लाये। दिल्ली का राज्य पाने पर शेरशाह ने भी तोपें ढलवाईं और अपने शत्रु पुर्तगालियों और तुर्कों के मुकाबले में उन्हीं के समान दक्ष मिस्री (हबशी) तोपचियों को अपनी सेवा में लिया। यों 'हब्शी

रूमी और फिरंगी' तोपची प्रसिद्ध हुए। जायसी द्वारा तोपों और सुरंगों द्वारा गढ़ ढहाने के वर्णन का आधार शेरशाह द्वारा गढ़ ढहाना है। जायसी ने कहा भी है—

जो गढ़ नएउ न काहुहि, चलत होइ सो चूर।
जब वह चढ़ै भूमिपति, सेरसाहि जग सूर॥

और सुरंग लगा कर गढ़ की दीवार को उड़ा देना शेरशाह की विशिष्ट रणनीति थी; जैसी तुलुगमा मंगोलों की। सुरंग लगाना बड़ी जोखिम का काम था, उसके लिए जान पर खेलना पड़ता था। स्वयं शेरशाह को इसी जोखिम में जान से हाथ धोना पड़ा था। शेरशाह की मृत्यु का इतिहास में निम्न विवरण मिलता है—

"राजस्थान से छुट्टी पा कर शेरशाह ने बुन्देलखण्ड बघेलखण्ड जीतने के लिए कालंजर पर चढ़ाई कर उस गढ़ को घेर लिया...... कालंजर के सात महीने के घेरे के बाद एक दिन बारूद में आग लगने से शेरशाह की देह जल गई। उसी साँझ को गढ़ लिया जाने के बाद उसने प्राण त्याग दिये (१५४५ ई०)।"[१]

भारत के मैदान में १६वीं शताब्दी के आरंभ से आग्नेयास्त्रों का प्रयोग होने लगा था, परन्तु हिमालय में बंदूक और बारूद १८वीं शताब्दी के मध्य तक अज्ञात थे। १७४२ ई० में पृथ्वीनारायण शाह गोरखा की गद्दी पर बैठा। उसने नुवाकोट पर आक्रमण किया। काठमांडू और पाटन के राजाओं ने नुवाकोट को सहायता दी। पृथ्वीनारायण सफल न हुआ। तब उसे यह सूझा कि 'मदेस' (मध्यदेश, नेपाल के दक्षिण का मैदान) से बंदूक बारूद आदि ला कर अपनी सेना की शक्ति बढ़ानी चाहिए। उसने काशी की यात्रा की और वहाँ से बंदूक बारूद बनाने

१. जयचन्द्र विद्यालंकार—भारतीय इतिहास का उन्मीलन, ५वाँ संस्करण, पृ० ४७१

वाले कुछ कारीगरों को अपने साथ ले गया।[1] आग्नेयास्त्रों के प्रयोग से पृथ्वीनारायण ने नुवाकोट और नेपाल दून को जीता। कुमाऊँ-गढ़वाल में आग्नेयास्त्र उसके बाद पहुँचे। नेपाल तथा कुमाऊँ-गढ़वाल के लोग १७४२ तक आग्नेयास्त्र को न जानते थे। उससे दो सौ वर्ष पहले कुमाऊँ-गढ़वाल और नेपाल की 'खसिया' और 'मगर' जातियों से सुरंग लगवाने की बात जायसी ने न कही होगी। डा० अग्रवाल और डा० गुप्त का अर्थ इसलिए असंगत और पाठ विकृत है।

'शुक्लजी के पाठ का अर्थ है—उन्होंने स्वर्ग में घुस कर (जान पर खेल कर) सुरंग लगा दी। शेरशाह के काल की परिस्थिति को देखते हुए अर्थ समीचीन प्रतीत होता है। शुक्लजी का पाठ उत्कृष्ट है।

१३. **शुक्लजी**

भँवरा ऊपर कँवल भवावौं, लेइ चलु तहाँ सूर जहँ पावौं।
हिय कै हरदि बदन कै लोहू, जिउ बलि देउँ सो सँवरि बिछोहू।
५१।२१४-५

गुप्तजी—

कँवलन्ह ऊपर भवँर उड़ावौं, सूरज जहाँ तहाँ लै लावौं।
हिय कै हरद बदन के लोहू, जिउ बलि देउँ सो सँवरि बिछोहू।
६०८।४-५

गुप्तजी के पाठ का डा० अग्रवाल ने अर्थ किया है—'(नेत्र रूपी) कमलों पर से (पुतली रूपी) भौंरों को उड़ा कर वहाँ भेजूंगी जहाँ वह सूर्य (रतनसेन) है। उस प्रियतम के वियोग का स्मरण करती हुई मैं हृदय का केसरिया बाना करके और मुँह को सुर्खरू बना कर अपना प्राण निछावर कर दूँगी। (हिय कै हरद—हरदी का रंग पीला होता है। हृदय को उसके रंग से काया को केसरिया बनाऊँगी। कमल के हृदय में यों भी स्वभावतः केसर रहता है और ऊपर मुख लाल होता है। पद्मा-

---

१. जयचन्द्र विद्यालंकार—भारतीय इतिहास की मीमांसा, पृ० ४६४

वती का आशय है कि वीर वधू का केसरिया बाना धारण कर अब मैं सुर्खरू बनना चाहती हूँ। बदन कै लोहू—मुख लाल कर के सुर्खरू बनकर।)'

डा० अग्रवाल ने अच्छा खासा वाग्जाल बिछा दिया है। उनकी इतनी लंबी व्याख्या के बावजूद इन अर्द्धालियों का अर्थ स्पष्ट नहीं हुआ।

ये दोनों अर्धालियाँ पदमावती ने गोरा-बादल के इस प्रश्न के उत्तर में कही हैं—

........................, कहाँ पावँ पदमावति धारा।

उलटि बहा गंगा कर पानी, सेवक बार आइ जो रानी।

पहली अर्धाली उलटी उलटवाँसी है और दूसरी कूट। 'भवावौं' संस्कृत 'भ्रम्' धातु के तद्भव रूप की प्रेरणार्थक क्रिया के भविष्यत् काल का उत्तम पुरुष एकवचन का रूप है। इसका संस्कृत रूप है 'भ्रामयिष्यामि।' भ्रम् धातु का तद्भव रूप अब पंजाबी भाषा में ही रह गया है, हिन्दी-भाषियों के लिए यह क्रिया अपरिचित सी हो गई है। इस अर्धाली का पंजाबी अनुवाद इस प्रकार होगा—

भौंरे उत्ते कौल भवाँवाँ, लै चल जित्थे सूरज पाँवाँ।

'भ्रामयन् सर्वभूतानि यन्त्रारूढ़ानि मायया' में 'भ्रामयन्' इसी भ्रम धातु का प्रेरणार्थक शतन्त रूप है। और 'भ्रमर' (भौंरा) भी इसी धातु से बना है। साधारणतः भौंरा कमल पर चक्कर काटता है, परन्तु पदमावती कहती है कि 'मैं भौंरे पर कमल को चक्कर कटवाऊँगी। (भौंरा = रतनसेन, कमल = पदमावती।) अर्थात्—हे गोरा बादल! तुम पूछते हो, मैं यहाँ कहाँ आई? मैं तो यहीं तक क्यों, रतनसेन के पीछे बड़ी दूर का चक्कर काटूँगी; जहाँ वह सूर्य (रतनसेन) है तुम मुझे वहाँ ले चलो।' दूसरी अर्धाली में लक्षणा से 'हरदि' का अर्थ 'पीला रंग' और 'लोहू' का अर्थ 'लाल रंग' किया गया है। परन्तु हल्दी गाँठ होती है, इसलिए लक्षणा से 'हिय कै हरदि' का अर्थ हुआ हृदय की गाँठ = दिल

को कष्ट देने वाली बात=दुःख । बदन के लोहू=चेहरे की लाली, प्रसन्नता, सुख । जिउ=प्राण । अर्थात् उस बिछोही रतनसेन को याद करके मैं दुख सुख और प्राण सब कुछ वार दूँगी ।

शुक्लजी का पाठ अत्युत्तम है ।

१४. शुक्लजी—

तेहि दुख लेत बिरिछ बन बाढ़े , सीस उघारे रोवहिं ठाढ़े ।

५१ । ३ । ४

गुप्तजी

तेहि दुख केत बिरिख बन बाढ़े , सीस उघारे रोवहिं ठाढ़े ।

६०६ । ४

गुप्तजी के पाठ का डा० अग्रवाल ने अर्थ किया है—'दुःख के उस वृक्ष से निकल कर और भी जंगल में कितने वृक्ष बढ़ गए हैं जो सिर नंगा किये हुए खड़े रोते हैं ।' 'केत' का अर्थ डा० अग्रवाल ने 'कितने ही' किया है जो कि बड़ी क्लिष्ट कल्पना है । शुक्लजी का पाठ 'लेत' संस्कृत का तत्सम शब्द है । इसका अर्थ है आँसू । तो शुक्लजी के पाठ का अर्थ हुआ—उसी दुःख के आँसुओं से सींचे जा कर जंगल के वृक्ष बढ़े हैं··· । व्यंग्यार्थ—आँसुओं और उनके कारण-भूत दुःख का आधिक्य ।

यहाँ भी शुक्लजी का पाठ उत्कृष्ट है ।

१५. शुक्लजी—

राजहिं चलीं छोड़ावै तहँ रानी होइ ओल ।
तीस सहस तुरि खिची सँग, सोरह सै चंडोल ।

५३ । २ । ८-९

गुप्तजी—

रानी चली छड़ावै राजहिं आपु होइ तेहि ओल ।
बतिस सहस सँग तुरिअ खिचावहिं सोरह सै चंडोल ॥

६२२ । ८-९

गुप्तजी ने उत्तरार्ध का अर्थ किया है—**'बत्तीस सहस्र घोड़े उन सोलह सौ चंडोलो को खिंचा रहे थे।'** अर्थात् एक एक चंडोल में बीस बीस घोड़े जुते थे !

अग्रवालजी ने उत्तरार्ध का अर्थ किया है—**'वह संग में बत्तीस सहस्र घोड़े और सौलह सौ चंडोल ले जा रही है।'**

गुप्तजी ने अन्य प्रतियों के जो पाठान्तर दिये हैं, उनमें श्रीगोपाल-चंद्रजी की प्रति में 'बत्तिस सहस' के स्थान पर 'तीनि सहस' पाठ है।

तीस हजार वा बत्तीस हजार सवार यदि सोलह सौ चंडोलों के साथ गये होते तो अलाउद्दीन को अवश्य संदेह हुआ होता। तीस या बत्तीस हजार सवारों की फौज बहुत बड़ी होती है। स्वयं अलाउद्दीन कुल आठ हज़ार सवार ले कर देवगिरि पर चढ़ा था। तीस या बत्तीस हज़ार सवार सुनते ही वह चौकन्ना न हो जायगा !

फिर जब राजा को कैद से छुड़ा कर गोरा-बादल चित्तौड़ की ओर चले और शाह की फौज ने पीछा किया तो गोरा एक हज़ार सवारों को ले कर उस फौज को रोकने को खड़ा हो गया और बाकी योद्धाओं और राजा को ले कर बादल चित्तौड़ की ओर दौड़ पड़ा। तो बादल के संग २९ या ३१ हज़ार योद्धा रहे होंगे। बादल का लक्ष्य था जल्दी से जल्दी राजा को चित्तौड़ गढ़ में पहुँचाना और गोरा का लक्ष्य था अधिक से अधिक देर तक शाही फौज को अटकाये रखना। बादल को जल्दी पहुँचने के लिए कम से कम अंगरक्षकों की आवश्यकता थी (लोमश ने तीर्थयात्रा के लिए गमनोद्यत युधिष्ठिर को उपदेश दिया था—**लघुर्भव महाराज लघुः स्वैरं गमिष्यति**) और गोरा को शाही फौज को अटकाये रखने के लिए अधिक से अधिक फौज की। यदि ३० या ३२ हज़ार सवार थे तो बादल २९ या ३१ हज़ार अंगरक्षक ले गया और गोरा १००० योद्धाओं की टुकड़ी से अपार शाही सेना को रोकने को खड़ा हुआ ! उससे यह अधिक स्वाभाविक दीखता है कि बादल

२००० अंगरक्षकों के साथ राजा को भगा ले गया और गोरा एक हजार योद्धाओं को ले कर जूझने को खड़ा हो गया। गोरा-बादल तीन हजार सवार ले कर ही चित्तौड़ से चले होंगे। इसलिए श्रीगोपालचंद्रजी की प्रति का पाठ शुक्लजी और गुप्तजी दोनों के पाठ से उत्कृष्ट है।

१६. शुक्लजी—

सुधि बुधि तौ सब बिसरी, भार परा मझ बाट।
हस्ति घोर को काकर, घर आनी गई खाट।

५५। २। ८-९

गुप्तजी—

सुद्धि बुद्धि सब बिसरी, बाट परी मँझ बाट।
हस्ति घोर को काकर घर आना कै खाट।

६४६। ८-९।

चौथे चरण का डा० अग्रवाल ने अर्थ किया है—**'उसे खाट पर डाल कर घर लाए।'**

गुप्त जी ने अर्थ किया है—**'उसे खाट पर करके घर लाया गया।'** और टिप्पणी में खाट का अर्थ किया है—**'खाट < खट्वा = चारपाई।'**

खाट खट्वा का तद्भव रूप नहीं है, तत्सम शब्द है, जिसका अर्थ है वह तख्ता जिस पर रख कर लाश को श्मशान ले जाते हैं।[1] युद्ध क्षेत्र में वह तख्ता तैयार न हुआ होगा। राजा को पहले रथ में डाल कर घर लाये होंगे और वहाँ पूरी तैयारी के साथ खाट (तख्ता) तैयार करके उस-पर डाल कर उसे श्मशान ले गये होंगे, जब रानियाँ भी साथ गई होंगी। शुक्लजी के पाठ का अर्थ है—'खाट घर लाई गई' और लक्षणा से 'खाट' का अर्थ 'उस पर लाई गई चीज—लाश'—है। 'लाश घर लाई गई' कहना अशुभ माना जाता है, इसलिए कवि ने कहा 'घर

---

१. खे (ऊद्ध्र्वे) अटति (गच्छति) अनेन इति खाटः।

आनी गइ खाट' और यही शुद्ध पाठ है। यह अवधी की प्रकृति के अनुरूप भी है। खड़ी बोली में जहाँ कर्तृवाच्य का प्रचलन है वहाँ अवधी में कर्मवाच्य का प्रयोग अधिक होता है।

गुप्तजी ने जिस प्रति को उत्कृष्ट समझा उसी के पाठ को तरजीह दी। परन्तु कोई आदमी कहीं भूल कर सकता है कोई कहीं। यह आवश्यक नहीं कि किसी प्रतिलिपिकार के सभी पाठ दूसरे प्रतिलिपिकार के पाठों से अधिक प्रामाणिक हों। जब जायसी के हाथ की लिखी प्रति उपलब्ध नहीं है तब जहाँ कहीं दो या अधिक पाठान्तर मिलें वहाँ अर्थ-सौष्ठव ही पाठ-निर्धारण की कसौटी होनी चाहिये। इस संग्रह में इसी कसौटी पर कस कर पाठ निर्धारित किया गया है। आँख मूँद कर न शुक्लजी का पाठ सर्वत्र रखा गया है, न गुप्तजी का। एक दो स्थानों पर तो इन दोनों के स्वीकृत पाठ को छोड़ कर गुप्तजी द्वारा दिये गये पाठान्तरों को अपनाया गया है।

———

खंड-विभाजन

पदमावत का खंड-विभाजन जायसी का किया हुआ नहीं है; वह शुक्लजी का किया हुआ है। डा० माताप्रसाद गुप्त ने इस खंड विभाजन को स्वीकार नहीं किया; अन्य सब संपादकों और टीकाकारों ने शुक्लजी का खंड-विभाजन ज्यों का त्यों अपना लिया है।

शुक्लजी का खंड-विभाजन इस प्रकार है—

(१) स्तुति-खंड
(२) सिंहलद्वीप-वर्णन खंड
(३) जन्म खंड
(४) मानसरोदक खंड
(५) सुआ खंड
(६) रत्नसेन-जन्म खंड
(७) बनिजारा खंड
(८) नागमती-सुआ-संवाद खंड
(९) राजा-सुआ संवाद खंड
(१०) नख-शिख खंड
(११) प्रेम खंड
(१२) जोगी खंड
(१३) राजा-गजपति-संवाद खंड
(१४) बोहित खंड
(१५) सात समुद्र खंड
(१६) सिंहल-द्वीप खंड
(१७) मंडपागमन खंड
(१८) पदमावती-वियोग खंड
(१९) पदमावती-सुआ-भेंट खंड
(२०) वसंत खंड
(२१) राजा रत्नसेन-सती खंड
(२२) पार्वती-महेश खंड
(२३) राजा-गढ़-छेंका खंड
(२४) गंधर्वसेन-मंत्री खंड
(२५) रत्नसेन-सूली खंड
(२६) रत्नसेन-पद्मावती-विवाह खंड
(२७) पद्मावती-रत्नसेन-भेंट खंड
(२८) रत्नसेन-साथी खंड
(२९) षट्-ऋतु-वर्णन खंड
(३०) नागमती-वियोग खंड
(३१) नागमती-संदेश खंड
(३२) रत्नसेन-विदाई खंड
(३३) देशयात्रा खंड
(३४) लक्ष्मी-समुद्र खंड

(३५) चित्तौर-आगमन खंड
(३६) नागमती-पदमावती-विवाद खंड
(३७) रत्नसेन-संतति खंड
(३८) राघव-चेतन-देस-निकाला खंड
(३९) राघव-चेतन-दिल्ली-गमन खंड
(४०) स्त्री-भेद-वर्णन खंड
(४१) पद्मावती-रूप-चर्चा खंड
(४२) बादशाह-चढ़ाई खंड
(४३) राजा-बादशाह-युद्ध खंड
(४४) राजा-बादशाह-मेल खंड
(४५) बादशाह-भोज खंड
(४६) चित्तौरगढ़-वर्णन खंड
(४७) रत्नसेन-बंधन खंड
(४८) पद्मावती-नागमती-विलापखंड
(४९) देवपाल-दूती खंड
(५०) बादशाह-दूती खंड
(५१) पद्मावती-गोरा-बादल-संवाद खंड
(५२) गोरा-बादल-युद्धयात्रा खंड
(५३) गोरा-बादल-युद्ध खंड
(५४) बंधन-मोक्ष; पद्मावती-मिलन खंड
(५५) रत्नसेन-देवपाल-युद्ध खंड
(५६) राजा रत्नसेन-बैकुंठवास खंड
(५७) पद्मावती-नागमती-सती खंड

(४५) बादशाह-भोज खंड में केवल रसोई बनने का वर्णन है, भोज का नहीं। (४६) चित्तौड़गढ़-वर्णन खंड में बादशाह के चित्तौड़गढ़ में आने, भोज, शतरंज खेलने और पदमावती की परछाईं देखने का वर्णन है। इस खंड की पहली अर्धाली का शुक्लजी ने यह पाठ दिया है—

जेवाँ साह जो भएउ बिहाना, गढ़ देखैं गवना सुलताना।

'जेवाँ' का अर्थ 'भोजन किया' करके शुक्लजी ने यह माना कि शाहभोजन कर चुका है; और इसलिए उन्होंने ४५वें खंड का नाम बादशाह-भोज खंड रखा। परन्तु ४६वें खंड में बादशाह के चित्तौड़गढ़ देख लेने के बाद भोज का वर्णन है; अर्थात् उस समय तक बादशाह ने भोजन न किया था। डा० माताप्रसाद गुप्त ने ४६वें खंड की पहली अर्धाली का पाठ दिया है—

सीझि रसोई भएउ बिहानू, गढ़ देखैं गवनै सुलतानू।

और यह पाठ शुद्ध प्रतीत होता है, क्योंकि इससे पहले रसोई बनने का ही वर्णन है; और इस अर्धाली में कहा गया है—(रात भर रसोई बनती रही—)रसोई बन गई और प्रातः काल हुआ तो सुलतान गढ़ देखने गया। और गढ़ देखने के बाद फिर भोज का वर्णन है। यों ४५वें खंड का नाम रसोई खंड और ४६वें खंड का नाम बादशाह-भोज खंड होना चाहिये। हमने शुक्लजी का खंड-विभाजन इस संशोधन के साथ स्वीकार किया है।

पदमावत का ऐतिहासिक आधार

●●

संवत् १९८१ (१९२४ ई०) में आचार्य रामचन्द्र शुक्ल ने जायसी-ग्रन्थावली का प्रथम संस्करण प्रकाशित किया। संवत् १९९२ (१९३६ ई०) में उन्होंने उसका दूसरा संशोधित संस्करण निकाला और उसके बाद उसके कई संस्करण निकले। उसकी भूमिका में 'ऐतिहासिक आधार' शीर्षक के अन्तर्गत उन्होंने लिखा—

"पदमावत की संपूर्ण आख्यायिका को हम दो भागों में विभक्त कर सकते हैं। रत्नसेन की सिंहलद्वीप-यात्रा से लेकर पद्मिनी को लेकर चित्तौर लौटने तक हम कथा का पूर्वार्ध मान सकते हैं और राघव के निकाले जाने से लेकर पद्मिनी के सती होने तक उत्तरार्ध। ध्यान देने की बात यह है कि पूर्वार्ध तो बिलकुल कल्पित कहानी है और उत्तरार्ध ऐतिहासिक आधार पर है। ऐतिहासिक अंश के स्पष्टीकरण के लिए टॉड राजस्थान में दिया हुआ चित्तौड़गढ़ पर अलाउद्दीन की चढ़ाई का वृत्तांत हम नीचे देते हैं—

" 'विक्रम संवत् १३३१ में लखनसी चित्तौर के सिंहासन पर बैठा। वह छोटा था इससे इसका चाचा भीमसी (भीमसिंह) ही राज्य करता था। भीमसी का विवाह सिंहल के चौहान राजा हम्मीर शंक की कन्या पद्मिनी से हुआ था जो रूप-गुण में जगत् में अद्वितीय थी। उसके रूप की ख्याति सुन कर दिल्ली के बादशाह अलाउद्दीन ने चितौड़ पर चढ़ाई की। घोर युद्ध के उपरान्त अलाउद्दीन ने संधि का प्रस्ताव भेजा कि मुझे एक बार पद्मिनी का दर्शन ही हो जाय तो मैं दिल्ली लौट जाऊँ। इस पर यह ठहरी कि अलाउद्दीन दर्पण में पद्मिनी की छाया मात्र देख सकता है। इस प्रकार युद्ध बन्द हुआ और अलाउद्दीन

बहुत थोड़े से सिपाहियों के साथ चित्तौरगढ़ के भीतर लाया गया। वहाँ से जब वह दर्पण में छाया देख कर लौटने लगा तब राजा उस पर पूरा विश्वास करके गढ़ के बाहर तक उसको पहुँचाने आया। बाहर अलाउद्दीन के बहुत-से सैनिक पहले से घात में लगे हुए थे। ज्यों ही राजा बाहर आया वह पकड़ लिया गया और मुसलमानों के शिविर में जो चित्तौर से थोड़ी दूर पर था, कैद कर लिया गया। राजा को कैद करके यह घोषणा की गई कि जब तक पद्मिनी न भेज दी जायगी, राजा नहीं छूट सकता।

" 'चित्तौर में हाहाकार मच गया। पद्मिनी ने जब यह सुना तब उसने अपने मायके के गोरा और बादल नाम के दो सरदारों से मंत्रणा की। गोरा पद्मिनी का चाचा लगता था और बादल गोरा का भतीजा था। उन दोनों ने राजा के उद्धार की एक युक्ति सोची। अलाउद्दीन के पास कहलाया गया कि पद्मिनी जायगी, पर रानी की मर्यादा के साथ। अलाउद्दीन अपनी सब सेना वहाँ से हटा दे और परदे का पूरा इन्तजाम कर दे। पद्मिनी के साथ बहुत सी दासियों के सिवा बहुत सी सखियाँ भी होंगी जो केवल उसे पहुँचाने और बिदा कराने जायँगी। अंत में सौ पालकियाँ अलाउद्दीन के खेमे की ओर चलीं। हर एक पालकी में एक एक सशस्त्र वीर राजपूत बैठा था। एक एक पालकी उठाने वाले छः छः कहार थे, वे भी कहार बने हुए सशस्त्र सैनिक थे। जब वे शाही खेमे के पास पहुँचे तब चारों ओर कनातें घेर दी गईं। पालकियाँ उतारी गईं। पद्मिनी को अपने पति से अन्तिम भेंट करने के लिए आधे घंटे का समय दिया गया। राजपूत चटपट राजा को पालकी में बिठा कर चित्तौड़गढ़ की ओर चल पड़े। शेष पालकियाँ मानो पद्मिनी के साथ दिल्ली जाने के लिए रह गईं। अलाउद्दीन की भीतरी इच्छा भीमसी को चित्तौरगढ़ जाने देने की न थी। देर देख कर वह घबराया। इतने में पालकियों से वीर राजपूत

निकल पड़े। अलाउद्दीन पहले से सतर्क था। उसने पीछा करने का हुक्म दिया। पालकियों से निकले हुए राजपूत बड़ी वीरता से पीछा करने वालों को कुछ देर तक रोके रहे पर अन्त में एक एक करके वे सब मारे गए।

" 'इधर भीमसी के लिये बहुत तेज घोड़ा तैयार खड़ा था। वह उस पर सवार हो कर गोरा बादल आदि कुछ चुने हुए साथियों के साथ चित्तौरगढ़ के भीतर पहुँच गया। पीछा करने वाली मुसलमान सेना फाटक तक साथ लगी आई। फाटक पर घोर युद्ध हुआ। गोरा बादल के नेतृत्व में राजपूत वीर खूब लड़े। अलाउद्दीन अपना सा मुँह लेकर दिल्ली लौट गया; पर इस युद्ध में चित्तौर के चुने चुने वीर काम आए। गोरा भी इसी युद्ध में मारा गया। बादल, जो चारणों के अनुसार केवल बारह वर्ष का था, बड़ी वीरता के साथ लड़ कर जीता बच आया। उसके मुँह से अपने पति की वीरता का वृत्तान्त सुन कर गोरा की स्त्री सती हो गई।

" 'अलाउद्दीन ने संवत् १३४६ (सन् १२९० ई०; पर फरिश्ता के अनुसार १३०३ ई० जो कि ठीक माना जाता है) में फिर चित्तौरगढ़ पर चढ़ाई की। इसी चढ़ाई में राणा अपने ग्यारह पुत्रों सहित मारे गये। जब राणा के ग्यारह पुत्र मारे जा चुके और स्वयं राणा के युद्ध क्षेत्र में जाने की बारी आई तब पद्मिनी ने जौहर किया। कई सहस्र राजपूत ललनाओं के साथ पद्मिनी ने चित्तौरगढ़ के उस गुप्त भूहरे में प्रवेश किया जहाँ उन सती स्त्रियों को अपने गोद में लेने के लिए आग दहक रही थी। इधर यह कांड समाप्त हुआ उधर वीर भीमसी ने रणक्षेत्र में शरीर-त्याग दिया।'

"टॉड ने जो वृत्त दिया है वह राजपूताने में रक्षित चारणों के इतिहासों के आधार पर है। दो चार ब्योरों को छोड़ कर ठीक यही वृत्तान्त 'आइने अकबरी' में दिया हुआ है। 'आइने अकबरी' में भीमसी

के स्थान पर रतबसी (रत्नसिंह या रत्नसेन) नाम है। रतनसी के मारे जाने का व्योरा भी दूसरे ढंग पर है। 'आइने अकबरी' में लिखा है कि अलाउद्दीन दूसरी चढ़ाई में भी हारकर लौटा। वह लौट कर चित्तौर से सात कोस पहुँचा था कि रुक गया और मैत्री का नया प्रस्ताव भेज कर रतनसी को मिलने के लिए बुलाया। अलाउद्दीन की बार बार की चढ़ाइयों से रतनसी ऊब गया था इससे उसने मिलना स्वीकार किया। एक विश्वासघाती को साथ ले कर वह अलाउद्दीन से मिलने गया और धोखे से मार डाला गया। उसका सम्बन्धी अरसी चटपट चित्तौर के सिंहासन पर बिठाया गया। अलाउद्दीन चित्तौर की ओर फिर लौटा और उस पर अधिकार किया। अरसी मारा गया और पद्मिनी सब स्त्रियों के सहित सती हो गई।

"इन दोनों ऐतिहासिक वृत्तों के साथ जायसी द्वारा वर्णित कथा का मिलान करने से कई बातों का पता चलता है। पहली बात तो यह है कि जायसी ने जो 'रत्नसेन' नाम दिया है वह उनका कल्पित नहीं है, क्योंकि प्रायः उनके सम-सामयिक या थोड़े ही पीछे के ग्रंथ 'आइने अकबरी' में भी यही नाम आया था। यह नाम अवश्य इतिहासज्ञों में प्रसिद्ध था। जायसी को इतिहास की जानकारी थी। यह 'जायसी की जानकारी' के प्रकरण में हम दिखावेंगे। दूसरी बात यह है कि जायसी ने रतनसेन का मुसलमान के हाथ से मारा जाना न लिख कर जो देवपाल के साथ द्वन्द्वयुद्ध में कुँभनेरगढ़ के नीचे मारा जाना लिखा है उसका आधार शायद विश्वासघासी के साथ बादशाह से मिलने जाने वाला यह प्रवाद हो जिसका उल्लेख आइने-अकबरी-कार ने किया है।

"अपनी कथा को काव्योपयोगी स्वरूप देने के लिए ऐतिहासिक घटनाओं के व्यौरों में कुछ फेरफार करने का अधिकार कवि को बराबर रहता है। जायसी ने भी इस अधिकार का उपयोग कई स्थलों पर किया है। सबसे पहले तो हमें राघवचेतन की कल्पना मिलती है।

उपरान्त अलाउद्दीन के चित्तौरगढ़ घेरने पर संधि की जो शर्त (समुद्र से पाई हुई पाँच वस्तुओं को देने को) अलाउद्दीन की ओर से पेश की गई वह भी कल्पित है। इतिहास में दर्पण के बीच पद्मिनी की छाया देखने की शर्त प्रसिद्ध है। पर दर्पण में प्रतिबिम्ब देखने की बात का जायसी ने आकस्मिक घटना के रूप में वर्णन किया है। इतना परिवर्तन कर देने से नायक रत्नसेन के गौरव की पूर्ण रूप से रक्षा हुई। पद्मिनी की छाया भी दूसरे को दिखाने पर सम्मत होना रत्नसेन ऐसे पुरुषार्थी के लिए कवि ने अच्छा नहीं समझा। तीसरा परिवर्तन कवि ने यह किया है कि अलउद्दीन के शिविर में बंदी होने के स्थान पर रत्नसेन का दिल्ली में बन्दी होना लिखा है। रत्नसेन को दिल्ली में ले जाने से कवि को दूती और जोगिन के वृत्तान्त, रानियों के विरह और विलाप तथा गोरा बादल के प्रयत्नविस्तार का पूरा अवकाश मिला है। इस अवकाश के भीतर जायसी ने पद्मिनी के सतीत्व की मनोहर व्यंजना के अनन्तर बालक बादल का वह क्षात्र तेज तथा कर्तव्य की कठोरता का वह दिव्य मर्मस्पर्शी दृश्य दिखाया है जो पाठक के हृदय को द्रवीभूत कर देता है। देवपाल और अलाउद्दीन का दूती भेजना तथा बादल और उसकी स्त्री का संवाद ये दोनों प्रसंग इसी निमित्त कल्पित किए गए हैं। देवपाल कल्पित पात्र है। पीछा करते हुए अलाउद्दीन के चित्तौड़ पहुँचने के पहले ही रत्नसेन का देवपाल के हाथ से मारा जाना और अलाउद्दीन के हाथ से न पराजित होना दिखा कर कवि ने अपने चरित-नायक की आन रखी है।"[1]

इस प्रकार शुक्लजी ने पदमावत की कथा के उत्तरार्ध को ऐतिहासिक आधार पर माना है और उसके प्रमाण-स्वरूप टाड-कृत राजस्थान का वृत्तान्त उद्घृत किया है। इधर ४५-५० वर्षों में पदमावत के कई संस्करण प्रकाशित हुए हैं। कुछ संस्करणों से संपादक इस विषय में मौन हैं और

१. जायसी-ग्रन्थावली, पंचम संस्करण, भूमिका, पृष्ठ २२-२५

कुछ ने शब्दों के हेरफेर से शुक्लजी की बात को दोहरा दिया है, भले ही वे उसे अपनी मौलिक स्थापना कहते हैं।

क्या जायसी की कथा को टाड-कृत राजस्थान के उद्धरण से इतिहास पर आश्रित सिद्ध किया जा सकता है? टाड के किस्से में स्वयं कितनी अनर्गलता है!

(१) सबसे पहले, विक्रम संवत् १३३१ (ई० सन् १२७४) और वि० सं० १३४६ (ई० सन १२९०) में अलाउद्दीन दिल्ली का बादशाह न था। संवत् १३३१ के लगभग चित्तौड़ पर दिल्ली के बादशाह की चढ़ाई अवश्य हुई, परन्तु वह बादशाह अलाउद्दीन नहीं, बलबन था। अलाउद्दीन १२९५ ई० में दिल्ली का बादशाह बना।

(२) दूसरे, टाड के अनुसार भीमसी चित्तौड़ का राणा नहीं, राणा लखनसी का चाचा था। १३३१ में लखनसी छोटा था, मान लीजिए ५ वर्ष का था। तो दूसरी चढ़ाई के समय १३४६ में वह बीस वर्ष का युवा होगा। तब भीमसी क्यों राज्य करता रहा?

(३) तीसरे, सिंहल में तो क्या, दक्खिन भारत में भी कभी कोई चौहान राजवंश होने की बात क्या किसी भी इतिहास में है? और क्या मेवाड़ और सिंहल के बीच राजनीतिक व्यापारिक सम्बन्ध इस युग में रहने का कोई और प्रमाण या उल्लेख है?

(४) अलाउद्दीन की दूसरी चढ़ाई में राणा के ग्यारह पुत्र युद्ध में मारे गये। मान लीजिए यह चढ़ाई पहली हार का बदला लेने के उद्देश्य से ही की गयी, पद्मिनी को पाना इसका प्रयोजन न था। पर पहली चढ़ाई तो बादशाह ने केवल पद्मिनी को पाने के लिए की। दूसरी चढ़ाई में जो ग्यारह पुत्र युद्ध में मारे गये, पहली में वे सब पैदा तो हो ही चुके होंगे। इनमें से कितने पुत्र पद्मिनी के थे? उसकी कोई कन्या भी थी कि नहीं और कोई पुत्र छोटी आयु में गुजर गया था कि नहीं सो हम नहीं जानते, पर कई बेटे तो थे ही। इतिहास-लेखकों ने अलाउद्दीन को बड़ा संयमी

और प्रजाहितैषी सम्राट् लिखा है।[1] पर टाड के अनुसार मान लीजिए वह बड़ा लंपट था। पर क्या कोई लंपट भी कितने ही बेटों की मा पराई स्त्री को पाने के लिए ऐसी चढ़ाई करेगा जिसमें जीत निश्चित न हो ?

(५) सबसे बढ़ कर वाहियात बात टाड के किस्से में यह है कि अलाउद्दीन चित्तौड़ को नहीं ले पाता, हार कर लौटने को तैयार होता है, तो राणा से यह प्रस्ताव करता है कि अपनी स्त्री का मुँह मुझे दर्पण में दिखा दो और राणा ऐसा मूर्ख और ज़लील है कि लौटने को तैयार हारे हुए शत्रु का, जो अपनी राजधानी से ४०० किलोमीटर दूर है, पीछा करके उसे कुचल देने के बजाय झट उसके उस प्रस्ताव को मान लेता है ! बेशक, जायसी के कथानक में भी अलाउद्दीन के पद्मिनी को दर्पण में देखने की बात है। पर वहाँ राणा रतनसेन उसका सामन्त या जागीदार बनना स्वीकार कर उसे गढ़ में ले आता है और अलाउद्दीन अकस्मात् पद्मिनी की परछाँहीं देखता है। टाड के किस्से से ऐसा लगता है मानो हारे हुए शत्रु को अपनी बीबी का मुँह दिखाना **राजपूती** शालीनता और आतिथ्य का अंश था !

(६) फिर टाड का राणा भीमसी इतना बदहोश है कि वह अपने गढ़ के बाहर ही थके हारे शत्रु के हाथ कैद हो जाता है। चित्तौड़गढ़ के बाहर राणा के कैद किये जाने की बात जायसी के कथानक में भी है, पर उसमें राणा जागीरदार पहले ही बन चुका है; जागीरदार का सम्राट् द्वारा कैद किया जाना कोई अनहोनी बात न थी। टाड के किस्से में राणा भीमसी ने दिल्ली के बादशाह को अपना अधिपति नहीं माना था।

(७) भीमसी को छुड़ाने में 'चित्तौर के चुने चुने वीर काम' आते हैं। अलाउद्दीन की सेना गढ़ के फाटक तक फिर पहुँचती है, पर भीतर घुसने की फिर भी हिम्मत नहीं करती। 'अलाउद्दीन अपना सा मुँह ले कर दिल्ली लौट' जाता है !

---

१. डा० रघुवीरसिंह—पूर्व मध्यकालीन भारत, पृ० १२७-१३०।

(८) गोरा पद्मिमी का चाचा लगता था और बादल गोरा का भतीजा था। अर्थात् बादल पद्मिनी के दूसरे चाचा का लड़का था। तब वह भी चित्तौड़ में ही रहता होगा। पद्मिनी के दो चाचा और चचेरा भाई चित्तौड़ में कैसे रहने लगे ? उन्हें तो सिंहल में होना चाहिए था। चित्तौड़ उनकी लड़की (भतीजी) का घर था। उन्हें तो चित्तौड़गढ़ का पानी भी नहीं पीना चाहिए था। ऐतिहासिक तथ्य यह है कि पद्मिनी मेवाड़ की थी और गोरा और बादल चित्तौड़ के सरदार और उसके सम्बन्धी थे। पर जब टाड के किस्से में पद्मिनी सिंहल की बन गई तब गोरा और बादल उसके चाचा और भाई कैसे बने रहे ! जायसी ने पद्ममावती के सिंहल की राजकुमारी होने की कल्पना की, तो उन्होंने गोरा बादल का पदमावती के साथ कोई सम्बन्ध अप : : : : : रक्खा। पर टाड को अपने किस्से में संगति लाने की आवश्यकता नहीं दिखाई दी।

आश्चर्य की बात है कि टाड के वृत्तान्त की यह सब अनर्गलता शुक्लजी जैसे विवेचक ने न देखी; उलटा उसमें पदमावत का ऐतिहासिक आधार देखने का यत्न किया !

जिस समय शुक्लजी ने 'जायसी-ग्रन्थावली' प्रकाशित की ठीक उसी समय आचार्य गौरीशंकर हीराचन्द ओझा अपना प्रसिद्ध ग्रन्थ 'राजपूताने का इतिहास' लिख रहे थे। उसकी दूसरी जिल्द संवत् १९८३ में प्रकाशित हुई।

उसमें पदमावत की कथा दे कर ओझाजी ने लिखा—

"इतिहास के अभाव में लोगों ने 'पदमावत' को ऐतिहासिक पुस्तक मान लिया, परन्तु वास्तव में वह आजकल के ऐतिहासिक उपन्यासों की सी कवितावद्ध कथा है, जिसका कलेवर इन ऐतिहासिक बातों पर रचा गया है कि रतनसेन (रत्नसिंह) चित्तौड़ का राजा, पद्मिनी या पदमावती उसकी राणी और अलाउद्दीन दिल्ली का सुलतान था, जिसने रतन-

सेन (रत्नसिंह) से लड़ कर चित्तौड़ का किला छीना था। बहुधा अन्य सब बातें कथा को रोचक बनाने के लिये कल्पित खड़ी की गई हैं; क्योंकि रत्नसिंह एक बरस भी राज्य करने नहीं पाया, ऐसी दशा में योगी बन कर उसकी सिंहलद्वीप (लंका) तक जाना और वहाँ की राजकुमारी को ब्याह लाना कैसे संभव हो सकता है। उसके समय सिंहलद्वीप का राजा गंधर्वसेन नहीं, किन्तु राजा कीर्तिनिश्शंक देव पराक्रमबाहु (चौथा) या भुवनेकबाहु (तीसरा) होना चाहिये। सिंहलद्वीप में गंधर्वसेन नाम का कोई राजा ही नहीं हुआ। उस समय तक कुंभलनेर (कुंभलगढ़) आबाद भी नहीं हुआ था, तो देवपाल वहाँ का राजा कैसे माना जाय? अलाउद्दीन ८ बरस तक चित्तौड़ के लिये लड़ने के बाद निराश हो कर दिल्ली को नहीं लौटा, किन्तु अनुमान छः महीने लड़ कर उसने चित्तौड़ ले लिया था, वह एक ही बार चित्तौड़ पर चढ़ा था, इसलिये दूसरी बार आने की कथा कल्पित ही है।"[1]

आगे कर्नल टाड के पद्मिनी-प्रसंग का सारांश दे कर ओझाजी लिखते हैं—

"कर्नल टाड ने यह कथा विशेष कर मेवाड़ के भाटों के आधार पर लिखी है और भाटों ने उसको 'पद्मावत' से लिया है। भाटों की पुस्तकों में समरसिंह के पीछे रत्नसिंह का नाम न होने से टाड ने पद्मिनी का सम्बन्ध भीमसिंह से मिलाया और उसे लखमसी (लक्ष्मणसिंह) के समय की घटना मान ली। ऐसे ही भाटों के कथनानुसार टाड ने लखमसी का बालक और मेवाड़ का राजा होना भी लिख दिया, परन्तु लखमसी न तो मेवाड़ का कभी राजा हुआ और न बालक था, किन्तु सीसोदे का सामन्त (सरदार) था और उस समय वृद्धावस्था को पहुँच चुका था, क्योंकि वह अपने सात पुत्रों सहित अपना नमक अदा करने के लिये रत्नसिंह की सेना का मुखिया बन कर अलाउद्दीन के साथ की

---

१. ओझा—राजपूताने का इतिहास, दूसरा खंड, पृष्ठ ४९१-९२

लड़ाई में लड़ते हुए मारा गया था, जैसा कि वि० सं० १५१७ (ई० स० १४६०) के कुंभलगढ़ के शिलालेख से ऊपर बतलाया गया है। इसी तरह भीमसी (भीमसिंह) लखमसी (लक्ष्मणसिंह) का चाचा नहीं, किन्तु दादा था, जैसा कि राणा कुंभकर्ण के समय के 'एकलिंगमाहात्म्य' में पाया जाता है। ऐसी दशा में टाड का कथन भी विश्वासके योग्य नहीं हो सकता। 'पद्मावत', 'तारीख फिरिश्ता', और टाड के राजस्थान के लेखों की यदि कोई जड़ है, तो केवल यही कि अलाउद्दीन ने चित्तौड़ पर चढ़ाई कर छः मास के घेरे के अनन्तर उसे विजय किया; वहाँ का राजा रत्नसिंह इस लड़ाई में लक्ष्मणसिंह आदि कई सामन्तों सहित मारा गया, उसकी राणी पद्मिनी ने कई स्त्रियों सहित जौहर की अग्नि में प्राणाहुति दी; इस प्रकार चित्तौड़ पर थोड़े-से समय के लिये मुसलमानों का अधिकार हो गया। बाकी बहुधा सब बातें कल्पना से खड़ी की गई हैं।"[1]

ओझाजी का ग्रन्थ शुक्लजी की पुस्तक के प्रथम संस्करण के दो वर्ष बाद प्रकाशित हुआ। शुक्लजी प्रथम संस्करण के समय उसे देख न पाये थे। परन्तु उन्हें स्वयं टाड के वर्णन की अप्रामाणिकता दिखाई देनी चाहिए थी। और यदि वे उसे स्वयं नहीं देख पाये तो ओझाजी का ग्रन्थ प्रकाशित होने के बाद तो उन्हें अपने ग्रंथ में संशोधन करना चाहिए था। उनके ग्रंथ का दूसरा संस्करण ओझाजी का ग्रंथ प्रकाशित होने के नौ वर्ष बाद प्रकाशित हुआ। उन्होंने दूसरे संस्करण में बहुत संशोधन किये; परन्तु ओझाजी के ग्रन्थ का उपयोग नहीं किया।

टाड ने जो तोता-मैना के किस्सों को ले कर इतिहास नाम दे दिया, क्या वह स्वयं इनको इतिहास मानता था? टाड का उद्देश इतिहास लिखना था ही नहीं। उसका उद्देश क्या था यह ११५-१६ पर दिये उद्धरण से स्पष्ट हो जायगा। इससे प्रकट है कि जायसी ने कुछ

---

१. ओझा राजपूताने का इतिहास, दूसरा खंड, पृष्ठ ४९४-९५।

ऐतिहासिक घटनाओं के आधार पर जैसे अपना प्रेमकाव्य लिखा वैसे ही टाड ने अपना कूटनीति-काव्य लिखा, जिसमें उस प्रेमकाव्य की कहानी का भी दुरुपयोग किया। ओझाजी ने टाड की गलतियाँ पग पग पर दिखाई थीं। श्रीजयचन्द्र विद्यालंकार ने अपने अभिभाषण[1] में यह स्पष्ट किया था कि किस कारण और किन दशाओं में टाड ने वैसी गलत बातें लिखी थीं। इसके बाद उन गलतियों के बारे में कोई संदेह या भ्रम बाकी रहने की गुंजाइश नहीं रही। यह अभिभाषण हिन्दी के सब प्रमुख पत्रों में छपा और इसका मराठी अनुवाद तथा गुजराती सारानुवाद भी प्रकाशित हुआ। शुक्लजी के ग्रन्थ का दूसरा संस्करण तो इससे पहले निकल चुका था, किन्तु दूसरे जो लेखक इसके बाद भी शुक्लजी वाली बात दोहराते आते हैं, उनकी जागरूकता की बलिहारी है!

जैसा कि ओझाजी ने लिखा है टाड ने यह कथा विशेष कर मेवाड़ के भाटों के आधार पर लिखी है और भाटों ने उसको पदमावत से लिया है। तब टाड के सहारे जायसी की कथा का ऐतिहासिक आधार नहीं टटोला जा सकता। और जब पदमावत का ठीक ऐतिहासिक आधार ही नहीं पहचाना गया, तब जायसी ने 'ऐतिहासिक धटनाओं के ब्यौरे में' कवि के अधिकार से जो 'कुछ फेरफार' किये हैं, उनके सौष्ठव और सौन्दर्य के बारे में शुक्लजी और उनकी नकल करने वालों की सारी विवेचना निराधार और निरर्थक हो जाती है।

ओझाजी की समीक्षा तो एक ऐतिहासिक की टाड के तथाकथित इतिहास-ग्रन्थ की समीक्षा है। पदमावत काव्य है, इतिहास-ग्रन्थ नहीं है। ऊपर हम देख चुके हैं कि पदमावत का सिंहल द्वीप पूर्व समुद्र का कोई कल्पित द्वीप है[2] हम यह भी देख चुके हैं कि पदमावत के एक ही नायक

---

१. ऊपर पृ० ११५-१६ पर उद्धृत

२. पृ० १६३

के चरित में दो ऐतिहासिक राणाओं के चरित का और एक ही नायिका के चरित में दो ऐतिहासिक रानियों के चरित का समावेश जायसी ने किया है[1]। परन्तु प्रतिनायक दो भिन्न भिन्न व्यक्ति हैं। एक प्रसिद्ध ऐतिहासिक व्यक्ति है, दूसरे ऐतिहासिक व्यक्ति को कल्पित नाम दिया गया है[2]। दोनों प्रतिनायकों से संबद्ध कथानक की घटनाएँ—१. अलाउद्दीन का चित्तौड़ पर आक्रमण, चित्तौड़ का पतन और रानी पद्मिनी का जौहर और २. रतनसेन-देवपाल-द्वन्द्व, दोनों की मृत्यु और रानी पवाँर का सती होना—ऐतिहासिक घटनाएँ हैं—पहली १३०२ ई० की, दूसरी १५३१ ई० (जायसी के जीवनकाल) की[3]। राघवचेतन के चरित[4], हरेवों के आक्रमण[5] एवं बादशाह और राजा की संधि की शर्तों के पीछे भी ऐतिहासिक आधार है[6]। पदमावत के कथानक की पहली ऐतिहासिक घटना (१३०२ ई०) के समय कुंभलगढ़ नहीं बसा था, परन्तु दूसरी (१५३१ ई०) के समय कुंभलगढ़ बस चुका था और जायसी ने उसका संबंध दूसरी घटना से ही जोड़ा है। सिंहल के घर घर में पद्मिनी नारियों का होना जायसी ने कल्कि पुराण के आधार पर कहा है[7]। दो ऐसी ऐतिहासिक घटनाओं को, जिसमें सवा दो शताब्दियों का व्यवधान हो, ऐसे सुगठित कथानक में बाँध देना; कि चार शताब्दियों तक कोई पाठक या आलोचक उनका विश्लेषण न कर सके, जायसी की प्रतिभा का अद्भुत चमत्कार है और शायद इसीलिए जायसी ने कहा था—

भँवर आइ बनखँड हुति लेइ कँवल कै बास।
दादुर बास न पावई भलेहि जो आछै पास॥

● ●

---

१. पृ० ४४, २. पृ० ४३, ३. ऊपर पृ० ४६, ४. ऊपर पृ० ४७, ५. ऊपर पृ० ४७-४८, ६. ऊपर पृ० ४८, ७. ऊपर पृ० ६८,

पदमावत-सार

स्तुति खंड

ग्रंथारंभ में कवि ने 'अलख अरूप अबरन सो करता' का स्मरण कर उसके द्वारा संसार की रचना का वर्णन किया। तदनन्तर

कीन्हेसि पुरुष एक निरमरा, नाउँ मुहम्मद पूनिउँ करा।
प्रथम जोति बिधि तेहि कै साजी, औ तेहि प्रीति सिस्टि उपराजी।
दीपक लेसि जगत कहँ दीन्हा, भा निरमल जग मारग चीन्हा।
जौं न होत अस पुरुष उजारा, सूझि न परत पँथ अँधियारा।
दोसरइँ ठाँव दई वै लिखे, भए धरमी जे पाढ़त सिखे।
जगत बसीठ दई ओहि कीन्हा, दुइ जग तरा नावँ जेहि लीन्हा।
जेहि नहिं लीन्ह जनम सो नाऊँ, ताकहँ कीन्ह नरक महँ ठाऊँ।

गुन अवगुन बिधि पूँछब, होइहि लेख औ जोख।
होन्ह बिनउब आगे होइ, करब जगत कर मोख।।

चारि मीत जो मुहमद ठाऊँ, चहुँक दुहूँ जग निरमर नाऊँ।
अबाबकर सिद्दीक सयाने, पहिलइँ सिदिकदीन ओइँ आने।
पुनि सो उमर खिताब सुहाए, भा जग अदल दीन जौं आए।
पुनि उसमान पँडित बढ़ गुनी, लिखा पुरान जो आयत सुनी।
चौथे अली सिंघ बरियारू, सोहँ न कोऊ रहा जुझारू।
चारिउ एक मतै एक बाना, एक पंथ और एक सँधाना।
बचन जो एक सुनाएन्हि साँचा, भए परवान दुहूँ जग बाँचा।

जो पुरान बिधि पठवा सोई पढ़त गिरंथ।
और जो भूले आवत सो सुनि लागे पंथ।।

सेरसाहि ढिल्ली सुलतानू , चारिउ खंड तपै जस भानू ।
ओही छाज छात औ पाटा , सब राजा भुइँ धरहिं लिलाटा ।
जाति सूर औ खांडे सूरा , औ बुधिवंत सबै गुन पूरा ।
सूर नवाए नवखंड वई , सातउ दीप दुनी सब नई ,
तहं लगि राज खड़ग बर लीन्हा , इसकंदर जुलकरन जो कीन्हा ।
हाथ सुलेमां केरि अँगूठी , जग कहँ दान दीन्ह भरि मूठी ।
औ अति गरू पुहुमिपति भारी , टेकि पुहुमि सब सिस्टि सँभारी ।

दीन्ह असीस मुहम्मद , करहु जुगहि जुग राज ।
बादसाह तुम्ह जगत के , जग तुम्हार मुहताज ।।

शेरशाह की सेना प्रताप रूप दान आदि का विस्तार से वर्णन कर कवि ने अपनी गुरु-परंपरा का उल्लेख किया; तब

एक नैन कवि मुहमद गुनी , सोइ बिमोहा जेहि कवि सुनी ।
चाँद जैस जग बिधि औतारा , दीन्ह कलंक कीन्ह उजिआरा ।
जग सूझा एकै नैनाहाँ , उआ सूक जस नखतन्ह माहाँ ।
जौ लहि अंबहिं डाभ न होई , तौ लहि सुगँध बसाइ न सोई ।
कीन्ह समुद्र पानि जौं खारा , तौ अति भएउ असूझ अपारा ।
जौ सुमेरु तिरसूल बिनासा , भा कंचनगिरि लाग अकासा ।
जौ लहि घरी कलंक न परा , काँच होइ नहिं कंचन करा ।

एक नैनज स दरपन और निरमल तेहि भाउ ।
सब रुपवंतइ पाउँ गहि मुख जोहहिं कै चाउ ।।

जायस नगर धरम अस्थानू , तहाँ आइ कवि कीन्ह बखानू[1] ।
औ बिनती पँडितन सन भजा , टूट सँवारेहु मेरवहु सजा ।

---

१. पाठान्तर—तहवाँ यह कवि कीन्ह बखानू ।

हौं सब कविन्ह केर पछिलगा, किछु कहि चला तबल तेइ डगा।
हिय भँडार नग अहै जो पूँजी, खोली जीभ तारु कै कूँजी।
रतन पदारथ बोल जो बोला, सुरस प्रेम मधु भरा अमोला।
जेहि के बोल बिरह कै घाया, कहँ तेहि भूख कहाँ तेहि माया।
फेरे भेख रहे भा तपा, धूरि लपेटा मानिक छपा,

मुहमद कवि जो प्रेम का ना तन रकत न माँसु।
जेइँ मुख देखा तेइँ हँसा, सुना तो आए आँसु।

सन नौ से सैंतालिस अहै, कथा अरंभ बैन कवि कहै।
सिंघल दीप पदमिनी रानी, रतनसेन चितउर गढ़ आनी।
अलाउदीं ढिल्ली सुलतानू, राघौ चेतन कीन्ह बखानू।
सुना साहि गढ़ छेंका आई, हिंदू तुरकहि भई लराई।
आदि अंत जस गाथा अहै, लिखि भाखा चौपाई कहै।
कवि बियास कँवला रस पूरी, दूरि सो निअर निअर सो दूरी।
निअरे दूर फूल जस काँटा, दूरि जो निअरे जस गुर चाँटा।

भँवर आइ बनखंड हुति लेइ कँवल कै बास।
दादुर बास न पावई भलेहि जो आछै पास।

सिंघलद्वीप-वर्णन खंड

सिंघल दीप कथा अब गावौं, औ सौ पदमिनि बरनि सुनावौं।
निरमल दरपन भाँति बिसेखा, जो जेहि रूप सो तैसेइ देखा।

....

गंध्रबसेन सुगंध नरेसू, सो राजा वह ताकर देसू।
लंका सुना जो रावन राजू, तेहु चाहि बड़ ताकर साजू।
छप्पन कोटि कटक दल साजा, सबै छत्रपति औ गढ़ राजा।
सोरह सहस घोर घोरसारा, स्यामकरन अरु बाँक तुखारा।

सात सहस हस्ती सिंघली, जनु कबिलास एरावत बली।
असुपतीक सिरमौर कहावै, गजपतीक आंकुस गज नावै।
नरपतीक कहाव नरिंदू, भुअपतीक जग दूसर इंदू।

ऐस चक्कवै राजा चहूँ खंड भय होइ।
सबै आइ सिर नावहिं सरबरि करै न कोइ॥

जबहिं दीप निअरावा जाई, जनु कविलास निअर भा आई।
घन अँबराउँ लाग चहुँ पासा, उठा भूमि हुत लाग अकासा।
तरिवर सबै मलयगिरि लाई, भइ जग छाँह रैनि होइ आई।
मलय समीर सोहावन छाहाँ, जेठ जाड़ लागै तेहि माहाँ।
ओही छाँह रैनि होइ आवै, हरिअर सबै अकास देखावै।
पथिक जो पहुँचै सहि कै घामू. दुख बिसरै सुख होइ बिसरामू।
जेइ वह पाई छाँह अनूपा, फिरि नहिं आइ सहै यह धूपा।

अस अँबराउँ सघन घन बरनि न पारौं अंत।
फूलै फरै छहूँ रितु जानहु सदा बसंत॥

....

मानसरोदक बरनौं काहा, भरा समुंद अस अति अवगाहा।
पानि मोति अस निरमर तासू, अंब्रित बानि कपूर सुबासू।
लंक दीप कै सिला अनाई, बाँधा सरवर घाट बनाई।
खँड खँड सीढ़ी भईं गरेरी, उतरहिं चढ़हिं लोग चहुं फेरी।
फूला कँवल रहा होइ राता, सहससहसपँखुरिन्ह कर छाता।
उलथहिं सीप मोती उतराहीं, चुगहिं हंस औ केलि कराहीं।
कनक पंखि पौरहिं अति लोने, जानहु चित्र लिखे सब सोने।

ऊपर पाल चहूँ दिसि अंब्रित फर सब रूख।
देखि रूप सरवर कै गै पिआस औ भूख॥

पानि भरै आवहिं पनिहारी, रूप सुरूप पदमिनी नारी।
पदुम गंध तिन्ह अंग बसाहीं, भँवर लागि तिन्ह संग फिराहीं।
अंकसिंघिनी सारँगनैनी, हंसगामिनी कोकिलबैनी।
आवहिं झुंड सो पांतिहिं पाँती, गवन सोहाइ सु भाँतिहिं भाँती।
केस मेघावरि सिर ता पाइँ, चमकहिं दसन बीजु कै नाइँ।
कनक कलस मुखचंद दिपाहीं, रहस केलि सों आवहिं जाहीं।
जा सहुँ वै हेरहिं चख नारी, बाँक नैन जनु हनहिं कटारी।

माथे कनक गागरी आवहिं रूप अनूप।
जेहि के अस पनिहारी सो रानी केहि रूप॥

ताल तलावरि बरनि न जाहीं, सूझै वार पार किछु नाहीं।
फूले कुमुद सेत उजियारे, जानहुँ उए गगन महँ तारे।
उतरहिं मेघ चढ़हिं लेइ पानी, चमकहिं मच्छ बीजु कै बानी।
पौरहिं पंखि सो संगहि संगा, सेत पीत राते बहु रंगा।
चकई चकवा केलि कराहीं, निसि के बिछोह दिनहिं मिलि जाहीं।
कुररहिं सारस करहिं हुलासा, जीवन मरन सो एकहिं पासा।
बोलहिं सोन ढेक बग लेदी, रही अबोल मीन जल भेदी।

नग अमोल तेहि तालहिं दिनहिं बरहिं जनु दीप।
जो मरजिआ होइ तहँ सौ पावइ वह सीप॥

....

सिंघलनगर देखु पुनि बसा, धनि राजा अस जे कै दसा।
ऊँची पौरी ऊँच अवासा, जनु कैलास इंद्र कर वासा।
राव रंक सब घर घर सुखी, जो दीखै सो हँसता मुखी।
रचि रचि साजे चंदन चौरा, पोतें अगर भेद औ भौरा।
सब चौपारहि चंदन खभा, ओंठघि सभासद बैठे सभा।
मनहुँ सभा देवतन्ह कर जुरी, परी दीठि इंद्रासन पुरी।
सबै गुनी औ पंडित ज्ञाता, संसकिरित सब के मुख बाता।

अस कै मँदिर सँवारे जनु सिवलोक अनूप।
घर घर नारि पदमिनी मोहहिं दरसन रूप ॥

....

बरनौं राजमँदिर रनिवासू, जनु अछरीन्ह भरा कविलासू।
सोरह सहस पदमिनी रानी, एक एक तें रूप बखानी।
अति सुरूप औ अति सुकुवाँरी, पान फूल के रहहिं अधारी।
तिन्ह ऊपर चंपावति रानी, महा सुरूप पाट परधानी।
पाट बैठि रह किए सिंगारू, सब रानी ओहि करहिं जोहारू।
निति नवरंग सुरंगम सोई, प्रथमै बैस न सरवरि कोई।
सकल दीप महँ जेती रानी, तिन्ह महँ दीपक बारह-बानी।
कुँवरि बतीसो लच्छनी अस सब माँह अनूप।
जावत सिंघलदीप के सबै बखानैं रूप ॥

जन्म खंड

चंपावती की कोख से पदमावती नाम की परम सुन्दरी कन्या जन्मी। सयानी होने पर पदमावती को अलग महल दिया गया। पदमावती के पास हीरामन नाम का तोता था। वह महापंडित था। हीरामन और पदमावती एक साथ रहते और वेद-शास्त्र पढ़ते थे। पदमावती से विवाह करने के लिए दूर दूर के वर आने लगे, पर गंधर्वसेन किसी को अपने बराबर न समझता और जवाब दे देता था। एक दिन पदमावती ने हीरामन से कहा—मेरी मदन-पीड़ा दिन दिन बढ़ती जा रही है, पर पिता विवाह की बात नहीं चला रहे; माँ डर के मारे कुछ कह नहीं सकतीं; मेरे लिए देश देश के वर आ रहे हैं पर पिता को कोई पसन्द नहीं आता। तोते ने उत्तर दिया—'विधि कर लिखा मेटि नहिं जाई।' मुझे आज्ञा दो तो मैं तुम्हारे योग्य वर खोजूँ। उनकी बातचीत किसी दुर्जन ने सुन ली और राजा से कह दी। यह सुन राजा को गुस्सा आया और उसने तोते को मार डालने की आज्ञा दी; पर पदमावती ने किसी प्रकार बिनती कर के हीरामन को बचा लिया। तोते ने पदमावती से

कहा कि आज तो तुमने मुझे बचा लिया, पर राजा मुझे मारना चाहते हैं, कब तक बचा सकोगी ? मुझे जाने दो तो मैं जंगल में चला जाऊँ। पर पदमावती ने उसे जाने न दिया। तोता उसके पास रह तो गया पर उसके मन में डर बना रहा।

मानसरोदक खंड

एक दिवस पूनिउँ तिथि आई, मानसरोदक चली अन्हाई।
पदमावति सब सखी बुलाईं, जनु फुलवारि सबै चलि आईं।
कोइ चंपा कोई कुंद सहेली, कोइ सु केत करना रस बेली।
कोइ सु गुलाल सुदरसन राती, कोइ बकौरि बकुचन बिहँसाती।
कोइ सु मौलसिरि पुहुपावती, कोइ जाही जूही सेवती।
कोई सोनजरद कोइ केसरि, कोइ सिंगारहार नागेसरि।
कोइ कूजा सदबरग चमेली, कोई कदम सुरस रस बेली।
चलीं सबै मालति सँग फूलीं कवँल कुमोद।
बेधि रहे गन गँधरब बास परमदामोद॥
खेलत मानसरोवर गईं, जाइ पाल पर ठाढ़ी भईं।
देखि सरोवर रहसहिं केली, पदमावति सौं करहिं सहेली।
ए रानी मन देखु बिचारी, एहि नैहर रहना दिन चारी।
जौ लगि अहै पिता कर राजू, खेलि लेहु जौ खेलहु आजू।
पुनि सासुर हम गवनब काली, कित हम कित यह सरवर पाली।
कित आवन पुनि अपने हाथा, कित मिलि कै खेलब एक साथा।
सासु ननद बोलिन्ह जिउ लेहीं, दारुन ससुर न निसरै देहीं।
पिउ पियार सब ऊपर पुनि सो करै दहुँ काह।
दहुँ सुख राखै की दुख दहुँ कस जनम निबाह॥
सरवर तीर पदमिनी आई, खोंपा छोरि केस मुकलाई।
ससि मुख अंग मलयगिरि बासा, नागन्ह झाँपि लीन्ह चहुँ पासा।
ओनई घटा परी जग छाहाँ, ससि कै सरन लीन्ह जनु राहाँ।

छपि गै दिनहिं भानु कै दसा, लेइ निसि नखत चांद परगसा।
भूलि चकोर दीठि मुख लावा, मेघ घटा महँ चंद देखावा।
दसन दामिनी कोकिल भाखी, भौंहें धनुख गगन लेइ राखी।

सरवर रूप बिमोहा। हिये हिलोरहिं लेइ।
पावँ छुवै मकु पावौं एहि मिस लहरहि देइ॥

धरीं तीर सब कंचुकि सारी, सरवर महँ पैठीं सब बारी।
पाइ नीर जानौं सब बेली, हुलसहिं करहिं काम कै केली।
करिल केस बिसहर बिसभरे, लहरें लेहिं कवँल मुख धरे।
नवल बसंत सँवारी करी, होइ परगट जानहु रस भरी।
उठी कोंप जस दारिवँ दाखा, भई उनंत पेम कै साखा।
सरिवर नहिं समाइ संसारा, चाँद नहाइ पैठ लेइ तारा।
धनि सो नीर ससि तरई ऊईं, अब कित दीठ कमल औ कूईं।

चकई बिछुरि पुकारै, कहाँ मिलौ हो नाहँ।
एक चांद निसि सरग महँ, दिन दूसर जल माहँ॥

लागी केलि करै मँझ नीरा, हंस लजाइ बैठ ओहि तीरा।
पदमावति कौतुक कहँ राखी, तुम ससि होहु तराइन्ह साखी।
बाद मेलि कै खेल पसारा, हार देइ जो खेलत हारा।
सँवरिहि सांवरि, गोरहि गोरी, आपनि आपनि लीन्ह सो जोरी।
बूझि खेल खेलहु एक साथा, हार न होइ पराए हाथा।
आजुहि खेल बहुरि कित होई, खेल गए कित खेलै कोई।
धनि सो खेल खेल सह पेमा, रउताई औ कूसल खेमा।

मुहमद बाजी पेम कै ज्यों भावै त्यों खेल।
तिल फूलहि के संग ज्यों होइ फुलायल तेल।

सखीं एक तेइ खेल न जाना, भै अचेत मनि-हार गवांना।
कवँल डार गहि भै बेकरारा, कासौं पुकारौं आपन हारा।

कित खेलें आइउँ एहि साथा, हार गँवाइ चलिउँ लेइ हाथा।
घर पैठत पूँछब एहि हारू, कौन उतर पाउब पैसारू।
नैन सीप आँसू तस भरे, जानौ मोति गिरहिं सब ढरे।
सखिन्ह कहा बौरी कोकिला, कौन पानि जेहि पौन न मिला।
हार गँवाइ सो ऐसै रोवा, हेरि हेराइ लेइ जौं खोवा।

लागीं सब मिलि हेरैं बूड़ि बूड़ि एक साथ।
कोइ उठी मोतौ लेइ, काहू घोंघा हाथ॥

कहा मानसर चाह सो पाई, पारस रूप इहाँ लगि आई।
भा निरमल तिन्ह पायँन्ह परसे, पावा रूप रूप के दरसे।
मलय समीर बास तन आई, भा सीतल गै तपनि बुझाई।
न जनौं कौन पौन लेइ आवा, पुन्य दसा भै पाप गँवावा।
ततखन हार बेगि उतिराना, पावा सखिन्ह चंद विहँसाना।
बिगसा कुमुद देखि ससि रेखा, भै तहँ ओप जहाँ जोइ देखा।
पावा रूप रूप जस चहा, ससि-मुख जनु दरपन होइ रहा।

नयन जो देखा कवँल भा, निरमल नीर सरीर।
हँसत जो देखा हंस भा, दसन-जोति नग हीर॥

सुआ खड, रतनसेन-जन्म खंड, बनिजारा खंड, नागमती-सुआ-संवाद खंड, राजा-सुआ-संवाद खंड

इधर पीछे महल में बिल्ली आई, उसे देख कर हीरामन उड़ कर ढाक के जंगल में चला गया। वहाँ पक्षियों ने उसका बड़ा आदर किया। पदमावती लौट आई। तोते का पिंजरा खाली देख कर बहुत रोई। सखियों से खोजने को कहा। पर सखियों ने समझाया कि उसे कहाँ पाओगी। जब तक तोता पिंजरे में रहा, बंदी रहा। अब वह स्वतंत्र हो गया है, अब लौट कर क्यों आवेगा ? तोते ने कुछ दिन तो जंगल में सुख से काटे। फिर बहेलिया आया और उसे पकड़ कर ले गया।

चित्तौड़गढ़ के राजा चित्रसेन का रतनसेन नामक पुत्र हुआ। उसका रूप और लक्षण देख कर ज्योतिषियों ने कहा कि यह बड़ा पराक्रमी होगा। पदमावती के लिए जोगी बन कर सिंहल जायगा और सिद्ध बन कर उसे चित्तौड़ लायगा।

चित्तौड़गढ़ का एक व्यापारी व्यापार के लिए सिंहल द्वीप को चला। एक गरीब ब्राह्मण भी कुछ ऋण ले कर उसके साथ हो लिया। सिंहलदीप में आ कर व्यापारियों ने माल खरीदा पर ब्राह्मण को कुछ न मिला। साथी माल खरीद कर चले गये और ब्राह्मण हाट में पहुँचा। तभी बहेलिया तोते को लेकर आया। ब्राह्मण ने हीरामन से दो चार बातें पूछीं, उसे पंडित जान कर खरीद लिया और जल्दी जल्दी चल कर अपने साथियों से जा मिला। ये लोग चित्तौड़ पहुँचे तो वहाँ का राजा चित्रसेन मर चुका था और उसका कुँवर रतनसेन गद्दी पर बैठा था। राजा रतनसेन के दरबार में खबर पहुँची कि सिंहल गये हुए व्यापारी लौट आये हैं, उनके पास सिंहल द्वीप का बहुत सा माल है, एक ब्राह्मण एक तोता लाया है जो बड़ा सुन्दर है, उसके मस्तक पर टीका और कंधे में जनेऊ है, वह वेदव्यास के ऐसा कवि और सहदेव के ऐसा पंडित है, वह जो सार्थक शब्द बोलता है उसे सुन कर सब सिर हिलाने लगते हैं, ऐसा अनमोल तोता राज-मन्दिर में होना चाहिए। रतनसेन ने ब्राह्मण को बुलवाया और हीरामन के गुण देख कर एक लाख रुपये में उसे खरीद लिया।

कुछ दिन बाद राजा रतनसेन शिकार को गया। उसकी पटरानी नागमती शृंगार कर के हीरामन के पास आई और उससे पूछ बैठी—मुझ जैसी सुन्दरी कोई जग में है? पदमावती का रूप स्मरण कर हीरामन हँसा और बोला—सुन्दरी तो वही है जिसे स्वामी चाहे। सिंहल की नारियों की बात क्या पूछती हो? तुम तो उनके सामने अँधेरी रात सी हो। नागमती ने सोचा कहीं ऐसा न हो कि यह राजा के सामने कभी

ऐसी बात कह दे और राजा सिंहल की पद्मिनी नारियों के लिए वियोगी हो कर चला जाय। उसने धाय को बुला कर कहा कि इस कुभाषी तोते को एकान्त में ले जा कर मार दो। पर धाय ने सोचा कि यह तोता राजा का प्यारा है, इसे मार देने पर राजा मुझे दंड देगा। यह सोच कर उसने तोते को छिपा दिया। राजा ने शिकार से लौट कर पूछा हीरामन कहाँ है तो रानी ने उत्तर दिया—उसे बिल्ली ले गई। राजा ने उसके लिए बहुत विलाप किया। तब रानी उठ कर धाय के पास गई और उससे तोता ला कर उसने राजा को दिया। राजा के पूछने पर तोते ने सारी बात बताई और पदमावती के रूप का बखान किया।

नख-शिख खंड

का सिंगार ओहि बरनौं राजा, ओहिक सिंगार ओहि पै छाजा।
प्रथम सीस कस्तूरी केसा, बलि बासुकि का और नरेसा।
भौंर केस वह मालति रानी, बिसहर लुरे लेहिं अरघानी।
बेनी छोरि झार जौं बारा, सरग पतार होइ अँधियारा।
कोंवल कुटिल केस नग कारे, लहरन्हि भरे भुअँग बैसारे।
बेधे जनौं मलयगिरि बासा, सीस चढ़ें लोटहिं चहुँ पासा।
घुँघरवारि अलकें विषभरी, सँकरें पेम चहैं गिउ परी।
अस फँदवार केस वै परा सीस गिउ फांद।
अस्टौ कुरी नाग सब अरुझ केस के बाँद॥
बरनौं माँग सीस उपराहीं, सेंदुर अबहिं चढ़ा जेहि नाहीं।
बिनु सेंदुर अस जानहु दीआ, उजियर पंथ रैनि महँ कीआ।
कंचन रेख कसौटी कसी, जनु घन महँ दामिनि परगसी।
सुरुज किरिन जनु गगन बिसेखी, जमुना माँह सुरसती देखी।
खांड़ै धार रुहिर जनु भरा, करबत लेइ बेनी पर धरा।
तेहि पर पूरि धरे जो मोती, जमुना माँझ गंग कै सोती।
करवत तपा लेहिं होइ चुरू, मकु सो रुहिर लेइ देइ सेंदूरु।

कनक दुवादस बानि हीइ चह सोहाग वह माँग।
सेवा करहि नखत सब उवै गगन जस गांग॥

कहौं लिलार दुइज कै जोती, दुइजहि जोति कहाँ जग ओती।
सहस किरिन जो सुरुज दिपाई, देखि लिलार सोउ छपि जाई।
का सरवरि तेहि देउँ मयंकू, चाँद कलंकी वह निकलंकू।
औ चांदहि पुनि राहु गरासा, वह बिनु राहु सदा परगासा।
तेहि लिलार पर तिलक बईठा, दुइज पाट जानहु धुव दीठा।
कनक पाट जनु बैठा राजा, सबै सिंगार अत्र लेइ साजा।
ओहि आगे थिर रहा न कोऊ, दहुँ का कहँ अस जुरै सँजोऊ।

खरग धनुक चक बान दुइ, जग मारन तिन्ह नावँ।
सुनि कै परा मुरुछि कै (राजा) मोकहँ भए एक ठावँ॥

भौंहैं स्याम धनुक जनु ताना, जा सहुँ हेर मार बिष बाना।
हनै धुनै उन्ह भौंहनि चढ़े, केइ हतियार काल अस गढ़े।
उहै धनुक किरसुन पहँ अहा, उहै धनुक राघौ कर गहा।
ओहि धनुक रावन संघारा, ओहि धनुक कंसासुर मारा।
ओहि धनुक बेधा हुत राहू, मारा ओहि सहस्राबाहू।
उहै धनुक मैं तापहँ चीन्हा, धानुक आप बेझ जग कीन्हा।
उन्ह भौंहनि सरि केउ न जीता, अछरी छपीं छपीं गोपीता।

भौंह धनुक धनि धानुक, दूसर सरि न कराइ।
गगन धनुक जो ऊगै, लाजहि सो छपि जाइ॥

नैन बाँक सरि पूज न कोऊ, मानसरोदक उलथहिं दोऊ।
राते कँवल करहिं अलि भवाँ, घूमहिं माति चहहिं अपसवाँ।
उठहिं तुरंग लेहिं नहिं बागा, चाहहिं उलथि गगन कहँ लागा।
पवन झकोरहिं देइ हिलोरा, सरग लाइ भुइँ लाइ बहोरा।
जग डोलै डोलत नैनाहाँ, उलटि अड़ार जाहिं पल माहाँ।

जबहिं फिराहिं गगन गहि बोरा, अस वै भौंर चक्र के जोरा।
समुद हिलोर फिरहिं जनु झूले, खंजन लुरहिं मिरिग जनु भूले।
सुभर सरोवर नयन वै, मानिक भरे तरंग।
आवत तीर फिरावहीं, काल भौंर तेहि संग।।
बरुनी का बरनौं इमि बनी, साधे बान जानु दुइ अनी।
जुरी राम रावन कै सैना, बीच समुद्र भाए दुइ नैना।
बारहिं पार बनावरि साधा, जा सहुँ हेर लाग बिष बाधा।
उन्ह बानन्ह कस को जो न मारा, बेधि रहा सगरो संसारा।
गगन नखत जो जाहिं न गने, वै सब बान ओही के हने।
धरती बान बेधि सब राखी, साखी ठाढ़ देहिं सब साखी।
रोवँ रोवँ मानुष तन ठाढ़े सूतहिं सूत बेध अस गाढ़े।
बरुनि बान अस ओपहँ, बेधे रन बन ढाँख।
सौजहिं तन सब रोवाँ, पखिहि तन सब पाँख।।
नासिक खरग देउँ कह जोगू, खरग खीन वह बदन सँजोगू।
नासिक देखि लजानेउ सूआ, सूक आइ बेसरि होइ ऊआ।
सुआ जो पिअर हिरामन लाजा, और भाव का बरनौं राजा।
सुआ सो नाक कठोर पँवारी, वह कोंवर तिल पुहुप सँवारी।
पुहुप सुगंध करहिं एहि आसा, मकु हिरकाइ लेइ हम्ह बासा।
अधर दसन पर नासिक सोभा, दारिउँ बिंब देखि सुक लोभा।
खंजन दुहुं दिसि केलि कराहीं, दहुँ वह रसकोउ पाव कि नाहीं।
देखि अमिय रस अधरन्ह भएउ नासिका कीर।
पौन बास पहुँचावै अस रम छाँड़ न तीर।।
अधर सुरग अभी रस भरे, बिंब सुरंग लाजि बन फरे।
फूल दुपहरी जानौं राता, फूल झरहिं ज्यों ज्यों कह बाता।
हीरा लेइ सो बिद्रुम धारा, बिहँसत जगत होइ उजियारा।
भए मँजीठ पानन्ह रंग लागे, कुसुम रंग थिर रहै न आगे।

अस कै अधर अमी भरि राखे, अबहिं अछूत न काहू चाखे।
मुख तँबोल रँग धारहिं रसा, केहि मुख जोग जो अंब्रित बसा।
राता जगत देखि रँग राते, रुहिर भरे आछहिं बिहँसाते।
अमी अधर अस राजा, सब जग आस करेइ।
केहि कहँ कवँल बिगासा, को मधुकर रस लेइ॥
दसन चौक बैठे जनु हीरा, औ बिच बिच रँग स्याम गँभीरा।
जनु भादौं निसि दामिनि दीसी, चमकि उठै तस बनी बतीसी।
वह सुजोति हीरा उपराहीं, हीरा जोति सो तेहि परछाहीं।
जेहि दिन दसन जोति निरमई, बहुतै जोति जोति ओहि भई।
रवि ससि नखत दिपहिं ओहि जोती, रतन पदारथ मानिक मोती।
जहँ जहँ बिहँसि सुभावहि हँसी, तहँ तहँ छिटकि जोति परगसी।
दामिनि दमकि न सरवरि पूजी, पुनि ओहि जोति और को दूजी।
हँसत दसन अस चमके, पाहन उठे झरक्कि।
दारिउँ सरि जो न कै सका, फाटेउ हिया दरक्कि॥
रसना कहौं जो कह रस बाता, अंब्रित बैन सुनत मन राता।
हरै सो सुर चातक कोकिला, बीन बंसि यह बैन न मिला।
चातक कोकिल रहहिं जो नाहीं, सुनि वह बैन लाज छपि जाहीं।
भरे प्रेम रस बोलै बोला, सुनै सो माति घूमि कै डोला।
चतुरवेद मत सब ओहि पाहाँ, रिग जजु साम अथरबन माहाँ।
एक एक बोल अरथ चौगुना, इन्द्र मोह बरम्हा सिर धुना।
अमर भागवत पिंगल गीता, अरथ जूझ पंडित नहीं जीता।
भासवती औ ब्याकरन, पिंगल पढ़ै पुरान।
बेद भेद सौं बात कह, सुजनन्ह लागै बान॥
पुनि बरनौं का सुरँग कपोला, एक नारँग दुइ किए अमोला।
पुहुप पंक रस अमृत साँधे, केइ यह सुरँग खरौरा बाँधे।
तेहि कपोल बाएँ तिल परा, जेइ तिल देखि सो तिलतिल जरा।
जनु घुँघची ओहि तिल करमुही, बिरह बान साधे सामुहीं।

अगिनि बान जानौं तिल सूझा, एक कटाछ लाख दस जूझा।
सो तिल गाल मेटि नहिं गएऊ, अब वह गाल काल जग भएऊ।
देखत नैन परी परिछाहीं, तेहि तें रात साम उपराहीं।
सो तिल देखि कपोल पर, गगन रहा ध्रुव गाड़ि।
खिनहिं उठै खिन बूड़ै, डोलै नहिं तिल छाँड़ि।।
स्रवन सीप दुइ दीप सँवारे, कुंडल कनक रचे उजियारे।
मनि कुंडल झलकै अति लोने, जनु कौंधा लौकहि दुइ कोने।
दुहुँ दिसि चाँद सुरुज चमकाहीं, नखतन्ह भरे निरखि नहिं जाहीं।
तेहि पर खूँट दीप दुइ बारे दुइ ध्रुव दुऔ खूँट बैसारे।
पहिरे खुंभी सिंघलदीपी, जनौं भरी कचपचिआ सीपी।
खिन खिन जबहि चीर सिर गहै, कांपति बीजु दुऔ दिसि रहै।
डरपहिं देवलोक सिंघला, परै न बीजु टूटि एक कला।
करहिं नखत सब सेवा स्रवन दिपहिं अस दोउ।
चाँद सुरुज अस गोहने और जगत का कोउ।।
बरनौं गीउ कंबु कै रीसी, कंचन तार लागि जनु सीसी।
कुंदै फेरि जानु गिउ काढ़ी, हरी पुछार ठगी जनु ठाढ़ी।
जनु हिय काढ़ि परेवा ठाढ़ा, तेहि तें अधिक भाव गिउ बाढ़ा।
चाक चढ़ाइ साँच जनु कीन्हा, बाग तुरंग जानु गहि लीन्हा।
गिउ मयूर तमचूर जो हारे, उहै पुकारहिं साँझ सकारे।
पुनि तेहि ठाँव परी तिनि रेखा, घूँट जो पीक लीक सब देखा।
धनि ओहि गीउ दीन्ह बिधि भाऊ, दहुँ कासौं लेइ करै मेराऊ।
कंठसिरी मुकुतावली सोहै अभरन गीउ।
लागै कंठहार होइ को तप साधा जीउ।।
कनक दंड दुइ भुजा कलाई, जानौं फैरि कुँदेरै भाई।
कदलि गाभ कै जानौं जोरी, औ राती ओहि कँवल हथोरी।
जानो रकत हथोरी बूड़ी, रवि परभात तात वै जूड़ी।

हिया काढ़ि जनु लीन्हेसि हाथा, रुहिर भरी अँगुरी तेहि साथा।
औ पहिरे नग जरी अँगूठी, जग बिनु जीउ जीउ ओहि मूठी।
बाँहू कंगन टाड़ सलोनी, डोलत बाँह भाव गति लोनी।
जानौ गति बेड़िन देखराई, बाँह डोलाइ जीउ लेइ जाई।
भुज उपमा पौनार नहिं, खीन भयउ तेहि चित।
ठांवहि ठाँव बेध भा, ऊभि सांस लेई नित॥

बैरिनि पीठि लीन्ह वह पाछे, जनु फिरि चली अपछरा काछे।
मलयागिरि कै पीठि सँवारी, बेनी नागिनि चढ़ी जो कारी।
लहरैं देति पीठि जनु चढ़ी, चीर ओहार केंछूली मढ़ी।
दहुँ का कहँ अस बेनी कीन्हीं, चंदन बास भूअंगे लीन्हीं।
किरसुन करा चढ़ा ओहि माथे, तब तौ छूट अब छूटै न नाथे।
कारे कँवल गहे मुख देखा, ससि पाछे जनु राहु बिसेखा।
की देखै पावै वह नागू, सो देखै जेहि के सिर भागू।
पन्नग पंकज मुख गहे खंजन तहाँ बईठ।
छत्र सिंघासन राज धन ताकहँ होइ जो डीठ॥

तीवइ कँवल सुगंध सरीरू, समुद लहरि सोहै तन चीरू।
झूलहिं रतन पाट के झोंपा; साजि मैन अस का पर कोपा।
अबहिं सो अहै कँवल कै करी, न जनौं कौन भौंह कहँ धरी।
कँवल चरन अति रात बिसेखी, रहै पाट पर पुहुमि न देखी।
देवता हाथ हाथ पगु लेहीं, जहँ पगु धरै सीस तहँ देहीं।
माथे भाग कोउ अस पावा, चरन कँवल लेइ सीस चढ़ावा।
चूरा चाँद सुरुज उजियारा, पायल बीच करहिं झनकार।
अनवट बिछिया नखत तराई, पहुँचि सकै को पायँन ताईं।
बरनि सिंगार न जानेउँ, नखसिख जैस अभोग।
तस जग किछुइ न पाएउँ, उपमा देउँ ओहि जोग॥

प्रेम खंड

सुनतहि राजा गा मुरछाई, जानौं लहरि सुरुज कै आई।
प्रेम घाव दुख जान न कोई, जेहि लागै जानै पै सोई।
परा सो प्रेम समुद्र अपारा, लहरहिं लहर होइ बिसँभारा।
बिरह भौंर होइ भाँवरि देई, खिन खिन जीउ हिलोरा लेई।
खिनहिं उसास बूड़ि जिउ जाई, खिनहिं उठै निसरै बौराई।
खिनहिं पीत खिन होइ मुख सेता, खिनहिं चेत खिन होइ अचेता।
कठिन मरन तें प्रेम बेवस्था, ना जिउ जियै न दसवँ अवस्था।

....

जब भा चेत उठा बैरागा, बाउर जनौं सोइ उठि जागा।
आवत जग बालक जस रोआ, उठा रोइ हा ग्यान सो खोआ।
हौं तो अहा अमरपुर जहाँ, इहाँ मरनपुर आएउँ कहाँ।
केइ उपकार मरन कर कीन्हा, सकति हँकारि जीव हरि लीन्हा।
सोवत रहा जहां सुख साखा, कस न तहाँ सोवत विधि राखा।
अब जिउ उहाँ इहाँ तन सूना, कब लगि रहे परान बिहूना।
जौ जिउ घटहि काल के हाथा, घट न नीक पै जीउ निसाथा।
अहुठ हाथ तन सरवर, हिया कवँल तेहि माँह।
नैनन जानहु नीयरे, कर पहुँचत औगाह॥
सबन्ह कहा मन समुझहु राजा, काल सेंति कै जूझ न छाजा।
तासौं जूझ जात जो जीता, जात न किरसुन तजि गोपीता।
औन नेह काहू सौं कीजै, नाँव मिटै काहे जिउ दीजै।
पहिले सुख नेहह जब जोरा, पुनि होइ कठिन निबाहत ओरा।
तुम राजा औ सुखिया, करहु राज सुख भोग।
एहि रे पंथ सो पहुँचै, सहै जो दुक्ख बियोग॥
सुऐ कहा मन बूझहु राजा, करब पिरीत कठिन है काजा।
तुम राजा जेईं घर पोई, कवँल न भेंटेउ भेंटेउ कोई।

जानहिं भौंर जौ तेहि पथ लूटे, जीउ दीन्ह और दिएहु न छूटे।
कठिन आहि सिंघल कर राजू, पाइय नाहिं राज कर साजू।
ओहि पथ जाइ जो होइ उदासी, जोगी जती तपा संन्यासी।
भोग किए जौं पावत भोगू, तजि सो भोग कोइ करत न जोगू।
तुम राजा चाहहु सुख पावा, भोगिहि जोग करत नहिं भावा।

साधन्ह सिद्धि न पाइय, जौ लागि सधे न तप्प।
सो पै जानै बापुरा, करै जो सीस कलप्प।

का भा जोग कथनि के कथे, निकसै घिउ न बिना दधि मथे।
जौ लहि आप हेराइ न कोई, तौ लहि हेरत पाव ने सोई।
पेम पहार कठिन बिधि गढ़ा, सो पै चढ़ै जो सिर सौं चढ़ा।
पंथ सूरि कर उठा अँकूरू, चोर चढ़ै की चढ़ मंसूरू।
तू राजा का पहिरसि कंथा, तोरे घरहिं मांझ दस पंथा।
काम क्रोध तिस्ना मद माया, पाँचौ चोर न छाँड़हिं काया।
नवौ सेंध तिन्ह कै दिठियारा, घर मूसहिं निसि की उजियारा।

अबहूं जागु अजाना होत आव निसि भोर।
तब किछु हाथ न लागिहि मूसि जाहिं जब चोर।।

सुनि सो बात राजा मन जागा, पलक न मार पेम चित लागा।
नैनन्ह ढरहिं मोति औ मूँगा, जस गुर खाइ रहा होइ गूँगा।
हिय कै जोति दीप वह सूझा, यह जो दीप अंधियारा बूझा।
उलटि दीठि माया सौं रूठी, पलटि न फिरी जानि कै झूठी।
जो पै नाहीं अहथिर दसा, जग उजार का कीजिय बसा।
गुरू बिरह चिनगी जो मेला, जो सुलगाइ लेइ सो चेला।
अब करि फनिग भृंग कै करा, भौंर होहुँ जेहि कारन जरा।

फूल फूल फिरि पूछौं, जौ पहुंचौं ओहि केत।
तन नेवछावरि कै मिलौं, ज्यों मधुकर जिउ देत।।

जोगी खंड

तजा राज राजा भा जोगी, औ किंगरी कर गहेउ बियोगी।
तन बिसँभर मन बाउर लटा अरुझा पेम परी सिर जटा।
चंद बदन और चंदन देहा, भसम चढ़ाइ कीन्ह तन खेहा।
मेखल सिंगी चक्र धँधारी, जोगबाट रुदराछ अधारी।
कंथा पहिरि दंड कर गहा, सिद्ध होइ कहँ गोरख कहा।
मुद्रा स्रवन कंठ जपमाला, कर उदपान काँध बघछाला।
पाँवरि पाँव दीन्ह सिर छाता, खप्पर लीन्ह भेस करि राता।
चला भुगुति माँगै कहँ साधि कया तप जोग।
सिद्ध होइ पदमावति जेहि कर हिये बियोग।।

नागमती और रतनसेन की माँ बहुत रोईं—

रोवत माय न बहुरत बारा, रतन चला घर भा अँधियारा।
बार मोर जो राजहि तजा, सो लै चला सुआ परबता।
रोवहिं रानी तजहिं पराना, नोचहिं बार करहिं खरियाना।
चूरहि गिउ अभरन उर हारा, अब कायर हम करब सिंगारा।
जा कह कहहिं रहसि कै पीऊ, सोइ चला काकर यह जीऊ।
मरै चहहिं पै मरै न पावहिं, उठै आगि सब लोग बुझावहिं।
घरी एक सुठि भएउ अँदोरा, पुनि पाछे बीता होइ रोरा।

पर रतनसेन ने परवाह न की। वह जोगी होकर चल दिया। उसके साथ सोलह हजार कँवर भी जोगी होकर चल दिये।

राजा-गजपति-संवाद खंड, बोहित खंड, सात समुद्र खंड सिंहल-द्वीप खंड

लगभग एक महीना हीरामन के मार्ग-दर्शन में चल कर वे कलिंग में समुद्रतट पर पहुँचे। वहाँ के राजा से जहाज ले कर वे सिंहल द्वीप की ओर चल पड़े। सात समुद्रों को पार कर सिंहल द्वीप पहुँचे।

हीरामन के कहने से राजा ने साथी जोगियों के साथ महादेव के मन्दिर में डेरा लगाया।

मंडपगमन खंड

राजा बाउर बिरह बियोगी, चेला सहस तीस सँग जोगी।
पदमावति के दरसन आसा, दँडवत दीन्ह मंडप चहुँ पासा।
पुरुब बार होइ कै सिर नावा, नावत सीस देव पहँ आवा।
नमो नमो नारायन देवा, का मैं जोग करौं तोरि सेवा।
तूँ दयाल सब के उपराहीं, सेवा केरि आस तोहि नाहीं।
ना मोहि गुन न जीभ रस बाता, तूँ दयाल गुन गिरगुन दाता।
पुरवहु मोरि दरस कै आसा, हौं मारग जोवौं धरि साँसा।
तेहि बिधि बिनै न जानौं जेहि बिधि अस्तुति तोरि।
करहु सुदिस्टि मोहिं पर हींछा पूजै मोरि।।
कै अस्तूति जब बहुत मनावा, सबद अकूट मँडप महँ आवा।
मानुष पेम भएउ बैकुंठी, नाहिं त काह छार भरि मूठी।
पेमहिं माँह बिरह रस रसा, मैन के घर मधु अमृत बसा।
निसत धाइ जौं मरै त काहा, सत जौं करै बैठि तेहि लाहा।
एक बार जौं मन देइ सेवा, सेवहि फल प्रसन्न होइ देवा।
सुनि कै सबद मँडप झनकारा, बैठा आइ पुरुब के बारा।
पिंड चढ़ाइ छार जेति आँटी, माटी भएउ अन्त जो माटी।
माटी मोल न किछु लहै, औ माटी सब मोल।
दिस्टि जो माटी सौं करै, माटी होइ अमोल।।
बैठ सिंघछाला होइ तपा, पदमावति पदमावति जपा।
दीठि समाधि ओही सौं लागी, जेहि दरसन कारन बैरागी।
किंगरी गहे बजावै झूरै, भोर साँझ सिंगी नित पूरै।
कंथा जरै आगि जनु लाई, बिरह धँधार जरत न बुझाई।
नैन रात निसि मारग जागे, चख चकोर जानहु ससि लागे।

कुंडल गहे सीस भुइँ लावा, पाँवरि होउँ जहाँ ओहि पावा।
जटा छोरि कै बार बहारौं, जेहि पथ आव सीस तहँ बारौं।
चारिहु चक्र फिरौं मैं, डँड न रहौं थिर मार।
होइ के भसम पौन सँग (धावौं) जहाँ परान अधार ॥

पदमावती-वियोग खंड

पदमावति तेहि जोग सँजोगा, परी पेम बस गहे बियोगा।
नींद न परै रैनि जौं आवा, सेज केंवाच जानु कोइ लावा।
दहै चंद औ चंदन चीरू, दगध करै तन बिरह गँभीरू।
कलप समान रैनि तेहि बाढ़ी, तिलतिलभरजुगजुग जिमि गाढ़ी।
गहै बीन मकु रैनि बिहाई, ससि बाहन तब रहै ओनाई।
पुनि धनि सिंघ उरेहै लागै, ऐसिहि बिथा रैनि सब जागै।
कहँ वह भौंर कवँल रस लेवा, आइ परै होइ घिरिनि परेवा।
सो धनि बिरह पतंग भइ, जरा चहै तेहि दीप।
कंत न आव भिरिंग होइ, का चंदन तन लीप ॥

पदमावती की विरहावस्था देख धाय ने कारण पूछा। पदमावती ने उत्तर दिया—

परिउँ अथाह धाय हौं जोबन उदधि गँभीर।
तेहि चितवौं चारिउँ दिसि, जो गहि लावै तीर ॥
बिरह नाग होइ सिर चढ़ि डसा, होइ अगिनि चंदन महँ बसा।
जोबन पंखी बिरह बिआधू, केहरि भयउ कुरगिनि खाधू।
जोवन चाँद उआ जस, बिरह भएउ सँग राहु
घटतहि घटत छीन भा, कहै न पारौं काहु ॥
नेन ज्यों चक्र फिरैं चहुं ओरा, चरचै धाय समाहि न कोरा।
कहेसि पेम जौं उपना बारी, बाँधु सत्त मन डोल न भारी।
जेहि जिउ महँ होइ सत्त पहारू, परै पहार न बाँकै बारू।
सती जो जरै पेम सत लागी, जौ सत हिएँ तौ सीतल आगी।

जोबन चांद जो चौदस करा, बिरह के चिनगी सो पुनि जरा।
पौन बाँध सो जोगी जती, काम बांध सो कामिनि सती।
आव बसंत फूल फुलवारी, देव बार सब जैहैं बारी।
तुम्ह पुनि जाहु बसंत लेइ, पूजि मनावहु देव।
जीउ पाइ जग जनम कै, पीउ पाइ कै सेव॥

पदमावती-सुआ-भेंट खंड

तेहि बियोग हीरामन आवा, पदमावति जानहुँ जिउ पावा।
कंठ लाइ सूआ सौं रोई, अधिक मोह जौं मिलै बिछोई।
आगि उठे दुख हिये गँभीरू, नैनहिं आइ चुवा होइ नीरू।
रही रोइ जब पदमिनी रानी, हँसि पूछहिं सब सखी सयानी।
मिले रहस भा चाहिय दूना, कित रोइय जौं मिलै बिछूना।
तेहिक उतर पदमावति कहा, बिछुरन दुख जो हिये भरि रहा।
मिलत हिये आएउ सुख भरा, वह दुख नैन नीर होइ ढरा।
बिछुरंता जब भेंटै सो जानै जेहि नेह।
सुक्ख सुहेला उग्गवै दुक्ख झरै जिमि मेह॥
पुनि रानी हँसि कूसल पूछा, कित गवनेहु पींजर कै छूँछा।

हीरमन ने आपबीती सुना कर कहा कि मुझसे तुम्हारा बखान सुन कर रतनसेन जोगी हो कर आया है। फिर पदमावती से बिदा हो कर हीरामन राजा के पास आया। उसने पदमावती का संदेशा कहा और कहा कि श्रीपंचमी के दिन पदमावती देव-पूजन को आवेगी।

बसंत खंड

दैउ दैउ कै सिसिर गँवाई, सिरी पंचमी पहुँची आई।
भएउ हुलास नवल ऋतु माहाँ, खिन न सोहाइ धूप औ छाहाँ।
पदमावति सब सखी हँकारी, जावत सिंघलदीप कै बारी।
आजु बसंत नवल ऋतुराजा, पंचमि होइ जगत सब साजा।
नवल सिंगार बनस्पति कीन्हा, सीस परासहि सेंदुर दीन्हा।

बिगसि फूल फूले बहु बासा, भौंर आइ लुबुधे चहुँ पासा।
पियर पात दुख झरे निपाते, सुख पल्लव उपने होइ राते।
अवधि आइ सो पूजी, जो हींछा मन कीन्ह।
चलहु देवगढ़ गोहने, चहहुं सो पूजा दीन्ह॥

पदमावती की सखियाँ सजधज कर फूल-पत्ते ले कर खेलती-कूदती गाती-बजाती विश्वनाथ को पूजने चलीं।

एहि विधि खेलति सिंघलरानी, महादेव मढ़ जाइ तुलानी।
सकल देवता देख लागे, दिस्टि पाप सब ततछन भागे।
एइ कविलास इंद्र कै अछरी, की कहुँ तें आईं परमेसरी।
कोई कहै पदमिनी आईं, कोइ कहै ससि नखत तराईं।
कोइ कहै फली फुलवारी, भूले सबै देखि सब बारी।
एक सुरूप औ सेंदुर सारे, जानहु दिया सकल महि बारे।
मुरुछि परै जोई मुख जोहै, जानहु मिरिग दियारहि मोहै।
कोई परा भौंर होइ, बास लीन्ह जनु चाँप।
कोइ पतंग भा दीपक, कोइ अधजर तन काँप॥

पदमावति गै देव दुवारा, भीतर मँडप कीन्ह पैसारा।
देवहि संसै भा जिउ केरा, भागौं केहि दिसि मंडप घेरा।
एक जोहार कीन्ह औ दूजा, तिसरे आइ चढ़ाएसि पूजा।
फर फूलन्ह सब मँडप भरावा, चंदन अगर देव नहवावा।
लेइ सेंदुर आगे भै खरी, परसि देव पुनि पायन्ह परी।
और सहेली सबै बियाहीं, मो कहँ देव कतहुँ बर नाहीं।
हौं निरगुनि जेइ कीन्ह न सेवा, गुनि निरगुनि दाता तुम देवा।
बर सँजोग मोहि मेरवहु कलस जाति हौं मानि।
जेहि दिन हींछा पूजै बेगि चढ़ावहुँ आनि॥

हींछि हींछि बिनवा जस जानी, पुनि कर जोरि ठाढ़ि भइ रानी।
उतरु को देइ देव मरि गएउ, सबद अकूट मँडप महँ भएउ।

काटि पवारा जैस परेवा, सोएउ ईस और को देवा।
भा बिनु जिउ नहिं आवत ओझा, बिष भइ पूरि काल भा गोझा।
जो देखै जनु बिसहर डसा, देखि चरित पदमावति हँसा।
भल हम आइ मनावा देवा, गा जनु सोइ को मानै सेवा।
को हींछा पूरे दुख खोवा, जेहि मानै आए सोइ सोवा।
ततखन एक सखी बिहँसानी, कौतुक आइ न देखहु रानी।
पुरुब द्वार मढ़ जोगी छाए, न जनौं कौन देस तें आए।
जनु उन्ह जोग तंत तन खेला, सिद्ध होइ निसरे सब चेला।
उन्ह महँ एक गुरू जो कहावा, जनु गुर दै काहू बौरावा।
कुँवर बतीसौ लच्छन राता, दसएँ लछन कहै एक बाता।
जानौं आहि गोपिचंद जोगी, की सो आहि भरथरी बियोगी।
वै पिंगला गए कजरी आरन, ए सिंघल आए केहि कारन।

यह मूरति यह मुद्रा, हम न देख अवधूत।
जानौं होहिं न जोगी, कोइ राजा कर पूत॥

सुनि सो बात रानी रथ चढ़ी, कहँ अस जोगी देखौं मढ़ी।
लेइ सँग सखी कीन्ह तहँ फेरा, जोगिहि आइ अपछरन्ह घेरा।
नयन कचोर पेम मद भरे, भइ सुदिस्टि जोगी सहुँ ढरे।
जोगी दिस्टि दिस्टि सौं लीन्हा, नैन रोपि नैनहिं जिउ दीन्हा।
जेहि मद चढ़ा परा तेहि पाले, सुधि न रही ओहि एक पियाले।
परा माति गोरख कर चेला, जिउ तन छाँड़ि सरग कहँ खेला।
किंगरी गहे जो हुत बैरागी, मरतिहु बार उहै धुनि लागी।

जेहि धंधा जाकर मन लागै सपनेहु सूझ सो धंध।
तेहि कारन तपसी तप साधहिं करहिं पेम मन बंध॥

पदमावति जस सुना बखानू, सहस करा देखेसि तस भानू।
मेलेसि चंदन मकु खिन जागा, अधिकौ सूत सीर तन लागा।

तब चंदन आखर हिय लिखे, भीख लेइ तुइँ जोग न सिखे।
घरी आइ तब गा तूँ सोई, कैसे भुगुति परापति होई।
अब जौं सूर अहौ ससि राता, आएउ चढ़ि सो गगन पुनि साता।
लिखि कै बात सखिन सौं कही, , इहै ठाँव हौं बारति रही।
परगट होहुँ न होइ अस भंगू, जगत दिया कर होइ पतंगू।

जा सहुँ हौं चख हेरौं, सोइ ठाँव जिउ देइ।
एहि दुख कतहुँ न निसरौं, को हत्या असि लेइ॥

कीन्ह पयान सबन्ह रथ हाँका, परबत छाँड़ि सिंघलगढ़ ताका।
....

पदमावति सो मँदिर पईटी, हँसत सिंघासन जाइ बईठी।
निसि सुती सुनि कथा बिहारी, भा बिहान कह सखी हँकारी।
देव पूजि जस आइउँ काली, सपन एक निसि देखिउँ आली।
जनु ससि उदय पुरुब दिसि लीन्हा ओ रबि उदय पछिउँ दिसि कीन्हा।
पुनि चलि सूर चाँद पहँ आवा, चाँद सुरुज दुहुँ भएउ मेरावा।
दिन औ राति भए जन एका, राम आइ रावन गढ़ छेंका।
तस किछ कहा न जाइ निखेधा अरजुन बान राहु गा बेधा।

जानहुँ लंक सब लूटी, हनुवँ बिधंसी बारि।
जागि उठिउँ अस देखत, सखि कहु सपन बिचारि॥

सखी सो बोली सपन बिचारू, कालिह जो गइहु देव के बारू।
पूजि मनाइहु बहुतै भाँती, परसन आइ भए तुम्ह राती।
सूरुज पुरुष चाँद तुम रानी, अस बर दैउ मेरावै आनी।
पच्छिउँ खँड कर राजा कोई सो आवा बर तुम्ह कहँ होई।
किछु पुनि जूझि लागि तुम्ह रामा, रावन सौं होइहि सँगरामा।
चाँद सूरुज सौं होइ बियाहू, ...
जस ऊषा कहँ अनिरुध मिला, मेटि न जाइ लिखा पुरबिला।

सुख सोहाग जौ तुम्ह कहँ पान फूल रस भोग।
आजु काल्हि भा चाहै अस सपने क संजोग।।

राजा रतनसेन-सती खंड

कै बसंत पदमावति गई, राजहि तब बसंत सुधि भई।
जो जागा न बसंत न बारी, ना वह खेल न खेलनिहारी।
ना वह ओहि कर रूप सुहाई, गै हेराई पुनि दिस्टि न आई।
फूल झरे सूखी फुलवारी, दीठि परी उकठी सब बारी।
केइ यह बसत बसंत उजारा; गा सो चाँद अथवा लेइ तारा।
अब तेहि बिनु जग भा अँध कूपा वह सुख छाँह जरौं दुख धूपा।
बिरह दवा को जरत सिरावा, को पीतम सौं करै मेरावा।
हिये देख तब चंदन खेवरा मिलि कै लिखा बिछोव।
हाथ मीजि सिर धुनि कै रोवै जो निचिंत अस सोव।।

....

अरे मलिछ बिसबासी देवा, किन मैं आइ कीन्ह तोरि सेवा।
आपनि नाव चढ़ै जो देई, सो तौ पार उतारै खेई।
सुफल लागि पग टेकेउँ तोरा, सुआ क सेंवर तू भा मोरा।
पाहन चढ़ि जो चहै भा पारा, सो ऐसे बूड़ै मंझ धारा।
पाहन सेवा कहाँ पसीजा, जनम न ओद होइ जो भीजा।
बाउर सोइ जो पाहन पूजा, सकत को भार लेइ सिर दूजा।
काहे न पूजिअ सोइ निरासा मुए जियत मन जाकरि आसा।
सिंघ तरेंदा जेइ गहा पार भए तेहि साथ।
ते पै बूड़े बाउरे भेंड़ पूँछि जिन्ह हाथ।।

देव कहा सुनु बउरे राजा, देवहि अगुमन मारा गाजा।
जौं पहिलेहि अपने सिर परई, सो का काहुक धरहरि करई।
पदमावति राजा कै बारी, आइ सखिन्ह सह बदन उघारी।
जैस चाँद गोहने सब तारा, परेउँ भुलाइ देखि उजियारा।
चमकहि दसन बीजु कै नाईं, नैन चक्र जमकात भँवाईं।

हौं तेहि दीप पतँग होइ परा, जिउ जम काढ़ि सरग लेइ धरा।
बहुरि न जानौं दहुँ का भई, दहुँ कबिलास कि कहुँ अपसई।
अब हौं मरौं निसाँसी, हिये न आवै साँस।
रोगिया की को चालै, बैदहि जहाँ उपास॥
आनहिं दोस देहुँ का काहू, संगी कया मया नहि ताहू।
हुता पियारा मीत बिछोई, साथ न लाग आपु गै सोई।
का मैं कीन्ह जो काया पोषी, दूषन मोहिं आप निरदोषी।
फागु बसंत खेलि गइ गोरी, मोहि तन लाइ बिरह कै होरी।
अब अस काह छार सिर मेलौं, छार जो होहुँ फाग तब खेलौं।
कित तप कीन्ह छाँड़ि कै राजू, गएउ अहार न भा सिध काजू।
पाएउँ नहि होइ जोगी जती, अब सर चढ़ौं जगौं जस सती।
आइ जो पीतम फिरि गा, मिला न आइ बसंत।
अब तन होरी घालि कै, जारि करौं भसमंत॥
ककनू पखि जैस सर साजा, तस सर साजि जरा चह राजा।
सकल देवता आइ तुलाने, दहुँ का होइ देव असथाने।
बिरह आगि बज्रागि असूझा, जरै सूर न बुझाए बूझा।
तेहि के जरत जो उठै बजागी, तीनिउँ लोक जरै तेहि लागी।
अबहि कि घरी सो चिनगी छूटै, जरहिं पहार पहन सब फूटै।
देवता सबै भसम होइ जाहीं, छार समेटे पाउब नाहीं।
धरती सरग होइ सब ताता, है कोई एहि राख बिधाता।
मुहमद चिनगी पेम कै, सुनि महि गगन डेराई।
धनि बिरही औ धनि हिया, जहँ अस अगिनि समाई॥
हनुवँत बीर लंक जेइ जारी, परबत उहैं अहा रखवारी।
बैठि तहाँ होइ लंका ताका, छठएँ मास देइ उठि हाँका।
तेहि कै आगि उहौ पुनि जरा, लंका छाड़ि पलंका परा।
जाइ तहाँ वै कहा सँदेसू, पारबती और जहाँ महेसू।

जोगी आहि वियोगी कोई, तुम्हरे मँडप आगि तेइ बोई।
जरा लंगूर सु राता उहाँ, निकसि जो भागि भएउँ करमुहाँ।
तेहि बज्रागि जरै हौं लागा, बजरअंग जरतहि उठि भागा।
रावन लंका हौं दही, वह हौं दाहै आव।
गए पहार सब औटि कै, को राखै गहि पाव॥

पार्वती-महेश खंड

ततखन पहुँचे आइ महेसू, बाहन बैल कुस्टि कर भेसू।
काथरि कया हडावरि बाँधे, मुंड-माल औ हत्या काँधे।
सेसनाग जाके कँठमाला, तनु भभूति हस्ती कर छाला।
पहुँची रुद्र कवँल कै गटा, ससि माथे औ सुरसरि जटा।
चँवर घंट औ डँवरू हाथा, गौरा पारबती धनि साथा।
औ हनुवंत बीर सँग आवा, धरे भेस बाँदर जस छावा।
अवतहि कहेन्हि न लावहु आगी, तेहि कै सपथ जरहु जेहि लागी।
की तप करै न पारेहु, की रे नसाएहु जोग।
जियत जीउ कस काढ़हु, कहहु सो मोहिं बियोग॥

कहेसि मोहिं बातन्ह बिलमावा; हत्या केरि न डर तोहि आवा।
जरै देहु दुख जरौं अपारा, निस्तर पाइ जाउँ एक बारा।
जस भरथरी लागि पिंगला, मो कहँ पदमावती सिंघला।
मैं पुनि तजा राज औ भोगू, सुनि सो नावँ लीन्ह तप जोगू।
एहि मढ़ सेएऊँ आई निरासा, गइ सो पूजि मन पूजि न आसा;
मैं यह जिउ डाढ़े पर दाधा, आधा निकसि रहा घट आधा।
जो अधजर सो बिलँब न आवा, करत बिलंब बहुत दुख पावा।
एतना बोल कहत मुख, उठी बिरह कै आगि।
जौं महेस न बुझावत, जाति सकल जग लागि॥

पारबती मन उपना चाऊ, देखौं कुँवर केर सत भाऊ।
ओहि एहि बीच की पेमहि पूजा, तन मन एक कि मारग दूजा।

भई सुरूप जानहुँ अपछरा, बिहँसि कुँवर कर आँचर धरा।
सुनहु कुँवर मोसौं एक बाता, जस रँग मोर न ओरहि राता।
ओ बिधि रूप दीन्ह है तोकाँ, उठा सो सबद जाइ सिव लोका।
तब हौं तोपहँ इन्द्र पठाई, गइ पदमिनी तैं अछरी पाई।
अब तजु जरन मरन तप जोगू, मोसौं मानु जनम भरि भोगू।

हौं अछरी कबिलास कै जेहि सरि पूज न कोइ।
मोहि तजि सँवरि जो ओहि मरसि कौन लाभ तेहि होइ॥

भलेहिं रंग अछरी तोर राता, मोहिं दूसरे सौं भाव न बाता।
मोहि ओहि सँवरि मुए तस लाहा, नैन जो देखसि पूछसि काहा।
अबहिं ताहि जिउ देइ न पावा, तोहि असि अछरी ठाढ़ि मनावा।
जौं जिउ देइहौं ओहि कै आसा, न जनौं काह होइ कबिलासा।
हौं कबिलास काह लै करऊँ, सोइ कबिलास लागि जेहि मरऊँ।
ओहि के बार जीउ निरवारौं, सिर उतारि नेवछावरि सारौं।
ताकरि चाह कहै जो आई, दोउ जगत तेहि देहुँ बड़ाई।

ओहि न मोरि किछु आसा, हौं ओहि आस करेउँ।
तेहि निरास पीतम कहँ, जिउ न देउँ का देउँ॥

गौरइ हँसि महेस सौं कहा, निहचै एहि बिरहानल दहा।
निहचै यह ओहि कारन तपा, परिमल पेम न आछै छपा।
निहचै पेम पीर यह जागा, कसे कसौटी कंचन लागा।
बदन पियर जल डभकहिं नैना, परगट दुवौ पेम के बैना।
यह एहि जनम लागि ओहि सीझा, चहै न औरहि ओही रीझा।
महादेव देवन्ह के पिता, तुम्हारी सरन राम रन जिता।
एह कहँ तस मया करेहू, पुरबहु आस कि हत्या लेहू।

हत्या दुइ के चढ़ाए, काँधे बहु अपराध।
तीसर यह लेउ माथे, जौ लेवै कै साध॥

सुनि कै महादेव कै भाखा, सिद्ध पूरुष राजै मन लाखा।
सिद्धहि अंग न बैठे माखी, सिद्ध पलक नहिं लावै आँखी।
सिद्धहि संग होइ नहिं छाया, सिद्धहि होइ भूख नहिं माया।
जेहि जग सिद्ध गोसाइँ कीन्हा, परगट गुपुत रहै का चीन्हा।
बैल चढ़ा कुस्टी कर भेसू, गिरजापति सत आहि महेसू।
चीन्है सोइ रहै जो खोजा, जस विक्रम औ राजा भोजा।
जो ओहि तत्त सत्त सौं हेरा, गएउ हेराइ जो ओहि भा मेरा।

बिनु गुरु पथ न पाइय, भूलै सो जो मेट।
जोगी सिद्ध होइ तब, जब गोरख सौं भेंट।।

ततखन रतनसेन गहबरा, छाँड़ि डफार पाँव लेइ परा।
मातै पितै जनम कित पाला, जो अस फाँद पेम गिउ घाला।
धरती सरग मिले हुत दोऊ, केइ निनार कै दीन्ह बिछोऊ।
पदिक पदारथ कर हुँत खोवा, टूटहि रतन रतन तस रोवा।
गगन मेघ जस बरसै भला, पुहुमी पूरि सलिल बहि चला।
सायर टूट सिखर गा पाटा, सूझ न वार पार कहुँ घाटा।
पौन पानि होइ होइ सब गिरई, पेम के फंद कोइ जनि परई।

तस रोवै जस जिउ जरै, गिरै रकत औ माँसु।
रोवँ रोवँ सब रोवहिं, सूत सूत भरि आँसु।।

रोवत बूड़ि उठा संसारू, महादेव तब भएउ मयारू।
कहेन्हि न रोव बहुत तें रोवा, अब ईसर भा दारिद खोवा।
जो दुख सहै होइ सुख ओकाँ, दुख बिनु सुख न जाइ सिवलोकाँ।
अब तें सिद्ध भएसि सिधि पाई, दरपन कया छूटि गइ काई।
कहौं बात अब हौं उपदेसी, लागु पंथ भूले परदेसी।
जौं लगि चोर सेंधि नहि देई, राजा केरि न मूसै पेई।
चढ़ें त जाइ बार ओहि खूँदी, परै न सेंधि सीस-बल मूँदी।

कहौं सो तोहि सिंहलगढ़ है खँड सात चढ़ाव ।
फिरा न कोई जियत जिउ सरग पंथ देइ पाव ।।

गढ़ तस बाँक जैसि तोरि काया, परखि देखु ओही कै छाया ।
पाइय नाहिं जूझ हठि कीन्हे, जेइ पावा तेइ आपुहि चीन्हे ।
नौ पौरी तेहि गढ़ मँझियारा, औ तह फिरहिं पाँच कोटवारा ।
दसवँ दुआर गुपुत एक ताका, अगम चढ़ाव बाट सुठि बाँका ।
भेदै जाइ सोइ ओहि घाटी, जो लहि भेद चढ़ै होइ चाँटी ।
गढ़ तर कुंड सुरँग तेहि माहाँ, तहँ वह पंथ कहौ तोहि पाहाँ ।
चोर बैठ जस सेंधि सवारी, जुआ पैंत जस लाव जुवारी ।

जस मरजिया समुद धँस हाथ आव तब सीप ।
ढूँढ़ि लेइ जो सरग दुआरी चढ़ै सो सिंघलदीप ।।

दसवँ दुआर ताल कै लेखा, उलटि दिस्टि जो लाव सो देखा ।
जाइ सो तहाँ साँस मन बंधी, जस धँसि लीन्ह कान्ह कालिंदी ।
तू मन नाथु मारि कै साँसा, जो पै मरहि आपहिं करु नासा ।
परगट लोकचार कहु बाता, गुपुत लाउ मन जासौं राता ।
हौं हौं कहत सबै मति खोई, जौं तू नाहिं आहि सब सोई ।
जियतहि जुरै मरै एक बारा, पुनि का मीचु को मारै पारा ।
आपुहि गुरू सो आपुहि चेला, आपुहि सब औ आपु अकेला ।

आपुहि मीच जियन पुनि, आपुहि तन मन सोइ ।
आपुहि आपु करे जो चाहै, कहाँ सो दूसर कोइ ।।

राजा-गढ़-छेंका खंड

सिधि गुटिका राजै जब पावा, पुनि भइ सिद्धि गनेस मनावा ।
जब संकर सिधि दीन्ह गुटेका, परी हूल जोगिन्ह गढ़ छेंका ।
सबै पदमिनी देखहिं चढ़ी, सिंघल छेंकि उठा होइ मढ़ी ।
जस घर भरे चोर मत कीन्हा, तेहि बिधि सेंधि चाह गढ़ दीन्हा ।
गुपुत चोर जो रहै सो साँचा, परगट होइ जीउ नहिं बाँचा ।

पौंरि पौंरि गढ़ लाग केवारा, औ राजा सौं भई पुकारा।
जोगी आइ छेंकि गढ़ मेला, न जनौं कौन तेस तें खेला।
भएउ रजायसु देखौ को भिखारि अस ढीठ।
बेगि बरजि तेहि आवहु जन दुइ पठै बसीठ॥
उतरि बसीठन्ह आइ जोहारे, की तुम जोगी की बनिजारे।
भएउ रजायसु आगे खेलहु, गढ़ तर छाँड़ि अनत होइ मेलहु।
अस लागेहु केहि के सिख दीन्हें, आएहु मरै हाथ जिउ लीन्हे।
इहाँ इन्द्र अस राजा तपा, जबहिं रिसाई सूर डरि छपा।
हौ बनिजार तौ बनिज बेसाहौ, भरि बैपार लेहु जो चाहौ।
हौ जोगी तौ जुगुति सौं माँगहु, भुगुति लेहु लै मारग लागहु।
इहाँ देवता अस गए हारी, तुम्ह पतिंग को अहौ भिखारी।
तुम्ह जोगी बैरागी, कहत न मानहु कोहु।
लेहु माँगि किछु भिच्छा, खेलि अनत कहुँ होहु।
अनु जो भीखि हौं आएउँ लेई, कस न लेउँ जौं राजा देई।
पदमावति राजा कै बारी, हौं जोगी ओहि लागि भिखारी।
खप्पर लेइ बार भा माँगौं, भुगुति देइ लेइ मारग लागौं।
सोई भुगुति परापति भूजा, कहाँ जाउँ अस बार न दूजा।
अब घर इहाँ जीउ ओहि ठाऊँ, भसम होउँ बरु तजौं न नाऊँ।
जस बिनु प्रान पिंड है छूँछा, धरम लाइ कहिहौं जो पूछा।
तुम्ह बसीठ राजा के ओरा, साखी होहु एहि भीख निहोरा।
जोगी बार आव सो जेहि भिच्छा कै आस।
जो निरास दिढ़ आसन कित गौने केहु पास॥
सुनि बसीठ मन उपनी रीसा, जौ पीसत घुन जाइहि पीसा।
जोगी अस कहुँ कहै न कोई, सो कहु बात जोग जो होई।
वह बड़ राज इन्द्र कर पाटा, धरती परा सरग को चाटा।
जौं यह बात जाइ तहँ चली, छूटहिं अबहिं हस्ति सिंघली।

औ जौं छटहि वज्र कर गोटा, बिसरिहि भुगुति होइ सब रोटा।
जहँ केहु दिस्टि न जाइ पसारी, तहाँ पसारसि हाथ भिखारी।
आगे देखि पाँवँ धरु नाथा, तहा न हेरु टूट जहँ माथा।

वह रानी तेहि जोग है, जाहि राज औ पाटु।
सुन्दरि जाइहि राजघर, जोगिहि बांदर काटु॥

जौं जोगी सत बांदर काटा, एकै जोग न दूसरि बाटा।
औ साधना आवै साधे, जोग साधना आपुहि दाधे।
सरि पहुँचाव जोगि कर साथू, दिस्टि चाहि अगमन होइ हाथू।
तुम्हरे जोर सिंघल के हाथी, हमरे हस्ति गुरू हैं साथी।
अस्ति नास्ति ओहि करत न बारा, परबत करै पाँव कै छारा।
जोर गिरे गढ़ जावत भए, जे गढ़ गरब करहिं ते नए।
अंत क चलना कोइ न चीन्हा, जो आवा सो आपन कीन्हा।

जोगिहि कोह न चाहिय, तस न मोहिं रिस लागि।
जोग तंत ज्यों पानी, काह करै तेहि आगि॥

बसिठन्ह जाइ कही अस बाता, राजा सुनत कोह भा राता।
ठावहि ठांव कुँवर सब माखे, केइ अब लीन्ह जोग केइ राखे।
अबहीं बेगिहि करौ सँजोऊ, तस मारहु हत्या नहिं होऊ।
मँत्रिन्ह कहा रहौ मन बूझे, पति न होइ जोगिन्ह सौं जूझे।
ओहि मारे तौ काह भिखारी, लाज होइ जौं माना हारी।
ना भल मुए न मारै मोखू, दुबौ बात लागै सब दोखू।
रहै देहु जौ गढ़ तर मेले, जोगी कित आछै बिनु खेले।

आछै देहु जो गढ़ तरे, जनि चालहु यह बात।
तहँ जो पाहन भख करहिं, अस केहिके मुख दाँत॥

दूत कई दिन लौट कर न आये तो रतनसेन ने पदमावती के नाम प्रेम-संदेश लिख कर हीरामन को दिया और कहा—'

औ मुख बचन सो कहेसु परेवा, पहिले मोरि बहुत कहि सेवा।
पुनि सँवराइ कहेसु अस दूजी, जो बलि दीन्ह देवतन्ह पूजी।
सो अबहीं तुम्ह सेव न लागा, बलि जिउ रहा न तन सो जागा।
भलेहि ऐस हौं तुम्ह बलि दीन्हा, जहँ तुम्ह तहाँ भाव बलि कीन्हा।
जौ तुम्ह मया कीन्ह पगु धारा, दिस्टि देखाइ बान बिष मारा।
जो जाकर अस आसामुखी, दुख महँ ऐस न मारै दुखी।
नैन भिखारि न मानहिं सीखा, अगमन दौरि लेहिं पै भीखा।

नैनहिं नैन बेधि गए नहिं निकसे वै बान।
हिये जो आखर तुम्ह लिखे ते सुठि लीन्ह परान॥

ते बिष-बान लिखौं कहँ ताई, रकत जो चुआ भीजि दुनियाई।
जान जो गारै रकत पसेऊ, सुखी न जान दुखी कर भेऊ।
जेहि न पीर तेहि काकरि चिंता, पीतम निठुर होइँ अस निंता।
कासौं कहौं बिरह कै भाखा, जासौं कहौं होइ जरि राखा।
बिरह आगि तन बन बन जरे, नैन नीर सब सायर भरे।
पाती लिखी सँवरि तुम्ह नावाँ, रकत लिखे आखर भए सावाँ।
आखर जरहिं न काहू छूआ, तब दुख देखि चला लेइ सूआ

अब सुठि छूँछि गइ (पाती) पेम पियारे हाथ।
भेंट होत दुख रोइ सुनावत जीउ जात जो साथ॥

कंचन तार बाँधि गिउ पाती, लेइ गा सुआ जहाँ धनि राती।
जैसे कवँल सूर के आसा, नीर कंठ लहि मरत पियासा।
बिसरा भोग सेज सुख बासा, जहाँ भौंर सब तहाँ हुलासा।
तौ लगि धीर सुना नहि पीऊ, सुना त घरी रहै नहिं जीऊ।
तौ लगि सुख हिय पेम न जामा, जहाँ पेम कत सुख बिसरामा।
अगर चँदन सुठि दहै सरीरू, औ भा अगिनि कया कर चीरू।
कथा कहानी सुनि जिउ जरा, जानहुँ घीउ बसंदर परा।

बिरह न आपु सँभारै मैल चीर सिर रूख।
पिउ पिउ करत राति दिन जस पापिहा मुख सूख ॥

ततखन गा हीरामन आई, मरत पियास छाँह जनु पाई।
भल तुम्ह सुआ कीन्ह है फेरा, कहहु कुसल अब पीतम केरा।
बाट न जानौं अगम पहारा, हिरदै मिला न होइ निनारा।
मरम पानि कर जान पियासा, जो जल महँ ता कहँ का आसा।
का रानी यह पूछहु बाता, जिनि कोइ होइ पेम कर राता।
तुम्हरे दरसन लागि बियोगी, अहा सो महादेव मठ जोगी।
तुम्ह बसंत लेइ तहाँ सिधाईं, देव पूजि पुनि ओहि पहँ आईं।

दिस्टि बान तस मारेहु, घायल भा तेहि ठाँव।
दूसरि बात न बोलै, लेइ पदमावति नाँव ॥

रोवँ रोवँ वै बान जो फूटे, सूतहि सूत रुहिर मुख छूटे।
नैनन्हि चली रकत कै धारा, कंथा भीजि भएउ रतनारा।
सूरुज बूड़ि उठा होइ राता, औ मजीठ टेसू बन राता।
भा बसंत रातीं बनसपती, औ राते सब जोगी जती।
पुहुमि जो भीजि भएउ सब गेरू, औ राते तहँ पंखि पखेरू।
राती सती अगिनि सब काया, गगन मेघ राते तेहि छाया।
ईंगुर भा पहार जौं भीजा, पै तुम्हार नहिं रोवँ पसीजा।

तहाँ चकोर कोकिला तिन्ह हिय मया पईठि।
नैन रकत भरि आए तुम्ह फिरि कीन्ह न दीठि ॥

ऐस बसंत तुमहिं पै खेलहु, रकत पराए सेंदुर मेलहु।
तुम्ह तौ खेलि मँदिर महँ आईं, ओहि क मरम पै जान गोसाईं।
कहेसि जरै को बारहिं बारा, एकहि बार होहुँ जरि छारा।
सर रचि चहा आगि जो लाई, महादेव गौरी सुधि पाई।
आइ बुझाइ दीन्ह पथ तहाँ, मरन खेल कर आगम जहाँ।

उलटा पंथ पेम के [बारा, चढ़ै सरग जौ परै पतारा।
अब धँसि लीन्ह चहै तेहि आसा, पावै साँस कि मरै निसाँसा।
पाती लिखि सो पठाई, इहै सबै दुख रोइ।
दहुँ जिउ रहै कि निसरै, काह रजायसु होइ ॥
कहि कै सुआ जो छोड़ेसि पाती, जानहु दीप छुवत तस ताती।
गीउ जो बांधा कंचन तागा, राता सांव कंठ जरि लागा।
अगिनि सांस सँग निसरै ताती, तरुवर जरहिं ताहि कै पाती।
रोइ रोइ सुआ कहै सो बाता, रकत कै आँसु भएउ मुख राता।
देख कंठ जरि लाग सो गेरा, सो कस जरै बिरह अस घेरा।
जरि जरि हाड़ भयउ सब चूना, तहाँ मासु का रकत बिहूना।
वह तोहि लागि कया सब जारी, तपत मीन जल देहि पवारी।
तोहि कारन वह जोगी, भसम कीन्ह तन दाहि।
तू असि निठुर निछोही, बात न पूछै ताहि ॥
कहेसि सुआ मोसौं सुनु बाता, चहौं तो आज मिलौं जस राता।
पै सो मरम न जाना भोरा, जानै प्रीति जो मरि कै जोरा।
हौं जानति हौं अबही काँचा, ना वह प्रीति रंग थिर राँचा।
ना वह भएउ मलयगिरि बासा, ना वह रवि होइ चढ़ा अकासा।
ना वह करा भृंग कै होई, ना वह आपु मरा जिउ खोई।
ना वह प्रेम औटि एक भएऊ, ना ओहि हिये माँझ डर गएऊ।
तेहि का कहिय रहब जिउ रहै जो पीतम लागि।
जहँ वह सुनै लेइ धँसि का पानी का आगि ॥
पुनि धनि कनक पानि मसि माँगी, उतर लिखत भीजी तन आँगी।
तस कंचन कहँ चहिय सोहागा, जौं निरमल नग होइ तौ लागा।
हौं जो गई सिव-मंडप भोरी, तहँवाँ कस न गाँठि तैं जोरी
भा बिसँभार देखि कै नैना, सखिन्ह लाज का बोलौं बैना।
खेलहि मिस मैं चंदन घाला, मकु जागसि तौ देउँ जयमाला।

तबहुँ न जागा गा तू सोई, जागे भेंट न सोए होई।
अब जौं सूर होइ चढ़ै अकासा, जौं जिउ देइ त आवै पासा।
तौ लगि भुगुति न लेइ सका रावन सिय जब साथ।
कौन भरोसे अब कहौं जीउ पराए हाथ॥
अब जौं सूर गगन चढ़ि आवै, राहु होइ तौ ससि कहँ पावै।
बहुतन्ह ऐस जीउ पर खेला, तू जोगी कित आहि अकेला।
बिक्रम धँसा प्रेम के बारा, सपनावति कहँ गएउ पतारा।
मधूपाछ मृगुधावति लागी, गगनपूर होइगा बैरागी।
राजकुँवर कंचनपुर गएऊ, मिरगावति कहँ जोगी भएऊ।
साध कुँवर खंडावत जोगू, मधुमालति कर कीन्ह बियोगू।
प्रेमावति कहँ सुरपुर साधा, उषा लागि अनिरुध बर बाँधा।
हौं रानी पदमावती, सात सरग पर बास।
हाथ चढ़ौं मैं तेहिके, प्रथम करै अपनास॥
हौं पुनि इहाँ ऐस तोहि राती, आधी भेंट पिरीतम पाती।
तहुँ जो प्रीति निबाहै आँटा, भौंर न देख केत कर काँटा।
होइ पतंग अधरन्हु गहु दीया, लेसि समुद धँसि होइ मरजीया।
रातु रंग जिमि दीपक बाती, नैन लाउ होइ सीप सेवाती।
चातक होइ पुकारु पियासा, पीउ न पानि सेवाति कै आसा।
सारस कर जस बिछुरी जोरी, रैनि होहु जस चकक चकोरी।
होहु चकोर दिस्टि ससि पाहाँ, औ रवि होहु कँवलदल माहाँ।
महुँ ऐसे होउँ तोहि कहँ, सकहि तौ ओर निबाहु।
राहु बेधि होइ अरजुन, जीति दुरपदी ब्याहु।
राजा इहाँ ऐस तप झूरा, भा जरि बिरह छार कर कूरा।
नैन लाइ सो गएउ बिमोही, भा बिनुजिउ जिउ दीन्हेसि ओही।
कहाँ पिंगला सुखमन नारी, सूनि समाधि लागि गइ तारी।
बूंद समुद्र जैस होइ मेरा, गा हेराइ अस मिलै न हेरा।

रंगहि पानि मिला जस होई, आपहि खोइ रहा होइ सोई।
सुऐ जाइ जब देखा तासू, नैन रकत भरि आए आँसू।
सदा पिरीतम गाढ़ करेई, ओहि न भुलाइ भूलि जिउ देई।

मूरि सँजीवनि आनि कै औ मुख मेला नीर।
गरुड़ पंख जस झारै अमृत बरसा कीर।।

मुआ जिया अस बास को पावा, लीन्हेसि साँस पेट जिउ आवा।
देखेसि जागि सुआ सिर नावा, पाती देइ मुख बचन सुनावा।
गुरू क बचन स्रवन दुइ मेला, कीन्ह सुदिस्टि बेगु चलु चेला।
तोहि अलि कीन्ह आप भइ केवा, हौं पठवा गुरु बीच परेवा।
पौन साँस तोसौ मन लाई, जोवै मारग दिस्टि बिछाई।
जस तुम्ह कथा कीन्ह अगि दाहू, सो सब गुरु कहँ भएउ अगाहू।
तब उदंत छाला लिखि दीन्हा, बेगि आउ चाहै सिध कीन्हा।

आवहु सामि सुलच्छना, जीउ बसै तुम्ह नावँ।
नैनहि भीतर पंथ है, हिरदय भीतर ठावँ।।

सुनि पदमावति कै असि मया, भा बसंत उपनी नइ कया।
सुआ क बोल पौन होइ लागा, उठा सोइ हनुवँत अस जागा।
चाँद मिलै कै दीन्हेसि आसा, सहसौ कला सूर परगासा।
पाति लीन्हि लेइ साँस चढ़ावा, दीठि चकोर चंद जस पावा।
आस पियासा जो जेहि केरा, जौं झिझकार ओहि सहुँ हेरा।
अब यह कौन पानि मैं पीया, भा तन पाँख पतँग मरि जीया।
उठा फूलि हिरदय न समाना, कँथा टूक टूक बेहराना।

जहाँ पिरीतम वै बसहि यह जिउ बलि तेहि बाट।
वह जो बोलावै पाँव सौं हौं तहँ चलौं लिलाट।।

जो पथ मिला महेसहि सेई, गएउ समुद ओही धँसि लेइ।
जहँ वह कुंड बिषम ओगाहा, जाइ परा तहँ पाव न थाहा।
बाउर अंध पेम कर लागू, सौहँ धँसा किछू सूझ न आगू।

लीन्हे सिधि साँसा मन मारा, गुरू मछंदरनाथ सँभारा।
चेला परे न छाँड़हि पाछू, चेला मच्छ गुरू जस काछू।
जस धँसि लीन्ह समुद मरजीया, उधरे नैन बरै जस दीया।
खोजि लीन्ह सो सरग दुआरा, बज्र जो मूँदे जाइ उघारा।
बाँक चढ़ाव सरग गढ़, चढ़त गएउ होइ भोर।
भइ पुकार गढ़ ऊपर, चढ़े सेंधि देइ चोर॥

गंधर्वसेन-मंत्री खंड

राजा गंधर्वसेन ने सुना कि चोर सेंध लगा कर गढ़ में चढ़ आये हैं तो उसने मंत्रियों से परामर्श कर के उन्हें सूली देने का निश्चय किया। राजा की सेना जोगियों को पकड़ने चली। सेना को देख कर रतनसेन के सोलह हजार साथियों ने लड़ने की अनुमति माँगी—

गुरू केर जौं आयसु पावहिं, सौंह होंहि औ चक्र चलावहिं।
आजु करहिं रन भारत, सत बाचा देइ राखि।
सत्य देख सब कौतुक, सत्य भरै पुनि साखि॥
गुरू कहा चेला सिध होहू, पेम बार होइ करहु न कोहू।
जाकहँ सीस नाइ कै दीजै, रंग न होइ ऊभ जौ कीजै।
जेहि जिउ पेम पानि भा सोई, जेहि रँग मिलै ओहि रँग होई।
जौ पै जाइ पेम सौं जूझा, कित तपि मरहिं सिद्ध जो बूझा।
एहि सेंति बहुरि जूझ नहिं करिए, खड़ग देखि पानी होइ ढरिए।
पानिहि काह खड़ग कै धारा, लौटि पानि होइ सोइ जो मारा।
पानी सेंति आगि का करई, जाइ बुझाइ जौ पानी परई।
सीस दीन्ह मैं अगमन पेम पानि सिर मेलि।
अब सो प्रीति निबाहौं चलौं सिद्ध होइ खेलि॥
राजै छेंकि धरे सब जोगी, दुख ऊपर दुख सहै बियोगी।
ना जिउ धरक धरत होइ कोई, नाहीं मरन जियन डर होई।
नाग फाँस उन्ह मेला गीवा, हरख न बिसमौ एकौ जीवा।

जेइ जिउ दीन्ह सो लेइ निकासा , बिसरै नहिं जौ लहि तन साँसा।
कर किंगरी तेहि तंतु बजावै , इहै गीत बैरागी गावै।
भलेहि आनि गिउ मेली फाँसी , है न सोच हिय रिस सब नासी।
मैं गिउ फाँद ओहि दिन मेला , जेहि दिन पेम पंथ होइ खेला।
परगट गुपुत सकल महँ पूरि रहा सो नावँ।
जहँ देखौ तहँ ओही , दूसर नहिं जहँ जावँ।।
जब लगि गुरु हौं अहा न चीन्हा , कोटि अँतरपट बीचहि दीन्हा।
जब चीन्हा तब और न कोई , तन मन जिउ जोबन सब सोई।
हौं हौं करत धोख इतराहीं , जब भा सिद्ध कहाँ परछाहीं।
मारै गुरू कि गुरू जियावै , जौर को मार मरै सब आवै।
सूरी मेलु हस्ति करु चूरू , हौं नहिं जानौं जानै गुरू।
गुरू हस्ति पर चढ़ा सो पेखा , जगत जो नास्ति नास्ति पै देखा।
अंध मीन जस जल महँ धावा , चल जीवन जल दिस्टि न आवा।
गुरु मोरे मोरे हिये , दिए तुरंगम ठाठ।
भीतर करहिं डोलावै , बाहर नाचै काठ।।

सो पदमावति गुरु हौं चेला , जोग तंत जेहि कारन खेला।
तजि वह बार न जानौं दूजा , जेहि दिन मिलै जातरा पूजा।
जीउ काढ़ि भुइँ धरौं लिलाटा , ओहि कहँ देउँ हिये महँ पाटा।
को मोहिं ओहि छुआवै पाया , नव अवतार देइ नइ काया।
जीउ चाहि जो अधिक पियारी , माँगै जीउ देउँ बलिहारी।
माँगै सीस देउँ सह गीवा , अधिक तरौं जौं मारै जीवा।
अपने जिउ कर लोभ न मोहीं , पेम बार होइ माँगौं ओही।
दरसन ओहि कर दिया जस हौं सो भिखारि पतंग।
जो करवत सिर सारै मरतु न मोरौं अँग।।
पदमावति कँवला ससि जोती , हँसै फूल रोवै सब मोती।
बरजा पितै हँसी ओ रोजू , लाई दूति होइ निति खोजू।

जबहिं सुरुज कहँ लागा राहू, तबहिं कँवल मन भएउ अगाहु।
बिरह अगस्त जो बिसमौ उएऊ, सरवर हरष सूखि सब गएऊ।
परगट ढारि सकं नहिं आँसू, घटि घटि माँसु गुपुत होइ नासू।
जस दिन माँझ रैनि होइ आई, बिगसत कँवल गएउ मुरझाई।
राता बदन गएउ होइ सेता, भँवर भँवर रहि गए अचेता।

चित्त जो चिता कीन्ह धनि, रोवँ रोवँ समेत।
सहस साल सहि आहि भरि, मुरुछि परी गा चेत॥

पदमावति सँग सखी सयानी, गनत नखत सब रैनि बिहानी।
जानहिं मरम कँवल कर कोई, देखि बिया बिरहिन कै रोईं।

कैसहु बिरह न छाँड़ै, भा ससि गहन गरास।
नखत चहूँ दिसि रोवहिं, अंधर धरति अकास॥

घरी चारि इमि गहन गरासी, पुनि बिधि हिये जोति परगासी।
निसँस ऊभि भरि लीन्हेसि साँसा, भा अधार जीवन कै आसा।
बिनवहिं सखी छूट ससि राहू, तुम्हरी जोति जोति सब काहू।
तू ससि बदन जगत उजियारी, केइ हरि लीन्ह कीन्ह अँधियारी।

कँवल कली तू पदमिनी गइ निसि भयउ बिहान।
अबहुँ न संपुट खोलसि जब रे उआ जग भानु॥

भानु नावँ सुनि कँवल बिगासा, फिरि कै भौंर लीन्ह मधु बासा।
सरद चंद मुख जबहिं उघेली, खंजन नैन उठे करि केली।
बिरह न बोल आव मुख ताईं, मरि मरि बोल जीउ बरियाईं।
दवैं बिरह दारुन हिय काँपा, खोलि न जाइ बिरह दुख झाँपा।
उदधि समुद जस तरँग देखावा, चख घूमहिं मुख बात न आवा।
यह सुनि लहरि लहरि पर धावा भँवर परा जिउ थाह न पावा।
सखी आनि बिष देहु तौ मरऊँ, जिउ न पियार मरै का डरऊँ।

खिनहिं उठै खिन बूड़ै अस हिय कँवल सँकेत।
हीरामनहिं बुलावही सखी गहन जिउ लेत॥

चेरी धाय सुनत खिन धाई, हीरामन लेइ आइँ बोलाई।
जनहुँ बैद ओषद लेइ आवा, रोगिया रोग मरत जिउ पावा।
सुनत असीस नैन धनि खोले, बिरह बेन कोकिल जिमि बोले।
कँवलहिं बिरह बिथा जस बाढ़ी, केसर बरन पीर हिय गाढ़ी।
कित कँवलहिं भा पेम अँकूरू, जो पै गहन लेहि दिन सूरू।
पुरइनि छाँह कँवल कै करी, सकल बिथा सुनि अस तुम हरी।
पुरुष गँभीर न बोलहिं काहू, जो बोलहिं तौ ओर निबाहू।

एतनै बोल कहत मुख पुनि होइ गई अचेत।
पुनि को चेत सँभारै उहै कहत मुख सेत॥

हीरामन जौ देखेसि नारी, प्रीति बेल उपनी हिय बारी।
कहेसि कस न तुम्ह होहु दुहेली, अरुझी पेम जो पीतम बेली।
प्रीति बेलि जिनि अरुझै कोई, अरुझे मुए न छूटै सोई।
प्रीति बेलि ऐसै तन डाढ़ा, पलुहत सुख बाढ़त दुख बाढ़ा।
प्रीति बेलि कै अमर को बोई; दिन दिन बढ़ै छीन नहिं होई।
प्रीति बेलि सँग बिरह अपारा, सरग पतार करै तेहि झारा।
प्रीति अकेलि बेलि चढ़ि छावा, दूसर बेलि न सँचरै पावा।

प्रीति बेलि अरुझै जब तब सूछाँह सुख साख।
मिलै पिरीतम आइ कै दाख बेलि रस चाख॥

पदमावति उठि टेकै पाया, तुम्ह हुँत देखौं पीतम छाया।
कहत लाज औ रहै न जीऊ एक दिसि आगि दुसर दिसि पीउ।
सूर उदयगिरि चढ़त भुलाना, गहनै गहा कँवल कुँभिलाना।
ओहट होइ मरौं तौ झूरी, यह सुठि मरौं जो नियर न दूरी।
घट महँ निकट बिकट होइ मेरू, मिलहि न मिले परा तस फेरू।
तुम्ह सो मोर खेवक गुरु देवा, उतरौं पार तेही विधि खेवा।
दमनहिं नलहिं जो हंस मेरावा, तुम्ह हीरामन नावँ कहावा।

मूरि सजीवन दूरि है सालै सकती बानु।
प्रान मुकुत अब होत है बेगि देखावह भानु ॥

हीरामन भुइँ धरा लिलाटू, तुम्ह रानी जुग जुग सुख पाटू।
जेहि के हाथ सजीवन मूरी, सो जानिय अब नाहीं दूरी।
पिता तुम्हार राज कर भोगी, पूजै बिप्र मरावै जोगी।
पौंरि पौंरि कोतवार जो बैठा, पेम क लुबुध सुरँग होइ पैठा।
चढ़त रैनि गढ़ होइगा भोरू, आवत बार धरा कै चोरू।
अब लेइ गए देइ ओहि सूरी, तेहि सौं अगाह बिथ तुम्ह पूरी।
अब तुम्ह जिउ काया वह जोगी, कया क रोग जानु पै रोगी।

रूप तुम्हार जीउ कै (आपन) पिंड कमावा फेरि।
आपु हेराइ रहा तेहि काल न पावै हेरि ॥

हीरामन जो बात यह कही, सूर के गहन चाँद तब गही।
सूर के दुख सौं ससि भइ दुखी, सो कित दुख मानै करमुखी।
अब जौं जोगि मरै मोहि नेहा, मोहि ओहि साथ धरति गगनेहा।
रहै त करौं जनम भरि सेवा, चलै त यह जिउ साथ परेवा।
कहेसि कि कौन करा है सोई, पर काया परबेस जो होई।
पलटि सो पंथ कौन बिधि खेला, चेला गुरू गुरू भा चेला।
कौन खंड अस रहा लुकाई, आवै काल हेरि फिरि जाई।

चेला सिद्धि सो पावै गुरु सौं करै अछेद।
गुरू करै जो किरिपा पावै चेला भेद ॥

अनु रानी तुम गुरु वह चेला, मोहि बूझहु कै सिद्ध नवेला।
तुम्ह चेला कहँ परसन भई, दरसन देइ मँडप चलि गई।
रूप गुरू कर चेलै डीठा, चित समाइ होइ चित्त पईठा।
जीउ काढ़ि लै तुम्ह अपसईं, वह भा कया जीव तुम्ह भईं।
कया जो लाग धूप औ सीऊ, कया न जान जान पै जीऊ।

भोग तुम्हार मिला ओहि जाई, जो ओहि बिथा सो तुम्ह कहँ आई।
तुम ओहिके घट वह तुम माहाँ, काल कहाँ पावै वह छाहाँ।
अस वह जोगी अमर भा परकाया परबेस।
आवै काल गुरुहि तहँ देखि सो करै अदेस॥
सुनि जोगी कै अमर जो करनी, नेवरि बिथा बिरह कै मरनी।
कवँल करी होइ बिगसा जीऊ, जनु रवि देख छूटिगा सीऊ।
जो अस सिद्ध को मारै पारा, निपुरुष तेइ जरै होइ छारा।
कहो जाइ अब मोर सँदेसू, तजौं जोग अब होइ नरेसू।
जिनि जानहु हौं तुम्ह सौं दूरी, नैनन माँझ गड़ी वह सूरी।
तुम्ह परसेद घटे घट केरा, मोहिं घट जीव घटत नहिं बेरा।
तुम्ह कहँ पाट हिये महँ साजा, अब तुम मोर दुहूँ जग राजा।
जौं रे जियहिं मिलि गर रहहिं, मरहिं त एकै दोउ।
तुम्ह जिउ कहँ जिनि होइ किछु, मोहिं जिउ होउ सो होउ॥

रतनसेन-सूली खंड

जोगियों को बाँध कर सूली देने की जगह लाया गया तो वहाँ जनता की भीड़ लग गई। पहले रतनसेन को सूली के लिए लाया गया। उसका रूप देख कर सब पछताने लगे। कहने लगे यह जोगी नहीं है, कोई राजकुमार वियोगी हो गया है। पता लो कहीं राजा भोज तो जोगी बन कर नहीं आ गया। रतनसेन से पूछने पर उसने उत्तर दिया—मेरा परिचय क्या पूछते हो, मैं तो जोगी भिखारी हूँ। वह 'पदमावती पदमावती' जपता रहा। जब उसे सूली दी जाने लगी तो महादेव का आसन डोल गया। महादेव और पार्वती भाट और भाटिन का रूप धर कर हनुमान को साथ ले कर वहाँ आये। पार्वती ने महादेव से रतनसेन को बचाने को कहा। इतने में हीरामन भी वहाँ आया और रोने लगा। उसने पदमावती का संदेश सुनाया कि मैं प्राणों को निकाल कर हाथ में लिये बैठी हूँ, मेरा मरना जीना तुम्हारे साथ है। संदेश सुन कर रतन-

सेन हँसा। भाट (महादेव) ने गंधर्वसेन को समझाया कि जोगी पानी है और तुम आग हो, आग और पानी का युद्ध नहीं होता। यह जोगी नहीं है, राजा है। यदि तुमने युद्ध ठाना तो महाभारत होगा। महादेव ने रणघंट बजाया है। सुन कर ब्रह्मा सहित सब देवता युद्ध करने को आ रहे हैं। उन्हीं के साथ नवों नाथ और चौरासी सिद्ध भी आ रहे हैं। यह जोगी चित्तौड़ का राजा रतनसेन है। तुम्हारा तोता हीरामन इसे बुला कर लाया है। यह पदमावती के लिए जोगी हुआ है। हीरामन को बुला कर उससे पूछ लो और परख कर देख लो। जहाँ कन्या होती है वहाँ वर आते ही हैं। यदि विवाह कर दोगे तो पुण्य होगा। तुम इसे परख लो। रत्न छिपाये से नहीं छिपता। यदि यह परीक्षा में खरा उतरे तो इसे पदमावती ब्याह दो।

राजै जब हीरामन सुना, गएउ रोस हिरदय महँ गुना।
अज्ञा भई बोलाबहु सोई, पंडित हुँते धोख नहि होई।
एकहि कहत सहस्रक धाए, हीरामनहिं बेगि लेई आए।
खोला आगे आनि मँजूसा, मिला निकसि बहु दिन कर रूसा।
अस्तुति करत मिला बहु भाँती, राजै सुना हिये भइ साँती।
जानहुँ जरत आगि जल परा, होइ फुलवार रहस हिय भरा।
राजै पुनि पूछी हँसि बाता, कस तन पियर भएउ मुख राता।
चतुर बेद तुम पंडित, पढ़े शास्त्र औ बेद।
कहा चढ़ाएहु जोगिन्ह, आइ कीन्ह गढ़ भेद॥

हीरामन ने भाट की बात का समर्थन किया।

पहिले भएउ भाँट सत भाखी, पुनि बोला हीरामन साखी।
राजहि भा निसचय मन माना, बाँधा रतन छोरि कै आना।
कुछ पूछा चौहान कुलीना, रतन न बांधे होइ मलीना।
हीरा दसन पान रँग पाके, बिहँसत सबै बीजु बर ताके।
आना काटर एक तुखारू, कहा सो फेरो भा असवारू।
फेरा तुरै छतीसौ कुरी, सबहि सराहा सिंघलपुरी।

कुँवर बतीसौ लच्छना, सहस किरिन जस भान।
काह कसौटी कसिए, कंचन बारह बान॥

देखि कुँवर बर कंचन जोगू, अस्ति अस्ति बोला सब लोगू।
मिला सो बंस अंस उजियारा, भा बरोक तब तिलक सँवारा।
पच्छिउँ कर बर पुरुब क बारी, जोरी लिखी न होइ निनारी।

रतनसेन-पदमावती-विवाह खंड, पदमावती-रतनसेन-भेंट खंड, रतनसेन-साथी खंड, षट्-ऋतु-वर्णन खंड

बड़ी धूमधाम से रतनसेन और पदमावती का विवाह हुआ। गंधर्वसेन ने बेटी के ब्याह में दिल खोल कर दहेज दिया और रतनसेन से कहा कि जंबूद्वीप जा कर क्या करोगे, अब तुम सिंहलद्वीप में ही राज करो। रतनसेन को सजा-सजाया सतमंजिला महल और दास-दासियाँ दी गई। पदमावती की सुहागरात हुई। अगले दिन रतनसेन ने अपने महल में दरबार दिया। चित्तौड़ के सब साथी मिलने आये। रतनसेन ने अपने ससुर से सोलह हजार पद्मिनी स्त्रियाँ माँग कर सब को एक एक दी और सब के अलग अलग महल सजवा दिये। रतनसेन और उसके सोलह हजार साथी सिंहल में ही रहने लगे। इस प्रकार सुख भोग करते हुए छह ऋतुएँ (एक वर्ष) बीत गई।

नागमती-वियोग खंड

नागमती चितउर पथ हेरा, पिउ जो गए पुनि कीन्ह न फेरा।
नागर काहु नारि बस परा, तेइ मोर पिउ मोसौं हरा।
सुआ काल होइ लेइगा पीऊ, पिउ नहिं जात जात बरु जीऊ।
भएउ नरायन बावन करा, राज करत राजा बलि छरा।
करन पास लीन्हेउ कै छंदू, बिप्र रूप धरि झिलमिल इन्दू।
मानत भोग गोपिचंद भोगी, लेइ अपसवा जलंधर जोगी।
लै कान्हहि भा अकरूर अलोपी, कठिन बिछोह जियहिं किमि गोपी।

सारस जोरी किमि हरी, मारि गएउ किन खग्गि।
झुरि झुरि पींजर धनि भई, बिरह कै लागी अग्गि॥
पिउ बियोग अस बाउर जीऊ, पपिहा निति बोलै पिउ पीऊ।
अधिक काम दाधै सो रामा, हरि लेइ सुआ गएउ पिउनामा।
बिरह बान तस लाग न डोली, रकत पसीज भीजि गइ चोली।
सूखा हिया हार भा भारी, हरे हरे प्रान तजहिं सब नारी।
खन एक आव पेट महँ साँसा, खनहिं जाइ जिउ होइ निरासा।
पवन डोलावहिं सीचहिं चोला, पहर एक समुझहिं मुख बोला।
प्रान पयान होत को राखा, को मिलाव चात्रिक कै भाखा।
आहि जो मारै बिरह कै, आगि उठी तेहि लागि।
हंस जो रहा सरीर महँ, पाँख जरा जब भाग॥
पाट महादेइ हिये न हारू, समुझि जीउ चित चेतु सँभारू।
भौंर कँवल सँग होइ मेरावा, सँवरि नेह मालति पहँ आवा।
पपिहै स्वाती सौं जस प्रीती, टेकु पियास बाँधु मन थीती।
धरतिहि जैस गगन सौं नेहा, पलटि आव बरषा ऋतु मेहा।
पुनि बसंत ऋतु आव नवेली, सो रस सो मधुकर सो बेली।
जिनि अस जीव करसि तू बारी, यह तरिवर पुनि उठिहि सँवारी।
दिन दस बिनु जल सूखि बिधंसा, पुनि सोइ सरवर सोई हंसा।
मिलहिं जो बिछुरे साजन, अंकम भेंटि अहन्त।
तपनि मृगसिरा जे सहैं, ते अद्रा पलुहन्त॥
चढ़ा असाढ़ गगन घन गाजा, साजा बिरह दुंददल बाजा।
धूम साम धौरे घन धाए, सेत धजा बग पाँति देखाए।
खड़ग बीजु चमकै चहुँ ओरा, बुन्द बान बरसहिं घन घोरा।
अद्रा लाग लागि भुइँ लेई, मोहि बिनु पिउ को आदर देई।
ओनई घटा आइ चहुँ फेरी, कंत उबारु मदन हौं घेरी।
दादुर मोर कोकिला पीऊ, करहि बेझ घट रहे न जीऊ।

पुष्य[1] नखत सिर ऊपर आवा, हौं बिनु नाह मँदिर को छावा।
जिन्ह पर कंता ते सुखी, तिन्ह गारौ औ गर्ब।
कंत पियारा बाहिरै, हम सुख भूला सर्ब॥
सावन बरस मेह अति पानी, भरनि भरइ हौं बिरह झुरानी।
लाग पुनरबसु पीउ न देखा, भइ बाउरि कहँ कंत सरेखा।
रकत कै आँसु परहिं भुइँ टूटी, रेंगि चलीं जस बीरबहूटी।
सखिन्ह रचा पिउ संग हिंडोला, हरियरि भूरि कुसुंभी चोला।
हिय हिंडोल अस डोलै मोरा, बिरह झुलाइ देइ झकझोरा।
बाट असूझ अथाह गँभीरी, जिउ बाउर भा फिरै भँभीरी।
जग जल बूड़ जहाँ लगि ताकी, मोरि नाव सेवक बिनु थाकी।
परबत समुद अगम बिच बीहड़ घन बन ढाँख।
किमि कै भेटौं कंत तुम्ह ना मोहि पाँव न पाँख॥
भा भादों दूभर अति भारी, कैसे भरौं रैनि अँधियारी।
मंदिर सून पिउ अनतै बसा, सेज नागिनी फिरि फिरि डसा।
रहौं अकेलि गहे एक पाटी, नैन पसारि मरौं हिय फाटी।
चमक बीजु घन गरजि तरासा, बिरह काल होइ जीउ गरासा।
बरसै मघा झकोरि झकोरी, मोर दुइ नैन चुवैं जस ओरी।
पुरबा लाग भूमि जल पूरी, आक जवास भई तस झूरी।
धनि सूखै भर भादौं माहाँ, अबहुँ न आएन्हि सींचेन्हि नाहाँ।
थल जल भरे अपूर सब, धरति गगन मिलि एक।
धनि जोबन अवगाह महँ, दे बूड़त पिउ टेक॥
लाग कुवार नीर जग घटा, सबहूँ आउ कंत तन लटा।
तोहि देखे पिउ पलुहै कया, उतरा[2] चीतु बहुरि करु मया।
उआ अगस्त हस्ति घन गाजा, तुरय पलानि चढ़े रन राजा।

---

१. पुनर्वसु नक्षत्र पुष्य से पहले आता है, यहाँ नक्षत्र-क्रम में भूल है।
२. अगस्त तारा उत्तरा फालगुनी नक्षत्र से तीन दिन पहले उदय

चित्रा मित्र मीन घर आवा, पपिहा पीउ पुकारत पावा।
स्वाति बूँद चातक मुख परे, समुद सीप मोती सब भरे।
सरवर सँवरि हंस चलि आए, सारस कुरलहिं खँजन देखाए।
भा परगास काँस बन फूले, कंत न फिरे बिदेसहि भूले।
बिरह हस्ति तन सालै, धाय करै चित चूर।
बेगि आइ पिउ बाजहु, गाजहु होइ सदूर॥

कातिक सरद चंद उजियारी[1], जग सीतल हौं बिरहै जारी।
चौदह करा चाँद परगासा, जनहुँ जरैं सब धरति आकासा।
तन मन सेज करै अगिदाहू, सब कहँ चंद भएउ मोहिं राहू।
चहूँ खंड लागे अँधियारा, जो घर नाहीं कंत पियारा।
अबहूँ निठुर आउ एहि बारा, परब देवारी[1] होइ संसारा।
सखि झूमक गावैं अँग मोरी, हौं झुरावँ बिछुरी मोरि जोरी।
जेहि घर पिउ सो मनोरथ पूजा, मो कहँ बिरह सवति दुख दूजा।
सखि मानैं तिउहार सब, गाइ देवारी खेलि।
हौं का गावौं कंत बिनु, रही छार सिर मेलि॥

अगहन दिवस घटा निसि बाढ़ी, दूभर रैनि जाइ किमि गाढ़ी।
अब यहि बिरह दिवस भा राती, जरौं बिरह जस दीपक बाती।
काँपै हिया जनावै सीऊ, तौ पै जाइ होइ सँग पीऊ।
घर घर चीर रचे सब काहू, मोर रूप रँग लेइगा नाहू।
पलटि न बहुरा गा जो बिछोई, अबहुँ फिरै फिरै रँग सोई।
सियरि अगिनि बिरहिन हिय जारा, सुलुगि सुलुगि दगधै होइ छारा।
यह दुख दगध न जानै कंतू, जोबन जनम करै भसमंतू।

होता है। यहाँ भी क्रम में भूल है।

१. यहाँ भी क्रम में भूल है; दीवाली (कार्तिकी अमावस्या) कार्तिकी पूर्णिमा से पहले आती है।

पिउ सौं कहेहु सँदेड़सा, हे भँवरा हे काग।
सो धनि बिरहै जरि मुई, तेहिक धुवाँ हम्ह लाग।।
पूस जाड़ थर थर तन काँपा, सुरुज जाइ लंका दिसि चाँपा।
बिरह बाढ़ दारुन भा सीऊ, कँपि कँपि मरौं लेइ हरि जीऊ।
कंत कहाँ लागौं ओहि हियरे, पंथ अपार सूझ नहिं नियरे।
सौंर सुपेती आवै जूड़ी, जानहु सेज हिवंचल बूड़ी।
चकई निसि बिछुरै दिन मिला, हौं दिन राति बिरह कोकिला।
रैनि अकेलि साथ नहिं सखी, कैसे जियै बिछोही पँखी।
बिरह सचान भएउ तन जाड़ा, जियत खाइ जौ मुए न छाँड़ा।
रकत ढुरा माँसू गरा, हाड़ भएउ सब संख।
धनि सारस होइ ररि मुई, पीउ समेटहि पंख।।
लागेउ माघ परै अब पाला, बिरहा काल भएउ जड़काला।
पहल पहल तन रूई झाँपै, हहरि हहरि अधिकौ हिय काँपै।
आइ सूर होइ तपु रे नाहा, तोहि बिनु जाड़ न छूटै माहा।
एहि माह उपजै रसमूलू, तू सो भौंर मोर जोबन फूलू।
नैन चुवहिं जस महवट नीरू, तोहि बिनु अंग लाग सर चीरू।
टप टप बूँद परहिं जस ओला, बिरह पवन होइ मारै झोरा।
केहि क सिंगार को पहिरु पटोरा, गीउ न हार रही होइ डोरा।
तुम बिनु काँपै धनि हिया, तन तिनउर भा डोल।
तेहि पर बिरह जराइ कै, चहै उड़ावा झोल।।
फागुन पवन झकोरा बहा, चौगुन सीउ जाइ नहिं सहा।
तन जस पियर पात भा मोरा, तेहि पर बिरह देइ झकझोरा।
तरिवर झरहिं झरहिं बन ढाखा, भइ ओनंत फूलि फरि साखा।
करहिं बनसपति हिये हुलासू, मो कहँ भा जग दून उदासू।
फागु करहिं सब चाँचरि जोरी, मोहि तन लाइ दीन्ह जस होरी।
जौ पै पीउ जरत अस पावा, जरत मरत मोहि रोष न आवा।

राति दिवस बस यह जिउ मोरे, लगौं निहोर कंत अब तोरे।
यह तन जारौं छार कै, कहौं कि पवन उड़ाव।
मकु तेहि मारग उड़ि परै, कंत धरै जहँ पाँव॥
चैत बसंता होइ धमारी, मोहि लेखे संसार उजारी।
पंचम बिरह पच सर मारै, रकत रोइ सगरौं बन ढारै।
बूड़ि उठे सब तरिवर पाता, भीजि मजीठ टेसु बन राता।
बौरे आम फरै अब लागे, अबहुँ आउ घर कंत सभागे।
सहस भाव फूलीं बनसपती, मधुकर घूमहिं सँवरि मालती।
मोकहँ फूल भए सब काँटे, दिस्टि परत जस लागहिं चाँटे।
फिर जोबन भए नारँग साखा, सुआ बिरह अब जाइ न राखा।
घिरिनि परेवा होइ पिउ, आउ बेगि परु टूटि।
नारि पराए हाथ है, तुम्ह बिनु पाव न छूटि॥
भा बैसाख तपनि अति लागी, चोआ चीर चंदन भा आगी।
सूरुज जरत हिवंचल ताका, बिरह बजागि सौंह रथ हाँका।
जरत बजागिनि करु पिउ छाँहा, आइ बुझाउ अँगारन्ह माहाँ।
तोहि दरसन होइ सीतल नारी, आइ आगि तें करु फुलवारी।
लागिउँ जरै जरै जस भारू, फिर फिर भूँजेसि, तजेउँ न बारू।
सरवर हिया घटत निति जाई, टूक टूक होइ कै बिहराई।
बिहरत हिया करहु पिउ टेका, दीठि दवँगरा मेरवहु एका।
कवँल जो बिगसा मानसर बिनु जल गएउ सुखाइ।
अबहुँ बेलि फिरि पलुहै जौ पिउ सींचै आइ॥
जेठ जरै जग चलै लुवारा, उठहिं बवंडर परहिं अँगारा।
बिरह गाजि हनुवँत होइ जागा, लंका दाह करै तनु लागा।
चारिहु पवन झकोरै आगी, लंका दाहि पलंका लागी।
दहि भइ साम नदी कालिंदी, बिरह क आगि कठिनअतिमंदी।
उठै आगि औ आवै आँधी, नैन न सूझ मरौं दुख बाँधी।

अधजर भइउँ माँसु तन सूखा, लागेउ बिरह काल होइ भूखा।
माँसु खाइ अब हाड़न्ह लागै, अबहुँ आउ आवत सुनि भागै।
गिरि समुद्र ससि मेघ रवि सहि न सकहिं वह आगि।
मुहमद सती सराहिए जरै जो अस पिउ लागि॥
तपै लागि अब जेठ असाढ़ी, मोहि पिउ बिनु छाजनि भइ गाढ़ी।
तन तिनउर भा झूरौं खरी, भइ बरखा दुख आगरि जरी।
बंध नाहिं औ कंध न कोई, बात न आव कहौं का रोई।
साँठि नाहिं जग बात को पूछा, बिनु जिउ भएउ मूँज तनु छूँछा।
भई दुहेली टेक बिहूनी, थाँभ नाहिं उठि सकै न थूनी।
बरसहि नैन चुअहिं घर माहाँ, छपर छपर होइ रहि बिनु नाहाँ।
कोरौं कहाँ ठाट नव साजा, तुम बिनु कंत न छाजनि छाजा।
अबहूँ मया दिस्टि करि, नाह निठुर घर आउ।
मँदिर उजार होत है, नव कै आइ बसाउ॥
रोइ गँवाए बारह मासा, सहस सहस दुख एक एक साँसा।
तिल तिल बरख बरख परि जाई, पहर पहर जुग जुग न सेराई।
सो नहिं आवै रूप मुरारी, जासौं पाव सोहाग सुनारी।
साँझ भए झुरि झुरि पथ हेरा, कौनि सो घरी करै पिउ फेरा।
दहि कोइला भइ कंत सनेहा, तोला माँसु रही नहिं देहा।
रकत न रहा बिरह तन गरा, रती रती होइ नैनन्ह ढरा।
पाय लागि जोरै धनि हाथा, जारा नेह जुड़ावहु नाथा।
बरस दिवस धनि रोइ कै, हारि परी चित झंखि।
मानुष घर घर बूझि कै, बूझै निसरी पंखि॥
भई पुछार लीन्ह बनबासू, बैरिनि सवति दीन्ह चिलबाँसू।
होइ खर बान बिरह तनु लागा, जो पिउ आवै उड़हि तौ कागा।
हारिल भई पंथ मैं सेवा, अब तहँ पठवौं कौन परेवा।
धौरी पंडुक कहु पिउ नाऊँ, जौं चित रोख न दूसर ठाऊँ।

जाहि बया होइ पिउ कँठ लवा, करै मेराव सोइ गौरवा।
कोइल भई पुकारति रही, महरि पूकारै लेइ लेइ दही।
पिअरि तिलोरी औ जलहंसा, हिरदय पैठि बिरह कटनंसा।
जेहि पँखी के निअर होइ, कहै बिरह कै बात।
सोई पंखी जाइ जरि, तरिवर होइ निपात॥
कुहुकि कुहुकि जस कोइल रोई, रकत आँसु घुँघुची बन बोई।
भइ करमुखी नैन तन राती, को सेराव बिरहा दुख ताती।
जहँ जहं ठाढ़ि होइ बनबासी, तहँ तहँ होइ घुँघुचि कै रासी।
बूँद बूँद महँ जानहुँ जीऊ, गुंजा गूँजि करै पिउ पीऊ।
तेहि दुख भए परास निपाते, लोहू बूड़ि उठे होइ राते।
राते बिंब भीजि तेहि लोहू, परवर पाक फाट हिय गोहूँ।
देखौं जहाँ होइ सोइ राता, जहाँ सो रतन कहै को बाता।
नहिं पावस ओहि देसरा, नहिं हेवन्त बसन्त।
ना कोकिल न पपीहरा, जेहि सुनि आवै कंत॥

नागमती-संदेश खंड

फिरि फिरि रोव कोइ नहिं डोला, आधी राति बिहंगम बोला।
तू फिरि फिर दाहै सब पाँखी, केहि दुख रैनि न लावसि आँखी।
नागमती कारन कै रोई, का सोवै जो कंत बिछोई।
मन चित हुँते न उतरै मोरे, नैन क जल चुकि रहा न मोरे।
कोइ न जाइ ओहि सिंघलदीपा, जेहि सेवाति कहँ नैना सीपा।
जोगी होइ निसरा सो नाहू, तब हुँत कहा सँदेस न काहू।
निति पूछौं सब जोगी जंगम, कोइ न कहै निज बात बिहंगम।
चारिउ चक्र उजार भए, कोइ न सँदेसा टेक।
कहौं बिरह दुख आपन, बैठि सुनहु दँड एक॥
तासौं दुख कहिए हो बीरा, जेहि सुनि कै लागै पर पीरा।
को होइ भिउँ अँगवै पर दाहा, को सिंघल पहुँचावै चाहा।

जहवाँ कंत गए होइ जोगी, हौं किंगरी भइ झूरि बियोगी।
वै सिंगी पूरी गुरु भेंटा, हौं भइ भसम न आइ समेटा।
कथा जो कहै आइ ओहि केरी, पाँवरि होउँ जनम भरि चेरी।
ओहि के गुन सँवरत भइ माला, अबहु न बहुरा उड़िगा छाला।
बिरह गुरू खप्पर कै हीया, पवन अधार रहै सो जीया।

हाड़ भए सब किंगरी, नसैं भई सब ताँति।
रोवँ रोवँ तें धुनि उठैं, कहौं बिथा केहि भाँति॥

रतनसेन कै माइ सुरसती, गोपीचन्द जसि मैनावती।
आँधरि बूढ़ि होइ दुख रोवा, जीवन रतन कहाँ दहुँ खोवा।
जीवन अहा लीन्ह सो काढ़ी, भइ बिनु टेक करैं को ठाढ़ी।
बिनु जीवन भइ आस पराई, कहाँ सो पूत खंभ होइ आई।
नैन-दीठ नहिं दिया बराही, घर अँधियार पूत जौ नाहीं।
को रे चलै सरवन के ठाऊँ, टेक देह औ टेकै पाऊँ।
तुम सरवन होइ काँवरि सजा, डार लाइ अब काहे तजा।

सरवन सरवन ररि मुई, माता काँवरि लागि।
तुम्ह बिनु पानि न पावै, दसरथ लावै आगि॥

लेइ सो सँदेस बिहंगम चला, उठी आगि सगरौं सिंघला।
बिरह बजागि बीच को ठेघा, धूम सो उठा साम भए मेघा।
भरिगा गगन लूक अस छूटे, होइ सब नखत आइ भुइँ टूटे।
जहँ जहँ भूमि जरी भा रेहू, बिरह के दाध भई जनु खेहू।
राहू केतु जरि लंका जरी, चिनगी उड़ी चाँद महँ परी।
जाइ बिहंगम समुद डफारा, जरे मच्छ पानी भा खारा।
दाधे बन तरिवर जल सीपा, जाइ निअर भा सिंघलदीपा।

समुद तीर एक तरिवर, जाइ बैठि तेहि रूख।
जौ लगि कहा सँदेस नहिं, नहिं पियास नहिं भूख॥

रतनसेन वन करत अहेरा; कीन्ह ओहि तरिवर तर फेरा।

सीतल बिरिछ समुद के तीरा, अति उतंग ओ छाँह गँभीरा।
तुरय बाँधि कै बैठ अकेला, साथी और करहिं सब खेला।
देखेसि फरी जो तरिवर साखा, बैठि सुनै पंखिन्ह कै भाखा।
पंखिन महँ सो बिहंगम अहा, नागमती जासौं दुख कहा।
पूछहिं सबै बिहँगम नामा, अहो मीत काहे तुम सामा।
कहेसि मीत मासक दुइ भए, जंबूदीप तहाँ हम गए।
नगर एक हम देखा, गढ़ चितउर ओहि नांव।
सौ दुख कहाँ कहौं लगि, हम दाढ़े तेहि ओहि ठाँव॥

जोगी होइ निसरा सो राजा, सून नगर जानहु धुंध बाजा।
नागमती है ताकरि रानी, जरी बिरह भइ कोइल बानी।
अब लगि जरि भइ होइहि छारा, कही न जाइ बिरह कै झारा।
हिया फाट वह जबहीं कूकी, परै आँसु सब होइ होइ लूकी।
चहूँ खंड छिटकी वह आगी, धरती जरति गगन कहँ लागी।
बिरह दवा को जरत बुझावा, जेहि लागै सो सौंहैं धावा।
हौं पुनि तहाँ सो दाढ़ै लागा, तन भा साम जीउ लेइ भागा।
का तुम हँसहु गरब कै, करहु समुद महँ केलि।
मति ओहि बिरहा बस परै, दहै अगिनि जो मेलि॥

सुनि चितउर राजा मन गुना, बिधि सँदेस मैं कासौं सुना।
की तरिवर पर पंखी बेसा, नागमती कर कहै सँदेसा।
को तूँ मीत मन चित्त बसेरू, देव कि दानव पवन पखेरू।
ब्रह्म बिस्नु सिव बाचा तोही, सो निज बात कहै तू मोही।
कहाँ सो नागमती तैं देखी, कहेसि बिरह जस मरन बिसेखी।
हौं सोई राजा भा जोगी, जेहि कारन वह ऐसि बियोगी।
जस तूँ पंखि महूँ दिन भरौं, चाहौं कबहिं जाइ उड़ि परौं।
पंखि आँखि तेहि मारग लागी सदा रहाहिं।
कोइ न संदेसी आवहिं तेहि क सँदेस कहाहिं॥

पूछसि कहा सँदेस बियोगू, जोगी भए न जानसि भोगू।
दहिने संख न सिंगी पूरै, बाएँ पूरि राति दिन झूरै।
तेलि बैल जस बाएँ फिरैं, परा भँवर महँ सौंह न तिरैं।
तुरय नाव दहिने रथ हाँका, बाएँ फिरै कोहाँर क चाका।
तोहिं अस नाहीं पंखि भुलाना, उड़े सो आव जगत महँ जाना।
एक दीप का आएउँ तोरे, सब संसार पाँय तर मोरे।
दहिने फिरै सो अस उजियारा, जस जग चाँद सुरुज मनियारा।

मुहमद बाईं दिसि ताजा, एक स्रवन एक आँखि।
जब तें दाहिन होइ मिला, बोल पपीहा पाँखि।।

हौं धुव अचल सौं दाहिन लावा, फिरि सुमेरु चितउर गढ़ आवा।
देखेउँ तोरे मँदिर घमोई, मातु तोरि आँधरि भइ रोई।
जस सरवन बिनु अंधी अंधा, तस ररि मुई तोहि चित बँधा।
कहेसि मरौं को काँवरि लेई, पूत नाहिं पानी को देई।
गई पियास लागि तेहि साथा, पानि दीन्ह दसरथ के हाथा।
पानि न पिये आगि पै चाहा, तोहि अस सुत जनमे अस लाहा।
होइ भगीरथ करु तहँ फेरा, जाहि सँवार मरन कै बेरा।

तू सपूत माता कर, अस परदेस न लेहि।
अब ताईं मुइ होइहि, मुएउँ जाइ गति देहि।।

नागमती दुख बिरह अपारा, धरती सरग जरै तेहि झारा।
नगर कोट घर बाहर सूना, नौजि होइ घर पुरुष बिहूना।
तू काँवरू परा बस टोना, भूला जोग छरा तोहि लोना।
वह तोहि कारन मरि भइ छारा, रही नाग होइ पवन अधारा।
कहुँ बोलहि मो कहँ लेइ खाहू, माँसु न काया रुचै जो काहू।
बिरह मयूर नाग वह नारी, तू मजार करु बेगि गोहारी।
माँसु गरा पाँजर होइ परी, जोगी अबहुँ पहुँचु लेइ जरी।

देखि बिरह दुख ताकर मैं सो तजा बनवास।

आएउँ भागि समुद्र तट नबहुँ न छाड़ै पास ॥
अस परजरा बिरह कर गठा, मेघ साम भए धूम जो उठा।
दाढ़ा राहु केतु गा दाधा, सूरज जरा चाँद जरि आधा।
औ सब नखत तराईं जरहीं, टूटहिं लूक धरति महँ परहीं।
जरैं सो धरती ठावँहि ठाऊँ, दहकि पलास जरै तेहि दाऊँ।
बिरह साँस तस निकसै झारा, दहि दहि परबत होहिं अँगारा।
भँवर पतंग जरैं औ नागा, कोइल भुजइल डोमा कागा।
बन पंखी सब जिउ लेइ उड़े, जल महँ मच्छ दुखी होइ बुड़े।
महूँ जरत तहँ निकसा, समुद बुझाएउँ आइ।
समुद पानि जरिखार भा, धुआँ रहा जग छाइ ॥
राजै कहा रे सरग सँदेसी, उतरि आउ मोहिं मिलु सहदेसी।
पाय टेकि तोहि लावौं हियरे, प्रेम सँदेस कहहु होइ नियरे।
कहा बिहंगम जो बनवासी, कित गिरही तें होइ उदासी।
जेहि हरिवर तर तुम अब कोऊ, कोकिल काग बराबर दोऊ।
धरती महँ बिष चारा परा, हारिल जानि भूमि परिहरा।
फिरौं बियोगी डारहिं डारा, करौं चले कहँ पंख सँवारा।
जियै क घरी घटित निति जाहीं, साँझहिं जीउ रहै दिन नाहीं।
जौं लहि फिरौं मुकुत होइ, परौं न पींजर माँह।
जाउँ बगि थल आपने, है जेहि बीच निबाह ॥
कहि संदेस बिहंगम चला, आगि लागि सगरौं सिंघला।
घरी एक राजा गोहरावा, भा अलोप पुनि दिस्टि न आवा।
पंखी नावँ न देखा पाँखा, राजा रोइ फिरा कै साँखा।
जस हेरत वह पंखि हेराना, दिन एक हमहूँ करब पयाना।
जौ लगि प्रान पिंद एक ठाऊँ, एक बेर चितउर गढ़ जाऊँ।
आवा भँवर मंडि महँ केवा, जीउ साथ लेइ गएउ परेवा।
तन सिंघल मन चितउर बसा, जिउ निसँभर नागिनि जिमि डसा।

जेति नारि हँसि पूछहिं, अमिअ बचन जिउ तंत।
रस उतरा बिष चढ़ि रहा, ना ओहि तंत न मंत॥
बरिस एक तेहि सिंघल भएऊ, भोग बिलास करत दिन गएऊ।
भा उदास जौ सुना सँदेसू, सँवरि चला मन चितउर देसू।
कँवल उदास जो देखा भँवरा, थिर न रहै अब मालति सँवरा।
जोगी भँवरा पवन परावा, कित सो रहै जो चित्त उठावा।
जौ पै काढ़ि देइ जिउ कोई, जोगी भँवर न आपन होई।
तजा कँवल मालति हिय घाली, अब कित थिर आछै अलि आली।
गंध्रबसेन आव सुनि बारा, कस जिउ भएउ उदास तुम्हारा।
मैं तुम्हही जिउ लावा, दीन्ह नैन महँ बास।
जौ तुम होहु उदास तौ, यह काकर कबिलास॥

रतनसेन-बिदाई खंड, देशयात्रा खंड, लक्ष्मी-समुद्र खंड चित्तौर-आगमन खंड, नागमती-पदमावती-विवाद खंड, रतनसेन-संतति खंड

रतनसेन ने राज-काज बता कर गंधर्वसेन से विदा माँगी। गंधर्वसेन ने विदा करते समय अपार धन और द्रव्य दिया, जिसे पा कर रतनसेन को गर्व हुआ कि मैं यह धन ले कर घर पहुँचूंगा तो मेरे समान संसार में और कौन होगा। राजा समुद्र के किनारे पहुँचा तो समुद्र भिखारी के वेश में आ खड़ा हुआ। समुद्र ने उसके धन के ४० वें भाग की भीख माँगी पर राजा ने लोभवश कुछ न दिया। राजा समुद्र में आधा रास्ता भी आ नहीं पाया था कि तूफान उठा और राजा के जहाज रास्ता भूल लंका की ओर चल दिये। वहाँ विभीषण का राक्षस मछली मार रहा था। राजा ने उसे जहाजों को ठीक रास्ते पर लगा देने को कहा और बहुत सा इनाम देने का वायदा किया। राक्षस जहाजों को भँवर में ले गया। सब जहाज वहाँ चक्कर खाने लगे। हाथी घोड़े मनुष्य सब डूबने लगे। इतने में एक राजपक्षी आया और उस दुष्ट राक्षस को

पंजे में दबा कर उड़ गया। सब जहाज डूब गये। राजा रानी जहाज के तख्तों पर बैठ कर विभिन्न दिशाओं में बह गये।

पदमावती मूर्च्छित हो गई। बहते बहते वह जहाँ किनारे पर पहुँची वहाँ समुद्र की कन्या लक्ष्मी अपनी सहेलियों-सहित खेल रही थी। लक्ष्मी ने देखा कि वह अभी मरी नहीं है। वह उसे अपने घर ले आई। उसके उपचार से पदमावती को होश आया। वह खाना पीना छोड़ कर रतनसेन के लिए विलाप करने लगी। लक्ष्मी ने उसे धीरज बँधाया और अपने पिता समुद्र से राजा को खोज लाने को कहा। राजा बहते बहते एक निर्जन टीले पर जा लगा और पदमावती के लिए विलाप करने लगा था। अन्त में वह कटार से अपना गला काटने को उद्यत हुआ। समुद्र ने तब माना कि उसका लोभ-जन्य पाप कट गया है और वह ब्राह्मण का रूप धर कर उसके सामने आ खड़ा हुआ। उसने उसे आत्म-हत्या करने से रोका और कहा आँख मूँद कर मेरी लाठी पकड़ लो, मैं तुम्हें पदमावती के पास पहुँचा दूँगा। जब राजा समुद्र के साथ उस घाट पर पहुँचा तो लक्ष्मी पदमावती का रूप धर कर रास्ते में आ बैठी। राजा उसे देख कर दौड़ा, पर पास आने पर जब उसने देखा कि यह पदमावती नहीं है तो मुँह फेर लिया। लक्ष्मी फिर उसके सामने आ कर रोने लगी कि मैं तुम्हारी रानी पदमावती हूँ, तुमने मुझे समुद्र में ला कर छोड़ दिया। राजा ने कहा—तुमने पदमावती का रूप धारा है, तुम पदमावती नहीं हो। तब लक्ष्मी राजा को पदमावती के पास ले गई। रतनसेन और पदमावती एक दूसरे से मिल कर बहुत प्रसन्न हुए। कुछ दिन वे दोनों वहाँ पाहुने रहे। फिर उन्होंने समुद्र के विदा माँगी। लक्ष्मी ने पदमावती को गले लगा कर भेंटा और पान का बीड़ा दिया जिसमें उत्तम रत्न और हीरे भरे थे। समुद्र ने उन्हें अमृत, हंस, सोनहा पक्षी का वंशज, शार्दूल-शावक और सोना बनाने वाला पारस पत्थर ये पाँच विशेष रत्न विदाई में दिये। पथ-प्रदर्शक साथ में दे

कर उन्हें विदा किया। पथ-प्रदर्शकों ने उन्हें निर्विघ्न समुद्र के पार जगन्नाथपुरी पहुँचा दिया। सेना सजा कर राजा चित्तौड़ पहुँचा और नागमती पदमावती दोनों रानियों के साथ सुख से रहने लगा। एक दिन पदमावती और नागमती में झगड़ा हो गया। हाथापाई तक की नौबत आ पहुँची। राजा ने सुना तो आ कर उन्हें समझाया—

एक बार जेइ पिय मन बूझा, सो दुसरे सौं काहे क जूझा।
अस गियान मन आव न कोई, कबहूँ राति कबहुँ दिन होई।
धूप छाँह दोउ पिय कै रंगा, दूनौं मिली रहहिं एक संगा।
जूझ छाँड़ि अब बूझहु दोऊ, सेवा करहु सेव फल होऊ।
गंग जमुन तुम नारि दोउ लिखा मुहम्मद जोग।
सेव करहु मिलि दूनौ तौ मानहु सुख भोग।।

राजा के दो पुत्र हुए, नागमती से नागसेन और पदमावती से कँवलसेन।

राघवचेतन-देसनिकाला खंड, राघवचेतन-दिल्ली-गमन खंड, स्त्री-भेद-वर्णन खंड, पदमावती-रूपचर्चा खंड

राजा रतनसेन के दरबार में राघवचेतन नाम का पंडित था। उसे यक्षिणी सिद्ध थी। एक दिन राजा ने पूछा दूज कब है ? राघव ने कहा आज, और पंडितों ने कहा कल। इसपर विवाद हुआ। राघव ने कहा यदि मेरी बात असत्य हो तो मैं देश-निकाला पाऊँ और यक्षिणी के प्रभाव से उसी दिन दूज दिखा दी। दूसरे दिन फिर चन्द्रमा की कला दूज की ही दिखाई दी। तब पण्डितों ने राजा से कहा कि कल राघव ने यक्षिणी के प्रभाव से दूज दिखाई थी। यदि कल दूज होती तो आज चन्द्रमा की कला कुछ अधिक दिखाई देती। राघव का भेद खुल गया। राजा ने उसे देश-निकाले का दण्ड दिया। यह बात जब पदमावती ने सुनी तो उसने सोचा कि ऐसे गुणी पण्डित को निकाल देना अच्छा नहीं है। वह देश पर कोई विपत्ति ला सकता है। उसने दान दे कर राघव

को सन्तुष्ट करना चाहा और सूर्यग्रहण का दान देने को बुला भेजा। राघवचेतन दान लेने पदमावती के महल के नीचे आ कर खड़ा हुआ तब रानी ने अपने हाथ का बहुमूल्य कंकण उतार कर झरोखे में से नीचे फेंका। रानी का रूप देख कर राघव सुध-बुध खो कर गिर पड़ा। रानी तो झरोखा बन्द करके चली गई, उसकी सहेलियों ने उपचार करके राघव को उठाया। होश आने पर राघव उठ कर दिल्ली की ओर चला। राघव चेतन दिल्ली पहुँचा। अलाउद्दीन वहाँ का बादशाह था।

जगत भार उन्ह एक सँभारा, तौ थिर रहै सकल संसारा।
औ अस ओहिक सिंघासन ऊँचा, सब काहू पर दिस्टि पहूँचा।
सब दिन राजकाज सुख भोगी, रैनि फिरै घर घर होइ जोगी।
राव रंक जावँत सब जाती, सब कै चाह लेइ दिन राती।
पंथी परदेसी जत आवहिं, सब कै चाह दूत पहुँचावहिं।
एहू बात तहँ पहुँची, सदा छत्र सुख छाँह।
बाम्हन एक बार है, कँकन जराऊ बाँह।।
मया साह मन सुनत भिखारी, परदेसी को पूछु हँकारी।
भीख भिखारी दीजिए, का बाम्हन का भाट।
अग्या भई हँकारहु, धरती धरै लिलाट।।

राघवचेतन ने दरबार में पहुँच कर सिर झुका कर असीस दी। उसके हाथ में पदमावती का कंकण चमक रहा था। बादशाह ने पूछा 'तू मंगन कंकन का बाहाँ?' राघव ने कहा, सिंहल की पद्मिनी को रतनसेन चित्तौड़ लाया है।

सोइ रानी संसार मनि दखिना कंकन दीन्ह।
अछरी रूप देखाइ कै जीउ झरोखे लीन्ह।।
सुनि कै उतर साह मन हँसा, जानहुँ बीजु चमकि परगसा
चहूँ खंड हौं चक्कवै, जस रवि तपै अकास।
जौ पदमिनी तौ मोरे, अछरी तौ कबिलास।।

राघव ने कहा जंबूद्वीप में शंखिनी हस्तिनी और चित्रिणी नारियाँ हैं। पद्मिनी नारियाँ तो सिंहलद्वीप में ही मिलती हैं। फिर राघवचेतन ने स्त्रियों के चार भेद बादशाह को बताये और पदमावती के रूप का बखान किया। जिसे सुन बादशाह को मूर्च्छा सी आ गई।

तब कह अलाउदीं जग सूरू, लेउँ नारि चितउर कै चूरू।
जौ वह पदमिनि मानसर, अलि न मलिन होइ जात।
चितउर महँ जो पदमिनी, फेरी उहै कहु बात॥

एक जगसूर! कहौं तुम्ह पाहाँ, और पाँच नग चितउर माहाँ।
एक हंस है पंखि अमोला, मोती चुनै पदारथ बोला।
दूसर नग जो अमृत बसा, सो बिष हरै नाग कर डसा।
तीसर पाहन परस पखाना, लोह छुए होइ कंचन बाना।
चौथ अहै सादूर अहेरी, जो बन हस्ति धरै सब घेरी।
पाँचव नग सोनहा लागना, राजपंखि पेखा गरजना।
हरिन रोझ कोइ भागि न बाँचा, देखत उड़ै सचान होइ नाचा।
नग अमोल अस पाँचौं भेंट समुद ओहि दीन्ह।
इसकंदर जो न पावा सो सायर धँसि लीन्ह॥

पान दीन्ह राघौ पहिरावा, दस गज हस्ति घोड़ सौ पावा।
औ दूसर कंकन कै जोरी, रतन लाग ओहि बत्तिस कोरी।
लाख दिनार देवाई जेंवा, दारिद हरा समुद कै सेवा।
हौं जेहि दिवस पदमिनी पावौं तोहि राघव चितऊर बैठावौं।
पहिलै करि पाँचों नग मूठी, सो नग लेउँ जो कनक अँगूठी।
सरजा बीर पुरुष बरियारू, ताजन नाग सिंघ असवारू।
दीन्ह पत्र लिखि बेगि चलावा, चितउर गढ़ राजा पहँआवा।
राजै पत्रि बँचावा, लिखी जो करा अनेग।
सिंघल कै जौ पदमिनी, पठै देहु तेहि बेग॥

बादशाह-चढ़ाई खंड

सुनि अस लिखा उठा जरि राजा, जानौ देउ तड़पि घन गाजा।
भलेहिं साह पुहुमीपति भारी, माँग न कोउ पुरुष कै नारी।
जो सो चक्कवै ताकहँ राजू, मँदिर एक कहँ आपन साजू।
राजा अस न होउ रिस राता, सुनु होइ जूड़ न जरि कहु बाता।
बादसाह कहँ ऐस न बोलू, चढ़ै तौ परै जगत महँ डोलू।
तासौं कौन लड़ाई बैठउ चितउर खास।
ऊपर लेहु चँदेरी का पदमिनि एक दासि॥
जौं पै घरनि जाइ घर केरी, का चितउर का राज चँदेरी।
जिउ न लेइ घर कारन कोई, सो घर देइ जो जोगी होई।
हौं रनथँभउर नाह हमीरू, कलपि माथ जेइ दीन्ह सरीरू।
हौं सो रतनसेन सक बंधी, राहु बेधि जीता सैरंधी।
बिक्रम सरिस कीन्ह जेइ साका, सिंघलदीप लीन्ह जौ ताका।
दरब देइ तौं मानौं, सेव करौं गहि पाउ।
चाहे जौ सो पदमिनी, सिंघलदीपहि जाउ॥
बोलु न राजा आपु जनाई, लीन्ह देवगिरि और छिताई।
सातौं दीप राज सिर नावहिं, औ सँग चली पदमिनी आवहिं।
जेहि कै सेव करै संसारा, सिंघलदीप लेत कित बारा।
जिनि जानसि यह गढ़ तोहि पाहीं, ताकर सबै तोर किछु नाहीं।
जेहि दिन आइ गढ़ी कहँ छेकिहिं, सरबस लेइ हाथ को टेकिहि।

परन्तु राजा उसकी धमकियों से डरा नहीं। सरजा दिल्ली लौट गया। तब अलाउद्दीन ने चित्तौड़ पर चढ़ाई करने का निश्चय किया। चारों और सामन्त राजाओं को पत्र भेजे गये। सब सामन्त अपनी सेनाएँ ले कर आये।

चितउरगढ़ औ कुंभलनेरै, साजे दूनौ जैस सुमेरै।
दूतन्ह आइ कहा जहँ राजा, चढ़ा तुरुक आवै दर साजा।

सुनि राजा दोराई पाती, हिंदू नावँ जहाँ लगि जाती।
चितउर हिन्दुन कर अस्थाना, सत्रु तुरुक हठि कीन्ह पयाना।
आव समुद्र रहै नहिं बाँधा, मैं होइ मेड़ भार सिर काँधा।
पुरवहु साथ तुम्हारि बड़ाई, नाहिं त सत को पार छँड़ाई।
जो लहि मेड़ रहै सुख साखा, टूटे बारि जाइ नहिं राखा।

सती जौ जिउ महँ सत धरै जरै न छाँड़ै साथ।
जहँ बीरा तहँ चून है पान सोपारी काथ॥

करत जो राय साह के सेवा, तिन्ह कहँ आइ सुनाव परेवा।
सब होइ एकमते जो सिधारे, बादसाह कहँ आइ जोहारे।
है चितउर हिन्दुन्ह कै माता, गाढ़ परे तजि जाइ न नाता।
रतनसेन तहँ जौहर साजा, हिन्दुन्ह माँझ आहि बड़ राजा।
हिन्दुन्ह केर पतँग के लेखा, दौरि परहिं अगिनी जहँ देखा।
कृपा करहु चितु बाँधहु धीरा, नातरु हमहिं देहु हँसि बीरा।
पुनि हम जाइ मरहिं ओहि ठाऊँ, मेटि न जाइ लाज सौं नाऊँ।

दीन्ह साह हँसि बीरा और तीन दिन बीच।
तिन्ह सीतल को राखै जिनहिं अगिनि महँ मीच॥

रतनसेन चितउर महँ साजा, आइ बजाइ बैठ सब राजा।

सब क्षत्रिय चित्तौड़ में इकट्ठे हुए। युद्ध की पूरी तैयारी की गई। बीस वर्ष तक के लिए रसद जुटाई गई। क्षत्रियों ने 'सत बाँध कर साका करने' का निश्चय किया।

राजा-बादशाह-युद्ध खंड

इधर रतनसेन ने गढ़ में पूरी तैयारी की, उधर अलाउद्दीन अपनी अगणित सेना ले कर आया और उसने चित्तौड़ गढ़ को घेर लिया। युद्ध आरंभ हो गया। बादशाह की लाख कोशिशों के बावजूद गढ़ न टूटा।

छेंका कोट जोर अस कीन्हा, घुसि कै सरग सुरँग तिन्ह दीन्हा।
अरगज बाँधि कमानै धरीं, बज्र आगि मुख दारू भरीं।
हबसी रूमी और फिरंगी, बड़ बड़ गुनी और तिन्ह संगी[1]।
जिन्हके गोट कोट पर जाहीं, जेहि ताकहिं चूकहिं तेहि नाहीं।
अस्ट धातु के गोला छूटहिं, गिरहिं पहार चून होइ फूटहिं।
एक बार सब छूटहिं गोला, गरजै गगन धरति सब डोला।
फूटहिं कोट फूट जनु सीसा, ओंदरहिं बुरुज जाहिं सब पीसा।

उधर रतनसेन भी चौकन्ना था। वह बराबर गढ़ की मरम्मत करा रहा था। शाह की तोपों से जहाँ जहाँ गढ़ की दीवार टूटती, राजा फौरन मरम्मत करा देता।

आठ बरिस गढ़ छेंका रहा, धनि सुलतान कि राजा महा।
आइ साह अँबराव जो लाए, फरे झरे पै गढ़ नहिं पाए।
जौ तोरौं तौ जौहर होई, पदमिनि हाथ चढ़ै नहिं सोई।
एहि बिधि ढील दीन्ह तब ताईं, दिल्ली तें अरदासैं आईं।
पछिउँ हरेव दीन्हि जो पीठी, सो अब चढ़ा सौंह कै दीठि।
जिन्ह भुइँ माथ गगन तेइ लागा, थाने उठे आव सब भागा।
उहाँ साह चितउरगढ़ छावा, इहाँ देस अब होइ परावा।

जिन्ह जिन्ह पंथ न तृन परत बाढ़े बेर बबूर।
निसि अँधियारी जाइ तब बेगि उदै जो सूर॥

---

१. अलाउद्दीन के काल तक तोपें न बनी थीं और न फिरंगी (पुर्तगाली) लोग यहाँ आये थे। इसकी व्याख्या के लिए देखिए अनुशीलन भाग के 'पदमावत का रचना-काल' और 'पाठ-निर्धारण' प्रकरण।

राजा-बादशाह-मेल खंड

सुना साह अरदासैं पढ़ीं, चिंता आन आनि चित चढ़ी।
तौ अगमन मन चीतै कोई, जो आपन चीता किछु होइ।
मन झूठा जिउ हाथ पराए, चिंता एक हिये दुइ ठाएँ।
गढ़ सौं अरुझि जाइ तब छूटै, होइ मेराव कि सो गढ़ टूटै।
पाहन कर रिपु पाहन हीरा, बेधौं रतन पान देइ बीरा।
सरजा सेंति कहा यह भेऊ, पलटि जाहि अब मानै सेऊ।
कहु तोहि सौं पदमिनि नहिं लेऊँ, चूरा कीन्ह छाँड़ि गढ़ देऊँ।

आपन देस खाहु सब औ चंदेरी लेहु।
समुद जो समदन कीन्ह तोहि ते पाँचौं नग देहु॥

सरजा पलटि सिंघ चढ़ि गाजा, अग्याँ जाइ कही जहँ राजा।
अबहूँ हिये समुझु रे राजा, बादसाह सौं जूझ न छाजा।
जेहि कै देहरी पृथिवी सेई, चहै तौ मारै औ जिउ लेई।
पिंजर माहँ तोहि कीन्ह परेवा, गढ़पति सोइ बाँचै कै सेवा।
जौ लगि जीभ अहै मुख तोरे, सँवरि उघेलु बिनय कर जोरे।
पुनि जौ जीभ पकरि जिउ लेई, को खोलै को बोलै देई।
आगे जस हमीर मैमंता, जौं तस करसि तोर भा अंता।

देखु कालिह गढ़ टूटै, राज ओहि कर होइ।
करु सेवा सिर नाइ कै, घर न घालु बुधि खोइ॥

सरजा जौ हमीर अस ताका, ओर निबाहि बाँधि गा साका।
हौं सकबंधी ओहि अस नाहीं, हौं सो भोज बिक्रम उपराहीं।
बरिस साठ लगि साँठिन खाँगा, पानि पहार चुवै बिनु माँगा।
तेहि ऊपर जौ पै गढ़ टूटा, सत सकबंधी केर न छूटा।
सोरह लाख कुँवर हैं मोरे, परहिं पतँग जस दीप अँजोरे।

जेहि दिन चाँचरि चाहौं जोरी, समदौं फागु लाइ कै होरी।
जौ निसि बीच डरै नहिं कोई, देखु तौ काल्हि काह दहुँ होई।
अबहीं जौहर साजि कै, कीन्ह चहौं उजियार।
होरी खेलौं रन कठिन, कीन्ह समेटै छार।।

अनु राजा सो जरै निआना, बादसाह कै सेव न माना।
बहुतन्ह अस गढ़ कीन्ह सजवना, अन्त भई लंका जस रवना।
जेहि दिनवह छेंकै गढ़ घाटी, होइ अन्न ओही दिन माटी।
तू जानसि जल चुवै पहारू, सौ रोवै मन सँवरि सँघारू।
सूतहि सूत सँवरि गढ़ रोवा, कस होइहि जौ होइहि ढोवा।
सँवरि पहार सो ढारै आँसू, पै तोहि सूझ न आपन नासू।
आजु काल्हि चाहै गढ़ टूटा, अबहुँ मानु जौ चाहसि छूटा।
हैं जो पाँच नग तो पहँ, लेइ पाँचौ कहँ भेंट।
मकु सो एक गुन मानै, सब ऐगुन धरि मेट।।
अनु सरजा को मेटै पारा, बादसाह बड़ अहै तुम्हारा।
ऐगुन मेटि सकै पुनि सोई, औ जो कीन्ह चहै सो होइ।
नग पाँचों देइ देउँ भँडारा, इसकंदर सौं बाँचै दारा।
जो यह बचन त माथे मोरे, सेवा करौं ठाढ़ कर जोरे।
जौ बिनु सपथ न अस मन माना, सपथ बोल बाचा परवाना।
खंभ जो गरुअ लीन्ह जग भारू, तेहि क बोल नहिं टरै पहारू।
नाव जो माँझ भार हुँत गीवा, सरजै कहा मन्द यहु जीवा।
सरजै सपथ कीन्ह छल, बैनन्हि मीठै मीठ।
राजा कर मन माना, माना तुरत बसीठ।।
हंस कनक पींजर हुँत आना, औ अमृत नग परस पखाना।
औ सोनहा सोनै कै डाँडी, सारदूल रूपै कै काँडी।
सो बसीठ सरजा लेइ आवा, बादसाह कहँ आनि मेरावा।

ए जगसूर भूमि उजियारे, बिनती करहिं काग मसि कारे।
बड़ परताप तोर जग तपा, नवौ खंड तोहि को नहिं छपा।
कोह छोह दूनौं तोहि पाहाँ, मारसि धूप जियावसि छाहाँ।
जौ मन सूर चाँद सौं रूसा, गहन गरासा परा मँजूसा।

भोर होइ जौ लागै, उठहिं रोर कै काग।
मसि छूटै सब रैनि कै, कागहिं केर अभाग॥

करि बिनती अग्याँ अस पाई, कागहु कै मसि आपुहि लाई।
पहिलेहि धनुष नवै जब लागै, काग न टिकै देखि सर भागै।
अबहूँ ते सर सोहँ न होहीं, देखैं धनुक चलहिं फिर त्योंही।
तिन्ह कागन्ह कै कौन बसीठी, जो मुख फेरि चलहिं देइ पीठी।
जो सर सौहँ होहिं संग्रामा, कित बग होहिं सेत वै सामा।
करैं न आपन ऊजर केसा, फिरि फिरि कहैं पराव सँदेसा।
काग नाग ए दूनौ बाँके, अपने चलत साम वै आँके।

कैसेहु जाइ न मेटा भएउ साम तिन्ह अंग।
सहस बार जौ धोवा तबहुँ न गा वह रंग॥

अब सेवा जो आइ जोहारे, अबहूँ देखहु सेत कि कारे।
कही जाइ जौ साँच न डरना, जहवाँ सरन नाहि तहँ मरना।
कालिह आव गढ़ ऊपर भानू, जो रे धनुक सौंह होइ बानू।
पान बसीठ मया करि पावा, लीन्ह पान राजा पहँ आवा।
जस हम भेंट कीन्ह गा कोहू, सेवा माँझ प्रीति औ छोहू।
कालिह साह गढ़ देखै आवा, सेवा करहु जैस मन भावा।
गुन सौं चलै जो बोहित बोझा, जहवाँ धनुक बान तहँ सोझा।

भा आयसु अस राजघर बेगिहि करहु रसोइ।
ऐस सुरस रस मेरवहु जेहि सौं प्रीति रस होइ॥

रसोई खंड, बादशाह-भोज खंड, रतनसेन-बंधन खंड,

बादशाह के लिए राजसी भोजन का प्रबन्ध किया गया। सरजा और राघवचेतन के साथ बादशाह आया। गढ़ के फाटक पर रतनसेन ने उसका स्वागत किया।

फिर उसने बादशाह को गढ़ दिखाया। गोरा और बादल नामक सरदारों को बादशाह के व्यवहार में छल का अंदेशा हुआ, उन्होंने राजा को सचेत किया, पर राजा को उनकी बात न भाई। तब वे दोनों रूठ कर अपने घर चले गये। बादशाह की आव-भगत होती रही। राजा की सोलह सौ दासियों में से चौरासी सुन्दरियाँ छाँटी गई, जिन्होंने बादशाह को भोजन कराया और उसकी सेवा करती रहीं। बादशाह राजा के साथ शतरंज खेलने लगा। वहाँ उसने एक दर्पण भी इस मतलब से रख दिया कि यदि पदमावती झरोखे में से झाँके तो वह दर्पण में दिखाई दे जायगी। इस बीच कुतूहलवश पदमावती झरोखे में आई तो दर्पण में उसकी परछांई देख कर बादशाह बेसुध हो गया। राघवचेतन ने कहा बादशाह को सुपारी लग गई है। बादशाह को ले जा कर उसकी सेज पर सुला दिया गया। सचेत होने पर राघव ने उससे पूछा तो उसने पदमावती के नख-शिख का वर्णन कर कहा कि मैंने ऐसी परछाई दर्पण में देखी थी। राघव ने कहा कि तब तुमने सचमुच पदमावती की परछाई देखी है। वही पदमावती है। उसे प्राप्त करने का कोई उपाय करो।

बादशाह विदा हुआ। राजा उसे पहुँचाने साथ चला। बादशाह ने राजा से बड़ा स्नेह प्रकट किया। पहले फाटक पर बादशाह ने राजा को खिलअत पहनाई, सौ घोड़े और तेईस हाथी दिये। इस प्रकार प्रत्येक फाटक पार होने पर बादशाह राजा को कुछ न कुछ देता गया। छठे फाटक पर मांडवगढ़ और सातवें पर चन्देरी दी। सातवाँ फाटक लाँघने

पर वह राजा को कैद करके ले गया। दिल्ली ले जा कर राजा को हथ-कड़ी-बेड़ी डाल दी गई और बहुत कष्ट दिये गए। राजा से कहा गया कि पदमावती को दे कर छुटकारा पा सकते हो, पर वह न माना। तब उसे अंधकूप में डाल दिया गया।

पदमावती-नागमती-विलाप खंड

पदमावति बिनु कंत दुहेली ; बिन जल कँवल सूखि जस बेली।
गाढ़ी प्रीति सो मोसौं लाए , दिल्ली कंत निचिंत होइ छाए।
सो दिल्ली अस निबहुर देसू , कोइ न बहुरा कहै संदेसू।
जो गवनै सो तहाँ कर होई , जो आवै किछु जान न सोई।
अगम पंथ पिय तहाँ सिधावा , जो रे गएउ सो बहुरि न आवा।
कुवाँ धार जल जैस बिछोवा , डोल भरे नैनन्ह धनि रोवा।
लेजुरि भई नाह बिनु तोहीं , कुवाँ परी धरि काढ़सि मोहीं।

नैन डोल भरि ढारै , हिये न आगि बुझाइ।
घरी घरी जिउ आवै , घरी घरी जिउ जाइ॥

नीर गँभीर कहाँ हो पिया , तुम्ह बिनु फाटै सरवर हिया।
गएहु हेराइ परेहु केहि हाथा , चलत सरोवर लीन्ह न साथा।
चरत जो पंखि केलि कै नीरा , नीर घटे कोइ आव न तीरा।
कँवल सूख पंखुरी बेहरानी , गलि गलि कै मिलि छार हेरानी।
बिरह रेत कंचन तन लावा , चून चून कै खेह मेरावा।
कनक जो कन कन होइ बेहराई , पिय कहँ छार समेटै आई।
बिरह पवन वह छार सरीरू , छारहि आनि मेरावहु नीरू।

अबहुँ जियावहु कै मया , बिथुरी छार समेट।
नइ काया अवतार नव , होइ तुम्हारे भेंट॥

नैन सीप मोती भरि आँसू , टूटि टूटि परहिं करहिं तन नासू।
पदिक पदारथ पदमिनि नारी , पिय बिनु भइ कौड़ी बर बारी।

सँग लेइ गएउ रतन सब जोती, कंचन कया काँच कै पोती।
बूड़ति हौं दुख दगध गँभीरा, तुम बिनु कंत लाव को तीरा।
हिये बिरह होइ चढ़ा पहारू, चल जोबन सहिस कै न भारू।
जल महँ अगिनि सोंजानबिछूना, पाहन जरहिं होहिं सब चूना।
कौने जतन कंत तुम्ह पावौं, आजु आगि हौं जरत बुझावौं।

कौन खंड हौं हेरौं, कहाँ बँधे हो नाह।
हेरे कतहुँ न पावौं, बसै तु हिरदय माहँ॥

नागमतिहि पिय पिय रट लागी, निसिदिनतपै मच्छजिमिआगी।
भँवर भुजंग कहाँ हो पिया, हम ठेघा तुम कान न किया।
भूलि न जाहि कँवल के पाहाँ, बाँधत बिलँब न लागै नाहा।
कहाँ सो सूर पास हौं जाऊं, बाँधा भँवर छोरि कै लाऊँ।
कहाँ जाउँ को कहै सँदेसा, जाउँ सो तहँ जोगिन के भेसा।
फारि पटोरहि पहिरौं कंथा, जो मोहि कोउ देखावै पंथा।
वह पथ पलकन्ह जाइ बोहारौं, सीस चरन कै तहाँ सिधारौं।

को गुरु अगुवा होइ सखि मोहि लावै पथ माँह।
तन मन धन बलि बलि करौं जौ रे मिलावै नाह॥

देवपाल-दूती खंड, बादशाह-दूती खंड

कुंभलनेर का राव देवपाल राजा का शत्रु था और उससे बहुत जलता था। उसने अब पदमावती को भगा लाने की सोची। कुमुदिनी नाम की बूढ़ी दूती को उसने इस काम के लिए नियुक्त किया। पुरस्कार के लालच से कुमुदिनी ने इस कठिन काम का बीड़ा उठाया और चित्तौड़ पहुँची। पदमावती की बचपन की धाय कह कर उसने अपना परिचय दिया। पदमावती उससे गले मिल कर बहुत रोई। धीरे धीरे कुमुदिनी ने पदमावती को समझाना शुरू किया कि राजा रतनसेन तो गया, क्यों उसके लिए रो रो कर अपना यौवन गँवा रही हो। कुंभलनेर

के राव देवपाल के पास चलो। तब पदमावती ने उसे कड़ा दंड दे कर निकलवा दिया।

पदमावती राजा को छुड़ाने के लिए दान-पुण्य करने लगी। जो कोई पथिक या योगी-संन्यासी आता उसे वह अन्न-वस्त्र से सन्तुष्ट कर पूछती कि क्या रतनसेन का कुछ हाल जानते हो। यह खबर बादशाह तक पहुँची तो उसने युवती दूती को भेजा। वह जोगिन बन कर चित्तौड़ आई और राजमहल में पहुँची। पदमावती ने उसे बुला कर पूछा कहाँ से आ रही हो और इस अल्पायु में तुम जोगिन क्यों हो गई हो? उसने कहा मेरा पति परदेश चला गया; मैं उसे खोजती फिरती हूँ। मैं प्रयाग बनारस जगन्नाथ द्वारिका केदारनाथ अयोध्या गोमुख हरद्वार नगरकोट बालनाथ मथुरा सूर्यकुंड बदरीनाथ आदि चौंसठ तीर्थ देख आई, कहीं मेरा पति न मिला। अन्त में मैं दिल्ली गई। वहाँ मैंने सुलतान के बंदीखाने में रतनसेन को देखा। उसे बहुत यातनाएँ दी जा रही हैं। पदमावती उस जोगिन के साथ दिल्ली जाने को तैयार हो गई, पर सखियों ने रोका और कहा कि गोरा-बादल के पास जा कर उनका सहारा लो।

पदमावती-गोरा-बादल-संवाद खंड, गोरा-बादल-युद्ध-यात्रा खंड

सखिन्ह बुझाई दगध अपारा, गई गोरा बादल के बारा।
चरन कँवल भुइँ जनम न धरे, जात तहाँ लगि छाला परे।
निसरि आए छत्री सुनि दोऊ, तस काँपे जस काँप न कोऊ।
केस छोरि चरनन्ह रज झारा, कहाँ पावँ पदमावति धारा।
राखा आनि पाट सोनवानी, बिरह बियोग न बैठी रानी।
दोउ ठाढ़ होइ चँवर डोलावहिं, माथे छात रजायसु पावहिं।
उलटि बहा गंगा कर पानी, सेवक बार आइ जो रानी।

का अस कस्ट कीन्ह तुम, जो तुम करत न छाज।
अग्याँ होइ बेगि सो, जीउ तुम्हारे काज॥

कही रोइ पदमावति बाता, नैनन्ह रकत दीख जग राता।
उलथि समुद जस मानिक भरे, रोइसि रुहिर आँसु तस ढरे।
रतन के रंग नैन पै बारौं, रती रती कै लोहू ढारौं।
भँवरा ऊपर कँवल भवावौं, लेइ चलु तहाँ सूर जहँ पावौं।
हिय कै हरदि बदन कै लोहू, जिउ बलि देउँ सो सँवरि बिछोहू।
परहिं आँसु जस सावन नीरू, हरियरि भूमि कुसुंभी चीरू।
चढ़ी भुअंगिनि लट लट केसा, भइ रोवति जोगिन के भेसा।

बीर बहूटी भइ चलीं, तबहु रहहिं नहिं आँसु।
नैनहिं पंथ न सूझै, लागेउ भादौं मासु॥

तुम गोरा बादल खँभ दोऊ, जस रन पारथ और न कोऊ।
दुख बिरिखा अब रहै न राखा, मूल पतार सरग भइ साखा।
छाया रही सकल महि पूरी, बिरह बेलि भइ बाढ़ि खजूरी।
तेहि दुख लेन बिरिछ बन बाढ़े, सीस उघारे रोवहिं ठाढ़े।
पुहुमि पूरि सायर दुख पाटा, कौडी केर बेहरि हिय फाटा।
बेहरा हिये खजूर के बिया, बेहर नाहिं मोर पाहन हिया।
पिय जहँ बँदि जोगिन होइ धावौं, हौं बँदि लेउँ पियहि मुकरावौं।

सूरुज गहन गरासा, कँवल न बैठे पाट।
महूँ पंथ तेहि गवनब, कंत गए जेहि बाट॥

गोरा बादल दोउ पसीजे, रोवत रुहिर बूड़ि तन भीजे।
हम राजा सौं इहै कोहाँने, तुम न मिलौ धरिहैं तुरकाने।
जो मति सुनि हम गये कोहांई, सो निआन हम्ह माथे आई।
जौ लगि जिउ नहि भागहिं दोऊ, स्वामि जियत कित जोगिन होऊ।
उए अगस्त हस्ति घन गाजा, नीर घटे घर आइहि राजा।

बरषा गए अगस्त जो दीठिहि, परिहिं पलानि तुरंगम पीठिहि।
बेधौं राहु छोड़ावहुँ सूरू, रहै न दुख कर मूल अँकूरू।
सोइ सूर तुम ससहर, आनि मिलावौं सोइ ।।
तस दुख महँ सुख उपजै, रैनि माँह दिनि होइ ।।
लेहु पान बादल औ गोरा, केहि लेइ देउँ उपम तुम्ह जोरा।
तुम सावंत न सरवरि कोऊ, तुम्ह हनुवंत अँगद सम दोऊ।
तुम अरजुन औ भीम भुवारा, तुम नल नील मेंड़ देनिहारा।
तुम टारन भारन जग जाने, तुम सो परसु औ करन बखाने।
तुम बलवीर जैस जगदेऊ, तुम संकर और मालकदेऊ।
तुम अस मोरे बादल गोरा, काकर मुख हेरौं बँदिछोरा।
जस हनुवँत राघव बँदि छोरी, तस तुम छोरि मेरावहु जोरी।
जैसे जरत लखाघर, साहस कीन्हा भीउँ।
जरत खंभ तस काढ़हु, कै पुरुषारथ जीउ ।।
गोरा बादल बीरा लीन्हा, जस हनुवँत अंगद बर कीन्हा।
सजहु सिंघासन तानहु छातू, तुम्ह माथे जुग जुग अहिवातू।
कँवल चरन भुइँ धरि दुख पावहु, चढ़ि सिंघासन मँदिर सिधावहु।
सुनतहि सूर कँवल हिय जागा, केसरि बरन फूल हिय लागा।
जनु निसि महुँ दिन दीन्ह देखाई, भा उदोत मसि गई बिलाई।
चढ़ी सिंघासन झमकति चली, जानहुँ चाँद दुइज निरमली।
औ सँग सखी कुमोद तराईं, ढारत चँवर मँदिर लेइ आईं।
देखि दुइज सिंघासन, संकर धरा लिलाट।
कँवल चरन पदमावति, लेइ बैठारी पाट ।।

बादल की माता उसके पैर पकड़ कर बोली—तू अभी बालक है, तू पृथिवीपति अलाउद्दीन से कैसे युद्ध करेगा; आज ही तेरा गौना आने को है। बादल ने उत्तर दिया—मुझे निरा बालक मत समझो। मैं

पाताल में भी प्रवेश करके राजा को छुड़ाऊँगा। बादल ने युद्ध-यात्रा की तैयारी की, उधर उसका गौना आ पहुँचा। उसकी नवागता वधू ने भी उसे रोकने की चेष्टा की, पर बादल न माना।

गोरा-बादल-युद्ध खंड

मतैं बैठि बादल औ गोरा, सो मत कीज परै नहिं भोरा।
पुरुष न करहिं नारि मति काँची, जस नौसाबा कीन्ह न बाँची।
पड़ा हाथ इसकंदर बैरी, सो कित छोड़ि कै भई बँदेरी।
सुबुधि सों ससा सिंघ कहँ मारा, कुबुधि सिंघ कूआँ परि हारा।
देवहिं छरा आइ अस आँटी, सज्जन कंचन दुर्जन माटी।
कंचन जुरै भए दस खंडा, फूटि न मिलै काँच कर भंडा।
जस तुरकन्ह राजा छर साजा, तस हम साजि छोड़ावहिं राजा।

पुरुष तहाँ पै करै छर जहँ बर किए न आँट।
जहाँ फूल तहँ फूल है जहाँ काँट तहँ काँट॥

सोरह सै चंडोल सँवारे, कुँवर सँजोइल कै बैठारे।
पदमावति कर सजा बिवानू, बैठ लोहार न जानै भानू।
रचि बिवान सो साजि सँवारा, चहुँ दिसि चँवर करहिं सब ढारा।
साजि सबै चंडोल चलाए, सुरँग ओहार मोति बहु लाए।
भए सँग गोरा बादल बली, कहत चले पदमावति चली।
हीरा रतन पदारथ झूलहिं, देखि बिवान देवता भूलहिं।
सोरह सै सँग चलीं सहेली, कँवल न रहा और को बेली।

राजहिं चली छोड़ावै तहँ रानी होइ ओल।
तीनि सहस तुरि खिंची सँग सोरह सै चंडोल॥

राजा बँदि जेहि के सौंपना, गा गोरा तेहि पहँ अगमना।
टका लाख दस दीन्ह अँकोरा, बिनती कीन्ह पावँ गहि गोरा।
बिनवहु बादसाह सौं जाई, अब रानी पदमावति आई।

बिनती करै आइ हौं दिल्ली, चितउर कै मोहि स्यों है किल्ली।
बिनवहु पातसाहि कै आगे, एक बात दीजै मोहि माँगे।
एक घरी जौं अग्याँ पावौं, राजहिं सौंपि मँदिर महँ आवौं।
तब रखवार गए सुलतानी, देखि अँकोर भए जस पानी।
लीन्ह अँकोर हाथ जेहि जीउ दीन्ह तेहि हाथ।
जहाँ चलावै तहँ चलै फेरै फिरै न माथ॥
लोभ पाप कै नदी अँकोरा, सत्त न रहै हाथ जौ बोरा।
जहँ अँकोर तहँ नेगिन्ह राजू, ठाकुर केर बिनासहिं काजू।
भा जिउ घिउ रखबारन्ह केरा, दरब लोभ चंडोल न हेरा।
जाइ साह आगे सिर नावा, ए जगसूर चाँद चलि आवा।
जावत हैं सब नखत तराई, सोरह सै चंडोल सो आई।
चितउर जेति राज कै पूँजी, लेइ सो आइ पदमावति कूँजी।
बिनती करै जोरि कर खरी, लेइ सौंपौं राजहिं एक घरी।
इहाँ उहाँ कर स्वामी, दुऔ जगत मोहि आस।
पहिले दरस देखावहु, तौ पठवहु कबिलास॥
अग्याँ भई जाइ एक घरी, छूँछि जो घरी फेरि बिधि भरी।
चलि बिवान राजा पहँ आवा, संग चँडोल जगत सब छावा।
पदमावति के भेस लोहारू, निकसि काटि बँदि कीन्ह जोहारू।
उठा कोपि जस छूटा राजा, चढ़ा तुरंग सिंघ अस गाजा।
गोरा बादल खाँडै काढ़े, निकसि कुँवर चढ़ि चढ़ि भए ठाढ़े।
तीख तुरंग गगन सिर लागा, केहुँ जुगुति करि टेकी बागा।
जो जिउ ऊपर खड़ग सँभारा, मरनहार सो सहसन्ह मारा।
भइ पुकार साह सौं, ससि औ नखत सो नाहिं।
छर कै गहन गरासा, गहन गरासे जाहिं॥
लेइ राजहिं चितउर कहँ चले, छूटेउ सिंघ मिरिग खलभले।
चढ़ा साहि चढ़ि लागि गोहारी, कटक असूझ परी जग कारी।

फिरि बादल गोरा सौं कहा, गहन छूटि पुनि चाहै गहा।
चहु दिसि आवै लोपत भानू, अब इहै गोइ इहै मैदानू।
तुइ अब राजहि लेइ चलु गोरा, हौं अब उलटि जुरौं भा जोरा।
वह चौगान तुरुक कस खेला, होइ खेलार रन जुरौं अकेला।
तौं पावौं बादल अस नाऊँ, जौ मैदान गोइ लेइ जाऊँ।

आजु खड़ग चौगान गहि, करौं सीस रिपु गोइ।
खेलौं सौंह साह सौं, हाल जगत महँ होइ॥

तब अंकम दै गोरा मिला, तूँ राजहि लै चलु बादला।
पिता मरै जो संकरे साथा, मीचु न देइ पूत के माथा।
मैं अब आउ भरी औ भूँजी, का पछिताब आउ जौ पूजी।
बहुतन्ह मारि मरौं जौ जूझी, तुम जिनि रोएहु तौ मन बूझी।
कुँवर सहस सँग गोरा लीन्हें, और बीर बादल सँग कीन्हे।
गोरहि समदि मेघ अस गाजा, चला लिए आगे करि राजा।
गोरा उलटि खेत भा ठाढ़ा, पूरुष देखि चाव मन बाढ़ा।

आव कटक सुलतानी, गगन छपा मसि माँझ।
परति आव जग कारी, होत आव दिन साँझ॥

फिरि आगे गोरा तब हाँका, खेलौं करौं आजु रन साका।
हौं कहिए धौलागिरि गोरा, टरौं न टारे बाग न मोरा।
साहिल जैस गगन उपराहीं, मेघ घटा मोहि देखि बिलाहीं।
सहसौ सीस सेस सम लेखौं, सहसौ नैन इन्द्र सम देखौं।
चारिउ भुजा चतुरभुज आजू, कंस न रहा और को राजू।
हौं होइ भीम आजु रन गाजा, पीछे घालि डुगवै राजा।
होइ हनुवँत जमकातर ढाहौं, आजु स्वामि साँकरे निबाहौं।

होइ नल नील आजु हौं देहुँ समुद महँ मेंड़।
कटक साह कर टेकौं होइ सुमेरु रन बेंड़॥

ओनई घटा चहूँ दिसि आई, छूटहिं बान मेघ झरि लाई।
डोलै नाहिं देव अस आदी, पहुँचे आइ तुरुक सब बादी।
हाथन्ह गहे खड़ग हरद्वानी, चमकहिं सेल बीजु कै बानी।
सोझ बान जस आवहिं गाजा, बासुकि डरै सीस जनु बाजा।
नेजा उठे डरै मन इन्दू, आइ न बाज जानि कै हिन्दू।
गोरै साथ लीन्ह सब साथी, जनु मैमंत सूँड़ बिनु हाथी।
सबमिलि पहिलि उठौनी कीन्ही, आवत आइ हाँक रन दीन्ही।

रुंड मुंड अब टूटहिं, स्यों बखतर औ कूँड़।
तुरय होहिं बिनु काँधे, हस्ति होहिं बिनु सूँड़॥

ओनवत आइ सेन सुलतानी, जानहुँ परलय आव तुलानी।
लोहे सेन सूझ सब कारी, तिल एक कहूँ न सूझ उघारी।
खड़ग फौलाद तुरुक सब काढ़े, धरै बीजु अस चमकहिं ठाढ़े।
कनक बानि गजबेलि सों नाँगी, जानहु काल करहिं जिउ माँगी।
जनु जमकात करहिं सब भवाँ, जिउ लेइ चहहिं सरग अपसवाँ।
सेल सरप जनु चाहहिं डसा, लेहिं काढ़ि जिउ मुख बिष बसा।
तिन्ह सामुहँ गोरा रन कोपा, अंगद सरिस पावँ भुइँ रोपा।

सुपुरुष भागि न जानै, भुइँ जौ फिरि फिरि लेइ।
सूर गहे दोऊ कर, स्वामि काज जिउ देइ।

भइ बगमेल सेल घनघोरा, औ गज पेल अकेल सो गोरा।
सहस कुँवर सहसौ सत बाँधा, भार पहार जूझ कर काँधा।
लगे मरै गोरा के आगे, बाग न मोर घाव मुख लागे।
जैस पतंग आगि धँसि लेई, एक मुवै दूसर जिउ देई।
टूटहिं सीस अधर धर मारै, लोटहिं कंधहि कंध निरारै।
कोई परहि रुहिर होइ राते, कोई घायल घूमहिं माते।
कोइ खुरखेह गए भरि भोगी, भसम चढ़ाइ परे जनु जोगी।

घरी एक भारत भा, भा असवारन्ह मेल।
जूझि कुँवर सब निबरे, गोरा रहा अकेल ॥

गोरै देख साथि सब जूझा, आपन काल नियर भा बूझा।
कोपि सिंघ सामुह रन मेला, लाखन्ह सौं नहिं मरै अकेला।
लेइ हाँकि हस्तिन्ह कै ठटा, जैस पवन बिदारै घटा।
जेहि सिर देइ कोपि करवारू, स्यों घोड़े टूटै असवारू।
लोटहिं सीस कबंध निनारे, माठ मजीठ जनहुँ रन ढारे।
खेलि फाग सेंदुर छिरकावा, चाँचरि खेलि आगि जनु लावा।
हस्ती घोड़ धाइ जो ढूका, ताहि कीन्ह सो रुहिर भभूका।

भइ अग्याँ सुलतानी, बेगि करहु एहि हाथ।
रतन जात है आगे, लिए पदारथ साथ ॥

सबै कटक मिलि गोरहि छेका, गूँजत सिंघ जाइ नहिं टेका।
जेहि दिसि उठै सोइ जनु खावा, पलटि सिंघ तेहि ठावँ न आवा।
तुरुक बोलावहिं बोलै बाहाँ, गोरै मीचु धरी जिउ माहाँ।
मुए पुनि जूझि जाज जगदेऊ, जियत न रहा जगत महँ केऊ।
जिनि जानहु गोरा सो अकेला, सिंघ के मोंछ हाथ को मेला।
सिंघ जियत नहिं आपु धरावा, मुए पाछ कोई घिसियावा।
करै सिंघ मुख सौंहहि दीठी, जौ लगि जियै देइ नहिं पीठी।

रतनसेन जो बाँधा मसि गोरा के गात।
जौ लगि रुधिर न धोवौं तौ लगि होइ न रात ॥

सरजा बीर सिंघ चढ़ि गाजा, आइ सौंह गोरा सौं बाजा।
पहलवान सो बखाना बली, मदद मीर हमजा औ अली।
लँधउर धरा देव जस आदी, और को बर बाँधे को बादी।
मदद अयूब सीस चढ़ि कोपे, राम लखन जिन नावँ अलोपे।
औ ताया सालार सो आए, जेइ कौरव पंडव पिंड पाए।

पहुँचा आइ सिंघ असवारू, जहाँ सिंघ गोरा बरियारू।
मारेसि साँग पेट महँ धंसी, काढ़ैसि हुमुकि आँति भुइँ खसी।
भाँट कहा धनि गोरा, तू भा रावन राव।
आँति समेटि बाँधि के, तुरय देत है पाव॥
कहेसि अंत अब भा भुइँ परना, अंत सो तंत खेह सिर भरना।
कहि के गरजि सिंघ अस धावा, सरजा सारदूल पहँ आवा।
बज्र क साँग बज्र कै डाँड़ा, उठी आगि तस बाजा खाँडा।
जानहु बज्र बज्र सौं बाजा, सब ही कहा परी अब गाजा।
दूसर खड़ग कूँड़ पर दीन्हा, सरजे ओहि ओड़न पर लीन्हा।
तीसर खड़ग कंध पर लावा, काँध गुरुज हुत घाव न आवा।
तस मारा हठि गोरै उठी बज्र कै आगि।
कोइ नियरे नहिं आवै सिंघ सदूरहि लागि॥
तब सरजा गरजा बरिबंडा, जनहु सदूर केर भुजदंडा।
कोपि गुरुज मेलेसि तस बाजा, जानहु परी टूटि सिर गाजा।
ठाँठर टूट फूट सिर तासू, स्यों सुमेरु जनु टूट अकासू।
धमकि उठा सब सरग पतारू, फिरि गई दीठि फिरा संसारू।
भइ परलय अस सबही जाना, काढ़ा खड़ग सरग नियराना।
तस मारेसि स्यों घोड़ै काटा, धरती फाटि सेस फन फाटा।
जौ अति सिंघ बरी होइ आई, सारदूल सौं कौनि बड़ाई।
गोरा परा खेत महं, सुर पहुंचावा पान
बादल लेइगा राजा, लेइ चितउर नियरान॥

बंधन-मोक्ष : पदमावती-मिलन खंड, रतनसेन-देवपाल-युद्ध खंड

चित्तौड़ पहुँच कर राजा ने पदमावती से देवपाल की करतूत सुनी तो उसे बहुत क्रोध आया।

सुनि देवपाल राव कर चालू, राजहि कठिन परा हिय सालू।
दादुर कतहँ कँवल कहँ पेखा, गादुर मुख न सूर कर देखा।

अपने रँग जस नाच मयूरू, तेहि सरि साध करै तमचूरू।
जौ लगि आइ तुरुक गढ़ बाजा, तौ लगि धरि आनौं तौ राजा।
नींद न लीन्ह रैनि सब जागा, होत बिहान जाइ गढ़ लागा।
कुंभलनेर अगम गढ़ बाँका, बिषम पंथ चढ़ि जाइ न झाँका।
राजहि तहाँ गाएउ लेइ कालू, होइ सामुहँ रोपा देवपालू।
दुवौ अनी सनमुख भईं, लोहा भएउ असूझ।
सतुरु जूझि तब नेबरै, एक दुवौ महँ जूझ।।
चढ़ि देवपाल राव रन गाजा, मोहि तोहि जूझ एकौझा राजा।
मेलेसि साँग आइ बिष भरी, मेटि न जाइ काल कै घरी।
आइ नाभि तर साँग बईठी, नाभि बेधि निकसी सो पीठी।
चला मारि तब राजै मारा, टूट कंध धर भएउ निनारा।
सीस काटि कै बैरी बाँधा, पावा दावँ बैर जस साधा।
जियत फिरा आइउ बल हरा, माँझ बाट होई लोहै धरा।
कारी घाव जाइ नहिं डोला, रही जीभ जम गही को बोला।
सुधि बुधि तौ सब बिसरी, भार परा मँझ बाट
हस्ति घोर को काकर, घर आनी गइ खाट।।

राजा रतनसेन-बैकुण्ठवास खंड

तौ लहि साँस पेट महँ अही, जौ लहि दसा जीउ कै रही।
काल आइ देखराइ साँटी, उठि जिउ चला छोड़ि कै माटी।
काकर लोग कुटुँब घर बारू, काकर अरथ दरब संसारू।
ओहि घरी सब भएउ परावा, आपन सोइ जो परसा खावा।
अहे जे हितू साथ के नेगी, सबै लाग काढ़ै तेहि बेगी।
हाथ झारि जस चलै जुवारी, तजा राज होइ चला भिखारी।
जब हुत जीउ रतन सब कहा, भा बिनु जीव न कौड़ी लहा।
गढ़ सौंपा बादल कहँ, गए टिकटि बसि देव।
छोड़ी राम अयोध्या, जो भावै सो लेव।।

पदमावती-नागमती-सती खंड

पदमावति पुनि पहिरि पटोरी, चली साथ पिउ कै होइ जोरी।
सूरुज छपा रैनि होइ गई, पूनो ससि सो अमावस भई।
छोरे केस मोति लर छूटीं, जानहुँ रैनि नखत सब टूटीं।
सेंदुर परा जो सीस उघारा, आगि लागि चह जग अँधियारा।
यही दिवस हौं चाहति नाहा, चलौं साथ पिउ देइ गलबाँहा।
सारस पंखि न जियै निनारे, हौं तुम्ह बिनु का जिऔं पियारे।
नेवछावरि कै तन छहरावौं, छार होउँ सँग बहुरि न आवौं।
दीपक प्रीति पतँग जेउँ जनम निबाह करेउँ।
नेवछावरि चहुँ पास होइ कंठ लागि जिउ देउँ॥

नागमती पदमावती रानी। दुवौ महा सत सती बखानी।
दुवौ सवति चढ़ि खाट बईठीं, औ सिवलोक परा तिन्ह दीठीं।
बैठौ कोइ राज ओ पाटा, अंत सबै बैठे एहि खाटा।
चंदन अगर काठ सर साजा, औ गति देइ चले लेइ राजा।
बाजन बाजहिं होइ अगूता, दुवौ कंत लेइ चाहहिं सूता।
एक जो बाजा भएउ बियाहू, अब दुसरे होइ ओर निबाहू।
जियत जो जरै कंत के आसा, मुएँ रहसि बैठे एक पासा।
आजु सूर दिन अथवा, आजु रैनि ससि बूड़।
आजु नाचि जिउ दीजिय, आजु आगि हम्ह जूड़॥

सर रचि दान पुन्नि बहु कीन्हा, सात बार फिरि भाँवरि लीन्हा।
एक जो भाँवरि भई बियाहीं, अब दुसरे होइ गोहन जाहीं।
जियत कत तुम हम्ह गर लाईं, मुए कंठ नहिं छोड़हिं साईं।
औ जो गाँठि कंत तुम्ह जोरी, आदि अंत लहि जाइ न छोरी।
यह जग काह जो अछहि न आथी, हम तुम नाह दूहुँ जग साथी।
लेइ सर ऊपर खाट बिछाई, पौढ़ीं दुवौ कंत गर लाई।
लागीं कंठ आगि देइ होरी, छार भईं जरि अंग न मोरी।

रातीं पिउ के नेह गईं, सरग भएउ रतनार।
जो रे उवा सो अथवा, रहा न कोई संसार।।

वै सहगवन भईं जन जाई, बादशाह बढ़ छेंका आइ।
तौ लगि सौ अवसर होइ बीता, भए अलोप राम औ सीता।
आइ साह जौ सुना अखारा, होइगा, राति दिवस उजियारा।
छार उठाइ लीन्ह एक मूठी, दीन्ह उड़ाइ पिरथिमी झूठी।
सर्गारउ कटक उठाई माटी, पुल बाँधा जहँ जहँ गढ़ घाटी।
जौ लहि ऊपर छार न परै, तौ लहि यह तिस्ना नहिं मरै।
भा धावा भइ जूझ असूझा, बादल आइ पँवरि पर जूझा।

जौहर भएँ सब इस्तिरी, पुरुष भए संग्राम।
बादशाह गढ़ चूरा, चितउर भा इसलाम।।

उपसंहार

मैं एहि अरथ पंडितन्ह बूझा, कहा कि हम्ह और न सूझा।
चौदह भुवन जोतर उपराहीं, ते सब मानुष के घर माहीं।
तन चितउर मन राजा कीन्हा, हिय सिंघल बुधि पदमिनी चीन्हा।
गुरू सुआ जेइ पंथ देखावा, बिनु गुरू जगत को निरगुन पावा।
नागमती यह दुनिया धंधा, बांचा सोइन एहि चित बंधा।
राघव दूत सोई सैतानू, माया अलाउदीं सुलतानू।
प्रेम-कथा एहि भाँति बिचारहु, बूझि लेहु जौ बूझै पारऊ।

तुरकी अरबी हिंदुई भाषा जेती आहिं।
जेहि महँ मारग प्रेम कर सबै सराहै ताहिं।।

मुहमद कवि यह जोरि सुनावा, सुना सो पीर प्रेम कर पावा।
जोरी लाइ रकत कै लेई, गाढ़ि प्रीति नयनन्ह जल भेई।
औ मैं जानि गीत अस कीन्हा, मकु यह रहै जगत महँ चीन्हा।
कहाँ सो रतनसेन अब राजा, कहाँ सुआ अस बुधि उपराजा।

कहाँ अलाउद्दीन सुलतानू, कहँ राघव जेइ कीन्ह बखानू।
कहँ सुरूप पदमावति रानी, कोइ न रहा जग रही कहानी।
धनि सोई जस कीरति जासू, फूल मरै पै मरै न बासू।
केइ न जगत जस बेंचा, केइ न लीन्ह जस मोल।
जो यह पढ़ै कहानी, हम्ह सँवारै दुइ बोल॥
मुहमद बिरिध बैस जो भई, जोवन हुत सो अवस्था गई।
बल जो गाएउ कै खीन सरीरू, दिस्टि गई नैनहिं देइ नीरू।
दसन गए कै पचा कपोला, बैन गए अनरुच देइ बोला।
बुधि जो गई देइ हिय बौराई, गरब गएउ तरहुँत सिर नाई।
सरवन गए ऊँच जो सुना, स्याही गई सीस भा धुना।
भवँर गए केसहिं देइ भूवा, जोवन गएउ जीति लेइ जूवा।
जौ लहि जीवन जोबन साथा, पुनि सो मीचु पराए हाथा।
बिरिध जो सीस डोलावै, सीस धुनै तेहि रीस।
बूढ़ी आऊ होहु तुम्ह, केइ यह दीन्ह असीस॥

———